小津安二郎 大全

OZU

松浦莞二 宮本明子／編著

朝日新聞出版

小津安二郎 大全

OZU

松浦莞二 宮本明子／編著

朝日新聞出版

アントニオ・レイスは著名なポルトガルの映像作家であり詩人、私の師匠であり友人だった。

1991年に亡くなった。

我々が小津について話したかどうかは思い出せない。

たぶんないだろう。

これはアントニオの詩だ。

安二郎は気に入ると思う。

ペドロ・コスタ

「僕にはすぐわかる」

僕にはすぐわかる
家に着いた時
僕と君のどちらが先に仕事から帰ってきたのかを
空気が澄んでいれば君
息が止まるなら僕

SEI AO CHEGAR A CASA

Sei ao chegar a casa
qual de nós voltou primeiro do emprego
Tu se o ar é fresco eu se
deixo de respirar subitamente

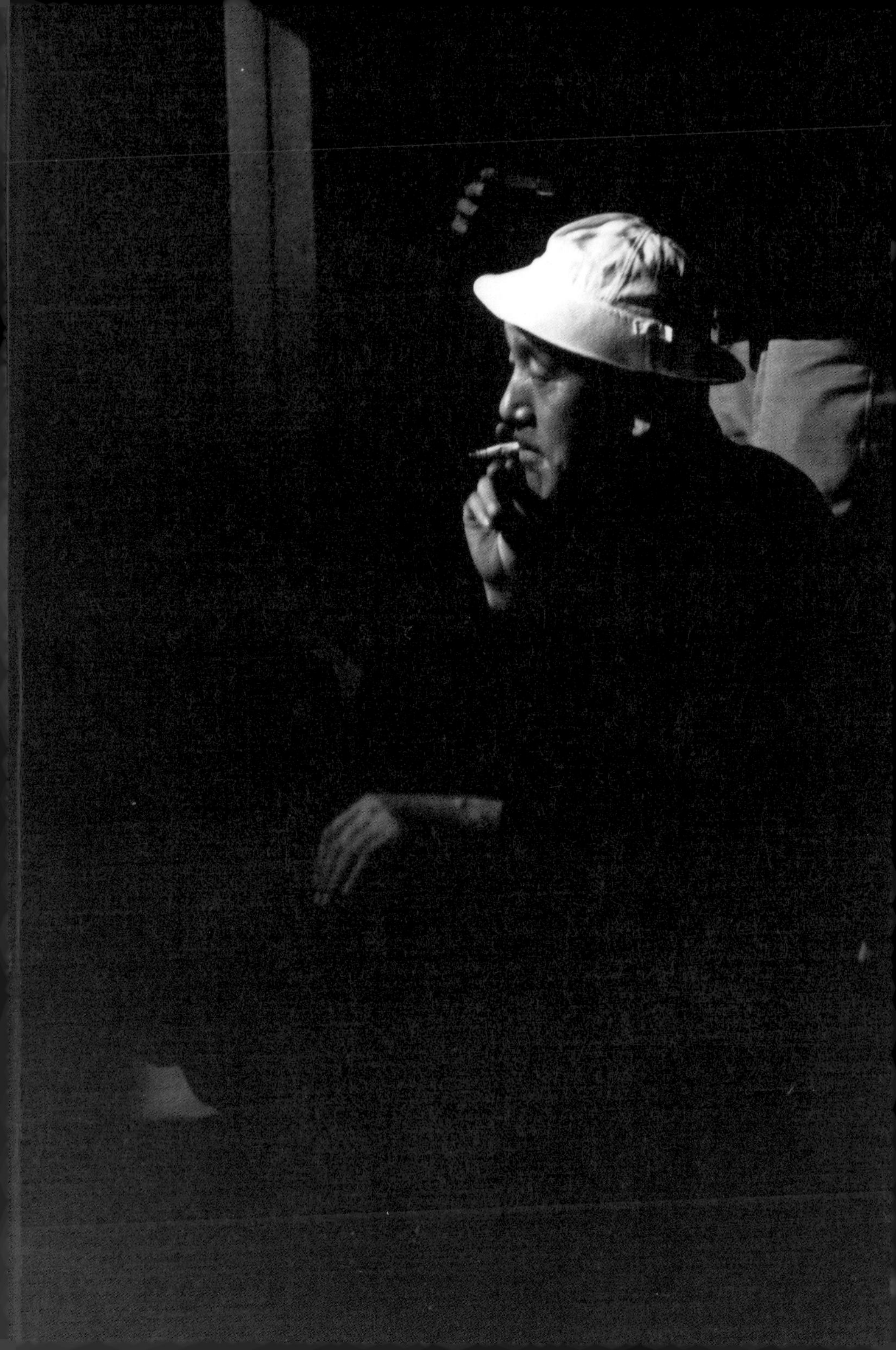

目次

OZU

小津安二郎 大全

ペドロ・コスタ（Pedro Costa）
ポルトガルの映画監督。一九五九年、リスボン生まれ。歴史学を専攻していたリスボン大学を退学し、リスボン国立映画学校に編入、詩人・映像作家のアントニオ・レイスの授業を受ける。初の監督作品『血』が一九八九年にヴェネツィア国際映画祭でワールドプレミア。その他、『骨』『ヴァンダの部屋』、ストローブ＝ユイレの作業過程を追った『あなたの微笑みはどこに隠れたの？』『コロッサル・ユース』『ホース・マネー』などがある。作品は世界各国のギャラリーや美術館で上映されている。

第三章　小津安二郎を見る　資料集

装幀　渋澤 弾（弾デザイン事務所）
組版　朝日新聞総合サービス
校閲　朝日新聞メディアプロダクション校閲事業部
（若井田義高、井上優香、安光貴俊、山口友貴）、
藤本眞智子
編集　内山美加子

表紙写真＝一九五二～五三年頃
一ページ目から順に
一九五六年、『早春』撮影中、暗がりに座る小津
一九五五～五九年頃、スーツ姿で屋外に立つ
一九六〇年、『秋日和』撮影中の台本確認か
一九五八年、『彼岸花』撮影中の横顔
一九四一年、『戸田家の兄妹』撮影中、キャメラを前にした
三十代の小津
一九五八年、『彼岸花』ロケ撮影でキャメラを覗く
一九五六年、『早春』撮影の頃、タバコを燻らす
写真提供：松竹株式会社

五一〇～五一一ページ
一九五六年、照明櫓の立つ、『早春』撮影中の風景。
右の方に白いピケ帽をかぶる小津の後ろ姿が見える
写真提供：松竹株式会社

第一章

OZU

小津安二郎を聞く

取材集Ⅰ

プロデューサー

山内静夫

小津監督は、常識的で普通だけど、美しいものが美しい、純粋に美しいものがいい、っていう目を持ってる人

——山内《やまのうち》さんは、小津作品では、『早春《そうしゅん》』(一九五六年)からプロデューサーにつきます。実際には『晩春《ばんしゅん》』(一九四九年)から関わっていらっしゃいますね。

やっぱり一番なじみが深いのは『晩春』なんだよね。制作段階から立ち会っているから印象が非常に強かったし、思い入れも深いね。このときは前任の山本武《やまもとたけし》*さんから引き継いでね。山本さんとはもう、ずいぶん長く付き合いましたよ。山本さんはわりに自己主張が強い。それで小津監督とぶつかることもあったね。

——撮影所長だった城戸四郎《きどしろう》*さんとはいかがでしたか。

城戸さんの意見は小津さん、非常に気にしていましたね。城戸さんのところには撮影前に脚本がいってましたから、脚本見て、表現について(意見を)いろいろ言ってきていた。でも、

＊山本武＝プロデューサー。一九〇八〜七二年。小津組では『晩春』から『東京物語』の松竹作品で製作を担当した。

＊城戸四郎＝プロデューサー。一八九四〜一九七七年。松竹蒲田撮影所の所長を務めた頃から小津と交友があった。

言ったって「あいつ（小津さん）は聞かねえ」ってことは、城戸さん分かってたけど（笑）。

――プロデューサーの業務の中で、作品の予算を決めますよね。

小津組の場合は条件よかったですよ。普通なら一万フィート（約一一〇分）の作品だったら二・五万フィートくらいが許容量だと思うけど、（小津組の場合は）だいたい四万フィートくらい用意するんだ。小津先生はね、「フィルムはケチっちゃダメだよって」（笑）。

――それでも撮影の進行が遅れてきた場合は、撮影日数を延ばしますか。

そう。もう残り一カット二カットだけで終わるっていうときには撮っちゃう。残業はせいぜい一時間くらい。その後はお酒（笑）。僕はプロデューサーであると同時に小津安二郎の付き人みたいなところがあったから（笑）。僕にとっても勉強だったものね。

――キャスティングについてはいかがでしたか。『秋日和《あきびより》』（一九六〇年）では、後の『秋刀魚《さんま》の味《あじ》』（一九六二年）で主役を担う岩下志麻《いわしたしま》＊さんが、短い時間ですが出演していますね。

そう。あれくらい台詞《せりふ》のある役だったら顔や芝居は一応見ますよ。撮影所の大部屋にあの人がいたんだ。決めるときに四、五人、顔見世《かおみせ》で監督の前に呼んだらもう一発だった。ああいうところは小津さん、ものすごく感性がいい人ですよ。編集でもそう。頭の中にもうイメージができてるから、カットにしても、もう何コマで切るってやるからね。すごいよ。

＊岩下志麻＝女優。一九四一年〜。小津映画には『秋日和』で初出演。会社の案内係としての短い出演だった。『秋刀魚の味』では主演を務めた。

――『秋刀魚の味』の岸田今日子《きしだきょうこ》*さんは、山内さんからの打診だったそうですね。

僕はいい役者だと思ってね。あの役柄にぴったりだと思って。一女優として、小津安二郎の好みではないかもしれないとは思った。でも、非常に確信を持ってたからね。ぜひってことで強く推した記憶はある。なぜかっていうと、お芝居が独特だろう。非常に印象的なんだよね。ああいう人が小津作品の中に入ったらどうなるんだろうって気持ちがあったんだよ。色の薄い人が多いから、色の濃い人を入れてみたらいいんじゃないかって。

――ところで『秋刀魚の味』というタイトルは、小津監督が思いついたそうですね。『小早川家《こはやがわけ》の秋《あき》』(一九六一年)、『秋日和』と秋がつく作品は他にもありますが、なぜ秋刀魚なのでしょう。

もし秋刀魚が出るんだったらそういう題はつけないよ。ここから秋をどう連想するかは人それぞれだと思う。小津さんは自分で表現した秋という季節と、映画の内容を考えて題にしたんだと思います。キャスティングの話に戻ると、『大根役者《だいこんやくしゃ》』。これは映画にならなかった*けど、進藤英太郎《しんどうえいたろう》*が主役やる予定だったんだよ。

――それはあまり知られていないですよね。

進藤さんは溝口《みぞぐち》(健二《けんじ》)さんところの常連だよな。会いに行って話したら大乗り気で、「ありがとうございます。小津先生(の作品)に次は出られる」って、すごく喜んだんだ。でも中止になって、謝りに行ってさ(笑)。小津組の進藤英太郎は見てみたかったね。

＊岸田今日子＝女優。一九三〇～二〇〇六年。山内も指摘するように、その独特の雰囲気で『秋刀魚の味』ではバーのマダムとして強い印象を残した。

＊映画にならなかった＝雪の中で撮影する予定が、雪が足りず中止になった。これに代わり、『浮草』(一九五九年)が撮影された。

＊進藤英太郎＝俳優。一八九九～一九七七年。『山椒大夫』『近松物語』など溝口健二作品への出演で知られる。

――小津監督の作品というと、音楽も特徴があるかと思います。音楽家の起用も小津監督が？

吉澤博《よしざわひろし》*さんとわりに仲良く付き合っていて、吉澤さんの意見を一番聞いていたと思いますよ。

――『東京物語《とうきょうものがたり》』（一九五三年）のポンポン船の音や、環境音としてピアノの練習音を入れようということは吉澤さんの提案だったと聞いています。吉澤さんは天才的な腕を持っていたそうですね。

すごかったよ。映画の音入れるときは吉澤さんが全部指揮するんだけど、あと二、三秒切らないとはまらないとか、どうしたらそこにはまるようになるか、一回か二回のテストでピシャッてやる。そりゃ天才だよ（笑）。斎藤高順《さいとうたかのぶ》*さんにしても、斎藤さんの音楽が小津作品に一番合うって推薦したのは吉澤さんだったからね。やっぱり音楽に関しては、吉澤さんの功績は非常にあるよ。

――『お早《は》よう』（一九五九年）では黛敏郎《まゆずみとしろう》*さんですね。黛さんの起用も小津監督が？

そりゃ監督だよ。これは黛にやらせるって。

――その『お早よう』で、製作に関する手紙*が残っていました。映倫からで、山内さんの名前も記されています。

俺宛てに？　覚えがないよ（笑）。なんて来てんの。

*吉澤博＝指揮者。一九〇八～八五年。松竹に所属していた。映画音楽指揮の第一人者。

*斎藤高順＝作曲家。一九二四～二〇〇四年。二十八歳で『東京物語』の音楽を担当。その後も多くの小津映画の音楽を手掛けた。

*黛敏郎＝音楽家。一九二九～九七年。戦後の現代音楽界を代表する一人。小津映画では『お早よう』『小早川家の秋』を担当した。

*製作に関する手紙＝新・雲呼荘 野田高梧記念 蓼科シナリオ研究所所蔵。

——作品中のオナラの音を、オナラでないものによって表現してほしい、変更ご検討願えないか、という主旨でした。こんなやりとりがあったんでしょうか。「脚本『お早よう』の内審の結果につきましては、すでに貴社の連絡担当者（佐藤晃一氏および山内静夫氏立会の上）に委細口頭をもっておつたえいたしておりますが」と記されているようです。

佐藤晃一。知ってるね。松竹の映倫の係だったよ。でもこんなこと覚えていないのは、俺相当駄目《だめ》だなあ（笑）。

——こんなふうに映倫から要望が来ることはありましたか。

どの作品にも要望はありますよ。一番多いのは性風俗的なことだね。この手紙が来たのは、映画でどんな音を使うか、まだ決めてない段階だね。小津さんが初めからオナラの音を使う気はなかったのか、それに類する音を作ろうと思っていたのかはわかんないけどね。もしかしたらオナラの音を含めてね、これは黛にやらせようって、考えていたのかもしれんね。

——映画ではチューバなどの楽器で表現していますね。ちなみに、音楽として小津監督が好きな音というのはあったでしょうか。

なんだろう。……列車の音なんかわりに好きだね。結構使っているでしょう。

——ええ。わりと好みははっきりしていたようですが。野球ならスワローズとタイガースが好きだったようですね。

タイガースじゃないか？　アンチ巨人。巨人の果たし役といえばタイガースだもんな。小津さんは威張ってるのはきらい（笑）。そんなとこがあったね。

——映画でも、女優ならば額《ひたい》を出して、茶碗ならここに置いて……というスタイルがありますね。それだけでなく、戦後間もない頃のトタン屋根だとか、一風変わったポスターだとかが映るときもありますね。

絵的な趣味もあっただろうね。少し変わったものに興味を感じる、魅力を感じるところはあったんじゃないかな。じゃあ一概にそういう変わったものが好きだったかといったら、そうじゃないんだな。常識的で普通だけど、美しいものが美しい、純粋に美しいものがいい、っていう目を持ってる人だったように思いますね。

——セットに本物の絵画を飾ったことも知られていますが、絵画の話もしましたか。

好きでよくしてましたよ。小津さんはずいぶん画家（東山魁夷《ひがしやまかいい》、高山辰雄《たかやまたつお》など）とは付き合いがあったね。よく画家たちと会うために伊豆の大仁《おおひと》って温泉場に行ってたね。同じ芸術家でも業種の違う人と会って話をされるのが非常に好きで、積極的だったね。

——画面構成という点では、初のカラー作品の『彼岸花《ひがんばな》』（一九五八年）以降、画面の赤が印象的だと指摘されますね。

それは、明らかにカラーになって赤を使いたいという狙いが小津さんにあったと思いますよ。特色としてね。色でいえば、カラーのときもそうだったけど、白黒のときも、普通は(色が飛んでしまうために)避ける真っ白いシャツも着ていましたよ。うまく映るか映らないかはこっちが研究すりゃいいんだと。そりゃ小津論の中の一つだよ。

――好き嫌いでいうと、フランスのヌーヴェル・ヴァーグ*についての評価はどうだったんでしょうか。

小津さんは見てたと思うよ。だけども評価は低かったね。あんまり良く言っていなかった。ひねりすぎだって。ものの考え方がね。松竹ヌーヴェル・ヴァーグもあったけど、こちらも評価低かった(笑)。監督だと(ウィリアム・)ワイラー*好きだったね。正統派でしょ。大作に正面から取り組む監督が好きなんだ。ジョン・フォード*なんかもそうだね。

――自分の作品を一般的な劇場で見ることもあったんでしょうか。

してます。一人で見たりもしてるよ。小津さんは非常に観客の反応を意識していましたよ。批評家の批評も、観客に影響を与えるって意味で気にしてはいたね。

――休日はどう過ごしていたのでしょうか。

撮影は日曜が休みで、用事があれば鎌倉の中でどこか行くぐらいはあったかもしれない。

――そういうときは歩いて出かけるんでしょうか。

*ヌーヴェル・ヴァーグ＝一九五〇年代末にフランスで起こった映画運動。自由な作風で映画を作りあげた。

*ウィリアム・ワイラー＝米国の映画監督。一九〇二～八一年。『ローマの休日』『ベン・ハー』などで知られる。なお、小津とは日本で開催されたパーティで対面している。

*ジョン・フォード＝米国の映画監督。一八九四～一九七三年。『駅馬車』『静かなる男』など西部劇を多数監督。

そう。わりとタクシーなんかには乗らずに歩いてたね、普段から。歩いているといろんなものが目に入る。そういうものを大事にしていたね。見たものをどう頭にとどめるかは本人の才能の問題だけど、いろんなものをインプットして、選び出して、それがいろんな形で映画制作の中に出てくる。それが小津映画の秘密といえば秘密だと僕は思うよ。そういう、ものを見る見方。確かさ。それが小津っていう人間を形成している一番大きな要素だと思います。

（聞き手：伊藤弘了、藤居恭平、正清健介、松浦莞二、宮本明子）

Profile

（やまのうち・しずお）一九二五年生まれ。神奈川県出身。四八年、松竹入社後、プロデューサーに。五六年の『早春』で製作を務め、以降の松竹の全小津監督作品の製作を担う。撮影現場には『晩春』の頃から関わっていた。著書に『八十年の散歩』『松竹大船撮影所覚え書 小津安二郎監督との日々』などがある。

女優

香川京子

小津先生がおっしゃっていた、「人間が描かれていれば社会が自然に出てくる」ということが、今になってよくわかる気がしています

——香川さん出演の小津作品といえば『東京物語』(一九五三年)です。小津組というとテストの回数が多いそうですね。

回数までは覚えていないんですけれど、まだ若くて、「世の中っていやあね」っていう台詞が、抵抗を感じず自然に言えたからよかったんじゃないかなと思います。そう思っていた点もありましたからね。大人って嫌だなとか、ずるいなとか。ちょうどあの世代でしたから。ただ、方言だけは厳しかったわね。ちょっとしたことでも、広島の尾道《おのみち》のことばで話すでしょう。(母親役の)東山千榮子《ひがしやまちえこ》*さんには、小津監督は旅館のおかみさんに台詞を言っていただいて、それをテープに入れて、お渡しになっていたときいています。私の場合は、やはりテープを渡されて、それを聞いて覚えました。

*東山千榮子＝女優。一八九〇～一九八〇年。新劇の舞台からテレビドラマや映画まで幅広く活躍した。

――前年に出演された『おかあさん』*では、劇中、今川焼《いまがわやき》を焼く演技のために、実際に（今川焼を焼く）機械を買って練習されたそうですね。『東京物語』では学校の先生ですが、何か特別な準備はしましたか。

とくになかったです。子どもとのシーンがあまりないですからね。私、子どもが苦手で、どう接したらいいかわからなくて。学校の先生がぴったりと言われたけれど、本当に子どもが好きな人って、一緒に遊んだりしているんですよね。自分の子どもができてからは自然にできましたけれど。子どもってちゃんと見てるでしょう。ご機嫌とろうとしたってわかっちゃうのよね。

――映画の出演場面は、自宅と学校ですが、これはセットでしょうか。

セットですね。学校に行くときと、東京から来る兄たちを駅に迎えに行くところ、あそこだけロケです。一週間くらい（ロケ先の）尾道にいました。あの頃はまずロケーションから入るでしょう。スタッフの方と一緒にお食事をしたり、お話しをしたり。そういうことで親しくなれるでしょう。よく、「平凡」とか「明星」の方が取材にきて現場を撮っていきました。その取材で原節子《はらせつこ》*さんと船に乗りました。もう何をお話ししたのか憶《おぼ》えていないけれど、お顔を見るだけでうれしくて。お話ししたのもほんとうに他愛もないことです。お芝居の話はしませんでした。『東京物語』のお寺、浄土寺《じょうどじ》の石灯籠《いしどうろう》が今でも記憶に残っています。

――その頃の記事を見ると、浄土寺での撮影で、朝三時に数千人が集まったそうですね。

***『おかあさん』**＝一九五二年公開の映画。成瀬巳喜男監督。香川京子は、女手ひとつで子どもたちを育てる母を支える長女を演じた。

***原節子**＝女優。一九二〇～二〇一五年。小津作品では『晩春』（一九四九年）が初出演。以降、娘役だけでなくのちには母親役も演じた。他監督の出演作に『わが青春に悔なし』『青い山脈』など。

とにかく原さんがいらっしゃるときは大変な人出でね。(原さんは)尾道入りのときは一つ手前の駅で降りて、車でいらっしゃったと聞きました。今はテレビがあるけれど、原さんのような銀幕のスターは雲の上の人で、一生会いたくても会えない存在だったから、皆さん、大変なことだったんでしょう。

——ところで、香川さんは小津監督から、撮影前のテストのときに「笑いすぎる」と言われたとか。これはどういうことでしょう？

大船《おおふな》(撮影所)にうかがって、小津監督と一対一でお話ししたんですけれど「あなたは笑いすぎる」と言われたんです。でもねえ、笑ってくださいって言われ続けて、もう、ほっぺたがくたびれるぐらい笑っていたから。だから内心ね、〝だって、笑えっていうから笑ってるんじゃない〟って思いましたけれど(笑)。今から考えてみると、それは面接だったのよね。私、真剣な顔でいたと思うんですけれど(笑)。でも、うれしいから笑うだけじゃなくて、悲しくて笑うこともあるし。悲しくて泣くばかりじゃなくて、うれしくて泣くこともある。短い言葉ですけれど、そういう人間の、複雑な気持ちを教えてくださったんだと思います。

——小津監督だけでなく、香川さんといえば溝口健二《みぞぐちけんじ》*監督作品を代表する女優です。

『近松物語《ちかまつものがたり》』(一九五四年)はもうできなくて、苦しみましたね。苦しかったけれど、芝居の根本を教えていただきました。一番勉強になりました。だから黒澤《くろさわ》組もできたんじゃないかと。溝口監督はリアクションをすごく大事になさいます。そんなに大きな声ではないけれど、

*溝口健二＝映画監督。一八九八〜一九五六年。日本を代表する映画監督の一人。女性を描いた作品、またその長まわしの撮影手法で知られ、ジャン＝リュック・ゴダールなど海外の監督からも熱い支持を集めた。

「反射してください」「反射してますか」って。今でもそのお声が(耳に)残っています。テストを繰り返しているとき、助監督さんが伝えにくるんですよ。

――間接的にですか！　直接ではないんですね。

ええ。溝口監督と小津監督は正反対ですよね。小津監督の現場では朝セットに入ると、すでにカメラの位置が決まっています。溝口監督の場合はセットに入ると椅子に座ってね、「はい、やってみてください」っておっしゃるだけなんです。もう、どうやったらいいのか全然わからなくて。だいたい動きがわかってから、はじめてキャメラの位置を(キャメラマンの)宮川一夫《みやがわかずお》さんがお決めになっていたように記憶しています。

――溝口監督はワンショットが長く、小津監督は短いという違いもありますね。

私は(ワンショットが長い)長まわしのほうがすきですね。気持ちがつながってできますから。黒澤組も長いでしょう。難しいけれど、気持ちが集中できるし、キャメラをあまり意識しないでしょう。小津監督や成瀬《なるせ》(巳喜男《みきお》)*監督のように短い間に感情を表現するのは、かえって難しいです。成瀬監督は、あまり大きい声は出されませんが、すごく厳しい目でした。でも、現場の監督さんはみな厳しいわね(笑)。黒澤(明《あきら》)監督は、大事なことはぽつっとおっしゃるのね。『まあだだよ』*で(演じた)「奥さん」のときには、「この奥さんは、ほんとに先生を愛していたんだね」っておっしゃったんです。それは私に説明しようとなさったわけじゃないんでしょうけれど、ああそういう気持ちでやればいいんだなって思ったのね。

＊成瀬巳喜男＝映画監督。一九〇五～六九年。作風が小津に似ていることから「小津は二人いらない」と言われた。当初、松竹に在籍していたが、ＰＣＬに移籍し活躍した。

＊『まあだだよ』＝一九九三年公開の映画。黒澤明監督。恩師と教え子の交流を描き、黒澤明の遺作となった。

――今ご覧になって、『東京物語』はいかがでしょうか。

あまり(撮影の)記憶がなくて。まわりが見えないんですよ、自分のことで精いっぱいでしたから。でも、『東京物語』はひとつの小説というか、物語を読むような感じ。若いとき、中年と、年をとったとき――そういう、物語のような感じがするんです。若いときにはその年代の気持ちがよくわかるし、中年のときはお姉さんの感じもわかるし、年をとればおじいさん、おばあさんの気持ちがわかる。どの年齢にいるかによって、受ける感じが違うでしょう。どの年代の人が見ても、ああこういうことあるなあというのが、とてもよく表現されていますよね。最後は死という問題、お母さんが亡くなってからのお父さんの孤独も、短いけれどすごく感じます。二〇〇三年十月、ニューヨークでの小津監督の映画祭に参加したときには現地の若い方がたくさん観てくださって、笑うところでは笑ってくださいました。それはどこの国の方が観ても、一人ひとりがとてもよく描かれていることに感動を覚えるからではないでしょうか。小津先生がおっしゃっていた、「人間が描かれていれば社会が自然に出てくる」ということが、今になってよくわかる気がしています。

(聞き手:藤居恭平、正清健介、松浦莞二、宮本明子)

Profile

(かがわ・きょうこ) 東京都出身。一九五〇年、新東宝からデビュー。「五社協定」以前にフリーになったため、溝口健二・黒澤明・成瀬巳喜男・今井正監督ほか、各映画会社の作品に出演できた。小津安二郎監督作品は『東京物語』に出演している。

女優

司 葉子

「葉ちゃんね、女の一生やるときにはね、次がああだからって演技を組み立てると、わかっちゃってつまらない」って。

——小津監督とはパーティで初めて会ったそうですね。

私もまだ新人ですから、緊張していました。映画関係者が集まるパーティで、年に一度開催されるんです。新人俳優も参加します。五社協定*のときでしたから、東宝は東宝、松竹は松竹と分かれて、東宝はプロデューサーの藤本真澄《ふじもとさねずみ》*さんがついていてくださいました。小津先生とは席が近かったから、チラッチラッと目が合うことがあって。巨匠なのに意外な印象でした。先生は紳士で、芸術映画監督でしたから、格調というのか、確固たるものがありました。でも目線を感じると、まるでいないいないばあをするような茶目《ちゃめ》っ気《け》なところがおありで、一気に親しみを感じました。それから半年ぐらい経《た》って、出演のオファーを頂きました。

——初めての小津組はいかがでしたか。

＊五社協定＝松竹、東宝、大映、新東宝、東映の大手五社による協定。各社専属監督・俳優らによる製作が義務づけられ、引き抜きや貸し出しが禁止になった。

＊藤本真澄＝プロデューサー。一九一〇〜七九年。元東宝株式会社副社長、株式会社東宝映画初代社長を務めた。

撮影最初の日、私気絶したんですよ(笑)。朝の九時に入って、十七時頃まで撮影がありました。初めての現場は緊張でいっぱいでした。ライティングとか、カメラの位置を決めているときなんて、たとえばテーブルにお茶があるでしょう。それを「大船へ一〇センチ*」「いや、ちょっと鎌倉に戻して」といった具合に、位置を決めていくのね。後ろにある額も、それを五センチ――って動かしていく。普通はスタンド・イン(代役)を使いますけれど、先生は構成が厳密だから、ずっと座って待ってたのね。初めてで緊張していて、いよいよ本番！回しましょうというときに、気が遠くなってしまいました。それで午後から開始になったの。ほんとに唾《つば》ものみこめない、そんな撮影だったんです。でも何日か経つと、ああ、これが小津調なんだって。何を求めてらっしゃるかがだんだんにわかってくるんです。

――『小早川家の秋』(一九六一年)ではいかがでしたか。

京都の嵐山《あらしやま》でのロケのとき、川縁《かわべり》で(原節子さんと)しゃがんでるでしょう。立ち上がって歩いていくところの撮影を、小津先生が「一、二、三……」と見せてくださいました。私たちはそれを真似《まね》する。先生にどう近づけて、人物が生きてくるか、ということね。テストに二日ぐらいかかることもあります。

――台本の読み合わせの印象は。

撮影が終わった後、(次の日に撮影する分の)読み合わせをします。一番先生が気になさってるのは(台詞の)音程なの。一オクターブ上げてとか、下げてとか。それにあわせてリハー

＊大船へ一〇センチ＝撮影するものの位置をスタッフに指示するとき、このように撮影所近くの駅名や地名を用いて指示していたという。

サルをするのが、ほかの監督にはないやり方ですね。

——速度よりも音程に注目していたのですか。

あんまりね、早くとか、ゆっくりとかはおっしゃらなかった。

——メイクや衣装合わせのときに、司さん自身で選ぶことはありましたか。

各衣装は監督やプロデューサーが決めて、そのほかに自分が着たいものがあれば、いかがでしょうか、と伺います。小津先生は難しくなくて、私はダメ出しされたことはなかったです。衣装部のスタッフがもう心得てるんです。私がこれを着たい、って言ったら、いいですよって。ただし、原節子さんの着物は全部、小津先生が選ばれてましたね。帯締めから何から何まで。

——原節子さんは『秋日和』（一九六〇年）で母親役ですね。このときの原さんの爪が珍しく銀色です。

そう！　それはとても疑問に思ってるの。原さんに今度聞いてみようと思っていました。でも、その機会がなかったのよね。彼女と一緒だった、結髪《けっぱつ》の(中尾《なかお》)さかゑちゃん*にも聞いてみようと思っていたのだけれど……。でも、原さんも、これが小津先生に受け入れられるかどうか、っていうのはわかっていたんでしょうね。小津先生は古いんじゃなくて、新しいものをどこかに認めて、とり入れられたんだと思います。

＊中尾さかゑ＝結髪師。原節子とは公私ともに仲が良かったという。

――その原さんと、一緒に泳いだことがあったそうですね。

『小早川家の秋』のときですね。関西での撮影の間、三日ぐらい休みがあったんです。どうしようかって話になって。原さんは泳ぎがお好きだから、「じゃあ、海に行きますか」って、明石《あかし》の海へ行ったの。私はカナヅチなのに、原さんはさっさと水着に着替えてた(笑)。髪には赤いリボンを結んで。「淡路島あそこでしょ。あそこまで泳いでいきましょう」って。それで私は、「えっ、ちょっと待って! 待ってください!」って(笑)。海峡は波が高くて、あんなところに行くのかと思ったの。原さんは「平気よ」とおっしゃったけれど、もし何かあったときには救急車も簡単に呼べないから、「すみません、もうお願いですからそのへんで泳いでください!」って言ったの(笑)。そのときの明石の海は、夕方でした。赤く染まってて、そこへ立たれた水着姿の原さんはほんとうに素敵でしたよ。

――海にはお二人で行ったのですか。

私は付き人の比奈《ひな》ちゃんと。海までは三人でタクシーで行きました。想像できないけれど、原さんは油壺《あぶらつぼ》*で五月ぐらいから泳げることがわかったんですよ。運動神経もあったんでしょうね。思い出の、忘れられない出来事です。一番うれしかったのは撮影のときにね、原さんがお弁当持ってきてくださったの。『紀《き》ノ川《かわ》』*(一九六六年)で、原作の有吉佐和子《ありよしさわこ》*さんのご希望で主人公「花」をやることになって。東宝ではない他社で大役をやらせていただくなんてことはめったにないですから。それで、原さんといつも一緒にいた結髪の中尾さかゑさんを、葉子ちゃんにつけてあげるね、ということになったんです。そうしたら、撮影の中盤ぐらいに原さ

*油壺=神奈川県三浦半島の地名。

*『紀ノ川』=一九六六年公開。有吉佐和子の小説を基にした映画。司葉子が主演。

*有吉佐和子=小説家、劇作家。一九三一~八四年。『紀ノ川』『華岡青洲の妻』『恍惚の人』などで知られる。

んが、自分で車を運転して、松竹撮影所まできてくださったの。さかゑちゃんと私に差し入れです。それはうれしかったですね！　天下の原節子の、手製のサンドイッチを食べられるなんて。そうしたらサンドイッチにもう、バン！と肉が入っていて、卵がバン！って。原さんはこんなのを食べていらっしゃったから、あの寒い海も平気なんだと思って（笑）。思いやりがうれしいわね。以後、私生活でも電話をしたり、しょっちゅう長い話をしたりしていました。

――原さんはどんな車を運転されていたんでしょう。

え？　意外とボロよ（笑）。それは鎌倉っていう土地がわかってないと不思議に思えるかもしれないわね。鎌倉って文学者もいっぱい住んでいるから、皆があんまり騒がない。有名人との接し方を心得ているんです。

――過去の司さん出演の作品について、小津監督からなにかお話はありましたか。

それは見てらっしゃったわね。恐ろしいわ（笑）。『紀ノ川』に出ると決まったとき、先生がおっしゃったの。「葉ちゃんね、女の一生やるときにはね、次があるだからって演技を組み立てると、わかっちゃってつまらない」って。逆算して私たちは演技するでしょう。それを、「わかっちゃってつまらない」っておっしゃったんです。つまり、あまり計算するな、ってことね。

――撮影以外でお話ししたことはありますか。

撮影が終わって、プライベートで呼び出しがありましたね。そのときは私、麻布に住んでて、小津先生は赤坂によくいらっしゃっていたの。比奈ちゃんがいつも私と一緒だったから、呼びやすいのね。私たちも「はいはーい」って行ってお食事を一緒にして。そういうときにはもう楽しそうに、何げなくね、「葉ちゃん、よくやるでしょう。男の俳優が、こうやってお酒を飲む。本当の酒飲みはね、口が先に出るんだよ」って。そういう話をよくなさっていました。やっぱり小津先生は、映画！映画！映画！　なんですね。それが積み重なって、小津調になるわけね、きっと(笑)。それから比奈ちゃんと私、同級生なんですけれど、比奈ちゃんは卓球部だったの。体育会にも出て、私たち組んでたのよ。私は攻撃型、彼女はカット。それぞれ就職したんだけれど、その後は二人三脚。もう、皆に羨《うらや》ましがられました。彼女が私を手伝ってそばにいてくれている。小津先生も比奈ちゃん比奈ちゃんって、私に言えないことなんかもおっしゃっていましたね。先生は、いつかきっと二人の映画を撮る。撮りたいっておっしゃっていました。映画では男の友情を描いていらっしゃるでしょう。だから、女の友情も取り上げたかったんじゃないかしら。

（聞き手：正清健介、松浦莞二、宮本明子）

Profile

（つかさ・ようこ）　一九五四年に共立女子短大卒業後、大阪の新日本放送(現・毎日放送)に勤務。同年、「家庭よみうり」の表紙を飾ったのがきっかけでスカウトされ東宝と契約。映画『君死に給うことなかれ』でデビュー。六六年、映画『紀ノ川』で第四十回キネマ旬報賞主演女優賞、第九回ブルーリボン賞主演女優賞など、その年の演技賞を独占した。六九年、元衆議院議員の相沢英之氏と結婚。九九年、日本大正村の村長に就任。

女優

岩下志麻

「人間は悲しいときに悲しい顔をするものではない。人間の喜怒哀楽はそんなに単純なものではないのだよ」という小津監督の言葉

――岩下さんが出演の小津作品といえば、主演の『秋刀魚の味』(一九六二年)が印象深いです。しかしその二年前の『秋日和』(一九六〇年)に、すでに出演していますね。会社で、ドアを開けて来客を案内する短い出演シーンではありますが、原節子さんたちと共演を果たしています。この演技が、小津監督の映画ではめずらしく一回で成功したとか。

　私が松竹に入社して三本目の作品で、まだ素人でしたから、それが先生のお好きな自然体の演技として気に入ってくださったのだと思います。私が存じ上げる限りでは皆さん五十〜六十回ほどテストをしていらっしゃいました。ただ、笠智衆《りゅうちしゅう》*さんはそのまま自然体でおやりになっていたのでテストは数回だったと記憶しております。小津先生の求める自然体とリズム、その中にピタッとはまればOKでした。手に持ったお盆の位置を「右に二センチ、上に五センチ高くして」などとご指示されていた女優さんを拝見した事もございました。

＊笠智衆＝俳優。一九〇四〜九三年。小津映画には第二作『若人の夢』からほぼ全作に出演している。

――『秋刀魚の味』では主演です。ここでは着物での演技ですね。

着物は、浦野《うらの》(理一《りいち》)*さんという鎌倉の有名な呉服屋さんがあり、そこで反物《たんもの》をいろいろ身体《からだ》にあててみて監督が決めてくださいました。洋服は、日吉屋さん(デザイナーは森英恵《もりはなえ》さん)で布地から監督が選ばれて、森先生がデザイン画をお描きになり、監督がすべてお決めになりました。小津作品はワンカットが一つの画《え》なので、その中に登場する人物の衣装の色もとても大切にされていらっしゃいました。メイクは松竹にメイク室があり、四、五人のメーキャップさんがいらして、その中で小津組担当という方にしていただきました。

――洋装もありますね。撮影では、衣装の赤いスカートについて小津監督に相談したと聞いています。

『秋刀魚の味』は二十一歳のときの映画でございましたが、二十四歳の役を演じるにあたり、私は当時日常は紺かこげ茶とか地味な色を好んでおりましたので、赤いスカートは考えられなくて先生に申し上げたら、「女の人は何歳になっても赤を着るんだよ」とおっしゃいました。そして、確かに今でも私は時々赤の洋服を着ます。また小津先生は赤がお好きだったそうで、『秋刀魚の味』のどの画面にも赤のポスター、赤のネオン、赤のヤカン、赤のゴルフバッグなど必ず赤が使われております。これは小津先生の美学だと思います。

――撮影時には、監督から「癖」を徹底的に直されたそうですね。

*浦野理一＝服飾作家、染織研究家。『彼岸花』など小津安二郎監督作品の衣装を担当した。

私の場合は、（それまで）メロドラマが多かったので、たとえば、失恋したシーンでは悲しい顔をするというようなパターン化していたところがあると思います。ですから、失恋して無言で巻尺を手で巻くシーンでは百回くらいのテストがありました。

――岩下さん演じる路子《みちこ》が思いを寄せている男性には、すでに縁談が決まっていたことが判明する場面ですね。路子が自宅の机の上で巻尺を手で巻いています。

百回の間、先生は何がダメなのかおっしゃらない。つまり、失恋なので悲しい顔をしてしまい巻尺の巻き方も段取りになってしまい自然体ではなかったのだと思います。

――それにしても百回となると、現場はさぞ張り詰めているのではないかと想像しますが……。

（小津監督は）全く怒ったり、イライラなさったりすることはございませんでした。現場はいつも静かで和やかでした。こわいという感じでもなく、いつもにこやかでしたので温かな感じがいたしました。

――撮影時以外では小津監督とお話しすることはありましたか。

俳優の渡辺文雄《わたなべふみお》さんの奥さまの経営なさっていた赤坂の料亭「口悦《こうえつ》」に二、三回ご招待していただきました。お酒がお好きなのでお酒を飲まれながら美味しいお料理を満足そうに召し上がっていらっしゃいました。中井貴一《なかいきいち》さんや中井貴恵《きえ》さんのことをよくお話しになっていた記憶があります。

――一九六三年、監督が入院したときに、岩下さんはお見舞いをしていますね。

最初は三上真一郎《みかみしんいちろう》さん*と一緒にお見舞いに伺いました。次に私一人で伺ったときに、先生が飲んでいらっしゃるアミノ酸を「これは身体に良いんだよ」とおっしゃって。液体でしたが病院のソファに並んで、座って一緒に飲みました。そのあと、先生はベッドに横たわり、「僕は何も悪いことはしていないのにネ」とおっしゃって涙を流されました。私は若かったので、どうやってお慰めしたら良いのか判《わか》らず、何も言えなかったのをあとで悔やみました。

――（夫の）篠田正浩《しのだまさひろ》監督*も、小津組で撮影に関わっていましたね。

はい。小津先生の偉大さ、素晴らしさについて時折話すことがあります。また、「人間は悲しいときに悲しい顔をするものではない。人間の喜怒哀楽はそんなに単純なものではないのだよ」。この小津監督の言葉がそれ以後、私が演技で悩んだときの原点になっています。

（聞き手：松浦莞二、宮本明子）

Profile

（いわした・しま）　東京都出身。一九五八年、NHK『バス通り裏』でデビュー。映画では六〇年、『笛吹川』にてデビュー。代表作『秋刀魚の味』『五瓣の椿』『心中天網島』『雪国』『はなれ瞽女（ごぜ）おりん』（第一回日本アカデミー賞最優秀主演女優賞　ほか受賞）、『極道の妻たち』（シリーズ八作品に主演）。二〇〇四年紫綬褒章、一二年旭日小綬章を受章。

*三上真一郎＝俳優。一九四〇〜二〇一八年。小津の映画には『秋日和』『秋刀魚の味』に出演。

*篠田正浩＝映画監督。一九三一年〜。大島渚らと共に松竹ヌーヴェル・ヴァーグの一翼を担った。小津の『東京暮色』では助監督を務めていた。

音楽家

坂本龍一

映像の力なのか、「凡庸な」西洋プラス和風の折衷音楽のせいか、もっと大きなもののなのか分かりませんが、非常にインターナショナルな存在になっていますね

――一九九〇年代、ロンドンで武満徹《たけみつとおる》さん*と会ったときに、小津監督の映画音楽の話になったそうですね。

そのときは久しぶりに武満さんと、午後三時間くらいをゆっくり一緒に過ごして、いろいろなお話をしました。自然に映画の話になって、小津の話も出てきて。武満さんが小津映画のことがとても好きだということはよくわかっていたし、僕もとても好きなので。小津映画に対しては、家族愛とか制度の崩壊とか、テーマ的な見方もできると思います。僕は、主にヴィジュアル的に見ている。ストーリーをいったん忘れると、ヴィジュアル的には、バウハウス、ロシア構成主義のような影響も見られるんじゃないかと言いましたら、武満さんもそうだそうだ、ほんとにその通りだと盛り上がりました。しかしそれに比べて、音楽はだめだよねと意気投合しまして。だったら二人で勝手に音楽を全部つくり替えてしまおうと。もち

*武満徹＝作曲家。一九三〇〜九六年。若手芸術家集団「実験工房」に所属し、映画やテレビなどで幅広く前衛的な音楽活動を展開。代表作に「ノヴェンバー・ステップス」などがある。

ろん冗談ですけれど、とても盛り上がって、やろうやろう、となったんです。

――具体的にここを変えよう、たとえばメロディはこう、リズムはこう――というような話もしましたか。

したかもしれないんですけど、具体的には覚えていないですね。そこまでいかないですけれど、二人がそのとき想像していた「凡庸な音楽」というのが似ていた、同じようなことを感じていたのだと考えています。ただ、そのときは盛り上がったんですが、残念なことに、その後武満さんの体調が悪くなり、(一九九六年に)お亡くなりになってしまいました。小津に限らず、何かの形でコラボレーションをしようとも話していたのですが。

――「凡庸な音楽」とは、どんな音楽でしょうか。

たとえば、子どものピアノの練習の音が聞こえてくるとか、裏の校舎から合唱の声が聞こえてくる、などは情景としての音楽なのでとても効果的だと思うんですが、いわゆるスコア、ストーリーに沿っている音楽ですね、映画音楽の部分。そこは音楽の専門家から言わせると、非常に、とても凡庸でして(笑)。なんというか、映像の非凡さに比べて釣り合わない。

――坂本さんは今でも小津映画の音楽はやはり「凡庸」だと考えていますか。

はい。ただ、じゃあ小津さんの映像と同じように非凡にして、それこそ武満徹、あるいはラヴェル*やサティ*が作ったような音楽にしたらいい映画になるかというと、多分ならないと

*ラヴェル＝モーリス・ラヴェル。フランスの作曲家。一八七五～一九三七年。『スペイン狂詩曲』やバレエ音楽『ボレロ』などの作曲で知られる。

*サティ＝エリック・サティ。フランスの作曲家。一八六六～一九二五年。西洋音楽の伝統に問題意識を持ちながら創作活動を続けた。『ジムノペディ』などの曲で知られる。

今は考えています。

——小津監督は作曲家の斎藤高順に対して、「私の映画のための音楽は、いつもお天気のいい音楽であってほしい」ということを言っていたそうです。つまり意図的にある種の凡庸さを狙っていたとも考えられそうです。

ひとつは、仮に映像に対して音楽までも洗練させると、洋物くさくなる、借りてきたものになってしまうということは考えられます。一種の西洋音楽ではあるんだけれど、明治以来日本化された音楽の凡庸さというのか、いってみれば、小学校唱歌に代表されるような、親しめるけれども音楽的にはそれほど高級ではないもの。高級さをあえてひきおろし、庶民にとって聴きやすいもの、そういう注文だったのではないかと思います。同じように、俳優の笠智衆さんは、誰もがアタッチメントを感じられるお父さんを演じているわけで、いってみればそのような誰にでも親しめる音楽でしょうね。それに対して、小津監督の映像は芸術性が高い。そこのギャップですね。面白いし、それも魅力だし。

——小津映画の音楽は映像に対して「無関心」である、「無関係」であると説明されることがあります。映像や物語に対して、関係がない音楽をつけているという意見だと考えられそうですが——。

そんなことはないと思います。ストーリーに沿った音楽がちゃんとつけられていると思いますよ。

――ただ、いつも同じようなイメージではあります。

そうですね。それはもう、脚本自体がいつも同じようなものだから。役者も似たような人が出ているし。小津監督の有名な言葉で、「僕は豆腐屋だ」というのがありますよね。毎日豆腐は作ってるけれども、自分なりに一生懸命工夫しているんだと。どれも似たような映画ではあると思います。もちろん音楽も、こっちの音楽をこっちにつけても使えるようなスコアリングに常になっているわけではなくて、ちゃんとそのストーリーに即した、物語にそうような音楽もつけてはいます。

――具体的な例を挙げると『東京暮色《とうきょうぼしょく》』(一九五七年)などは、かなり暗い物語だと思います。にもかかわらず、非常に有名な「サセレシア」、つまり明るい音楽がずっと流れていて、ある種、異化効果のように聞こえる部分もあります。異化効果的なものをねらっている、という感じはあるのでしょうか。

ありますよ。異化効果はよくお使いになりますね。たとえば、家族が死んだ日にポーンと青空がインサート(挿入)される、というのも映像的な異化効果ですね。同じような使い方を、音楽にもしていると思います。『東京暮色』のお話をされましたが、『浮草《うきぐさ》』(一九五九年)もわりと悲しい話で、いろんな恋愛もうまくいかないという場面もありますが、音楽はとてもコミカルですね。軽い音楽が、少し悲しい、切ないシーンについてます。それはやっぱり異化効果で、映像でいうところの「死んだ後の青空」みたいなことだろうなと。そぐわない音楽に対しては、僕もそう感じています。ある意味、映像あるいはストーリーと音楽のカウンターポイント、対位法になっているかなと。

――すると効果的な、戦略的な音楽のつけ方という評価もできると思うのですが、そのことと「凡庸」さは両立するんでしょうか。

両立しますね。だけど、『浮草』の軽いコミカルな音楽にしても、音楽の洗練度というのがあるんですね。同じように軽くてコミカルでも、ラヴェルやサティが作るのと質が変わってくる。だから、どういう性質かというジャンルの話ではなくて、どういう性質の音楽でも、凡庸なものと、いいもの、素晴らしいものというように段階があると思います。

――二〇一八年のベルリン国際映画祭で『東京暮色』が上映されました。そのとき、ヴィム・ヴェンダース監督*とも会っていますが、どんなお話をされましたか。

『東京暮色』、僕もとても好きだし、小津作品の中ではかなり長いほうですよね。悲劇だし、なんで小津さんがあんな映画をつくったのかなという気もします。面白いのは、当時あまりヒットしなかったから、残っているプリントの状態がとてもいいんだそうです(笑)。とても綺麗に残ってる。でもなぜあんなに暗い映画を撮ったのか、謎ですね。ヴェンダースはとても好きだといっていました。

――坂本さんは海外の映画監督と仕事をする機会も多いですが、小津安二郎について話題にのぼることはありますか。

*ヴィム・ヴェンダース＝ドイツの映画監督。一九四五年〜。『ゴールキーパーの不安』で第三十二回ヴェネツィア国際映画祭の国際映画批評家連盟賞受賞。このほか、小津組への取材を行った『東京画』などがある。

亡くなったベルナルド・ベルトルッチ*監督は日本映画をよく見ているので話すことがありました。ただ自分は小津安二郎、黒澤明、溝口健二の中で、とくに溝口に影響されたと。ただ世界の映画関係者と話をすれば、小津の名前は必ず出てきますね。黒澤のことが好きなのはアメリカ人が多いでしょうね。ヨーロッパ人は溝口、小津が好きな人が多い印象です。

——小津作品のなかで、坂本さんが好きな作品は——。

作品でいうと、ベタな答えですが、僕が一番好きなのは『東京物語』(一九五三年)かな。あとは一番最後の『秋刀魚の味』(一九六二年)ですね。だんだん歳《とし》をとってくると『秋刀魚の味』のほうが好きになってくる(笑)。やっぱり小津っていうと『東京物語』、個人的にはだんだん歳もとってきて、『秋刀魚の味』ですね。滋味《じみ》というか、諦念《ていねん》が感じられるし、またあの有名なシーン(岸田今日子のバーで笠智衆が加東大介《かとうだいすけ》と再会し会話するシーン)で小津さんの本音がチラッと聞けるような気がします。

——小津安二郎と同時代の映画で音楽が素晴らしいと思われる作品、あるいは坂本さんが評価される作曲家は——。

その時代では芥川也寸志《あくたがわやすし》さん*、黛敏郎さんですね。音楽だけで見たら、黛さんのほうが洗練されていますね。じゃあ黛さんが音楽つけたらいいかっていうと、それは多分うまくいかない。映画としての全体の魅力も失われてしまっていたかもしれない。いいものといいものを合体させたらよりよくなるかというと、そうならないこともありますね。

*ベルナルド・ベルトルッチ=イタリアの映画監督。一九四一~二〇一八年。代表作に、大胆な性描写で世界的な物議を醸した『ラスト・タンゴ・イン・パリ』、清朝最後の皇帝、愛新覚羅溥儀の生涯を描いた歴史映画『ラストエンペラー』などがある。

*芥川也寸志=作曲家。一九二五~八九年。『八甲田山』などの映画音楽で知られる。小説家・芥川龍之介の三男。

――黛さんは小津作品ですと『お早よう』（一九五九年）と『小早川家の秋』（一九六一年）で音楽をつけています。

黛さんの純音楽に比べれば凡庸な音楽だとは思いますが、この映画に非常に繊細に寄り添って書かれていますね。僕が好きな黛さんは、非常に実験的で、才気走ったところではありますが。しかしさすがに黛さんだけあって、いつもの小津さんの音楽に比べてラヴェルやストラヴィンスキー*のような、フランス近代音楽風の響きが多く、一部に早坂文雄《はやさかふみお》*に近いところもありますね。特に『小早川家の秋』の最後の「葬送行進曲」などは。それと、音楽が少ないのもいい。しかし、こうなると、この映画ということではなく、やはり一度武満さんが小津さんとやったのを、なんとも聴いてみたかったな。

――その『お早よう』で黛敏郎を起用したのは小津だったようです。黛のような当時のエリートの作曲家を使うことが、流行のようになっていた部分もあったんでしょうか。一九五〇年代というと。

それはあるでしょうね。戦後で新しい時代を迎えて。黛さんは才気煥発《さいきかんぱつ》な若手作曲家でしたから。若いエネルギーを感じさせるものだったでしょうね。

――小津映画からいったん離れるのですが、坂本さんは以前、台湾のエドワード・ヤン*監督がお好きだとおっしゃっていたかと思います。

はい。

＊ストラヴィンスキー＝イーゴリ・フョードロヴィチ・ストラヴィンスキー。ロシアの作曲家。一八八二～一九七一年。「火の鳥」「春の祭典」などを作曲。指揮者、ピアニストとしても活動した。

＊早坂文雄＝作曲家。一九一四～五五年。映画では溝口健二、黒澤明監督作品の音楽を担当した。

＊エドワード・ヤン＝台湾の映画監督。一九四七～二〇〇七年。台湾ニューシネマを代表する一人で代表作に『牯嶺街少年殺人事件』など。

——エドワード・ヤンの作品は全体に、伴奏音楽がきわめて控えめです。まったく使われてない作品も何本かあったと思います。ということは、映画音楽というものの存在に関して、坂本さんご自身が、もしかするとある意味で批判的に、音楽はいらない、あるいはないほうがいいと考えられている部分もあるのでしょうか。

最近はそうですね。映画にとって音楽は必ずしも必要だとは思いません。もちろんあってもいいんですけれど、必要以上にある必要はないと思っています。特に最近のアメリカ映画は、ベタッと音楽が入りすぎている。映像ですでに表されていることを、音楽で上塗りしている。それは観客の民度の問題だと思います。数年前にヴェネツィア映画祭の審査員を頼まれて行ったときに、二十本ぐらいの中に三本、自分の好きな映画がありました。偶然ですが三本とも、いわゆる映画音楽がなかった。しかし、サウンドデザインが非常に素晴らしい。いわゆるおたまじゃくしの音楽がなくても効果的に音が設計されていて、僕はそれを面白く思いました。一方で、同じときに、フランスのある監督の映画がありましたが、映画としてそんなに悪くはなかった。音楽はよく書かれているし、良い演奏で録音もいい。しかし、とても古い、コンヴェンショナルな「映画音楽らしい」ものでした。それがついていることによって映画全体までが、とても古臭く見えてしまったんです。これではもうだめだなと。

——すると小津映画には、もしかすると音楽がないほうがよかった——という可能性もあるんでしょうか。

うーん、しかしその、いわゆる映画音楽がなくても、サウンドデザインで素晴らしいものができるというのは、やはり今のテクノロジーのおかげでもあると思うんですよ。昔の悪い音っていうのかな、悪い音もとてもよかったりするんですが、効果音やセリフだけでは、当時のお客には厳しいでしょうね。

――テクノロジーの問題も大きいわけですね。

とても大きいと思います。逆に今は、効果音と映画音楽の区分がだいぶ曖昧《あいまい》になってきています。はっきりした昔ながらの映画音楽でないような、効果音のような、「全体としてのサウンドデザイン」という考えが主流になりつつあります。僕はそれでいいと思うんですけれども、それはやっぱり五〇年代六〇年代、昔の音響技術では無理だった話だと思います。

――いわゆる「映画音楽」の話に戻りますが、ミシェル・シオンの『映画にとって音とはなにか』の中で紹介された、現代音楽家のマウリシオ・カーゲル*の発言は有名です。「すべての音楽はすべての映像にあってしまう」という趣旨のものですが、その見解についてはいかがでしょうか。

はい、僕も常々そう思っています。仮にひとつのシーンがあったとして、そこにどんな音楽でもつけることはできます。ただ、音楽がつくことによって見えていることの意味が変わってしまう。ある種、コンテクストを作ってしまう。僕がよく昔から例に出すのは、机の上に水が入ったコップがある。そこにどんな音楽をつけるかでコップの水の意味が変わってしまうということです。たとえば、隣の部屋から楽しそうなパーティの音が聞こえてくる、

*マウリシオ・カーゲル＝ドイツで活動した音楽家。一九三一～二〇〇八年。音楽と劇や映画を総合した芸術を提唱した。

あるいはサスペンス風の怖い音楽をつけるなど。音楽の違いによって見えかたが違ってくる。要するに、映像にはどんな音楽もつきます。

――そうなると、映像との関係性において、「間違った音楽のつけ方」はないということになるのでしょうか。

いや、あります。どういう音楽をつけるかによってコンテクストが大きく変わってしまうので、映画にとって「間違った音楽」というのは当然あります。ある映像と、ある音楽の関係性においてですね。昔、偶然テレビで見ていてなるほどと思ったんです。東京オリンピックがあったでしょう。聖火台にランナーが登っていって、聖火をつけるシーンがありますね。階段を駆け上って、煙がたなびいていて、それを何万もの人が見ている。ニュース映像であればそこに通常、ファンファーレのような音楽がつくわけです。すると、見ている僕らの視線はランナーに集中する。ところが、音楽を取っちゃうと、視聴者はランナーも見るけど、ランナーを見ている観衆にも注意がいったり、旗に目がいったりする。あるいは風の音に注意がいったりする。音楽が「何を見るか」ってことをコントロールさえしてしまう。非常に怖い。だから使い方というのは、気をつけなくてはいけない。

――ところで、日本映画とその音楽に関しては、いわゆる「日本的」という側面がしばしば強調されがちです。それに対して小津映画というのは、映像面でも音楽面でも、オリエンタリズム的なものを免れている、と考えることができると思われますか。

もうあれだけしつこく、いわゆる普通の、戦後の日本の家族の問題を扱っているのに、ドメスティックなものにならず、映像の力なのか、「凡庸な」西洋プラス和風の折衷音楽のせいか、もっと大きなものなのか分かりませんが、非常にインターナショナルな存在になっていますね。ヴィム・ヴェンダースに代表されるように、世界中の監督、観客が強いアタッチメントをもって見ることができる、感じることができる。そこが小津監督の才能と人間に対する眼差《まなざ》しの秀でたところだと思います。

（聞き手：長門洋平、松浦莞二、宮本明子）

Profile

（さかもと・りゅういち）一九五二年、東京生まれ。音楽家。七八年、「千のナイフ」でソロデビュー。同年、『Yellow Magic Orchestra』を結成。散開後も多方面で活躍する。映画の世界では、『戦場のメリークリスマス』で英国アカデミー賞、『ラストエンペラー』の音楽でアカデミーオリジナル音楽作曲賞などを受賞。環境や平和問題への言及も多い。二〇一七年春、ソロアルバム「async」をリリース。

性格と表情

表情がうまい、というだけでは、いけないと思うんだ。悲しい表情、うれしい表情が巧みに出来る――つまり顔面筋肉の動きが自由自在だ、というだけではダメ、それならヤサシイと思うんだ。

いまの、日本の映画俳優は、表情は決して乏しくないヨ。日本人は無表情だとよく言うけれども少くとも、俳優の場合は、アメリカ人にくらべて表情は乏しくないと思うんだ。表情がうまいから、上手な役者だとは、言えない。表情のうまい、まずいは、おれに言わせれば問題じゃないと思うんだ。

大事なのは性格だな。性格をつかむことだと思うんだ。性格をつかんだ上で、感情を出すんでなければダメだと思う。性格をつかめないで、ただ感情を出そうとするから、表情だけうまい役者が出来る。悲しいから泣く、おかしいから笑うだけなら、映画俳優でなくても、だれでも出来る。泣いたり、笑ったりの感情表現は、せいぜい三、四割で十分だと思うんだ。

監督は、俳優に感情を出させるんじゃなく、いかに感情をおさえるかだヨ。(中略)性格とは何かというと――つまり人間だな。人間が出てこなければダメだ。これはあらゆる芸術の宿命だと思うんだ。感情が出せても、人間が出なければいけない。表情が百パーセントに出せても、性格表現は出来ない。極端にいえば、むしろ表情は、性格表現のジャマになるといえると思うんだ。

おさえることだな。いかにして、おさえにおさえて、性格を表現するか――『荒野の決闘』のヘンリー・フォンダが、床屋で香水をつけて来て、ヌーッと立っている――あれだな、ジョン・フォードのえらいのは。フォンダが柱にあしを突っぱって、椅子の上にノケぞって、ウフンといってる。(中略)ジョン・フォード作品のヘンリー・フォンダはいつもいい。『怒りの葡萄』でも、『ヤング・ミスター・リンカン』でも。

ウィリアム・ワイラーの作品が何か来ないかな。見たいね、『ミニヴァ夫人』なんか。ワイラーといえば、ベティー・デーヴィスは、ワイラーのしゃしんだと、まるで人が変ったみたいに良くなるネ。『小さい狐』で、ハーバート・マーシャルの夫が死にかかっているそばで、ベティー・デーヴィスが立ってお茶かコーヒーをいれている。表情も何もしやしないんだ、平気な顔でお茶をいれている。ただ、茶わんのさわる音が、カチンカチンいうだけだ。『手紙』のデーヴィスもいい。ワイラーには失礼かも知れんが、ワイラーは少しマゾヒストの傾向があるんじゃないかな。『手紙』や『小さい狐』を見ると、そういう気がする。デーヴィスもほかのしゃしんの時とぜんぜん違ってくる。芸がさえてくる。

キング・ヴィダーの『白昼の決闘』は来ないかな。(中略)ヴィダーだけだね、色彩映画もいけるのは。フォードの『モホークの太鼓』はぜんぜんつまらんよ。あれでこりたと見えて、フォードはその後、色彩映画を撮らんね。ワイラーもテクニカラーは撮らん。

『月は上りぬ』はぜいたくなキャストで撮るつもりだ。五光くらいのキャストでネ。『長屋紳士録』はカラスだったからネ。

(文責記者)　　(「キネマ旬報」昭和二十二年十二月号)

第二章

OZU

小津安二郎を知る

論考集 I

ラブレターズ

女優
中井貴恵

小津監督は私の父と母の仲人である。独身の小津安二郎監督と独身の木下恵介《きのしたけいすけ》監督、つまり男性二人が仲人をしたという大変珍しいカップルである。

父と母は小津監督を「小津先生」と呼んだ。幼かった私はこの「先生」と呼ばれる「おじいさん」がどんな仕事をしている人なのか、何故こんなにしょっちゅう我が家にいるのか、全く理解していなかった。

先生は、父が結婚して建てた世田谷の家をとても気に入ってくださり、我が家で宴会が始まると鎌倉のご自宅には帰らず、よく我が家にお泊まりになっていた。

私はこの宴席が大好きで先生がみえると「ちょっとおしゃくに行ってくる」といって大人の宴会に入り込み、とっくり片手にお酒を注いで回っていたのだ。父も母もお酒を飲まない我が家。小津監督は、そんな家に突然現れた未来の酒好きを保証するようなこの幼子に、待ってましたとばかりにしっかりと宴席の楽しさを教え込んだ。当時大流行していた植木等《うえきひとし》さんの「スーダラ節」。ほろ酔い気分の先生と、私は宴席で幾度となくこの歌を歌った。「ちょいと一杯のつもりで飲んで〜」と先生のつけた振りで踊る。これがなんともいえず楽しかった。幼稚園に行き始め、ようやく少し字が書けるようになった私は、先生と文通を始めた。先生がくださるはがきの宛名にはいつも「中井方　なかいきえさま」と書かれていた。父の名前でも母の名前でもなく、私に宛てて出してくださることが嬉しかった。

「きえちゃん、おりこうにしていますか」。書き始めはたいていこの一文だ。「ぼくも　あんまり　おさけをのまず　おりこうにしています」と続く。

先生は絵もお上手で、傑作中の傑作は我が家の人々全員にスーダラ節を踊らせた一枚だ。シンプルな絵なのに描写が細かく、生まれたばかりの弟・貴一《きいち》はおしめをして初節句《はつぜっく》の兜《かぶと》、私の頭にはおおきなリボン、父のトレードマークだったパラリと垂れた前髪、長身だった母の首の長さまでが丁寧に描かれ、自画像はもちろんのこと見ればみるほどそれぞれそっくりに描かれている。「わかっちゃいるけどやめられない　ほら　すいすい　5のひに　いきますよ」。私との次の逢瀬《おうせ》の日もさりげなく記されている。

この他にも「えんそくは　おもしろかったですか　こんどのときは　つれていってください。すうだら(スーダラ)は　しませんから。」というのもある。先生と私のスーダラ節はかなり定着していたようだ。

私をこよなく愛してくださった先生。たった五歳までのお付き合いだったが、当時の私が見ていた「おじいさん」は五十代後半の小津安二郎監督で、今の私はとっくにその年を上回った。

ユーモアいっぱいの中にちりばめられた優しさあふれる先生からのラブレターズ。こんな粋なやりとりを幼子とできる大人、それは私の永遠のあこがれである。

「ぼく　きえちゃん　だいすきよ。6のひに　おいでください　まっています　いずれおめにかかって　チウッをしましょう　ばいばい」

先生、すてきなラブレターズをありがとう。

いずれまたおめにかかって　チウッをしましょうね。

Profile

(なかい・きえ)　一九五七年、東京生まれ。女優・エッセイスト。七八年、『女王蜂』でヒロインデビュー。八二年、『制覇』で日本アカデミー賞助演女優賞。九八年から『大人と子供のための読みきかせの会』の代表。二〇〇九年から小津安二郎監督映画を朗読する「音語り」シリーズ全六作を全国で公演中。エッセイ・絵本の翻訳など多数。

わが心の人——伯父、小津安二郎氏の思い出

甥 長井秀行

身内に敬称は不用と思われるが呼び捨てはそぐわないような気がするのである。「わが心の人」とは、いささか大げさな気もする。伯父《おじ》だったら「よせやい」と、言うであろう。ことほどさように大げさな物言いを嫌う人であった。彼の作品を見ればうなずけることである。権威におもねるようなことは、彼の流儀に反することなのである。

私が中学三年の夏、即《すなわ》ち昭和二十七年、彼が北鎌倉に居《きょ》を構えた年であった。撮影を見せてもらうことになった（『お茶漬《ちゃづけ》の味《あじ》』のセット）。その時、祖母（あさゑ）が「偉いのは、あんたじゃないよ。伯父さんだよ。ふんぞり返って行くのではないよ」と言いながら、腰が曲がっているのにふんぞり返って見せた。

その時、私は、いくらなんでもそんな事は分かっていたが、今にして思えば祖母の言う事は正しかったのである。我々小津の係累《けいるい》に属する者として、常に心しておかなければならない事である。ともすれば、己にもその才能がひょっとしたら流れているのではないかと錯覚

しがちである。

没後五十五年を過ぎた今、その名声にかげりはない。偉大なのは彼なのである。我々ではない。もって銘《めい》すべし。

敗戦の時、彼はシンガポールにいた。軍の仕事で、映画制作の話があり十数人のスタッフと共に当地にいた。イギリスの領地であった為、英軍の捕虜として収容された。半年に及ぶ捕虜生活の後、本国に帰還する時の話である。

「僕は後でいいよ」と言ってスタッフを先に行かせて最後まで残ったのである。思えば彼には母がいるけど妻子はいない。地位から見れば、彼は当然早く帰れる立場にいたのに最後まで残ったのである。これは、没後十年の頃、井上和男《いのうえかずお》氏のドキュメンタリー映画『生きてはみたけれど』(一九八三年、松竹)の中で、生前に伯父と親交のあった映画監督の新藤兼人《しんどうかねと》氏がそのエピソードを熱っぽく語っている。この映画は今は見ることが出来ないが、DVD化されることを願う。

私が伯父と共に歩んだ人生は意外に短くたかだか十五、六年であった。しかしながら、その間に得た教えは少なくない。小学校低学年から中学、高校、大学、社会人、そして結婚まで、人生の節目節目での彼の慈愛《じあい》に満ちた導きは大きい。中でも人として生きるに当たり、何が大切であるかということを常日頃教えられた。

私の好きな言葉は「うそをつくな、人に迷惑をかけるな」「品行方正たらずとも品性下劣になるなかれ」などである。

私にとって懐かしい便りがある。それは昭和三十七年、私達が結婚して間もない頃、伯父が蓼科《たてしな》から私の母にあてた絵ハガキがそれである。それには、ソバを送ったと書かれており、その絵ハガキは蓼科山をバックに草をはむ羊の群れの絵であった。その余白に「秀行よ、女房の尻にしかれるな」「マキちゃん（家内の通称）よ、シッカリシッカリ」と、書かれていた。軽いユーモアのセンスと温かい思いやりが、胸にしみるのである。

伯父は私にとって、拙文《せつぶん》のタイトルの如《ごと》く、まさに「わが心の人」なのである。

Profile

（ながい・ひでゆき）　一九三七年、小津安二郎の甥（小津の妹・登貴〈とき〉の長男）として東京で生まれる。六〇年、早稲田大学政治経済学部卒業。九七年、東芝ＥＭＩ退職。早稲田大学グリークラブＯＢ会会員。

母のお兄さん

姪
山下和子

昭和二十一年一月、私がまだ五歳に満たない寒い夜の事でした。電報が届き、母は、「兄さんが帰ってくる」と喜んでいた。今思うと母は三十四歳。嬉しそうな声でした。次の日「和子か、おじちゃんだよ」と私と目線を合わせて話してくれた事、今でも鮮明に思い出されます。伯父は四十二歳くらいだったでしょう。

かちっとした肩巾《かたはば》、背が高く筋肉質な体形、近づくと親近感が有り、父とは異なり、伯父独特な匂いがしたことが第一印象でした。父は野田でキノエネ醤油の社長をして住まいは工場とは別に仲町にありました。二階には先代夫人のうたおばあさん、下には父母私とお手伝いさんが居《お》り、奥と離れは戦時中親戚が疎開をしていましたが、終戦をむかえ、伯父がシンガポールから帰ってきた頃は親戚も居を別にしていたので伯父は一年くらい仲町にある山下の離れに居りました。

私がようやく五歳になった頃、朝、伯父を起こしに行くと、伯父はくるりと反対の方を向いてしまい、その時私が驚いた事は、父の頭には髪があるのに、伯父の後ろの方にはどうしてないいんだろう、それに赤い肉がついているみたいで驚いて母に言うと、「伯父さんは、鉄兜《てつかぶと》を長い間被《かぶ》っていたから髪がすれたのよ」との事で、子供心に納得したものでした。

戦後は食料不足だったので、母は畑で、じゃがいも、トーモロコシ、かぼちゃを作っていました。伯父が野田に居る時は、野田の親戚じゅうに、自転車でそのじゃがいもを配ったりしてくれたようです。伯父が「今日は子供達にハローハローと言われちゃったよ」と言っていたのを思い出します。日焼けして、この辺の人より大きかったからでしょう。

その後伯父は、野田市(当時、野田町)の清水という場所に家を借りて移り住みます。清水におちついてから伯父はピクニックと称して、清水の家から清水公園に行くのが好きでした。その頃は清水の家付近はお茶の木が有り、清水公園までの道は、ほとんどが麦畑でした。野田は戦火がなく恵まれた方だったと思います。

キノエネの慰安会と称する事は、たぶん伯父の計らいだったと思いますが、バスで松竹の俳優さん(佐野周二《さのしゅうじ》、佐田啓二《さだけいじ》、笠智衆《りゅうちしゅう》)など多数みえて、昼はキノエネの野球チームと対抗戦をし、夜は興風会館《こうふう》という会場で慰安会等をし、会場は満員でした。当時は醬油も貴重品で、バスに沢山《たくさん》積んで帰られました。

その頃工場内にボイラーで焚《た》く風呂ができ、伯父はよくその風呂に行っていました。仕事の合間に野田に帰ると、バナナ、ビスケット、チョコレートと珍しい物を持ってきてくれました。私が初めてバナナを食べた時、伯父は「和子はバナナが嫌いか?」と、私はその初めての食感に驚きました。当時果物は、りんご、みかん、くらいだったからです。

清水に伯父が借りていた家には、おばあちゃん(あさゑ)、隣には一番下の信三《のぶぞう》さん夫婦が住んでいましたが、昭和二十七年、私が小学校六年の時に、伯父は北鎌倉におばあちゃんを連れて引越しました。その後、母と私は北鎌倉に行くのが楽しみで、母は伯父と話をする時は、弾んだ声を出していました。

私が二十二歳の時、伯父が言ってくれた言葉は、美人は何を着ても美しく見えるが、お前は品よくまとめないと美しく見えないよ、——(私は美人ではなかったので)色は黒白赤ベージュがいいかな、と、もう五十五年も前の事ですが、洋服を選ぶ時など思い出します。母も私も種々おせわになりましたし、父は仕事の方でも楽しく話をしていたようです。

そして当時、私にとっては伯父は、百パーセント、母のお兄さんというだけのことでした。

Profile

(やました・かずこ) 一九四一年二月三日、千葉県野田市に生まれる。六一年三月、山脇学園短期大学食物科卒業。八七年二月、キノエネ醤油(株)社長。二〇〇七年二月、キノエネ醤油(株)会長を経て、現在監査役。

小津先生の思い出

川西成子

「付き人」として

『小早川家《こはやがわけ》の秋《あき》』で小津先生の付き人になりました。それまで付き人をされていた中井益子《なかいますこ》さん（佐田啓二夫人）が家庭に入られて、お声がかかりました。当時、私は学校を卒業したばかりでした。撮影のときは、セットがライトでとても暑いんですね。暑いから、先生は頭の上に濡れたタオルを乗せて、暑さを凌《しの》いでいたんです。時間がたつとタオルが熱くなってくる。それを私が絞って、取り替えていました。それを見ていた父（笠智衆）に、お前、あんなペタって乗せちゃ先生に失礼だといわれました。

付き人が決まったとき、父はとくに何も言っていなかったです。撮影には同行しましたが、付き人ですから、父の声が聞こえるような位置にはいませんでした。父が演じる場面も、撮影しているのを遠くから見るという感じだったんです。

撮影が休みの日は、先生がいらっしゃる旅館にひっきりなしに女優さんか誰かがいらっしゃるんです。いつでしたか先生が、誰か呼ぼうよといって、若尾文子《わかおあやこ》さんがいらっしゃいました。とても肌が綺麗《きれい》でびっくりしました。女優さんはこんなにも肌が綺麗なんだと思って。原節子《はらせつこ》さんもいらっしゃっていました。皆さんご挨拶にいらっしゃるんですよね。プロデューサーの方もいらっしゃっていたと思います。原さんと海を見に行くということでした。瀬戸内海のほうでしょうか。小津先生に、成子ちゃんも乗っていけ、と言われて。よく考えたら、先生もなんかちょっと心配だったと思うんです。一緒に乗っていきました。助手席は原さん。私は後ろで寝て行きました。野田高梧《のだこうご》さんのご夫妻や山内静夫《やまのうちしずお》さんも、陣中見舞いとしていらっしゃいました。

蓼科のこと

小津先生と野田先生がシナリオを書いている山荘にも伺ったことがあります。料理も作ったことはありますけれど、もう全然!(笑) あれは料理っていうのかしら。料理は頭が良くなくちゃできないし、手先が器用じゃなくちゃできないんですね。野田先生の奥様は、料理が上手でした。あるとき、成子ちゃん、せっかく来たんだから夕食は任せるよって言われて、ひき肉があったからハンバーグを作りました。でも、周りがパリッと焼けたハンバーグなんて作れなくて、ぐちゃぐちゃっとしたものができちゃった。そうしたら「成子ちゃん、これ馬糞《ばふん》だよ。馬糞ハンバーグだ」って(笑)。そう言われたのが小津先生でした。割と辛辣《しんらつ》なことをはっきりとおっしゃいます(笑)。

思い出

撮影の話でいえば、今でも印象的なのが、『小早川家の秋』に画廊の場面がありますね。東山魁夷《ひがしやまかいい》とか本物の絵を飾っていました。すごいものだなと。東京から保険をつけて送らせたそうですね。

『小早川家の秋』以降は、(付き人の)話はなかったです。先生ももう懲《こ》りたんでしょう(笑)。私は子供で、宴会になると私が先に酔っ払うぐらいでしたから。いつだったか、お酒を飲んで先生と歌いながら旅館に帰ったことがありました。宝塚歌劇の「すみれの花咲く頃」を歌って。公演も先生と一緒に行きました。宝塚で好きな女優さんの話はとくに出ませんでしたが、綺麗な女性はみんな好きでしたね。美しいものは好きなんですよ。

＝談

Profile

(かわにし・せいこ) 笠智衆、花観(はなみ)の長女として鎌倉・大船に生まれ育つ。長野県蓼科には父の山荘があり、同地でシナリオを執筆していた小津安二郎、野田高梧とも交流があった。これが縁となり、後に『小早川家の秋』で小津監督の付き人として参加した。

あの時、上がりかまちで

菅野公子

小津監督とお会いしたのは一度きりなんです。でも強く印象に残っています。高校生か、大学生ぐらいのときだったと思います。たまたまその日は祖母と留守番をしていました。当時住んでいた浅草の家の、玄関を入ったところに畳が二畳ばかり敷いてあって、腰掛けられる上がりかまちがありました。そこに、先生がいらっしゃったんです。もうびっくりして。父も母もいませんから、急いでおばあちゃん！って、祖母を呼びに行きました。そうしたら祖母も、えーっ！て（笑）。もう、大先生ですからね。そのあと、先生は上がりかまちのところで、「お母さん、長生きしてくださいね、長生きしてくださいね」って。大柄な先生が、祖母を抱くようにして肩を叩いてくださったんです。お年寄りを大切になさる先生のやさしい行為だったと思うのですが、そのときの印象が、とても強く残っています。

小津先生の映画は、どこかに必ず電車が出てきますね。先生が父（厚田雄春《あつたゆうはる》）のわがままを気にかけてくださったのじゃないかなというくらい、電車のシーンは任せてくださったみたいですね。父は電車が好きでした。一緒に乗ったこともあります。私が乗るだけでも嬉しかったようです。まだ中学三年生のとき、当時は女の子が電車に乗って遠方のお友達を訪ねるなんてことは珍しい時代に、友達と岐阜まで行こうということになって。お友達は皆、だめだめ、とんでもない、って言われたのに、父は、そうかそうか、行け行け、ぜひ行っといで、の一点張りでした。神戸にいとこがいたときは、「つばめ」に乗るときに、駅まで送ってきてくれました。それも嬉しそうに、それこそ自分が行くのかみたいな感じで。大学のときには、(寝台列車の)「あさかぜ」に乗る、って言ったら、うわあ、あさかぜか!と。もう、自分が乗るくらい楽しかったんでしょうね。それから年を重ねて、電車音の入るレコードが家にありました。それを流しながら、私の息子たちを膝《ひざ》の上に乗せて、列車のガタンガタン、っていう音にあわせて、孫たちをガタンガタン、って揺らしていましたよ。すごくおかしかったけれど、あの子たちは電車が大好きなんです。仕込んだのは絶対に父ですよ(笑)。

小津先生の映画では、父は『秋日和《あきびより》』の伊香保《いかほ》の写真撮影のシーンに出演していますね。それから『東京暮色《とうきょうぼしょく》』の、「アツタさんラーメンきましたよ」っていう台詞《せりふ》、『お早《は》よう』の学校の場面での「アツタくん」。これはもう、先生の遊び心かしらと思いますけれど(笑)。

＝談

Profile

(かんの・きみこ) 一九四二年、映画キャメラマン厚田雄春の三女として東京で生まれる。六二年、東京写真短期大学技術科(現東京工芸大)卒業。七〇年、鎌倉・大船にて夫と菅野写真館開業。厚田雄春映画撮影の資料、器材等の保存管理責任を担当。

長屋紳士録　再考

落語家
立川志らく

小津安二郎の最高傑作は『東京物語《とうきょうものがたり》』である。個人的な好みからすると『秋刀魚の味《さんまのあじ》』や『麦秋《ばくしゅう》』の方が好きだが。もう一本外せない作品がある。『長屋紳士録《ながやしんしろく》』だ。中学生の頃、たまたまテレビで観た。当時の私はチャップリンとアル・パチーノに夢中だった。だからすでに一般的な中学生に比べたら映画を観る目は持っていたと思う。でも当時は小津の名前すら知らなかった。タイトルが『長屋紳士録』という認識すらなしでぼんやりと観ていたのだと思う。

すでにチャップリン映画を観ていたから昔の白黒映画に対する偏見とか苦手意識はなかった。とにかく面白かったのである。面白くて最後、ほろっとくる。その後、高校大学と映画青年として成長していくのだが、ハリウッドの名作にハマりだし、特にビリー・ワイルダーなどにかなりの影響を受けた。邦画はからきし苦手になり、せいぜい黒澤明《くろさわあきら》くらいで、小津の作品は数本観たが、全く退屈で、映画を沢山観過ぎた人が行き着く、つまり面白くないものを面白いと言った方が高尚な感じになるような、その対象の映画が小津安二郎だと思っていた。

だが談志《だんし》の弟子になりその影響でＭＧＭのミュージカルなども観るようになり、ただ談志も邦画はさほど好きではないから益々《ますます》邦画から離れていったが、落語家として年輪を重ねていき、三十路《みそじ》を越えたあたりで、黒澤と木下恵介と小津くらいは全部観ておこうと思い、観始めた。すると一番夢中になったのが小津作品だったのだ。若い頃、あんなに退屈に感じたのが面白いのである。『東京物語』を観て涙を流し『秋刀魚の味』で笑い転げた。

カメラアングルが楽しく、あの独特の台詞回しが中毒になり寝ても明けても小津という時期があった。そんな小津作品の中でもやはり好きなのは『晩春《ばんしゅん》』以降のいわゆる小津調が定まってからの作品だ。初期の作品はモダンだがやはり物足りない。笠智衆や原節子、杉村春子《すぎむらはるこ》、佐分利信《さぶりしん》、中村伸郎《なかむらのぶお》あたりが出ていないと満足出来ない身体になっていた。しかし『長屋紳士録』だけは違った。これを観た時の驚きたるやない。まず「あっ！　これだ！　中学生の時に観た、あの白黒映画だ！　小津作品だったのか！」と驚いた。そして長年、あの映画は何だったんだろうとずっと頭の片隅にあった疑問が解けたのだ。更に映画歴と人生経験を重ねて再会した『長屋紳士録』から受けた感動は昔観た時の何十倍もあった。

初めて観た時は自分が子供だったから子供の目線で観ていた。親とはぐれた子供が見ず知らずのおばちゃんと長屋で暮らす物語。そのおばちゃん、飯田蝶子《いいだちょうこ》が演じているが、怖いのなんの。最初は親を探しに行ってくれるのだが、見つからないとその辺に置いて逃げようとした。仕方なく面倒をみるようになるのだが、寝小便すると怒りまくる。子供が十円のクジで損をすると、ああ損しちゃったよ十円、馬鹿だねお前はと嘆いたり、干してあった渋柿がなくなると子供のせいにして怒ったり、実は近所のおやじが食っただけだったのに。なんて意地悪なおばさんだろうと思って観ていた。そのおばさんが最後、子供の親が見つかって子供と別れることになるのだが、おばさんが泣き出すのだ。そこで私は「ああ、このおばさんもようやく改心して泣いたのだな」と子供の時はそう思って感動したのだが、大人になって再会した時には全く違った。最初からそのおばさんの気持ちがわかるのである。寝小便で怒ったり、クジで嘆いたり、干し柿で子供を泥棒扱いしてしまった時の気持ちが手に取るようにわかる。最後の泣きも、当然改心しての涙ではない、子供が親が見つかってどれだけ嬉しいのかという喜びの涙と、もうあの子と暮らせない寂しさからくる涙と、更にはもっと可愛がってあげれば良かったという後悔からくる涙であるということがわかった。

ラスト、上野公園に戦争孤児が沢山うろついている場面が映るのだが、つまりこの映画は社会批判が入っている、それを、この場面を入れることにより浮き彫りにしたいのだろうが、あまりに安直でとってつけたような社会批判だと評論家から批判され、勿論《もちろん》、『東京物語』の核家族をテーマにした社会性と比べたら太刀《たち》打《う》ちできないから、今でもあまりこの作品を評価する人がいないのだが、もう一度きちんと観ていただきたい。こんなに楽しくて、泣けて、そして優しい映画はそうはないぞ。小津の芸術性は薄いが、薄い分だけ小津を知らない若い子も普通に入っていける作品だと思う。現に数年前、私は大正大学の表現文化学科で授業を受け持った事があるのだが、そこで生徒に『長屋紳士録』を見せてレポートを提出させた。一番多かった声が面白かった、である。若い子に小津を観せて「面白かった」という声が沢山上がるなんて信じられないでしょ。子供は背伸びをするものだから、ましてや大学の授業でレポート提出なんだから、つまらないと思っても感動したとか、これが世界に認められた日本人の本質を描いた作品だとか、空気感が素晴らしいとか、動かない世界の凄《すご》さとか、究極のリアリズムとか、見当はずれの言葉が並ぶはずである。でも「面白かった」ときたのだ。つまり大人の多くは小津の本質を見失っているのかもしれない。私は小津作品を崇高なものだと思っていない。小津の芸術性に触れたいから観るのではなく、楽しみたいから観るのだ。全くリアリティのない台詞の言い回し、変なカメラアングル、スベるギャグが楽しくて仕方ないから観る。例えば『秋刀魚の味』での加東大介《かとうだいすけ》と笠智衆《りゅうちしゅう》と岸田今日子《きしだきょうこ》の軍艦マーチの場面。あの面白さ！　演者達はなんであんな事をしているのか多分わかっていないはずだ。小津はウケると思ってやらせている。でもギャグが飛びすぎていて、笑いには繋《つな》がらない。つまりスベった。でもそこがたまらなく面白い。

　でも小津作品は面白いだけではなく、そこに人間の業《ごう》が見え、とてつもない感動が押し寄せてくるから夢中になるのだ。『長屋紳士録』は小津らしさが極めて薄いのだが、面白さは抜群にある。だから小津安二郎を語る時には絶対に外せない作品なのである。

Profile

（たてかわ・しらく）　一九六三年、東京生まれ。八五年立川談志に入門、九五年真打昇進。落語家、映画監督、映画評論家、劇団主宰、ＴＶコメンテーターと幅広く活動。九六年スタートのキネマ旬報連載ではベスト・テン読者賞を五回受賞。第七十三回文化庁芸術祭優秀賞受賞。

22ND CENTURY EARLY SUMMER

漫画家
島田虎之介

Profile

（しまだ・とらのすけ）　東京生まれ。漫画家。二〇〇〇年デビュー。〇二年、長編第一作『ラスト・ワルツ』。〇五年、小津安二郎の命日を起点に物語が展開する第二作『東京命日』刊行。〇八年、『トロイメライ』で手塚治虫文化賞新生賞を受賞。

アバター公開の時 伊集院光が「小津安二郎みたいなのを3Dでやったら3Dは本物になる」と言っていた。
そんなことを思い出したのは この原稿を描くため、買ったまま見ていなかった『麥秋』のBDを再生した時だった…
麥秋
EARLY SUMMER
一見して驚いたのは レストアされた映像の生々しさだった。まるで今撮影が行われていて、画面の外から小津安二郎その人が「笠さん、ちょっと」と現われるのではないかと…
笠さん ちょっと
22ND CENTURY EARLY SUMMER
島田虎之介
誰かが言っていた 「アナログフィルムに収められた情報量は膨大で デジタル技術が進歩したらしただけ、そのレベルまで情報を引き出すことができる」という意味のことを。だから…
22世紀のその日 私たちは間宮家の居間のその中で『麥秋』を観 ることになるかもしれない
いい映画だなあ

岩下志麻の孤独——小津安二郎の関心の移動

小説家
保坂和志

小津映画では『秋刀魚の味』が一番好きだ。手元にあった唯一の小津映画のビデオが『秋刀魚の味』で私はそれを毎朝、ひとりでご飯を食べながら十五分ずつとか二十分ずつとか細切れで繰り返し見たのが一番好きな理由といえばそれだけかもしれないが『秋刀魚の味』の停滞感がいい、カラーであるところもいい。

『麦秋』『晩春』『東京物語』は格調が高すぎて、つい身構えてしまう。カラー作品になると白黒作品より緩《ゆる》い感じがする、その緩さがいい、『彼岸花《ひがんばな》』とか『秋日和』とかも含めて、白黒より緩いのは私ひとりの気分か、カラーの方がカットごとの空間が楽だ。

『秋刀魚の味』で岩下志麻《いわしたしま》の結婚相手をどうするかという話がある。岩下志麻は自分と関係なく進む縁談や唐突に決まってしまった印象しか残らない結婚の話の相談相手がいない。冷蔵庫を買いたいという佐田啓二のところに岩下志麻は父から預かったお金を届ける。そのとき兄嫁の岡田茉莉子《おかだまりこ》はいるが岩下志麻は兄嫁とは相談しない。父の笠智衆は息子の佐田啓二とも友人の中村伸郎とも相談する。父がしかし相談すべき相手は末っ子の三上真一郎《みかみしんいちろう》だった。軽い気持ちで末っ子に訊《き》いてみたときにはしかし手遅れだった。

『麦秋』では原節子に縁談がくるが原節子はそれを断わり兄の同僚との結婚を選んだ。彼女には友人の淡島千景《あわしまちかげ》が相談相手としていた。兄嫁の三宅邦子《みやけくにこ》も、岩下志麻における岡田茉莉子よりずっと相談相手というか心強い存在として機能している。

『晩春』と『秋日和』は、父の再婚、母の再婚の話だが、娘である原節子と司葉子《つかさようこ》にはそれぞれ、月丘夢路《つきおかゆめじ》と岡田茉莉子が相談できる友人としている。司葉子には佐田啓二という男友達も相談相手になってくれる。

　岩下志麻の孤立ぶりはなんかおかしい。『麦秋』では原節子に、民主主義とか女の自立とか自覚とかそういうことも言わせていたのに、女性の進歩史観的なところが『秋刀魚の味』では一気にトーンダウンした、というより眼中になくなって、父の世代の映画になった、ということは小津安二郎自身の世代に重心が移った。

　さかのぼって、『秋日和』でも佐分利信・中村伸郎・北竜二《きたりゅうじ》の三人組のやりとりの方が、本筋より記憶に残っている。私は『秋刀魚の味』が好きなのは何より、笠・中村・北の三人を中心にするやりとりが楽しいからだ。一方で娘の岩下志麻は取り残される。兄の同僚の吉《よし》田輝雄《だてるお》への思いが叶わないと知ったあと、二階の部屋でひとり巻き尺をもてあそぶ場面、その前の父に声をかけられて黙って振り向く場面は、何度見ても怪談映画の一場面に見える。

　私は小津安二郎自身の戦後社会とか民主主義とか女性の社会的地位とかへの関心に関心があるのではない。そうではなくて、作品を作るときにその基盤となる登場人物や世代への関心が、ちょうどカラーになった『彼岸花』あたりから、若い人たちでなく自分の年にちかい人たちに向かうようになったことに関心がある。主義主張や作品の主題ということでなく、作家として生きているその人の関心が、若い方から上の方へ移ったことが、自分が五十歳をすぎた頃から「やっぱりそういうものなんだろうなあ」と思うのだ。

Profile

（ほさか・かずし）一九五六年生まれ。小説家。九〇年『プレーンソング』でデビュー。九三年『草の上の朝食』で野間文芸新人賞、九五年『この人の閾（いき）』で芥川賞、九七年『季節の記憶』で平林たい子文学賞、谷崎潤一郎賞、二〇一三年『未明の闘争』で野間文芸賞、一八年「こことよそ」（『ハレルヤ』所収）で川端康成文学賞を受賞。

OZUの国に育って

映画評論家
ケーテ・ガイスト

幼い頃を沖縄で過ごした。まだ小津も生きていた頃だ。当時、沖縄はまだ、軍の統治下にあった。小津を知っているアメリカ人は片手で数えられるくらいだっただろう。しかし国内での高い評価を考えれば、私は小津と出会うべくして出会ったのだ。

琉球大学に勤めていた父は、日本語と格闘していた。ある日秘書に誘われて、父は映画を見に行った。評価を得ていた『お早よう』という映画だった。次の日の朝食の席で、父はこのおかしな映画の話をして私たちを楽しませてくれた。二人の少年が、おなら遊びを楽しむのだ。アメリカの映画にそんな題材はなかった。

一九七〇年代には、ビデオレンタルやＤＶＤ、パソコン、ｉＰｈｏｎｅ、インターネットはなかった。それでも、アメリカのたいていの都市に「アートハウス」と呼ばれる映画館があり、キャンパス内にはシネマクラブがあった。名作や外国映画が配給されていた。なかでも主要な存在が「New Yorker Films」のダン・タルボットだ。一九七〇年代のはじめ、彼が十本以上の小津作品の配給権を取得したことで、それらがアメリカの大都市やキャンパスで上映された。私は一九七二年、ミシガン大学で初めて『小早川家の秋』を見た。故郷に戻った気持ちになった。その後、ある作品に興味を惹《ひ》かれた。これは幼い頃、父が話してくれた映画ではないか(New Yorkerはタイトルに『Ohayo』をあてていた)。若干《じゃっかん》興奮しながら尋ねると、父はすっかり忘れていたのだが、私は覚えていた。

一九五〇年代のハリウッドでは、美しさや異国情緒を売りに、アジアを舞台にした映画がたくさん紹介されていた。そのうちの一つが『二人の可愛い逃亡者』(一九五七年)だ。主役はジョン・プロボスト(『名犬ラッシーの大冒険』のティミー役で有名になる)。マニラから東京に向かう飛行機で遭難する少年が、日本の漁師一家に救助される。一家の息子は、両親が警察に通報しようとするのを聞き、少年と二人で、彼の両親を探すために逃げ出す。大人たちをかわして奈良にたどり着き、興福寺《こうふくじ》の五重塔のてっぺんで二人は救出される。当時、日本に住んでいたアメリカ人の同級生と私は心躍らされた。学者は東洋化されたファンタジーと解釈するだろうが、この映画は私たち自身を(言うまでもなく、かなりドラマ化して)描いていた。

それから、『お早よう』や他の「日本映画」について考えるようになった。一九七〇年代当時は大半がVHSで入手できず、二〇〇三年に米国議会図書館でいくつかの作品を見た。『二人の可愛い逃亡者』には、小津がよく起用していた三宅邦子と斎藤達雄《さいとうたつお》が出ていると知って驚いた。二人の少年が出てくること、(斎藤が)『生《うま》れてはみたけれど』の父親役であったことは偶然と思えなかった(三宅は一九五九年に『お早よう』の母役を務めた)。映画批評家のドナルド・リチーに尋ねると、スクリーン・クレジットは大映《だいえい》にしか与えられなかったが、作品は松竹との共同製作であったため、松竹にいた三宅が抜擢《ばってき》されたという。『二人の可愛い逃亡者』の監督アーサー・ルービンは、ブロードウェイやハリウッドでの役者を経て、六十本近くの監督を務めた。映画シリーズやテレビで、動物や子どもとの仕事に熟練していた。この映画には松竹の影響がみられる。例えば、清水寺《きよみずでら》のシーンは、そこが舞台となる『晩春』(一九四九年)を彷彿《ほうふつ》とさせる。ハリウッドの「日本映画」は日本の芸術や文化を典型的に示していたが、『二人の可愛い逃亡者』にも演劇巡回公演や芸者舞踊、バスで生徒たちが歌う様子などがある。すべてがそうではないが、小津の映画にも様々な種類のパフォーマンスがちりばめられている。この特徴は、松竹映画が無声映画だった時まで遡《さかのぼ》る。このようにして、私は十歳のときから小津に対抗する知識を磨いてきたように思える。

小津は初めて見た時から大好きだった。大学で研究しようと思ったのは、ヴィム・ヴェンダースについての博士論文を書き始めてからのことだ。今日では独立系の作家の多くが小津の影響を受けたと主張する。ヴェンダースは小津への熱意を示した最初の一人であったため、小津の研究も必要になった。論文とヴェンダースの本を完成させ、小津の研究と執筆を始めた。

小津安二郎は視覚に訴える詩人だ。ニュアンスや風刺、機知、皮肉、下品なユーモア、そして隠れた意味を使いこなす。彼こそ映画界のシェイクスピアだと思っている。

Profile

ケーテ・ガイスト(Kathe Geist) ミシガン大学で美術史の博士号を取得。著書『The Cinema of Wim Wenders: From Paris, France to Paris, Texas』をはじめ、小津や日本人監督に関する記事が学術誌や選集に多数掲載されている。著作は中国語、日本語、トルコ語に抄訳されている。現在、故郷のマサチューセッツ州チャールモントで小津に関する著書を執筆中。

みんなの小津会

俳優
加瀬亮

二〇一七年の十二月、北鎌倉の建長寺《けんちょうじ》で催された「みんなの小津会」に参加しました。清浄な空間に、スタッフの方たちが小津映画上映のために何日もかけて準備したであろう設備や飾りを見ただけでも嬉しい気持ちになりました。さらには小津組のプロデューサーだった方をご紹介いただいたり、遠くから駆けつけてくれた友人に再会したり、また初めての方やなじみの方たちと挨拶したり話したり、等々。控室には小津監督ゆかりの光泉《こうせん》のいなり寿司なんかまでご用意いただいて、なんだか小さな祭りに来ているような気分になりました。『麦秋』が上映され、お寺の中で大勢の息遣いや笑い声を聞きながらの小津映画体験は思った以上に新鮮で楽しいものでした。

原節子と淡島千景が結婚前の最後の学生気分を楽しむようにお見合い相手を覗《のぞ》きにいくシーン、踏切の手前で腰をかける菅井一郎《すがいいちろう》の姿、杉村春子が原節子に唐突にアンパンをすすめるシーン、原節子が家に来てくれると聞いたときの二本柳寛《にほんやなぎひろし》の誠実な顔、三宅邦子と原節子のラストの海岸のシーン、「もう食べちゃだめよ、ショートケーキ」「あたりまえよ、あんな高いもの！　……でももらったら食べる」と展開するあのなんとも的確な生活感とすべてを凌駕《りょうが》するような二人のキュートさ。もうあげだしたらキリのないほどこの映画は驚きに溢《あふ》れ味わい深く、心に沁《し》み入るものでした。

小津安二郎の映画は、どうしてこうまで日常や人の奥行きや言葉にするとこぼれていってしまうもの、焦点をあてようとすると消え去ってしまうようなものをすくい取ることができるのか、不思議でなりません。

私は映画の上映中、なぜかこんなことを思い出していました。自分のことばかり言う子供だった頃のこと。祖父母や両親、弟のこと。親しい友人たちのこと。近所のおじさんやおばさんのこと。仕事で出会った人たちのこと。誰かと見た景色や一人きりで見た空のこと。どうにもならない無力感におそわれた日のこと。どこかで感じた心地よい風のこと。好きだった人のこと。もう二度と会えない人たちのこと。

一つのスクリーンを大勢の人たちと観ながら自分の人生に起こった些細《ささい》な出来事ばかりを思い出していました。そして自分なりに懸命に生きてきたこの人生と同じような苦しさや楽しさが、他の人の人生にも流れているんだということにあらためて気づくのでした。

Profile

（かせ・りょう）一九七四年、神奈川県生まれ。二〇〇四年、『アンテナ』で映画初主演以降、『それでもボクはやってない』『硫黄島からの手紙』『ライク・サムワン・イン・ラブ』『自由が丘で』など国内外問わず映画を中心に出演。第三十一回日本アカデミー賞優秀主演男優賞、第五十回ブルーリボン主演男優賞などを受賞。

小津の無声映画をどう観るか

作家
北村薫

無声映画『生れてはみたけれど』をテレビで放送したことがある。その時は、字幕の男の声を男性、女の声を女性が読んでいた。《音》はそれだけ。原作を越えた余計なものを加えないよう、配慮したのだろう。

だが観ていて、まことに落ち着かなかった。視覚と同じ情報が聴覚から入ってくる。それこそ余計なもの——に思えてしまった。

『もう一つの映画史　活弁の時代』(吉田智恵男《よしだちえお》・時事通信社)に、面白い話が紹介されている。大正九年の映画『いくら強情でも』は弁士から《日本語のスポークン・タイトルでは、説明がしにくいと》いわれ、わざわざ《フランス語に翻訳した字幕を入れ替えて》封切ったというのである。

吉田はいう。客が字幕を読み、《劇中の人物の言葉を頭に入れてしまったのでは、弁士の言葉がそれをなぞるだけになってしまい、聞かせる鮮度が落ちるから、普通の客にはわからない欧文に》した――と。

フランス語字幕のついた日本映画というところに気取りもあるのだろう。それはそれとして、これこそまさに、わたしの感じたストレスについてのエピソードではないか。

ところで、前述の『生れてはみたけれど』の放送では、解説者が、音がないからこその画面の深みということをいっていた。まことしやかだが、本当にそうだろうか。

谷崎潤一郎《たにざきじゅんいちろう》の『活動写真の現在と将来』中にあるこの一節は、忘れ難い。


活動写真に色彩と音響とがない事は、其の缺点《けってん》なるが如くにして、寧《むし》ろ長所となって居るのであろう。ちょうど絵畫《かいが》に音響がなく、詩に形象がないように、活動写真も亦《また》、たまたま其の缺点に依《よ》って、却って藝術に必要なる自然の浄化――Crystallization――を行って居る形である。予は此の一事に依っても、活動写真が芝居よりは高級な藝術として発達し得る可能性を認むる者である。


《詩に形象がない》という。その通り、映像化された文学作品は、多くの場合、本質的なものを失い、映像作家の手になる別のものとなる。面白いのは、《絵畫に音響がな》い、つまり、映画は演劇よりも美術に近い――という指摘だ。なるほど、伴奏付きのダ・ヴィンチの絵画は滑稽《こっけい》で、色を塗られたミケランジェロの彫刻は悲惨ですらある。

　この文章を右に置き『非常線《ひじょうせん》の女《おんな》』の冒頭を無音のＤＶＤで観れば、我々は、なるほど――と頷《うなず》いてしまう。しかし本来、無声映画とは音のあるものだ。音楽があり、弁士が語る。

字幕を読むのが弁士の仕事ではない。
山本健吉《やまもとけんきち》が生涯最後に観た映画は、『散り行く花』(D．W．グリフィス監督)だったという。多くの無声映画ファンが感動と共に語る作だ。『走馬燈《そうまとう》　父山本健吉の思い出』(山本安見《やすみ》・富士見書房)によれば、安見の母が少女時代、ラストシーンの《「誰《たが》ためにとて捧げしぞ、このホワイトブラッサム！」》という名調子に涙し《幾度も観に行ったと聞かされて、父はかねて憧れ》、昭和六十二年、浅草での上映に出掛けて行った。形式は、ピアノ伴奏に朗読。期待した《セリフがなくて父はがっかりした》。

弁士が語っても全く同じ言葉には出会えない。『活辯《かつべん》時代』(御園京平《みそのきょうへい》・岩波書店)には、山野一郎《やまのいちろう》の語る、同じシーンが収められている。だが微妙に違う。無声映画は、本来、監督と個々の弁士の共同作品であり、映画館ごとに形を変えていた。

そう思う時、トーキーの誕生とは映画が音を得たという単純なことではなく、映画が監督のものになった――ということだろう。『活辯時代』には、傑作といわれた徳川夢声《とくがわむせい》の語る『カリガリ博士』が引かれている。眠り男の目が開くところで《うわァー　大きな目玉だ！》とある。一見、やり過ぎのようだ。だが、『カリガリ博士』の画面を観ると思う。《その細い目が少しずつ開く》の後に夢声独特の息詰まる間、そしてこの叫びがあれば、映画館の客はその時、時間空間を超え、異国の見世物《みせもの》小屋の客になったろう――と。

研究対象《小津作品》として観るなら、無声映画は無音で鑑賞するのが正しい。だが昔確かにあった、生き生きと《語られる小津映画》も、ふと夢見てしまう。

徳川夢声、山野一郎……と続く話術家の系譜を見ると、立川志らくのことを思ってしまう。

夢声もまた、最初は落語家をめざしていたではないか。何より、志らくは小津を愛している。映画や舞台の演出経験も豊富だ。

時は容赦《ようしゃ》なく流れて行く。今なら、弁士志らくの語る映画館に行ってみたい。これは、NHKがやるべき試みではないか。志らく師匠にとっても、一生の大きな仕事になる筈《はず》だ。無声映画の語りに《絶対》はない。そのひとつとして《立川志らくの語る小津映画》を、後世に残してはもらえないだろうか。

Profile

（きたむら・かおる）一九四九年、埼玉県生まれ。早稲田大学第一文学部卒業。八九年、『空飛ぶ馬』でデビュー。九一年、『夜の蟬』で日本推理作家協会賞受賞。二〇〇六年、『ニッポン硬貨の謎』で本格ミステリ大賞受賞。〇九年、『鷺と雪』で直木賞受賞。一六年、日本ミステリー文学大賞受賞。『スキップ』『いとま申して』など著書多数。

昔も今もほろ苦い

作家
光原百合

小津安二郎監督の、サイレント映画時代の傑作とされる『大人《おとな》の見《み》る繪本《えほん》　生《うま》れてはみたけれど』（一九三二年）。タイトルを見ると、何やら重い内容の映画ではないかと思える。

小津監督は一九二九年に『大学《だいがく》は出《で》たけれど』という映画を作っており、昭和初期の恐慌時代を背景に、大学を出ても就職に苦労する学生たちの姿をシニカルかつコミカルに描いたものらしい。「大学は出たけれど」という言葉はここから流行語になったのだそうで、世相を見事に切り取っていたのだろう。

『生れてはみたけれど』というタイトルも、そこからの連続性を意識してつけられたのだろうが、「大学は出たけどいろいろタイヘン」とでも軽く続きそうな前者に比べ、一気にニヒリズムに突っ走って行きそうな「生れてはみたけれど」。人は何のために生きるか、という哲学的な問いにも行きつきそうだ。

そんなわけで気楽に見る気持ちになれなかった本作だが、実際に見てみると、それほど身構える必要もなかった。かといって明るいだけの内容でもない。ユーモアにあふれ、けれどほろ苦さが心に残る物語だ。

　父母と小学校に通う兄弟二人の一家、吉井家が、のどかな郊外の町に引っ越してくるところから映画は始まる。一九三〇年代の映画だから、町並みの様子も人々の暮らしぶりも今とはずいぶん違う。たとえば小学校の壁には「爆弾三勇士」と書いた額がかかっているし、ラスト近く、父親に「大きくなったら何になる」と聞かれた息子は「中将になる」と答える。いかにも時代を感じさせる。

　兄弟二人は、引っ越して早々にガキ大将(『ドラえもん』に出てくるジャイアンみたいな子だ)と彼が率いる子供たちに目をつけられるが、ガキ大将に率いられる悪ガキたちというのも、今ではあまり見かけないだろうか。男の子たちがスズメの巣から卵を取って生で呑《の》んでいるのを見たときも、昔の子供はたくましかったものだと驚き感心した。

　この映画は子供たちが実に生き生きと描かれていて、吉井兄弟がガキ大将たちに対抗するため、酒屋の御用聞きの少年(『サザエさん』でおなじみ、三河屋の三平さんみたいな人。御用聞きの仕事も今ではめったに見かけなくなった)を味方につけるあたりもユーモラスだ。少年といっても小学生よりは大きくて力も強いから、「ジャイアン」だって敵《かな》わない。けれど、吉井家よりお金持ちのうちの坊ちゃんには手は出せないよと断られるのは、ラストへの伏線となっている。

　さてこの吉井家の父はなかなか風格ある二枚目で、子供たちには「学校でしっかり勉強して偉くなれ」と常日頃から言い聞かせている。しかし会社の同僚たちには、上司である専務への気配り・ごますりで出世していると蔭《かげ》で揶揄《やゆ》されている。

ある日、専務が趣味にしている、日常風景を活動写真に撮影したものの上映会をするというので、吉井父はじめ社員たちが専務のうちに招かれた。専務の息子・太郎が吉井兄弟と同じ小学校に通っているので、兄弟もそのつながりで同席する。ところが映っている会社の日常を見ると、吉井父が場を盛り上げるため、おどけた顔やこっけいな仕草をしているところが映っていた。

吉井兄弟は傷つき、怒った。彼らの尊敬する父、誰よりも偉いと思っている父が、専務たちに笑われ、ペコペコしている姿が我慢ならなかったのだ。

多くの場合、子供にとって親は、世界の誰よりも強く偉い存在だ。しかしもちろん、どんな親だって人間だから、いつまでも「誰よりも強く偉い」存在ではいられない。いつかどこかで、子供が親に幻滅する瞬間は必ず訪れる。これは、昔も今も変わらない親子の姿ではあるまいか。

吉井兄弟にはそれがちょっと劇的な形で訪れてしまった。うちに帰り、兄弟は父親に対して地団太《じだんだ》を踏んで訴える。太郎ちゃんのお父さんはお父さんより偉いのか、お金持ちだから偉いのか、それなら学校で勉強したって無駄《むだ》じゃないか、と。

子供の駄々といえばそれまでだけれど、これは結構人生をかけた問いで、大人だってそう簡単に答えられるものではない。吉井父も言葉を失い、息子たちを無理やり寝かしつけてから酒を飲む。「飲まなきゃやりきれないよ」と妻に言いながら。彼だって、上司の機嫌を取り結ぶ自分に忸怩《じくじ》たる思いはもっている。そして、息子たちもいずれ大人になればこんな苦労をするのかと、やりきれない思いも抱いている。この場面を見たら昔も今も大抵の大人は、ほろ苦いものを感じて「飲まなきゃやりきれなく」なるだろう。

翌朝兄弟は、自分たちの問いにちゃんと答えてくれない父母に抗議するため、そして成長して理不尽な社会に生きる大人になるのを拒否するかのように、朝食を食べずに庭先で拗《す》ねている。おなかがすいて、兄はそのあたりの草の葉をむしって口に入れ、弟はズボンのベルトをきつく締めてごまかそうとする。そこへ、父に言われた母がおむすびをこしらえて持ってくる。おむすびは日本人にとって、昔も今も和解の象徴なのだなあ。兄弟は父と一緒におむすびを食べて、一家に平和が戻る。

さて、この出来事は大事件でも何でもないが、一家にとっては長く記憶に残ったのではあるまいか。父さんが世界一偉くて強いわけじゃないと知ったのはあのときだったと、年を取ってから兄弟で語り合い、当時の父の心情に思いを馳《は》せることもあったかも。

しかしこの映画で描かれた時代の後、「爆弾三勇士」たちが賞賛される時代へと日本が入って行くことを、私たちは知っている。たとえ上司にペコペコする大人になったとしても、少年たちが生きて成長できるだけで幸運な時代があったのだ。愛すべき吉井家の人たちと近所の子供たちが無事に苦難の時代を乗り越えられたかどうか、誰にもわからない。そのことが映画を見た後、私の胸にほろ苦さどころではない苦さを残した。

この映画の『生れてはみたけれど』というタイトルは、まさかそこまで見通してつけられたものではないだろうけれど。

Profile

（みつはら・ゆり）　一九六四年、広島県尾道市生まれ。作家、尾道市立大学教員。大阪大学大学院にて英語学を研究しつつ、詩や童話、小説を執筆。九八年に初の小説『時計を忘れて森へいこう』を上梓。二〇〇二年、「十八の夏」で第五十五回日本推理作家協会賞（短編部門）受賞。一一年、『扉守　潮ノ道の旅人』にて第一回広島本大賞を受賞。

「小津」を継承しようとした男

映像研究者
中村紀彦

「じゃあ、あれ持ってきてくれる」

山田洋次《やまだようじ》監督がつぶやいた。二〇一二年五月三十一日の午後、東宝スタジオは『東京家族《とうきょうかぞく》』の撮影最終日で活気付いていた。セットには周吉役の橋爪功《はしづめいさお》が座っている。およそ六十名以上のスタッフが彼の「爪」を切る演技を見守っているのだ。助監督はMac Book Airを置いた。松竹の伝統的な撮影現場で山田がパソコンと向き合った。

「今かけるんだよ、今だよ」

山田が助監督を急《せ》かす。小津安二郎監督『東京物語』(一九五三年)のテーマ音楽が流れだした。なんだこれは……ここは『東京家族』の撮影ではなかったか。しかしそんな当惑もどこ吹く風、スタッフたちが耳を傾けるその映画音楽を、わたしも涙を浮かべて聴いていた。

「ヨーイ、この映画の最後の気持ちですね、ヨーイ、これが最後のカットです、ハイ!」

山田のかけ声が響いた。音楽は本番中も流したままだ。わたしは橋爪の丸まった背中を通して、『東京物語』の笠智衆の姿を透かし見ていた。わたしはどこかやるせなかった。なぜなら、現場が小津安二郎の亡霊に取り憑《つ》かれたようだったからである。『東京物語』のリメイクと謳《うた》う『東京家族』は、小津安二郎を夢見てしまった。山田は小津を継承しようとしたのだ。その重圧は彼を呪いのように苦しめたはずだ。だが本作は、山田が小津を求めて格闘するなかで生まれた新たな「山田らしさ」があった。

このエッセイは、わたしの現場での経験を中心に書かれている。山田はいかにして小津と向き合い、いかにして自身の表現を更新したのだろうか。

「松竹」を継承してしまった男

小津安二郎の『東京物語』公開が一九五三年、山田洋次はその翌年に松竹へ入社した。山田は小津と直接的な関係はほぼない。当時、二十代だった山田は小津作品を「ナンセンス」と吐き捨てていたほどだ。彼の監督作品は八十五本を超える(二〇一八年十一月現在)。松竹の看板を背負いつづける男は、第一作から最新作に至るまで「家族」のさまざまなかたちを捉えつづけた。だがそれは、小津も同様であった。山田は小津という巨大な存在から逃れつつ、同時に強く意識してきた。その意識が『東京家族』で解放される。脚本の冒頭にはこう書かれていた。

「この作品を小津安二郎監督に捧げる。」

ところで山田は、前作の『おとうと』で小津への執着を露《あら》わにした。山田組のお抱え撮影監督が交代したため、はじめて山田自身で撮影方針を本格的に練り上げた。山田は小津映画を日々研究したのだ。彼はかつてこう述べていた。

「私は、小津さんから直接に影響を受けているつもりはないけれども、人さまは山田は似てきた似てきたという。もし小津さんから私への流れ、あるいは継承というものがあるとすれば、小津さんたちが大船でつくりあげたものがいつのまにか同じ大船で育った私の肌にしみこんでいったというべきでしょう。意識を越えたところでね。*」

意識へとのぼりつめてくる小津の存在、山田はそれに自覚的だった。『東京家族』撮影時、山田がなんども漏らす言葉があった。

「小津さんならどうするかなぁ」

山田は小津を背負いすぎ、そして背負わされすぎたのかもしれない。

『東京家族』の撮影現場で三ヶ月間、わたしは撮影助手「見習い」をやった。大学のインターンシップ制度を利用し、撮影に参加できたのだ。当時すでに全編デジタル撮影が主流のなか、本作は全編フィルム撮影であった。レンズは二四ミリ、二八ミリ、三二ミリ、五〇ミリがおもに使用された。現場の仕事はケーブル巻き、装置の運搬や受け渡し（新人はキャメラに接触禁止だ）、お茶くみ、そして山田が見るモニターの設置である。そのためわたしは山田やキャメラに限りなく接近できた。

山田組は基本的に順撮りである。つまり、脚本の冒頭から結末まで可能なかぎり順番に撮影をおこなうことだ。この方法は俳優の演技構築に有利な環境となる一方、日程調整の困難さゆえにあまり採用されない(小津も順撮りではない)。『東京家族』は、小津作品を意識した画面構成、登場人物の身ぶりが端々で顔をだす。ローポジションのキャメラ、キャメラと相対するような登場人物の視線、彼らの抑制された仕草や台詞まわし。これこそ、山田が目指した小津の特徴的演出だった。

「山田節」を取り戻すこと

撮影も中盤に差し掛かる頃、わたしは山田から質問を受けた。

「きみはどんな映画監督が好き? 黒澤とか小津とかさ、あるだろ、小津とか。好きな監督いないの、好きな作品とか」

「小津……作品が好きです」

「違うんだよ。小津のどんな作品が好きで、どこが好きなのかって」

「『東京物語』の冒頭でなかなか見つからなかった枕が見つかるとか……」

「違うよバカだなぁ。どう面白いのそこが、どうなの」

と、基本的に山田への応答は全否定される。彼のなかにすでに答えがあるからだ。頑《かたく》なな持論を崩さない彼だったが、『東京家族』の方向性だけは揺らいでいた。山田は、とにかく苛立《いらだ》っていたのだ(わたしの情けない返答のせいではない)。

ある日、撮影セットの下見があった。周吉ととみこが退屈してテレビを見る二階の和室である。そのテレビに映るお笑い番組を山田が確認している。芸人たちが必死に笑いを取っていたが、山田はため息とともにこう述べた。

「これのどこがおもしろいんだろう」

彼の言葉はテレビ番組だけに向けられてはいなかった。迷走する本作の方向性への不安と焦りにたいするものだったのだ。

後日、山田の演出は突然の方向転換をした。発端は山田組のラッシュだったと記憶している。ラッシュとは、先日撮影した映像を現像確認することだ。山田組では昼休憩後にスタッフ全員でおこなう。ある日、ラッシュ確認後、山田は撮影監督らと話しこんでいた。その会議は長かった。彼らの話し声は聞こえなかったが、山田のラッシュへの不満の大きさはたしかだった。後日、該当するシーンのリテイクが決定した。その内容とは、人物のほぼ正面から捉える会話のショット／切り返しショットをやめることだった……。それは、「小津的なもの」の追求に限界を認めることを意味する。じつは本作は、ショット／切り返しショットや登場人物の視線の置きかたによって、はるかに「小津的」に撮影されていたのだ。

山田は撮影中盤に「小津的なもの」への接近に歯止めをかけた。本編の奇妙な「小津調」は、まさしくこの山田の苦心の痕跡なのである。このリテイク以降、キャメラは低いポジションからゆるやかに上昇していった……。その変化とともに、登場人物の仕草や台詞まわしにあった違和感も修正された。この修正は画面のなかではわずかな違いでしかない。だが、山田にとっては勇断だった。なぜなら本作は中盤以降、キャメラの上昇をきっかけに「小津的なもの」への執着は画面から消え去り、あの山田節が冴《さ》えわたっていくからだ。同時に、「3・11の震災」などの生々しい社会描写や、『東京物語』では強調されなかった「現代社会への不満」が本作で前面に出てくる。山田は「小津的なもの」の表層的な模倣を越えて、

『東京物語』の問題意識を現代の我々がいかに引き受けるか、この当初の目的を顧みたのだった。

小津から遠く離れて?

山田の方向転換にたいして、全スタッフが好意的ではなかった。当然ながら、『東京物語』と本作の違いを撮影ごとに痛感したからだ。山田組の結束力が不足していたわけではない。全スタッフが、『東京物語』という理想を目指していたからだ。この理想に苦しんだのは山田だけではなかった。スタッフもまた、原作とリメイクとの決定的な違いを肌身で感じ取りながら、そして撮影現場を『東京物語』の画面と重ね合わせながら、恐る恐る撮影を進めていたのである。

映画監督たちは「小津的なもの」の危険さを知っている。だからこそ、そこから自由になるためには、いちど「小津的なもの」に没入する必要があるのだろう。山田も同様の戦略で「山田洋次」を取り戻し、山田節を昇華させた。『東京家族』は、『東京物語』との差異を明確に打ちだす態度を中盤から徹底している。それはとみこ(吉行和子《よしゆきかずこ》)が階段で倒れる場面から明らかである。小津は病床の登場人物たちの様子を画面から排除したが、山田は表情を何度も提示する。小津は紀子(原節子)以外の涙をできる限り抑制したが、山田は登場人物たちの涙を逃さない。山田は、紀子(蒼井優《あおいゆう》)が涙に濡れた顔を手で覆う演出を両手に変更したほどだ。小津作品に露骨な社会反映はないが、山田はできる限りはっきりと世相を反映する。山田はあらゆる点で小津との違いを際立たせた。少なくとも本作における「山田節」とは、

「あいまいさ」を徹底的に削《そ》ぎ落とすことで小津から離れていくアプローチだといえる。

その点に『東京物語』と『東京家族』の決定的な違いがある。小津は「語りすぎない」「余韻や味わい」を大切にするが、山田は『東京家族』の物語世界を多くの「意味」で満たした。木作と山田が恐れたのは、小津の濃い影（＝影響）だった。だからこそ、冒頭に述べたラスト・シーンの撮影方法にわたしは驚愕《きょうがく》したのだ。これほど小津への複雑な感情が渦巻く現場をわたしは知らない。

数多《あまた》の映画監督たちを衝《つ》き動かす小津の魅力とはいったいなんだったのか。『東京家族』の現場から感じとったのは、小津とは越えられない壁だということだ。映画監督たちは、この越えられなさへの対峙《たいじ》で、自らの作家的特徴を編みだす道を模索する。だがそれこそ、小津作品が山田をはじめとする映画監督を後押ししていることなのだ。

死せる小津が未《いま》だ現役の監督を鼓舞《こぶ》している。『東京家族』がそのことを教えてくれたように思う。

＊ 吉村英夫『山田洋次の世界』（シネ・フロント新書、一九八四年）、二〇二頁。

Profile

（なかむら・のりひこ）一九九一年生まれ。映像／アピチャッポン・ウィーラセタクン研究を専攻。神戸大学大学院人文学研究科博士後期課程に在籍中。山田洋次監督『東京家族』にて撮影助手。共著に『アピチャッポン・ウィーラセタクン：光と記憶のアーティスト』など。「美術手帖」や批評誌「エクリヲ」などに寄稿。

なぜ小津だったのか

映画監督
周防正行

監督デビュー作で小津安二郎監督作品を徹底的に模倣した映画『変態家族　兄貴の嫁さん』を撮ってしまったわけだが、一体それはどういうことだったのだろうか。

ピンク映画の助監督として過酷な撮影現場で必死に働き四年が過ぎた頃、先輩監督から「そろそろ一本撮ってみないか」とチャンスをもらった。念願の監督デビューである。ところが、困った。何を撮ったらいいのか、全く思いつかない。監督になりたかったはずなのに、撮りたいものがないのだ。

よくよく考えてみれば、映画監督を本気で志していたのか怪しいところもあった。この世界に飛び込んだのは、単に映画監督という漠然としたイメージに憧れていただけかもしれず、本気で撮ってみたいものなど端《はな》からなかったのかもしれない。それが証拠に、助監督になってから、こんな映画を撮りたいと具体的なイメージを持ったことがない。何も考えず、目の前に迫りくる仕事を必死にこなしていた、というのが僕の助監督生活であって、その先に具体的な「自分の撮る映画」を見据えてはいなかった。監督になるチャンスをもらって初めて、そのことをはっきりと自覚し、慌てた。

もう開き直るしかなかった。自分の一番好きなものについての映画を撮ろう。ありがたいことにピンク映画は裸さえ出てくればテーマは何でも構わない。自分が一番好きなもの、それは間違いなく小津作品だ。初めて見たのは十代の終わり、『秋刀魚の味』だったと思う。見ながらずっと「終わらないでくれ」と祈っていた。穏やかな空気、心地よいリズム、抜群のユーモア、そして孤独。自分も映画の中に入り込み、この人達と一緒にいたいと思った。心震えるとか、泣けるとか、笑えるとか、そんな感情レベルではなく、もうまるごと自分がその映画の中に入ってゆきたいと願っていたのだ。他のどの映画とも比べようのない、別次元にある映画だと思った。どんな映画よりも好きだが、正確には、どの映画とも比べることなどできない別物としてそこにあったのだ。その後、銀座にあった「並木座《なみきざ》」や、フィルムセンター(現国立映画アーカイブ)の小津特集に通いつめ、現存する小津映画をすべて見た。僕にとってそんな監督はそれまでいなかった。だからといって、小津のようになりたいと映画監督を志したわけではない。なれるわけがないことくらいは分かる。笠智衆になりたいと口走ったことはあるけれど。

僕にとって小津映画を見るということは、ひたすら幸福な時間にひたりつつも、「人は一人で生まれ、一人で死んでいく」という当たり前の事実を突きつけられることであった。それでも心地よかったのは、小津の「他者を見つめる目」にあったと思う。例えば『東京物語』を見る度に僕は、自らを責める原節子に対して思わず「ずるくないよ」と口に出してしまうのだが、小津もまたそのように紀子を見つめていたに違いない。

今の自分に一番正直なのは、大好きな小津についての映画を撮ることではないか。そう勝手に思い込んでしまった、というのが撮影の動機である(それに加えて、出版されたばかりの蓮實《はすみ》重彦《しげひこ》著『監督 小津安二郎』があった。この本の存在はとても大きかった)。

僕は「小津になる」と決めた。準備から撮影中も罰当《ばち》たりなことをしているといった後ろめたさは全くなく、ただひたすら楽しかった。いちいち嬉しいのである。数々の小津作品をコラージュしながら、セリフまでまるっきり同じというシーンも嬉々《きき》として書き、ロケ場所もそれなりに関連性を求め、もうニヤニヤしっぱなしである。とはいえ、脚本を書き上げると円覚寺《えんがくじ》にお墓参りに行き許しを請《こ》い、撮影後も「勝手なことをしてしまい、申し訳ありませんでした」とお墓に手を合わせた。そうしないではいられなかった。正直に言えば、何であんな無謀なことをしてしまったのだろうかと、今となっては思わぬでもないが、当時の僕には無謀なことをしているという自覚はまるでなかった。

なぜならこの映画は、大好きな人にひと目も憚《はばか》らず告白をしたようなものだったからだ。恋だから周りがみえないのは当たり前である。そして撮影してみて初めて失恋することができた。『変態家族　兄貴の嫁さん』は、いろいろな意味で「卒業論文」だったのだろう。とはいえ続く『ファンシイダンス』でも未練たらたらのアプローチは続き、二度目の告白をするにいたったのだが、ここまでしなければ、気がすまなかったということだ。

今考えれば、この一見無謀なアプローチのおかげで僕の映画作りは、結果的に見た目小津的なるものから少しずつ離れてゆき、やがて自分が撮るべき映画についてのイメージを持つことができるようになった。小津作品の中に入り込みたい一心で、罰当たりなことをしてしまった二十七歳の自分に、そんな未来は思いもつかなかった。

Profile

（すお・まさゆき）一九五六年、東京生まれ。小津安二郎にオマージュを捧げた『変態家族 兄貴の嫁さん』が話題を呼び、『ファンシイダンス』で一般映画監督デビュー。日本アカデミー賞十三部門独占受賞、ハリウッドでリメイクされた『Shall we ダンス？』や『それでもボクはやってない』『終の信託』『舞妓はレディ』等多数。二〇一六年春、紫綬褒章受章。最新作は『カツベン！』（二〇一九年）。

小津映画との出会い

映画作家
想田和弘

映画青年でもなかった僕がいま映画を作る仕事をしている理由のひとつは、小津安二郎の映画に出会ってしまったからである。

大学時代、雑誌に載っていた小津作品（おそらく『晩春』だったと思う）についての短い文章を、たまたま目にした。たぶん川本三郎《かわもとさぶろう》さんによるコラムだったと思う。そしてこのコラムで紹介されていた映画の「あらすじ」に、なぜか強烈に惹《ひ》きつけられたのである。

「何としてもこの映画を観なければならない」

そういう衝動を覚えた。だけど近くのビデオ・レンタル屋さんに行っても置いていない。回顧上映の予定もない。調べてみると、「小津安二郎　戦後松竹作品全集」のレーザーディスクが発売されたばかりだった。そしてその全集を買う以外に、映画を観る方法はなさそうだった。

だから都内のビデオ屋の店頭で、「戦後松竹作品全集」を発見したときには、「あっ」と思わず声をあげた。手に取ってみると、ずっしりと重かった。中身の充実がそのまま重さになっているように思えた。値段は五万円。

僕はそれまで、小津映画を一本も観たことがなかった。だけどこのレーザーディスクは何としてでも買わねばならぬと思った。それで近くの銀行へ飛び込み、なけなしの預金を下ろして衝動買いした。

面白いもので、こういうときの直感は、なぜか信頼できるものである。僕はこの全集に収められた作品群を、腹を空《す》かせた野良犬がようやく餌《えさ》にありついたような勢いで、貪《むさぼ》るように観た。まるで僕のために作られた映画たちであるかのように感じた。

冒頭に書いた通り、僕はいわゆる映画青年ではなかった。ハリウッド映画などをときおり友達と観に行く程度の、ごく一般的な映画の観客だった。大学では宗教学を専門として選び、人間はなぜ生きるのか、そしてなぜ死ぬのか、などという問いについて悶々《もんもん》と考えていた。

その一方で、「将来は映画を作る仕事をしたい」という考えは、小津の映画に出会う前から、若い僕の頭の中に、知らず知らずのうちに芽生えていたのだと思う。初めてその「芽」の存在に気づいたときには、「とんでもない」と慌てて打ち消したように記憶している。われながら突拍子もないアイデアだと思った。

だが、それは僕の意思とは裏腹に、時を経るうちに心の中で水と栄養分を吸収し、少しずつ茎を伸ばし、葉を茂らせていった。小津作品との出会いは、そういう微妙な時期に起きたのだと思う。

小津の作品は、人間がなぜ生きて、なぜ死ぬのか、という問いに答えてくれるわけではない。だが、言葉にすると陳腐にならざるをえないが、そこには「生きること」や「死ぬこと」が鮮やかに写っているように思えた。そのことに強烈に惹かれ、憧れた。そのうちに、僕はなんとしても映画を作らねばならぬと思うようになった。

一九九三年、大学を卒業した僕は、親を説得して、ニューヨークの美大の映画学科に留学させてもらった。

入学してすぐ、必修の映画理論の授業を取った。授業で上映される作品リストを一瞥《いちべつ》して、またもや「あっ」と声をあげてしまった。世界の名作に交じって『東京物語』の文字があったのである。

国際色豊かな同級生たちと試写室の椅子に座り、電気が暗くなり、映写機が動きだした。そしてあの松竹の富士山とともに斎藤高順《さいとうたかのぶ》の音楽が鳴り始めた瞬間、僕は不覚にも泣いてしまった。

異国の地で「懐かしい顔」に出会って緊張がほどけた、というのもあるのだろう。だがそれよりも、映画の力を身体で実感したというのが大きかったのだと思う。なにしろ四十年も前に日本で作られた映画が、時代も国境も超え、ニューヨークの映画学科の授業で上映されているのである。小津安二郎はとうの昔に亡くなっているのに、映画は紛れもなく生きていた。

映画学科を卒業後、僕はなかばアクシデントのようにドキュメンタリーと出会った。今は「観察映画」などと銘打って、事前のリサーチも台本もなしで、行き当たりばったりでカメラを回す、即興的なドキュメンタリー映画を作っている。

知らぬ間に小津とは真逆の手法に行ってしまったなあと思う。同時に、ある意味では小津からまったく離れていないとも思う。ジャンルや手法は異なっても、僕は今でも相変わらず、小津のように「生きること」や「死ぬこと」を描きたい、と思い続けているからである。

Profile

（そうだ・かずひろ）一九七〇年、栃木県生まれ。映画作家。台本やナレーション、BGM等を排した、自ら「観察映画」と呼ぶドキュメンタリーの方法を提唱・実践。監督作品に『選挙』（二〇〇七）、『精神』（〇八）、『Peace』（一〇）、『演劇1』『演劇2』（ともに一二）、『選挙2』（一三）、『牡蠣工場』（一五）、『港町』『ザ・ビッグハウス』（ともに一八）などがあり、国際映画祭などでの受賞多数。

小津安二郎と家族の孤影

映画監督
深田晃司

いきなり私事で恐縮であるが、二〇一六年、拙作《せっさく》『淵《ふち》に立《た》つ』がフランスで上映された。この長編映画は、小学生の娘のいる夫婦のもとに夫の旧友が訪ねてきたことから、家族の間に横たわる深い溝が露《あら》わになる、という話である。

取材を受けた際の欧州のあるジャーナリストの感想が印象深かった。「家族の映画」というのは日本映画の伝統的なジャンルのように思える。欧米なら家族の前にまずはカップルの話になる、と。つまりは個と個が向き合う映画である。それが、日本映画の場合は「家族」という枠組みが前景となりかつ映画の帰結になることが多い。そして、近年日本から届く「家族」の映画が、どこか「家族」という伝統的な枠組みに対する甘い憧憬《しょうけい》を隠さないことが多いのに対し、『淵に立つ』はとても冷めていてシニカルであった、と彼は言った。どうやら、そういった要素が欧米の映画ファンにとっては共感の誘因のひとつとなるらしい。

彼らの話を聞いていて思い出したのが、小津安二郎の存在である。

恐らく、百年を超える日本映画の歴史において、いまだに最も現代的な日本映画として世界中で愛されているのは小津安二郎の諸作品であろうし、同時に「家族」を中心的なモチーフに据えた日本映画の偉大なる古典でもある。

小津映画の、ローアングルやフィックスに拘《こだわ》る偏執的なまでのミニマリズム、画と言葉のリズムへの禁欲的なこだわりは、ナチュラリズムの凡庸《ぼんよう》を超えて、私たちの生きる日常を再構築し、新たなリアルとして差し出してくる。それはあたかも日常を異化させ差し出す優れた現代美術に触れているかのような錯覚を呼び起こすが、小津の持ちえる現代性はもちろんその意匠のみにはない。

「家族」を繰り返し題材に選びながら、決して個を家族の中に埋没させない現代的な眼差《まなざ》しこそが、今も清新に見直される理由であるはずだ。考えてみれば、小津の代表作であり「家族映画」の傑作である『東京物語』において、最も父母に対し優しさを湛《たた》えていたのは結局は血の繋《つな》がった家族ではなく、戦地で死んだ息子の寡婦《かふ》であった。

一方で小津映画を見直すと、意外なほどに伝統的な家族観への直截《ちょくせつ》な回帰が散見される。奔放な妻が夫への貞淑な愛に目覚めて終わる『お茶漬の味』や、子供には母や父が必要ときっぱりと言い切る『東京暮色』の原節子の姿などがそうである。にもかかわらず、小津の映画を想うとき目に浮かぶのは、脚本があらかじめ指向する穏和で保守的な家族観よりもむしろ、呪いのように科せられた「家族」の枠組みの中で蠢《うごめ》く人々の、どこまでいっても交わることのない孤絶した背中である。

小津の映画のオトナたちは、若い娘がいればすぐにその嫁ぎ先を心配し結婚を勧め、お節介な奔走《ほんそう》をし事態を混乱させる。それはいかにも古臭い旧態依然とした振る舞いであり、婚姻制度への牧歌的な信頼がそこにはあるが、彼らがどんなに家族という関係への収斂《しゅうれん》を目指そうとも、不意に見せる横顔は例えようもなく「ひとり」なのである。そして、結婚へと進む若い二人の高揚《こうよう》よりも、残される父や母の孤独にこそむしろ焦点は絞られてゆく。

家族の絆は常に人の孤独と背中合わせで、だからこそ、小津の家族映画は今見ても十二分に、むしろ孤独を忘れた近年の凡百の映画よりも、現代的なる「人間」の映画として私たちの目に映えるのだろう。

最後に。フランスでは小学校から公教育で映画の授業があるのだが、なんとそこでは小津安二郎の映画さえも鑑賞されているのだと聞いた。日本だとややもすれば映画学校の学生でさえ見ていないかも知れないのに。はるか極東の島国で半世紀以上前に作られた家族の映画、その孤独な背中が、もはや前時代的な婚姻制度から脱しつつあるフランスの子ども達にどう感受されているのか、とても興味深く、考えるだけでもワクワクする。

小津安二郎はこれからも映画の最前線に在り続けるのだろう。

Profile

（ふかだ・こうじ）一九八〇年生まれ。大学在学中に映画美学校に入学。二〇〇六年、中編『ざくろ屋敷』を発表、パリKINOTAYO映画祭ソレイユドール新人賞を受賞。一三年『ほとりの朔子』でナント三大陸映画祭グランプリ、一六年『淵に立つ』で第六十九回カンヌ国際映画祭ある視点部門審査員賞を受賞。一八年、小説『海を駆ける』を文藝春秋社から刊行。劇団青年団演出部所属。

東京物語／東京物語

映像作家
松浦莞二

『東京物語』は、小津安二郎の代表作といわれる。尾道《おのみち》に住む老夫婦が子どもたちに会うため上京する。しかし、子どもたちは皆それぞれの仕事に忙しい。ふたりに尽くしてくれたのは、原節子演じる義理の娘だった。熱海や東京観光を経て尾道に帰る途中、母親が体調を崩し永別する——家族の再会と別離を描く物語だ。

小津が撮影中に使用した『東京物語』の脚本がある。小津の脚本といえば語尾一つ一つまで丹念に練り上げられ、脱稿後変わることはなかったと思われている。『東京物語』も、三ヶ月半もの時間をかけ、丹念に書き上げられたものだ。

しかし、『東京物語』の脚本*は撮影中に台詞や場面の追加などいくつかの改変がなされていた。小津がこれらを変更した理由は何なのだろうか。『東京物語』はどのような変化を遂げ、今日の形になったのだろうか。

①

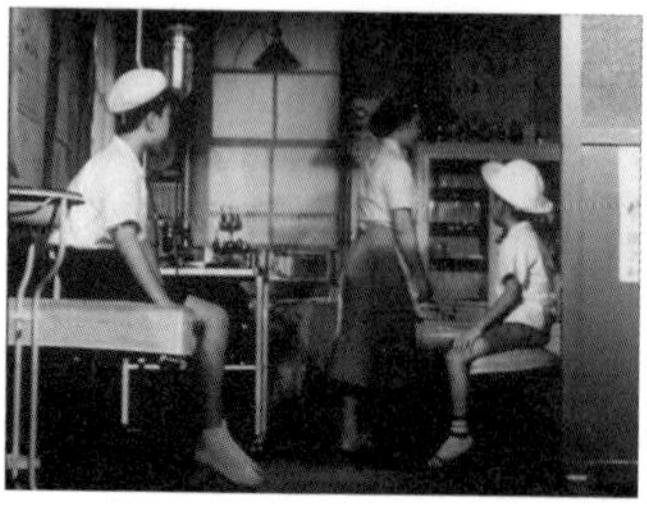

②

・**東京初日の夜、一族でくつろぐ場面（①）**

老夫婦（笠智衆、東山《ひがしやま》千榮子《ちえこ》）が上京した夜、長男や孫とくつろぐ場面。完成した映画では東山が膝元で寝ている孫を団扇《うちわ》であおいでいるが、撮影前に書きあげていた脚本では、東山が孫を膝枕することになっていた。「少し涼しくなったわね」「ああ尾道も暑いでしょう」「ああ毎日夕凪《ゆうなぎ》でのう」という台詞も元は無かったが追加された。また、老夫婦が娘らに合わせて三度も「ありがと」と感謝を述べるが、元は東山が「ありがと」と一度言うのみだった。祭囃子《まつりばやし》の音が入ることも鉛筆で記載されている。

わずかな変更とみえるかもしれない。しかし、孫からはあまり懐《なつ》かれていないが、何度も感謝を口にするより善き老夫婦、というように変更された。もし脚本が変更されずこの場面で孫が膝枕で寝ていれば、孫からは慕われているという話になり、老母がほとんど良い思いをすることなく亡くなるという悲劇性も少しは薄まっただろう。祭囃子の音を指定した書き込みは単に季節感の表現なのか、それとも何か別の意図があったのか、興味深い。

・**老夫婦らの外出が、急患のため中止になる場面（②）**

医師である父の急な往診で、家族の外出がなくなり不満いっぱい

③

④

の孫たち。そこで母に「バカねえ、いつまでグズグズ言ってンの！」と叱られると、兄が「つまンねえやい」。続いて弟も「つまンねえやい」と返す。しかし、元は「つまンねえやい」ではなく、兄弟で「ワーッ」と不満を叫ぶことになっていた。この叫びの表現は、後に『お早よう』で兄弟がテレビを買ってもらえない場面で用いられた。

・義理の娘が上司と話す場面③

未《いま》だ戦争から戻ってこない次男の妻（原節子）が、老夫婦が何もすることがないことを聞き、上司に休暇を願い出る。上司が原に「日東アルミの方いいね？」と聞くが、元は日東アルミではなく旭アルミだった。日東アルミで問題なさそうなだけに、なぜ変更したのか。

・老夫婦がアパートに招かれる場面④⑤

原が老夫婦に東京を案内し、自身のアパートに招く。隣人にお酒を借りに行く。ノックの音の後、

隣人「だあれ？」

ドアが開いて原が入ってくる。

原「あたし」

⑤

⑥

隣人「早かったのね、今日……」

と続く。元は、原が「あたし」と名乗ることなく部屋に入る段取りだった。変更後は声をかけてから入室という、より丁寧で少し隣人と距離がある感じになった。

続いて、原の部屋で戦争から帰ってこない息子の写真を老夫婦が見ている場面。小さくしか映っていないが、変更前は顔が認識できる程度の大きさで映るはずだった。顔をはっきり見せないことで物語に想像の余地が広がった。

・美容院の場面⑥

兄妹が両親に熱海に行ってもらおうかと相談する。その場面でよく背景の音を聞くと、能と思われる舞台のラジオ中継が流れている。元は「機械の音 又はジャズ」と指定されていた。機械動作の環境音かジャズを流す計算があったのだろう。機械やジャズの音を流すのを止《や》めたことで、老父婦が向かう熱海の宿の騒音と対比が生まれた。

・老夫婦が防波堤《ぼうはてい》を歩く場面⑦

熱海の宿で眠れなかった老夫婦が尾道に帰ろうかと話し、防波堤

⑦

⑧

を二人がゆっくり歩いていく。熱海の海を背景に、小津には珍しく俯瞰《ふかん》かつ逆光ぎみで撮影された。『東京物語』で最も知られるショットの一つだが、元は老夫婦が立ち上がったあと、「両人、宿の方に戻ってゆく」となっていた。老夫婦が立ち上がって階段を下り、宿に戻っていくショットが続く予定だったのだろう。それを「両人防波堤をあるく」と変更した。つまり、元は防波堤は歩かない、もしくは歩いても短い距離の予定だったのだ。

考えてみれば老夫婦なら防波堤の階段近くに座った方が自然で、二人が長々と防波堤を歩くのは不自然と言える。しかしこの海と陸の狭間でよろめきながらも進むという変更は成功し、観る者の記憶に残る傑作ショットとなった。

・**東山が忘れ物をする場面⑧**

熱海から帰った老夫婦が行き場をなくし、上野公園で座っている場面。そろそろいい時間だとその場を去る時、東山が傘を忘れていることに気づく。変更前は手提げ袋を忘れることになっていた。後ほど東山は再び傘を忘れるが、これも撮影時に追加されたこと。東山がしばしば同じ傘を忘れるように変更されたのである。

⑨

・再び、義理の娘のアパートの場面⑨

予定より早く老夫婦が東京に戻ってきて、東山が原のアパートに泊まる。二人が寝る時窓は開けたままとなっているが、元は原が窓を閉めることになっていた。より暑さを演出するための変更だろうか。原が消灯する時も、

「ぢゃ、おやすみなさい」と立つ
そのあと再び
「おやすみなさい」で電気消す

となっているが、元は「おやすみなさい」と一度言って立ち上がり電気を消すだけだった。つまり、「おやすみなさい」と言う回数を増やしているのだ。

この変更はかなり特殊で、他の変更のように撮影時のものではなく、編集時におこなわれたものだ。完成作品でははっきりと二度「おやすみなさい」と台詞が聞こえるのだが、よく見ると二度目の「おやすみなさい」では、原の口は全く動いていない。編集で声だけ足したのだと思われる。

・尾道の夜の場面⑩

尾道の末娘（香川《かがわ》京子《きょうこ》）が母の頭を冷やすために氷を割っている。

⑩

⑪

続いて電球に蛾《が》がまとわりつくカットがある。元は、ここは「庭先草花が七月の微風に揺れている」となっていた。揺れる草花から電球にまとわりつく蛾のカットに変更され、不吉な予兆が漂うこととなった。

・**母が亡くなった朝の場面**（⑪）

勤務のため三男が遅れて到着、死顔を見る。映画では三男が死顔を見て「すみませなんだなあ」と言っているが、元は顔を見るだけで台詞は無かった。

・**葬式後の場面**（⑫⑬）

会食中に長女（杉村春子）が母親の着物が欲しいという。映画では、

杉村「ねえ京子、お母さんの夏帯《なつおび》あったわね？　ネズミのさ、露芝《つゆしば》の……」

香川「ええ」

杉村「あれあたし、形見にほしいの。いい？　兄さん……」

山村「ああ、いいだらう」

杉村「それからね、細かい絣《かすり》の上布《じょうふ》……。あれまだある？」

香川「あります」

⑫

⑬

杉村「あれもほしいの」「しまってあるとこ、わかってる?」
香川「ええ」
杉村「出しといてよ」
香川「ええ」

となっている。元は「しまってあるとこ、わかってる?」以下は無かった。長女の図々しさを強調するためだろうか、台詞が追加された。そのまま食事は進むが、この会食場面の末尾にも変更があり、

杉村「お父さん、あんまりお酒飲んじゃだめよ」
笠「いやア、だいじょうぶだよ」「そうかい、もうみんな帰るかい。いやア……」

という父娘のやりとりが付け足され、父の寂しい心境が強調された。

・原が東京に戻る別れの場面⑭⑮

葬式を終え、しばらく残っていた義理の娘も帰京することになり、末娘と別れの挨拶をする。映画では、

原「きつといらつしやいね、夏休み」
香川「うん。ぢや、さよなら」
原「さよなら」

⑭

⑮

香川「行ってまいります」
とニッコリして出てゆく
玄関　たたき　靴ハき格子戸《こうしど》あけ出て
香川「ぢや、さよなら」
原「さよなら」
格子閉まる　原戻る

となっている。元は、末娘が「ニッコリ」して出勤し終わりだった。しかし、変更後に「さよなら」という台詞が二回増え、計四回言うことになった。

　そのあと原が茶の間を片付けるショットが続くがこれも元は無いものだ。詳しくは本書三五六ページの「四〇ミリの謎」に書いたが、このショットは小津には珍しく四〇ミリレンズで撮影されている。この場面で別れを強調する計算があったのではないか。

・結末、尾道の家の場面⑯

　作品最後の場面で、一人になった笠が団扇を静かにあおいでいるが、元は、外の様子を父が「ボンヤリ眺めてゐる」だけだった。ただボンヤリしているより、笠の小さな動きが加わることによって、かえって静けさや悲しさが伝わってくるようになった。脚本には

⑯

「女声コーラス（が流れる）」という追加の書き込みもあったが、これは実行されていない。

　以上に『東京物語』の撮影前に書かれた脚本と完成した映画を比較してみた。さらに細かい変更は省略したが、『東京物語』は映画制作中に幾つか重要な変更を加えられていたことがみえてきた。

　孫が懐かない、長女が亡母の着物をはっきり欲しがるなど、老夫婦への扱いはより冷たい感じになった。防波堤を歩くことや蛾が電球にまとわりつくことが追加され、元の淡々とした表現がやや劇的に変更されている。また、「すみませんだなあ」「そうかい、もうみんな帰るかい。いやア……」という台詞が追加され、人物の感情が分かりやすく示されることとなった。「おやすみなさい」「さよなら」という台詞が増えたことも別れを強く感じさせる変更だった。

　これらは瑣末《さまつ》な変更かもしれない。しかし、わずかな改変でも人物像や印象は大きく変わる。それゆえ小津は撮影中も推敲《すいこう》を続けたのだ。今日の『東京物語』はこうした細部の推敲を経て生まれた。小津も野田高梧も、脚本執筆段階ではこの作品を見て観客が泣くとは思わなかったらしいが、完成した作品は多くの観客が涙するものとなった。もし元脚本から全く変更なく作品化していたとしたら、

『麦秋』のようにもう少し淡々とした作品になっていたのではないだろうか。

＊『小津安二郎　東京物語─リブロシネマテーク』（リブロポート社）および川喜多記念映画文化財団寄託資料を参照した。

※　写真はすべて松竹株式会社提供

Profile

（まつうら・かんじ）　映像作家。世界十数カ国で上映された短編映画『鏡のなかの鏡』や『一月の手紙』をはじめ、CF、MVなどを多数制作。映像制作だけでなく、早稲田大学での公開講座「映画音響批評 小津安二郎の音を語る」、国際映画学会：SCMSで発表を行うなど、活動は多岐にわたる。

気遣いの小津安二郎

志村三代子

二〇一八年は映画俳優・池部良《いけべりょう》の生誕100年にあたる年だった。小津安二郎より十五歳年少であった池部は、実年齢よりやや老けた印象の小津に比べると、ずいぶん若々しく見える。それもそのはず、池部は三十一歳のときに『青い山脈』(一九四九年、今井正《いまいただし》監督)で、高校生をなんの違和感もなく演じきり、当時の若者たちを魅了したのだ。映画監督を夢見て東宝の文芸部に入社した「永遠の青年」は、生来の美貌《びぼう》ゆえに、心ならずも映画スターの道を歩んでしまった。池部良の小津映画は、『早春《そうしゅん》』(一九五六年)一本に限られたが、その一本だけで小津安二郎から可愛がられた俳優の一人となった。

『早春』は、丸ビルに勤める中年期にさしかかったサラリーマンの杉山(池部良)が、通勤仲間の金魚(岸惠子《きしけいこ》)と間違いを犯してしまい、妻・昌子(淡島千景)との仲に亀裂が入るが、杉山の地方転勤を機に、離れ離れになった夫婦の絆を取り戻そうとする物語である。『早春』での池部良は、会社の同僚のなかでは突出した優男《やさおとこ》ではあるものの、ごく普通のサラリーマンを自然に演じており、厳格な演技指導で知られる小津も、自身の作品にはじめて主演する池部に対してはそれほど厳しくなかったようだ。

『映画俳優　池部良』（志村三代子・弓桁あや編、二〇〇七年、ワイズ出版）のインタビューで相性の良かった女優について尋ねたところ、池部は、間髪《かんはつ》入れずに「女優さんでは、はっきり言えるのは二人か三人しかいないんじゃないかな。一人は山口淑子《やまぐちよしこ》さん、それから淡島千景君」と答えている。この返答が縁となって、池部良の関係者として、『映画俳優　池部良』に淡島千景のインタビューが掲載され、二〇〇九年の『淡島千景　女優というプリズム』（志村三代子ほか編著、青弓社）の出版が実現することになるのだが、『早春』での二人の共演が、池部に淡島との相性の良さを実感させたことはおそらく間違いない。

一九三九年に宝塚音楽舞踏学校に入学以来、月組の娘役スターとして人気を博した後、一九五〇年に映画界に転身した淡島千景は、宝塚でも演技力には定評があった。ところが、原節子の友人アヤに扮《ふん》した『麦秋』（一九五一年）では、小津による独特の演技指導に悩まされた。原節子と並んでお茶を飲みながら、「それであんた、その話決めちゃったの」という台詞を言いながら茶碗を上げ下ろしする場面で二十回以上もやり直しをさせられたという。そうした経験から、三作目の『早春』では、相手役の池部が比較的自由な演技を許されたのに対し、とうとう淡島は小津に向かって「私もう自由にできないんです。先生がこうおっしゃるだろうと思うようになっちゃうんです」と訴えてしまった。淡島は、小津の厳しい演技指導によって自分自身の身体が「矯正《きょうせい》」されてしまったことに対する不満を小津に直接吐露《とろ》したのかもしれない。

淡島千景が、インタビューでもう一つの小津の思い出を語ってくれたのが、『にごりえ』(一九五三年、今井正監督)での演技を褒められたことである。小津は淡島を見るなり、「あれはいい映画だった。よかったよ、君」と言い、その言葉を聞いた淡島は、非常に感激したという。インタビューの際に、小津が淡島を褒めた記事を彼女に見せると、小津のことが思い出されたのか、そっと涙を拭われた。二〇〇七年十月から〇八年十月にかけ、およそ一年間に及ぶロングインタビューのなかで、淡島千景が涙を流したのは、この小津に関するエピソードだけである。

一方、『早春』では自由に演技をさせてもらったはずの池部良も、上司から地方への転勤を言い渡された直後に自分の机の上でマッチの箱をクルリと回す場面では、小津から厳しい叱責を受けることになってしまった。自らマッチ箱を回して手本を示した小津も、翌日の岡山県三石町(現・備前市)のロケーションでは、池部を食事に誘い旬のメバルをご馳走しながら、「昨日は悪かったな」と、主演俳優に対する心配りを忘れなかった。その気遣いは、池部夫妻の新婚を祝うために、小津が佐田啓二夫妻とともに食事会を開いたときにも繰り返され、小津は池部に次のように言ったという。

「これからも批評家から色々悪口を言われるだろうが、一切気にするな。映画は監督の評価が一番なんだ。監督の俺がお前を一番いいって言ってるんだから、それでいいんだ」

このエピソードは、当時同席していた池部夫人(池部美子《よしこ》さん)から直接うかがったものであり、夫人もその励ましに大いに感激されたそうだ。この言葉通り、池部良は『早春』以降も小津から声がかかったが、五社協定に阻まれたために、残念ながら出演は叶わなかった。

稀代《きたい》の二枚目俳優として恋愛映画や文芸映画で活躍し、後年は任侠《にんきょう》映画で独特の存在感を示したものの、「大根」役者とときには揶揄《やゆ》され、演技賞には遂《つい》に縁のなかった池部良と、演技派のスター女優として数々の演技賞を受賞し、生涯現役を貫いた淡島千景。一見対照的な彼らを結びつけたのは、『早春』である。彼らに対する小津の気遣いは、死後もなお大女優を感涙させ、夫人の記憶に長く留《とど》めさせるほどの温かい魅力にあふれている。

Profile

（しむら・みよこ）　都留文科大学准教授。専攻は映画史。著書に『映画人・菊池寛』（藤原書店）、共編・共編著に『映画俳優　池部良』（ワイズ出版）、『淡島千景　女優というプリズム』（青弓社）、『リメイク映画の創造力』『川島雄三は二度生まれる』（ともに水声社）などがある。

薄明のなかで

映画・比較文学研究家
四方田犬彦

黒澤ごっこというものがある。なんでも言葉の前に「ふん、馬鹿もん！」という言葉をつけるのだ。

「ふん、馬鹿もん！　役人ごときが！」

「ふん、馬鹿もん！　映画ごときが！」

この遊びをしばらく続けていると、あらら不思議、だんだん自分が黒澤明のフィルムの登場人物になったような気がしてくる。他人に批判されてもご意見無用。人から愚行《ぐこう》だと思われても、戦乱のなか、ひとたび信じた道を頑固に進む勇気が出てくる。

小津ごっこというものがある。これは一人ではできない。かならず相槌《あいづち》を打ってくれる相手が必要だ。

「それって、いいね」

「いいよ」

「やっぱり、いいね」

「うん、いいものはいいよ」

小津ごっこはどこまでも続く同語反復である。永遠に続くといっていい。二人の人物がなんの変哲もない日常生活のなかで、深い信頼感に包まれて話している。話すといっても、とりわけ題材があるわけではない。小津のフィルムのなかで話すというのは、何かについて話すのではなく、ただ合わせ鏡のように、互いに相手の言葉を繰り返しあうということなのだ。何も内実のない対話こそが理想的なのである。


今日の日本では、黒澤ごっこは廃《すた》れつつある。誰もが周囲の「空気」を読むことが必定《ひつじょう》であるという社会だからだ。反対に小津ごっこはますます若者たちの間に蔓延《まんえん》している。もちろん誰も自分が小津映画の人物を模倣しているなどと、知っているわけではない。映画ファンなど、今日日《きょうび》、とてつもない少数派だからだ。ただ相手の気分を「忖度《そんたく》」し、相手を傷つけず、風に流れる柳のように言葉を交わしていくことがいいと、誰もが無意識的に考えている。

黒澤ごっこの衰退と小津ごっこの流行は、黒澤映画の人気凋落《ちょうらく》と小津映画の恒常的なブームに、正確に対応している。誰も金持ちではないのに、金持ち喧嘩《けんか》せずの世界が到来してしまったのだ。国民的映画とは、その社会の支配的イデオロギーのシニフィアン(意味表現)であるとロラン・バルトは指摘したが、小津ブームはまさにこの現象の典型であるとわたしは思う。いまのままでいいの。もう、どこにもいきたくない。『晩春』の原節子の名科白だ。だがこの言葉に安堵《あんど》と恍惚《こうこつ》を感じる現在の日本人は、いったいそれをどこまで、いつまで信じていいのかと自問したことがあるだろうか。

小津映画における文体の変遷は、ユーリー・ロットマンが唱える異文化交流の図式の、典型的な見本である。

タルトゥ学派の創始者によれば、文化Aが文化Bに導入されるとき、Bの側は最初、Aを神聖な他者として拝跪《はいき》し、みずからのBを劣った、粗野なものとして卑下《ひげ》してしまう。だがしだいにAがBのなかに溶け込んでいくにつれ、この傾向は薄らいでいく。やがてBはAを疎《うと》み始め、Aに内在する価値観を真に理解、それを発展させているのは自分たちBであると考え出す。こうしてBは、Aを明らかに意識はしていても、それとはまったく異なったテクストを創り上げることになる。最後にこのBのテクストがAをはじめとする世界各地に発信されることになる。文化を受信する側にあったBは、いつしかそれを発信する側に廻《まわ》っている。

小津安二郎に即していうならば、戦前に監督としてデビューした直後、彼が規範として仰ぎ、深い影響を受けたのはハリウッドの無声映画であり、やがてそれはルビッチに変わった。だがそのうち彼はすべてのアメリカ映画体験を自家薬籠《やくろう》中のものとし、ローアングルに正面像の切り返し、俳優とプロットの意図的な反復という独自の境地に到達した。この手法が純化されていくにつれ、小津は国際的に作家として認定され、国内国外を問わず、数々の年少の監督たちから崇拝されるまでになった。文化Aにあたるのがハリウッドであり、文化Bが小津である。

一九七〇年代から現在まで、世界中の映画監督が鎌倉の小津の墓に詣でるように、世界中の映画記号学者が小津の文体の偏差を分析し称賛した。古典的ハリウッドをひとたび規範としながら、そこからみごとに逸脱し、世界映画史における「alternative」を提示しえた偉大な監督という論法である。この論法は日本の知識人の自尊心を、充分に擽《くすぐ》ったようだ。なにしろノスタルジアの対象くらいにしか考えていなかったオヅが、世界映画史を二分する重大な作家であるというお墨付きを与えられたからだ。かくして小津は、ドライヤー、ブレッソンに次いで、映画の第三の守護聖人と化した。

だが現在のわたしは、こうした姿勢に充分懐疑的である。ハリウッドに対抗するもうひとつの映画文法とは、つまるところ、ハリウッドの堅固たる構造を前提としたときにのみ可能な表現にすぎないからだ。これは小津の独自性をハリウッドに帰属させる、きわめて巧妙な再領土化の試みではないか。この論法を踏襲していけば、つまるところ小津とは、ハリウッドに依拠することで奇怪な逸脱を許された存在ということに落ち着いてしまうのではないか。

しかし告白しておこう。わたしもまた例外ではなかった。小津安二郎については、二十歳代の中ごろ、少し長い論文を書いた。記号学の立場から彼のフィルムのショット繋《つな》ぎを分析し、それがいかにハリウッド映画と違う体系のもとに組み立てられているかを証明するという内容である。先に記したように、これは小津評価をめぐる全世界的趨勢《すうせい》に、みごとに合致した路線であった。だが執筆の途中でわたしは不思議なことに気が付いてしまい、結論は奇妙に捩《よじ》れたものと化してしまった。

わたしは何を結論として得たのだろうか。

そのときわたしが到達した小津観とは、世界中のほとんどすべてのフィルムが生きている人間を描いているというのに、小津だけは死んだ人間だけを描いているというものだった。言葉を換えていうならば、小津は生身の人間にカメラを向けているのではない。すでに死んでしまった人間を、一人ひとり呼び出してきてカメラの前に座らせ、映画を造っているのだということである。これはひどく不気味なことだ。しかし、生身の人間は「いまのままでいいの」などとは口にしない。そう語ることができるのは、とうに死んだ人間だけなのである。


最初の小津論を発表して以来、四十年ほどの歳月が経過した。わたしの小津についての考えは少しずつ変化している。というより、以前には一刀両断して理解できていたはずのことが曖昧《あいまい》になってきて、今では彼のことがわからなくなっている。いったい彼は、自分の人生から何を映画に取り入れたのだろうか。

小津は中学校で懲罰を受けたにもかかわらず、モダンな大学生のブルジョワライフを題材に映画を撮り、晩年には大学の元同級生の集まりを繰り返し描いた。彼は生涯独身を貫いたにもかかわらず、娘の結婚に苦慮する父親のことを描き続けた。中国戦線で毒ガス使用に深く関わり、それを日記に克明に書きつけていたにもかかわらず、あたかも戦争体験などなかったかのように振る舞い、戦前に確立したスタイルをそのまま戦後も踏襲し、それをより純粋なものへと完成させていった。彼がフィルムのなかで語っているのは、彼の人生には存在していなかったものばかりであり、彼の人生での重大事は、ひとつとしてフィルムで言及されることがなかった。

溝口健二《みぞぐちけんじ》は幼少時代に始まる自分の人生の傷を、自作に持ち込むことに、いささかの躊躇《ためら》いもなかった。内田吐夢《うちだとむ》は苛酷な抑留体験を引き摺《ず》りながら、戦後の傑作を撮り続けた。川島雄三《かわしまゆうぞう》もまたしかり。宿痾《しゅくあ》に由来する内面の焦燥を自作の登場人物に仮託した。わたしはいつしかこうした巨匠たちのフィルムのなかにあるトラウマに、深い共感を覚えるようになった。

だが小津は違う。彼はいくえにも自己韜晦《とうかい》の煙幕を焚《た》いて、作品の背後に隠れてしまう。こうした映画人をどう理解すればよいのかが、わたしにはわからなくなってしまったのである。一般にいわれている小津の達観とは、小津の抑圧である。生涯を通して自己を抑圧し続けてきた者だけが、時満ちて達人と呼ばれるというのが日本という社会だ。わたしにはこの不幸な構造に加担する気持ちはない。

小津ブームはいつまで続くのか。日本人はこの時間を欠落させたノスタルジアの内側に、いつまで留《とど》まっていられるのか。残骸と化した天皇制のなかで反知性主義が横行し、少子化が恐るべき速度で進行しつつある今日の日本にあって、小津のフィルムはますます虚構の日本の家庭を、喪失された規範として提示している。それは薄明のなかでこそいっそう光り輝くイコンなのだ。そしてわたしには、それを司《つかさど》る小津の姿がますます曖昧で、捉えがたいように思われてくる。

Profile

(よもた・いぬひこ) 映画・比較文学研究家。エッセイスト。東京大学にて宗教学を、同大学院にて比較文学を学ぶ。著書に『ルイス・ブニュエル』『モロッコ流謫(るたく)』『日本映画は信頼できるか』などが、近著に『親鸞への接近』『神聖なる怪物』がある。詩集に『人生の乞食』『わが煉獄』が、訳書に『パゾリーニ詩集』がある。サントリー学芸賞、伊藤整文学賞、芸術選奨などを受ける。

第三章

OZU

小津安二郎を見る

資料集

少年期の絵画

映像作家　松浦莞二

「巨匠」「偉大」「保守的」「古い」「日本的」などと形容されることが多い小津。ファンであれば若手の頃に「新しい」「バタ臭い」、あるいは批評家には評価されたが売れなかったので「奇才」と呼ばれた時期があることを知っている人もいるだろう。しかし少年期を過ごした三重・松阪《まつさか》の小津安二郎青春館に残っている絵を見ていると、小津にはもうひとつ「天才」という一面がある、そう言いたい衝動に駆られる。

小学四年時の汽車や金魚の絵は子どもらしく可愛げがある。機関車は遠近に歪《ゆが》みがあるものの奥行きが表現されているところに描写力がみえる。

五年になると格段に上達している。キノコのひだなど細部に拘《こだわ》りながら全体もしっかりと捉えられている。細部と全体を両立させるのは意外に難しく、集中力も必要だ。軸の部分では光のあたったところは大胆に描写が省略されているが、かえって質感が出ている。こういった描写や色ののせ方は浮世絵によく見られる。安二郎の祖父が浮世絵を蒐集《しゅうしゅう》していたというのでその影響かもしれない。一転して抽象的な絵も残っていたので掲載した。眼球のような部分も見えるが何を表現しようとしたのだろうか。

六年時の筆と筆立ては、堂々とした出来で線にほとんど迷いがなく、老成している感もある。林檎《りんご》の絵は着色前のものも含め何枚か残っており、絵画への興味が窺《うかが》える。このように何枚も描いて練習していたのだろうか。

中学一年時の書、烟霞淡泊《えんかたんぱく》。烟霞とは煙のように立ち込めた霞《かすみ》のこと。中学生の書は、

小学四年生のときに描いた汽車

小学四年生のときに描いた金魚

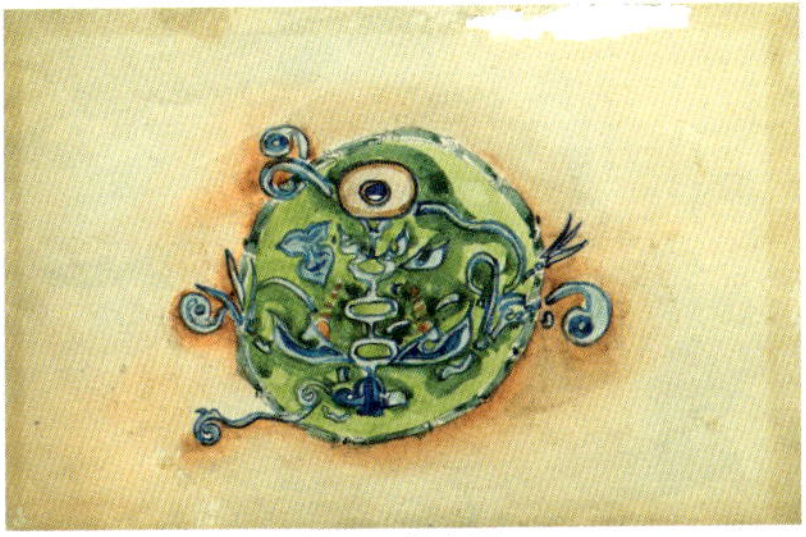
小学五年生のときに描いた抽象画

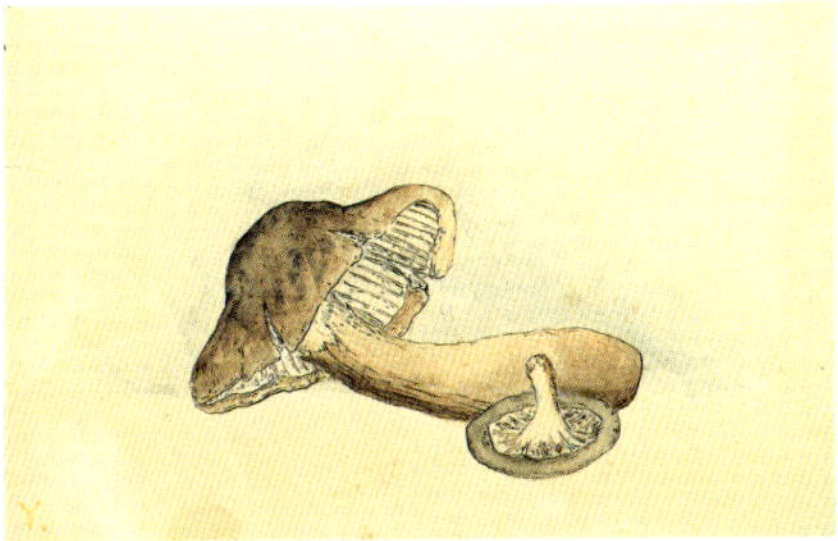
小学五年生のときに描いたキノコ

小学六年生のときに描いた、筆と筆立て

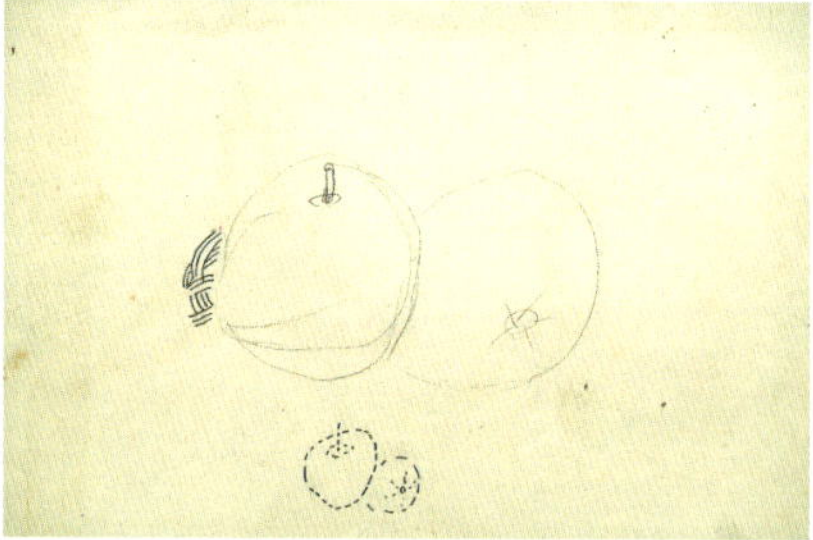

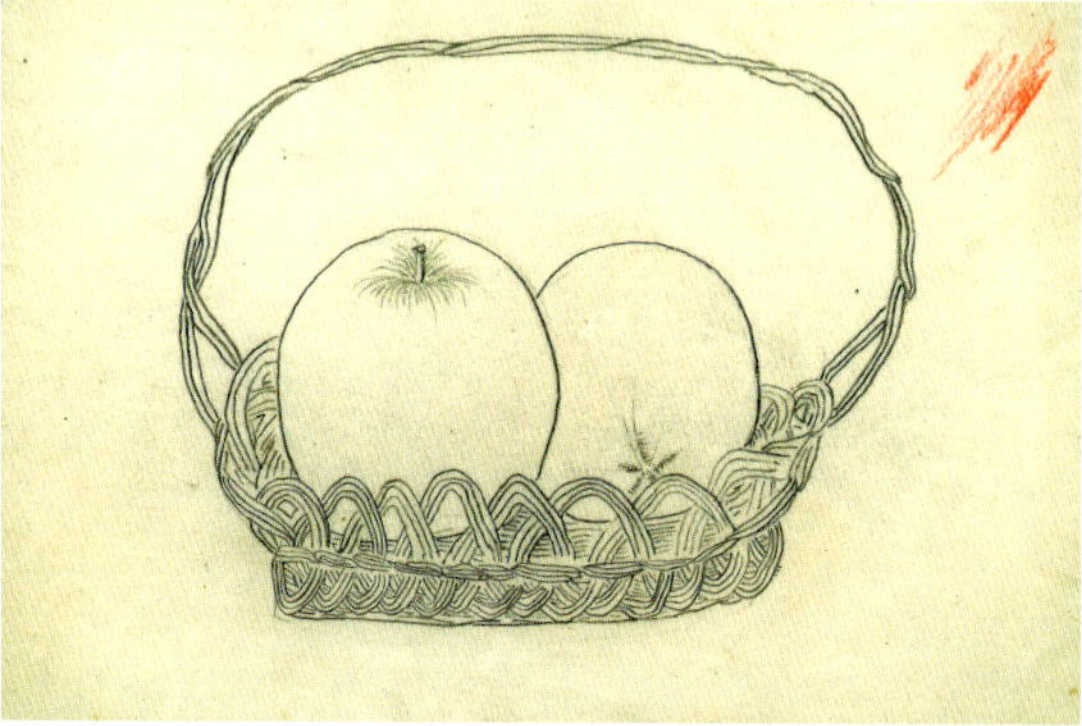

小学六年生のときに描いた林檎。着色前の素描を含め、
数枚が残っている

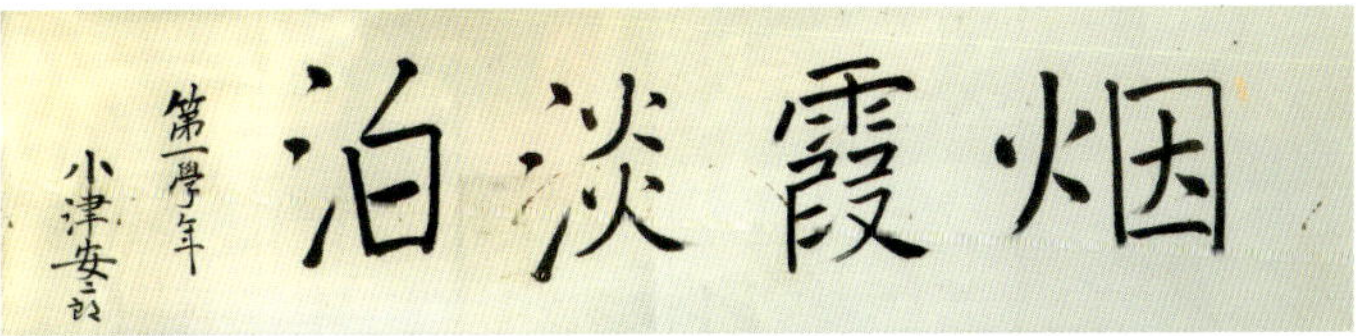

中学一年生のときの書

優れたものでもどこか構図や線が乱れていたりする。それが中学生らしいのだが、この小津の中一の時の書にはほとんど隙《すき》がない。半切《はんせつ》の紙（縦横＝約三五×一三六センチ）に乱れることなく書けている。線がやや細い気もするが主題には合っていると言えるだろう。

学校の宿題に書道の課題が出ることがあるが、この書も宿題だったのだろうか。それにしては紙が大きすぎる気もする。先生からの「甲」「乙」といった評価も記されていない。この語句を選んだ背景も気になるところだ。

小津の達筆はつとに知られていたようで、成人後も京都・大雄寺《だいおうじ》の山中貞雄《やまなかさだお》碑の揮毫《きごう》、『溝口健二《みぞぐちけんじ》作品シナリオ集』の題字などを手がけた。また、小津作品の題字もみずから手がけたものが多い。

十七歳で小津が結成した映画愛好会・エジプトクラブの印を特別に見せていただいた。書物には初掲載となる。制作は業者に依頼したと思われるが、小津みずから考案した標章だ。エジプトクラブの名前の由来は確認できなかった。祖父が印影を蒐集していたので、こちらも祖父からの影響かもしれない。小津はこういったロゴや紋章を作るのも得意だったようで、のちに日本映画監督協会のロゴも手がけた。

写真ではなかなか伝わらないかもしれない。松阪に行くことがあったら本物をぜひ見ていただきたい。どれも強い才能を感じる作品だ。

十七歳のときに小津が制作した映画愛好会・エジプトクラブの印

あるいはネットで「五年生の絵　絵画展」などと検索してみるのも面白い。幾つかの児童による絵画展入選作が出てくる。それらと比べれば小津の力量を改めて感じていただけると思う。

パブロ・ピカソや手塚治虫《てづかおさむ》の少年期の絵を検索して比べてみても面白い。さすがに画家である父から手ほどきを受けていたピカソには負けるが、手塚少年に劣らないくらいの描写力を小津は持っている。ピカソは少年期に写実的な絵を完成、それに飽き足らず新しい表現に挑んだ。小津も写実を追求したことは、五年生のキノコの絵からも分かるだろう。しかし一八八一年に生まれたピカソに対して、少年期に活動写真に出会った小津は、絵画ではなく始まったばかりの芸術に飛び込んでいった。生まれたての新しい表現に飛び込み、自身の表現を確立していったのである。

この映画という表現は、一人ではできない。脚本家や撮影者、役者などの力量に作品の出来が大きく左右される。それゆえ画家や音楽家と違って、天才という形容がつく映画監督はいない（強いて挙げるとすればデヴィッド・リンチか）。私も小津を天才監督だというつもりはない。しかし少年期の創作物に向き合えば、小津に天賦《てんぷ》の才があることを疑う余地はないだろう。

※　本文に掲載の十一点の絵画、書、印はすべて三重県松阪市小津安二郎青春館寄託。撮影者：松浦莞二

小津安二郎における絵画とデザイン

国立映画アーカイブ主任研究員　岡田秀則

二〇一三年、小津安二郎の生誕一一〇年かつ没後五十年の機会に、筆者の勤める東京国立近代美術館フィルムセンター（当時の名称）は「小津安二郎の図像学」という展覧会を企画した。絵画・デザイン・文字・色彩・映画美術という視点から小津映画を再検討するというコンセプトで、宣伝に際しては「永遠のウルトラモダン」という惹句《じゃっく》を考案した。この段階で、すでに故・田中眞澄《たなかまさすみ》による、同時代の文化状況を踏まえた新たな小津論が進展を見せており、若き小津のアメリカ文化への傾倒や、摂取した外来文化がいかに作品に反映されたかも知られてきた。だが、小津映画の「日本性」といった旧来の曖昧《あいまい》な視点には改めて実証的な反論を加える必要を感じていた。その際に重要な鍵となったのが、絵画とデザインであった。

・小津安二郎と絵画

映画監督としての小津は、生涯にわたって絵画表現に対する羨望《せんぼう》の念を抱いていたと思われる。日本の絵画への関心は若い頃から強く、洋画から日本画まで幅広く目を向けたが、戦後になって橋本明治《はしもとめいじ》や山口蓬春《やまぐちほうしゅん》、東山魁夷《ひがしやまかいい》といった巨匠画家たちと交わるようになった。特にカラー映画になってからは、自身の作品のあちこちに、撮影所の小道具ではなくそうした作家の本物（多くは小品か下絵だが）を積極的に飾るようになった。そのことを「劣等感」と呼ぶと言いすぎになるかも知れないが、伝統の日本画をモダンに刷新した彼らは、映画表現のモダニズムを追求してきた小津にとって見上げるべき先達《せんだつ》に見えたのではないだろうか。

小津画　中国戦線から帰国後に配られた手拭い（一九三九年）＝江東区古石場文化センター所蔵

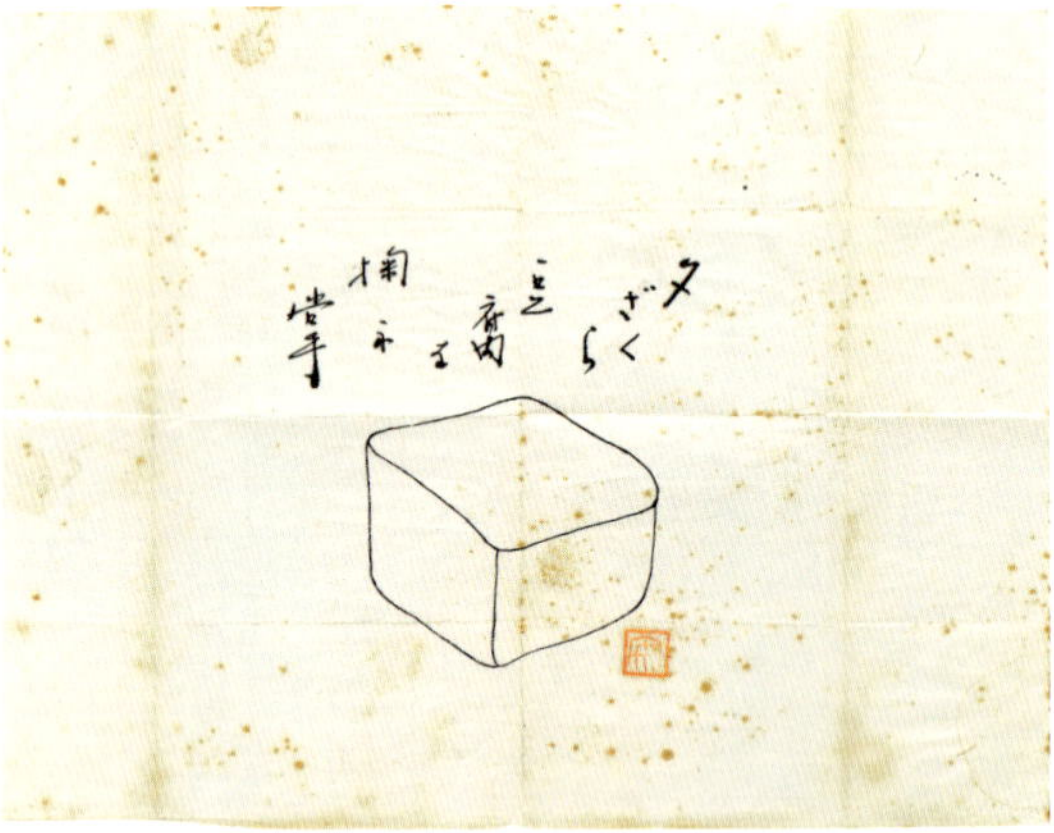
小津画「豆腐」（一九五七年）＝小津家蔵

小津自身も絵を描くことを一貫して好み、幼少期から晩年までの絵がいくつか残されている。一九三九年七月、中国戦線から復員した小津は、自作の絵をあしらった手拭いを制作、知人たちに配って無事を知らせた。中国の城砦《じょうさい》を遠くから描いたものと、この戦車と麦の絵柄の二種が存在するが、いずれも彼の従軍体験を象徴する図像である。戦車の車輪の間に描かれた扇状のマークは、実際に小津がいた部隊の戦車に描かれていたという。また戦後の俳画「豆腐」（一九五七年）は、日本映画監督協会の会報の表紙のために描かれたものである。小津と豆腐といえば、「『豆腐屋』に『カレー』だの『とんかつ』作れったって、うまいものが出来るはずがない」という有名な言葉があるが、小津の思想を象徴する題材といえる。

猫の絵は、小津が足繁《しげ》く通った松竹大船撮影所前の食堂「月ヶ瀬《つきがせ》」の飼い猫「まゆ」を愛《め》でるがごとくに描いたものだ。「月ヶ瀬」といえば、小津組の俳優佐田啓二《さだけいじ》の妻となる益子《ますこ》の母が切り盛りしていた店だが、佐田の娘で当時五歳前だった、のちの女優中《なか》井貴恵《いきえ》に送られた小津の葉書（一九六二年）はとりわけユーモラスだ。差出人の名はないが、小津のひょうきんな自画像がある。晩年の小津が好んだクレージーキャッツの「スーダラ節」をもじった文は愉快だし、佐田啓二の似顔も実にうまい。

この葉書の絵では色ペンが使用されているが、やはり小津絵画の極致《きょくち》は色彩画で、特に色鉛筆を用いたものが印象的だ。小津は、点描のように、細かく色彩を敷き詰めることを好んだ。太平洋戦争末期、陸軍の報道部員としてシンガポールにいた頃に描いた「新嘉坡《シンガポール》好日」はその典型である。高所の窓から眼下の屋根を描いたものだが、未完成ながらもカラリスト小津の本領を見せてくれる。屋根の一枚一枚をさまざまな色で塗りつぶしてゆくその手法は、むしろ絵のセンス以上に小津独自のデザイン感覚を示している。

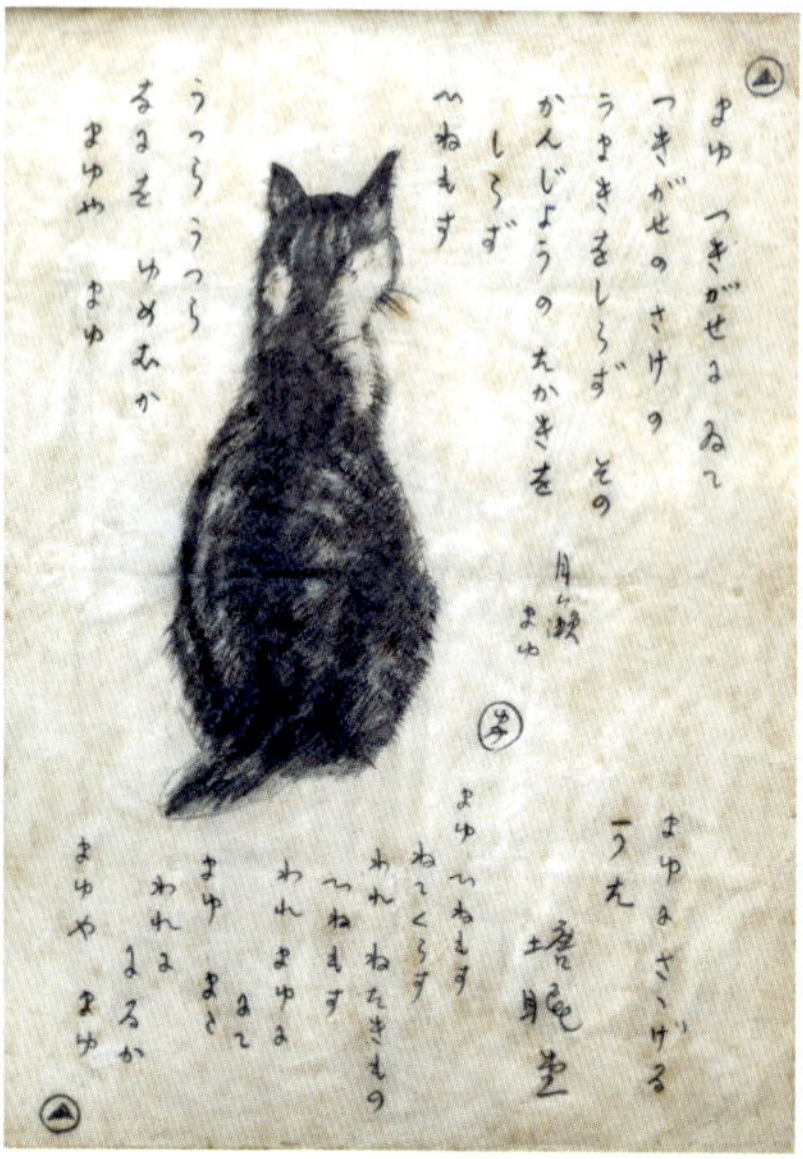

小津画　食堂月ヶ瀬にいた猫まゆ(個人蔵)＝撮影・修復：松浦莞二／スタジオkk

・グラフィック・デザイナー、小津安二郎

小津の作品では、画面の中の人物や事物のコンポジションが重視されるが、その背景にあったのがグラフィックの感覚である。デザイン(当時は主に「図案」と呼ばれただろう)については、松竹蒲田撮影所の同僚だった、のちの巨匠グラフィック・デザイナー河野鷹思《こうのたかし》の影響が色濃い。戦後の作品では、映画に現れる小道具や看板のデザインも自ら行うようになるが、そうしたグラフィストとしての小津に光を当てることには大きな意義がある。

初期のデザインの仕事としては、日本映画監督協会の創立時(一九三六年)に制定されたロゴマークがある。無限大マークと映画のスクリーンを組み合わせたものと考えられるが、その後は書籍の装丁を手がけている。その技量は、岸松雄《きしまつお》、筈見恒夫《はずみつねお》といった盟友たちの著作で発揮されたが、なかでも注目すべきが『山中貞雄シナリオ集』(一九四〇年)だろう。ここでは前記のロゴマークも使われており、一九三

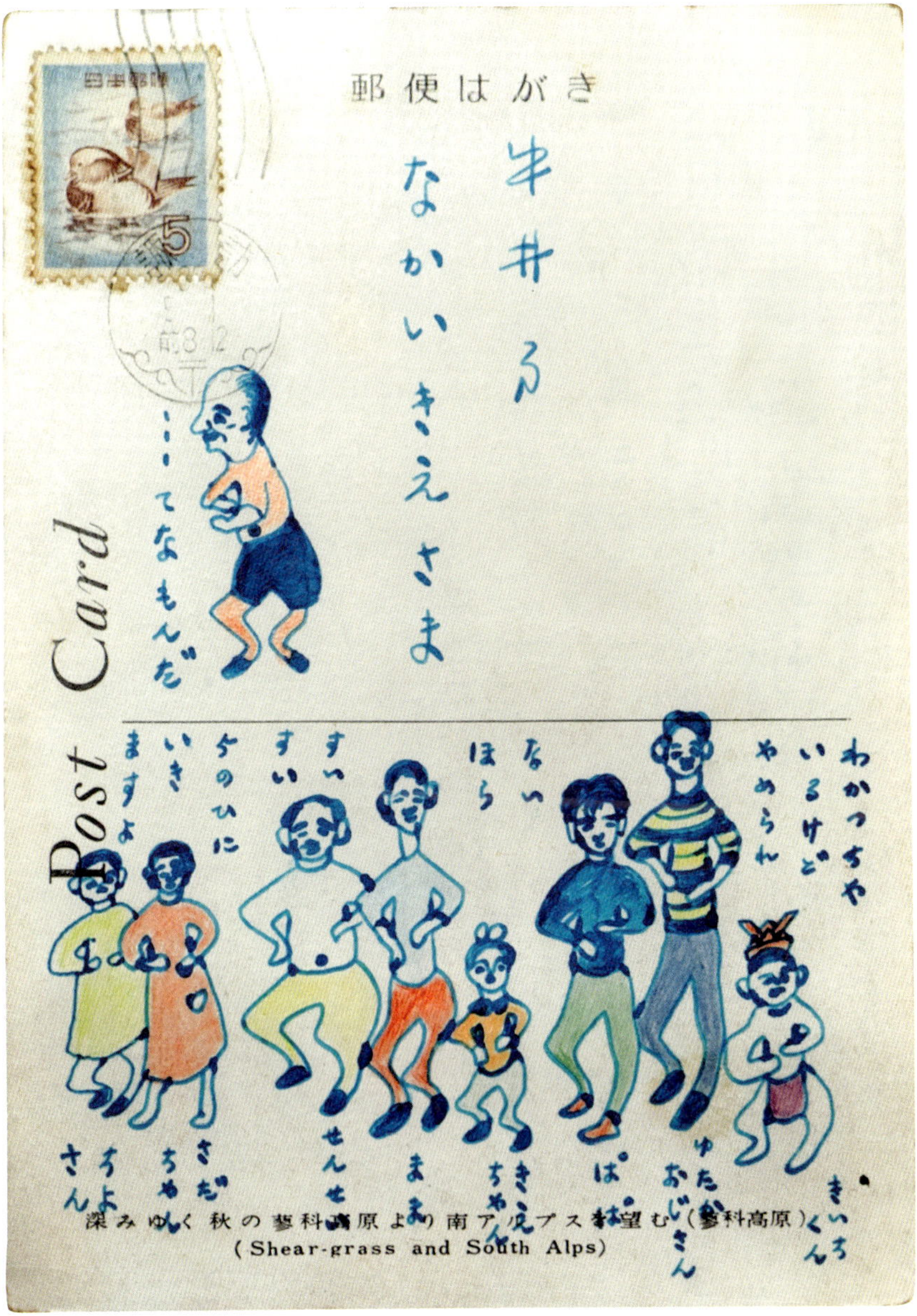

小津画　中井貴恵に宛てた絵葉書（個人蔵）＝撮影・修復：松浦莞二／スタジオkk

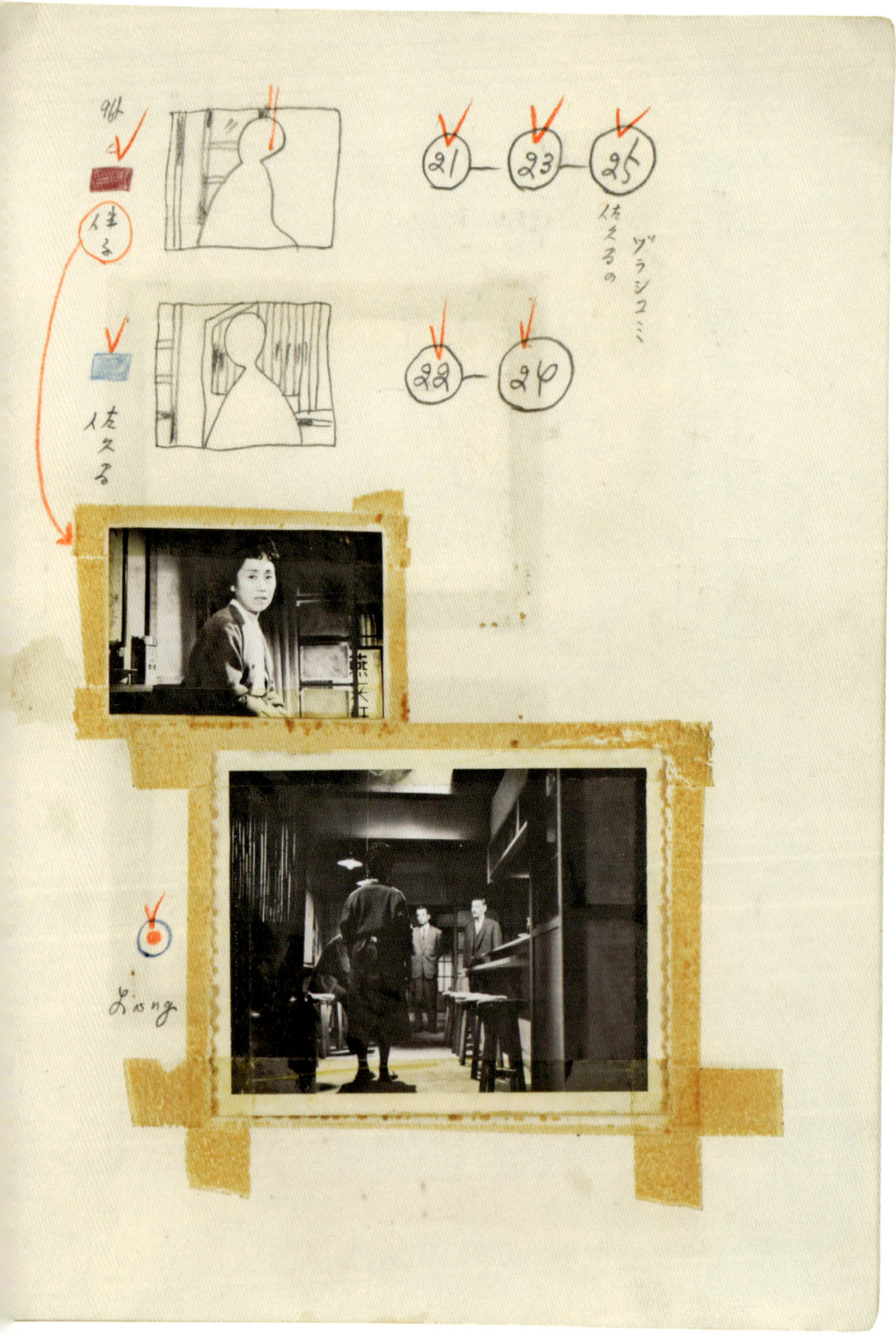

絵コンテ帖『秋刀魚の味』（一九六二年）＝川喜多記念映画文化財団寄託

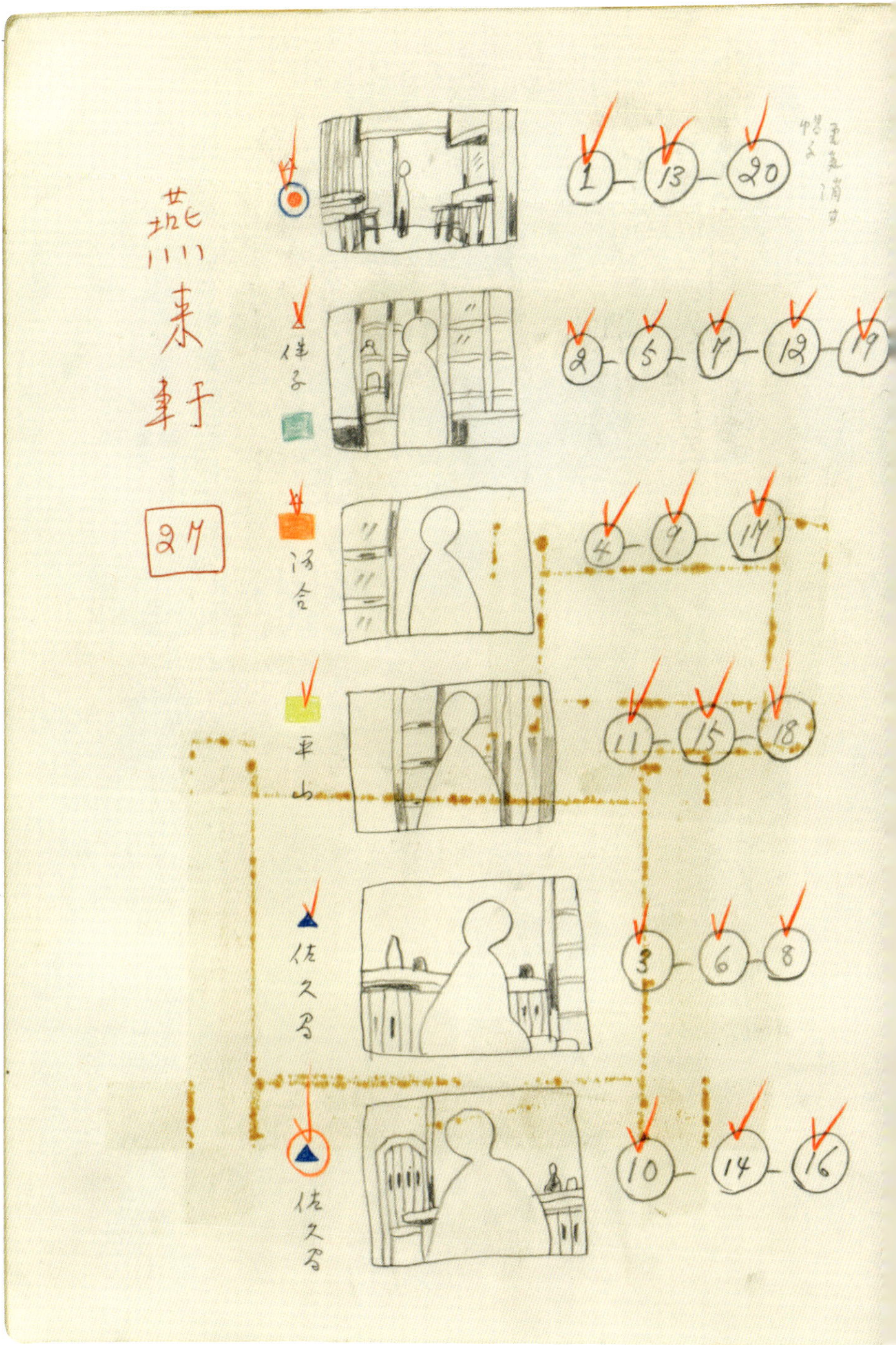
燕来軒
27
河合
平山
佐久間
佐久間

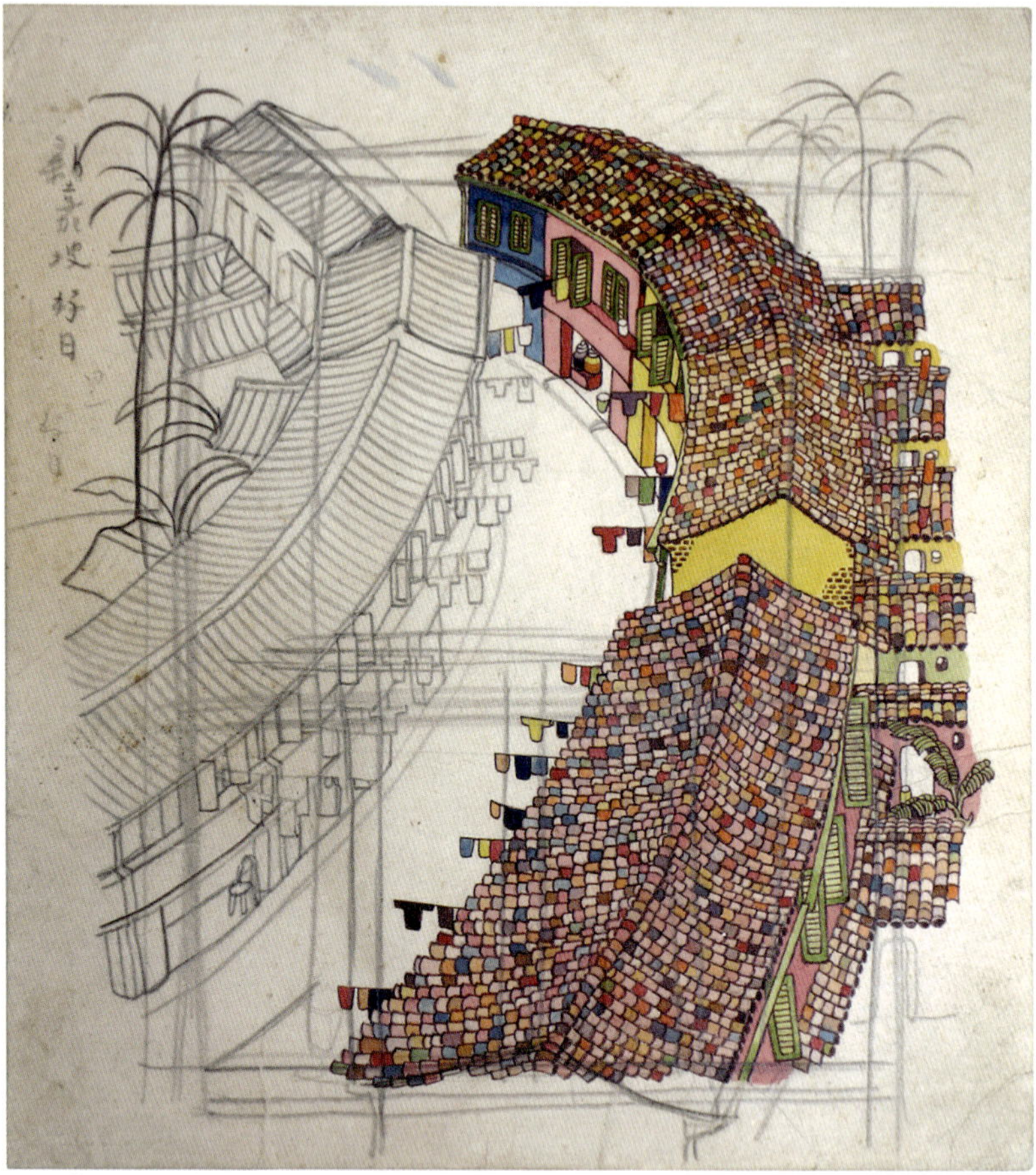

小津画「新嘉坡好日」＝小津家蔵／鎌倉文学館寄託

『彼岸花』衣裳用の参考生地（一九五八年）＝川喜多記念映画文化財団寄託

八年に戦病死した山中の追悼を意図したこの著作には、最年少の協会員だった若き親友山中への思いが込められているはずだ。

映画の中では、小津のデザイン感覚は、やはりカラー映画になって加速度的に発揮された。もともと戦後の小津は、自分の映画のクレジット文字をすべて自身で書いていたが、カラー映画になると、白抜き文字のほかに赤い文字、時には黒い文字も無作為にちりばめ(『彼岸花《ひがんばな》』)、リズムとアクセントを作り出すようになった。

こうした小津の実践は、まさに彼の映画の本質をなす要素であるが、それが注目されたのはまだこの数年のことに過ぎない。さらなる研究が、小津芸術のインタージャンルな特質をより明らかにすることだろう。

小津が装丁を手がけた『山中貞雄シナリオ集』(一九四〇年)ならびに小津が揮毫した『溝口健二作品脚本集』(一九三七年)=撮影:松浦莞二

Profile

(おかだ・ひでのり) 一九六八年生まれ。国立映画アーカイブ主任研究員として、映画のフィルム/関連資料の収集・保存や、上映企画・映画展覧会の企画運営などに携わる。また内外の映画史を踏まえた論考、エッセイを多数発表している。著作に『映画という《物体X》』(立東舎)、編著に『そっちやない、こっちや 映画監督・柳澤壽男の世界』(新宿書房)など。

ゴルフの練習をする小津
小津のスイングを野田夫人が見守っている。野田が撮影した。ここでは紹介しないが、立ち小便をする小津を背後から撮影したショットもあった。小津くんがオシッコしているから撮ってやろう、と野田が面白がって撮影したのだろう。二人に垣間見えた少年の一面。他に煙草をくゆらす小津をかなりのクロースアップで撮った映像もある

若者たち
野田と交友があった鎌倉の若者たちで、野田が撮影したもの。『早春』登場人物のモデルとなった若者たちだ

一休みする野田夫妻
こちらも確証はないのだが、小津が撮影したのだろうか。相似形の構図で日の当たり具合も実に良い

散歩する野田夫妻
蓼科には多数来客があったため確証はないのだが、前後の映像から小津による撮影かと思われる。夫妻が歩く姿をキャメラをパンして追っている

画像提供：新・雲呼荘 野田高梧記念 蓼科シナリオ研究所

野田高梧の八ミリフィルム

映像作家 **松浦莞二**／映画研究者 **宮本明子**

脚本家、野田高梧《のだこうご》。松竹脚本部の中心的存在であった彼は、小津との付き合いも長く深い。『晩春《ばんしゅん》』から『秋刀魚《さんま》の味《あじ》』までの仕事がよく知られているが、小津の初監督作品『懺悔《ざんげ》の刃《やいば》』の脚色も野田による。その付き合いは三十六年に及ぶ。小津を知るうえで欠かせない一人である。

野田は写真も嗜《たしな》んだ。写真だけでは飽きたらなかったのだろうか、一九五九年頃には八ミリのフィルムキャメラを購入しており、その映像が長野県蓼科《たてしな》にある新・雲呼荘《うんこそう》野田高梧記念 蓼科シナリオ研究所に所蔵されている。蓼科の風景や彼と交流のあった若者たち、脚本執筆の合間に散歩する小津、また小津が撮影したと思われる野田夫妻などの姿が残っていた。

映像は、同研究所に展示されている。散歩の様子など野田と妻・静《しず》、そして小津が互いに撮影し合っており、彼らの交友の様子がうかがえて貴重だ。今回、同研究所の協力により、書籍に初めて掲載できることとなった。ごく一部ではあるが解説とともに紹介した。

復刻 中国戦線写真集

小津安二郎は一兵士として中国戦線へ従軍した。そのとき撮影した写真が残っている。カメラの携帯を許可され、四千枚にのぼる写真を撮影していたのだ。

小津は毒ガスを扱う部隊に所属し、戦闘の最前線にいた。文字通り生死をさまよう行程にあったことが、日記や帰還した後の彼の発言からわかる。

このうちの八枚が一九四一年、雑誌「寫眞《しゃしん》文化」に掲載された。その後、今日まで八枚すべての再掲載は実現せず幻となっていた。これらをオリジナルプリントから復元掲載し、小津がとらえた光景に迫る――。

写真はデジタル修復のうえ、雑誌掲載時から縮小または拡大されており、配置も改められています。「かい掘り」のページ上部に掲載した三枚は、雑誌「寫眞文化」一九四一年五月号から、他は小津が中国から帰国の折に写真家・師岡宏次氏に預け、現在は師岡文男氏が保管しているオリジナルプリントから修復しました。

無題。満月を写しているようにも思えるが、裏書きによると絞りを調整して撮影した夕日

「春日水浴圖」 川近くでヒゲを剃っている男。戦友だろうか

作品の背景

松浦莞二

小津は十代の頃より写真が好きで、ベス単というその頃流行したカメラで撮影を楽しんでいた。スチル写真の撮影は映画監督になってからも熱心に続けていた。三十歳が近づいた頃には日本に輸入され始めたばかりのライカを購入。このカメラは最高級品として知られており、ライカ一台で家が建つ、と言われるくらいだった。現像も自らおこなうほどの熱の入れようだった。

一九三七年、三十三歳で徴兵により中国大陸に渡ったとき、小津はカメラの携帯を許された。報道要員ではなかったが、著名な監督ということもあり特別な許可があったのだ。そして戦争中に愛用のライカで、何と四千枚もの写真撮影をおこなった。二十二カ月の戦争体験は過酷だった。同僚が目前で銃弾に当たり戦死、別部隊だったが後輩にして親友の監督・山中貞雄も病死、南京《ナンキン》攻略戦直後の南京にも入城——と、まさに生死を懸けたものだった。ではさぞかし悲壮な写真なのかといえば、人々やその営みを淡々と撮っている。それが小津なのだろう。

小津は戦地で里見弴《さとみとん》の『鶴亀《つるかめ》』、谷崎潤一郎《たにざきじゅんいちろう》の『源氏物語』を読み感銘を受けたという。小津も彼らと同じく、戦争に合わせて勇ましい作品をこしらえるのではなく、今までと変わらぬ創作を続けたいと願ったに違いない。そして、戦場で小津にできたことは人を見つめ写真を撮ることだった。

これら八枚は、一九四一年に雑誌「寫眞文化」に掲載され、今回復元掲載となった。この八枚以外は焼失となったので中国戦線写真の全貌を知ることはできない。しかし、この揺るぎのない作品は間違いなく小津の誇れる仕事の一つだろう。

「かい掘り」 四枚の連作。映画の絵コンテのようで面白い。上段右＝中国の少年。日本刀を手に座っている。ライフルやヘルメットも見えるが荷物の番を頼まれたのだろうか。上段左＝かい掘りをしている男たち。まだ魚は捕まっていないようだ。少年からの視点か。中段＝少年も参加している。サイレント映画なら「僕の方が上手いよ」なんて字幕が入りそうだ。下段＝男たちが魚を持っている

「残暑河を渡る」 中国に渡り一年近くが経った一九三八年の写真か

「盛夏船艙」 一枚目以外はすべて水に関連する作品だったが、これもそれに連なる一枚。
本来は貨物を積んでおく空間で飯を食う男たち

小津安二郎と兵隊

思想家　内田樹

小津安二郎は映画の中に一度も軍服を映し込んだことがないと誰かに教えてもらったことがある。戦前戦中の映画すべてを網羅したわけではないが、たしかに記憶する限りでは、軍服を着た登場人物が台詞《せりふ》を言う場面を見た覚えがない。

小津自身は二度徴兵されている。二十歳から二十一歳まで(一九二四年から二五年まで)に一年、三十三歳から三十五歳まで(一九三七年から三九年まで)の二年は下士官として中国戦線にいて、軍曹で除隊した。四三年から敗戦までは軍報道部の映画班の一員としてシンガポールにいた。足すと青年期から五年以上の歳月を軍隊とその周囲で過ごしたわけである。だから、軍隊とはどういうところで兵隊とはどういうものかを小津は熟知していたはずである。だが、映画にはついに兵隊を登場させなかった。

ただ、戦後の小津映画では戦争への迂回《うかい》的な言及が繰り返し行われている。例えば、『早春《そうしゅん》』(一九五六年)の戦友会の場面。「犬のスキヤキ」を食った話と、戦死した臆病な仲間の話で盛り上がった後、その細君が再婚して幸福に暮らしているという話を聞いて、一同は沈み込んでしまう。そして、坂本(加東大介《かとうだいすけ》)が「あいつも浮ばれねえよなァ。おれたち死なねえで帰って来てよかったよなァ」とつぶやく。

『彼岸花』(一九五八年)には、芦《あし》ノ湖《こ》の湖畔で、妻(田中絹代《たなかきぬよ》)が空襲の時、防空壕で一家四人がひしと抱き合っていた日々を回想して、「戦争は厭《いや》だったけど、時々あの時のことがふッと懐しくなることあるの」と言うと、平山(佐分利信《さぶりしん》)は「おれァあの時分が一ばん厭だった。物はないし、つまらん奴が威張ってるしねえ」と吐き捨てるように応じる場面がある。

『秋刀魚の味』(一九六二年)では駆逐艦《くちくかん》の艦長だった平山(笠智衆《りゅうちしゅう》)が、かつての部下であった坂本(加東大介)と語り合う。坂本が酔余《すいよ》の勢いで、「けど艦長、これがもし日本が勝ってたら、どうなってますかねえ?」と、日本軍がニューヨークを占領するという夢物語を語り出す。平山はそれを静かに制して「けど敗けてよかったじゃないか」とつぶやく。意外な答えに一瞬戸惑った後、坂本も「そうですかね。――ウーム、そうかも知れねえな、バカ野郎が威張らなくなっただけでもねえ」と同意する。

いずれも「戦争の時は、それなりに楽しいこともあった」という述懐に「戦争は二度とごめんだ」という言葉がかぶせられて対話は終わる。平山と坂本という役名も小津映画ではほぼ同じ登場人物について繰り返し使われる。だから、この定型的な対話に小津安二郎があるこだわりを持っていることが知れる。

このやりとりのうち、私たち戦後世代にうまく理解できないのは「戦争の時は、それなりに楽しいこともあった」というタイプの言明である。それは「犬のスキヤキ」を食べたり、防空壕で息をひそめたりする経験についてさえ言われる。おそらく戦争を現実に経験した人は、戦争のうちにある種の「人間的なもの」があった、心温まる思い出として回想できるような出来事もあったと思うことがあるのだろう。実際にそう思ったのかも知れないし、記憶を改竄《かいざん》でもしなければ辛《つら》すぎて耐えられなかったのかも知れない。そのあたりのことは分からない。

ここに掲載された八葉の中国戦線の写真にキャプションをつけるとしたら、「忙中閑あり。戦場にも人間的な側面はあった。兵隊たちは兵隊であると同時に喜怒哀楽の情を具《そな》えた生身の人間でもあった」というような言葉がおそらくふさわしいのだろう。伝記的事実から推して、小津自身は戦場にあっても笑顔を絶やさない優しい人であったろうし、苦役からもわずかな愉《たの》しみを引き出す才能に恵まれていたと思う。でも、戦後の小津は自分のそういう優しさや楽観主義が結果的には「つまらん奴」や「バカ野郎」が国を誤ることを許したのかも知れないと考えるようになった。だから、戦後の映画の中では、戦争についての宥和《ゆうわ》的なコメントには、つねにそれを否定する台詞をかぶせた。

この中国戦線の写真を戦後なんらかの媒体が再掲を求めた時に小津は掲載を許可しただろうか。おそらく許さなかっただろうと私は思う。

Profile

（うちだ・たつる）一九五〇年、東京生まれ。凱風館館長、神戸女学院大学名誉教授、京都精華大学客員教授。専門は哲学・武道論。主著に『ためらいの倫理学』『レヴィナスと愛の現象学』『日本辺境論』『私家版・ユダヤ文化論』ほか。小林秀雄賞、新書大賞、伊丹十三賞を受賞。

家庭を描いた男の家庭

映像作家　松浦莞二

小津安二郎はどのような家庭で育ったのだろう。

一家の事情を探偵するつもりはない。また作家の個人的背景を重視しない批評が日本では現在多く、その視点も理解できる。しかし、あまり知られていないことが原因で、たとえば小津は本居宣長の子孫であるといういい加減な情報が広まったり、小津が変に神格化されたりしてしまっているのは残念なことだ。

小津監督の義妹・小津ハマ氏の手記、松阪／津市の広報誌などの資料を精査し、松阪の小津安二郎青春館で調査を行っている佐野洋治《さのようじ》館長、井上孝榮《いのうえたかえ》氏、井上正和《まさかず》氏らに聞き取り調査を行った。特に小津安二郎青春館には二年以上通い、得たものは大きかった。以下にまとめる。

・小津家について

江戸時代、松阪から江戸に進出し商業的に成功した家が幾つか現れた。それらは伊勢《いせ》商人、あるいは松阪商人と呼ばれた。最も知られているのは三井財閥を築いた三井家だろうが、小津与右衛門《よえもん》家も有力な伊勢商人だった。

小津与右衛門家は海産物肥料問屋「湯浅屋《ゆあさや》」を経営した。魚介類や干鰯《ほしか》・魚粕といった、魚などから作る肥料を扱っている問屋だった。また円山応挙《まるやまおうきょ》作品など、多くの美術品蒐集《しゅうしゅう》も行っていた。この小津与右衛門家の分家に小津新七《しんしち》家があり、五代目小津新七の子が寅之助《とらのすけ》、その寅之助の子が安二郎である。

なお、小津与右衛門家からは、英文学者でシェイクスピア研究で知られる小津次郎《じろう》や阪神タイガース球団社長・小津正次郎《しょうじろう》など著名な人物が何名か出ている。また、国学者・本居宣長も松阪の小津家の出身なので誤解されることが多いが、宣長は小津三四《さんし》右衛門《えもん》家の人で、小津新七家と直接の関係はない。

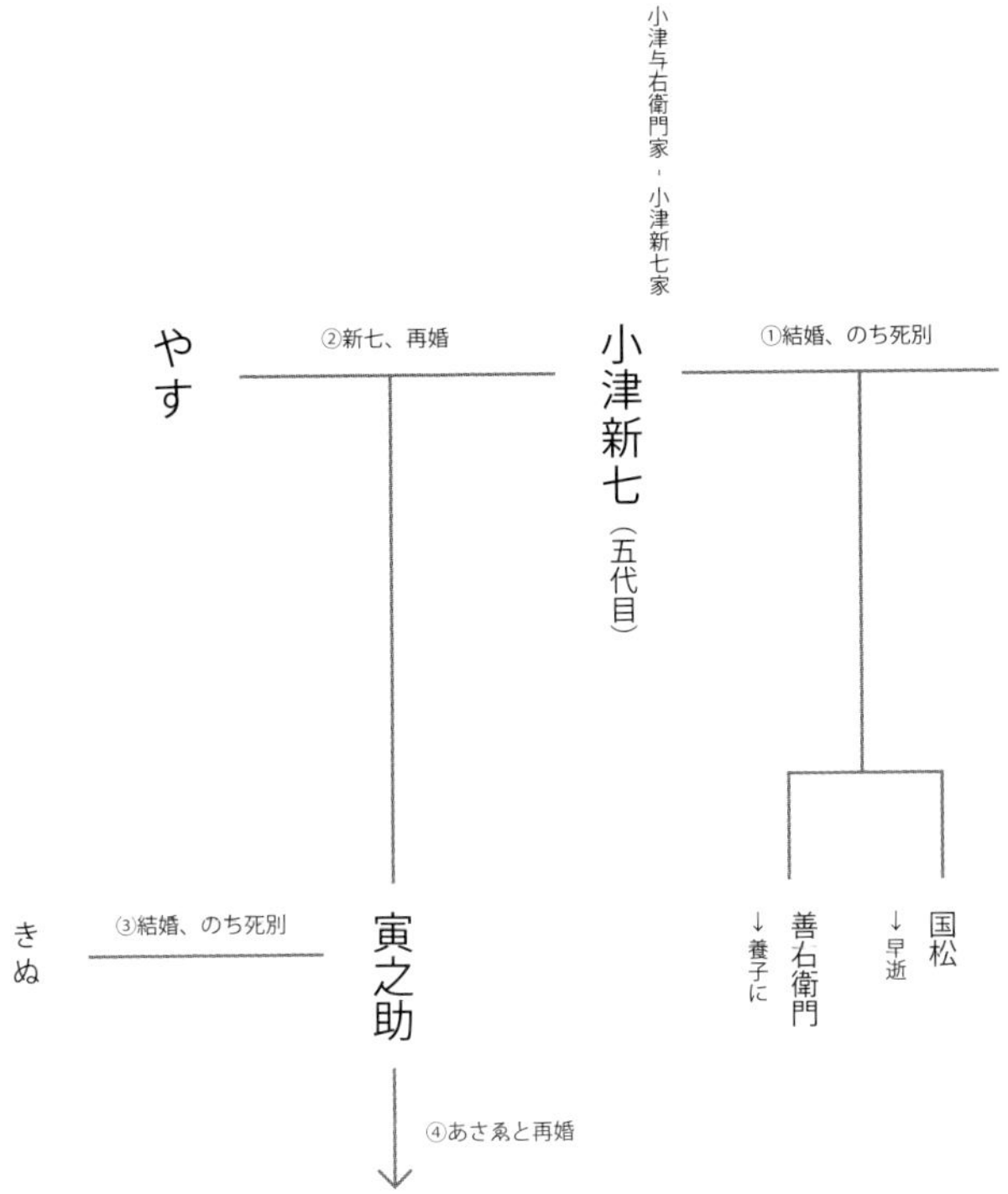

・父方の家系

安二郎の父方の祖父、五代目新七は芝居や相撲を好み、浮世絵の蒐集も行った。自尊心が強い人だったという。

成人後、まちという女性と結婚。二人の子をもうけるが、まちが死去、後妻やすを迎える。後妻との間に、安二郎の父となる寅之助（一八六六―一九三四）をもうけた。この祖父・五代目新七は安二郎が二歳のときに亡くなっているので、直接の関わりはあまりなかった。しかし彼の集めていた浮世絵などは安二郎に影響を与えたと思われる。

寅之助は十八歳の頃より、本家である小津与右衛門家の経営する「湯浅屋」の番頭（支配人）を務めた。あるとき、本家から娘きぬを貰《もら》ってほしいと頼まれ結婚するが、彼女は体がかなり弱く、死別。一八九八年七月十五日、中條《ちゅうじょう》あさゑと再婚。引越して深川《ふかがわ》に住んだ。

ややこしくなってくるので寅之助の視点からまとめると、寅之助は芸能が好きな父とその後妻の間に生まれる。その後自身は一度結婚するが妻と死別、中條家からあさゑを迎え再婚し安二郎らをもうけた、ということになる。仕事に忠勤を尽くした謹厳《きんげん》実直な人といわれた。寅之助は安二郎が三十歳になり評価が高まった頃に六十七歳で亡くなった。

・母方の家系

萩野《はぎの》家の長女津路《つじ》（つし、津志の表記もあり）が安二郎の母方の祖母である。萩野家は医師の家系で、庄屋や茶業も営む名家だった。

萩野津路は懇意であった岩脇《いわわき》家から長蔵《ちょうぞう》を婿《むこ》養子に迎え、娘あさゑ（一八七五―一九六二）を産むが、夫が早逝《そうせい》。彼女は娘あさゑを叔母に預け、中條瀬兵衛《せべえ》と再婚。中條家は津市の中心部、津観音《つかんのん》近くにあった津の伊勢商人御三家の一つで、茶業を営んでいた。こちらも名家だった。津路は再婚相手との間に四人の子をもうけたが、あさゑは叔母の家で育ったので接点はあまりなかっただろう。

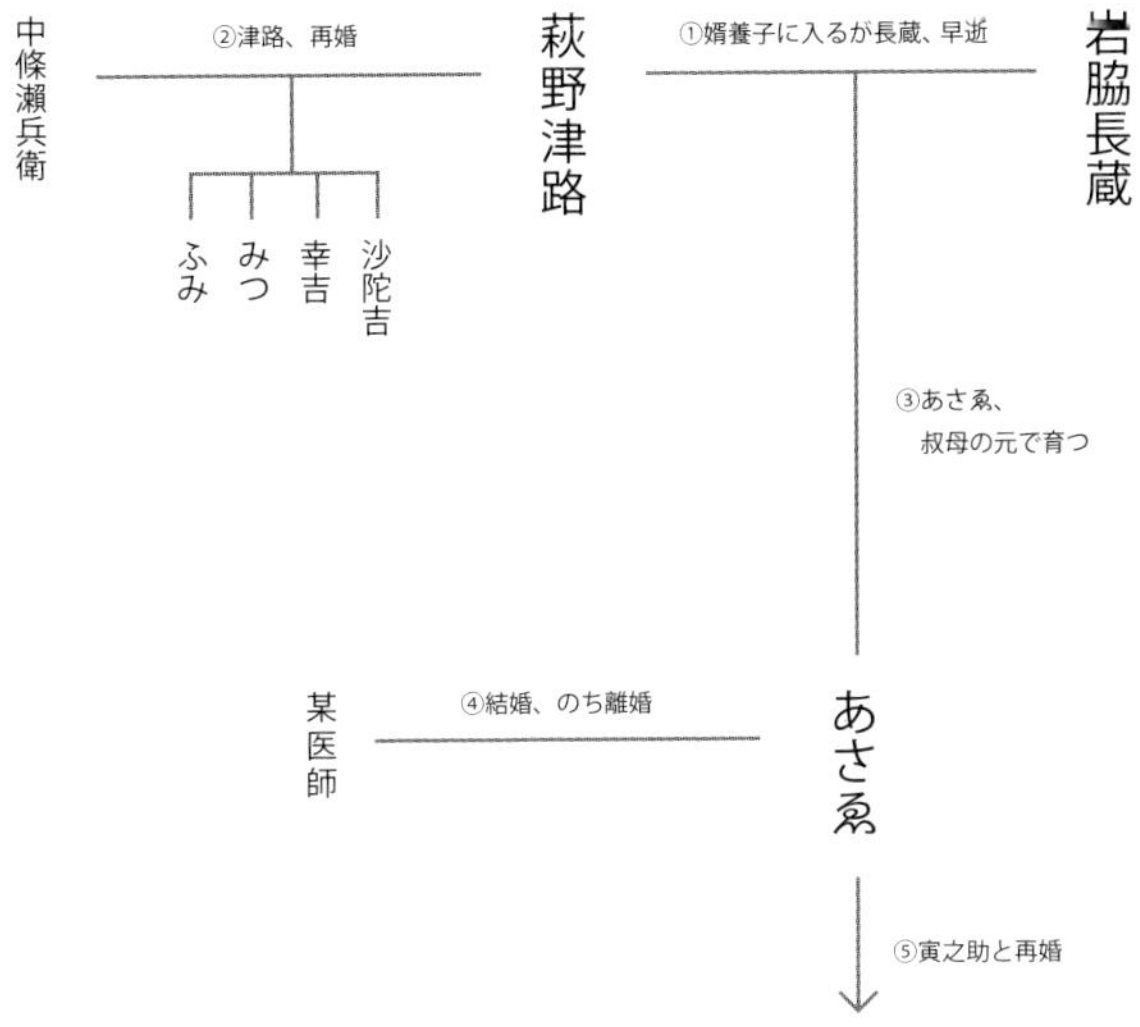

叔母の元で育ったあさゑは成人後、ある医師と結婚。しかし相手の身持ちが悪かったためか、離婚。母のいた中條家で暮らすことになる。当時の離婚は実はそれほど珍しいわけではない。明治前半の離婚率は江戸時代と同じように高く、一九四五年が近づくにつれて下がり、戦後上がっていくという傾向で、当時の離婚率は二〇一〇年代後半と同等程度。人口千人に対し一・五件くらいだった（厚生労働省／人口動態統計による）。

あさゑは離婚を経験した後、寅之助と再婚。引越して深川に住んだ。新一《しんいち》、安二郎、登貴《とき》、登久《とく》、信三《のぶぞう》をもうけた。

こちらもあさゑの視点からまとめると、あさゑは名家の両親の元に生まれたが、父がすぐに亡くなる。母の元を離れ叔母の元で育ち、その後結婚するが離婚。縁談があり寅之助と再婚、ということになる。あさゑは、芯の強い大変な教養人で達筆。漢詩を書くこともあった。安二郎が五十八歳の頃まで健在で、二人は北鎌倉で暮らした。一九六二年、八十六歳で亡くなった。大変仲が良かった。

・安二郎の視点

安二郎からの視点でまとめると、両親とも裕福で美術や漢詩など教養のある家系。父方の祖父と父、母方の祖母と母の四人が再婚を経験していることになる。祖父母にしても父母にしても、配偶者との死別や離婚があり、いわゆる順風満帆な家庭環境のなか過ごしたわけではない。

小津は家族が脆《もろ》く儚《はかな》いものであることを知っていただろう。それも一因だろうか、生涯結婚せず、家庭も持たなかった。一方で、作品には何度も家庭を描いた。そうして家庭を描き続けた動機が小津の育った環境によるとみるのは、あまりに短絡的で危険だ。家庭を題材にして世代の違いや社会の移り変わりを描くという考えもあっただろう。しかし、安二郎がその家庭環境から全く何も感じなかった、影響されることもなかった、というのもまた不自然だろう。

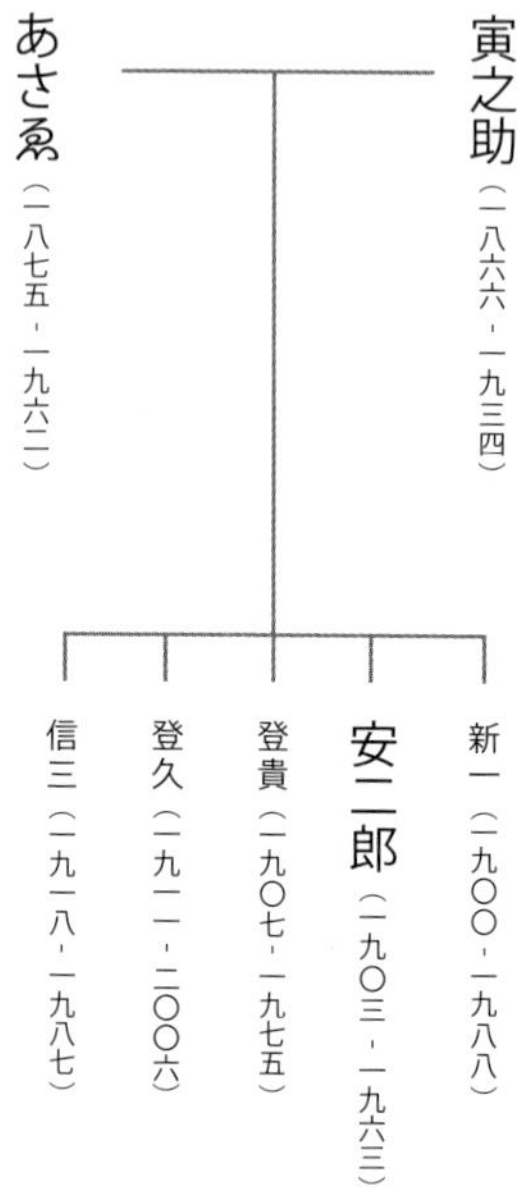

対談　小津安二郎の俳句を読む

俳人　紀本直美／映画研究者　宮本明子

宮本　小津安二郎は日記に俳句も記していました。俳人として活躍される紀本さんと、その特徴に迫ってみたいと思います。小津監督の日記は『全日記 小津安二郎』という本から確認できます。そのうち、俳句が詠まれているのは一九三〇年代で、五十句ほどあります。食、恋愛、季節など主題はさまざまですが。

紀本　当時の文化人は、余技《よぎ》として俳句を嗜《たしな》むことが多かったようです。「文人俳句」といわれ、俳人・小説家・劇作家で文学座の創設メンバーのひとりである久保田万太郎《くぼたまんたろう》が有名です。小津安二郎は久保田万太郎の句を愛誦《あいしょう》していたそうですね。この対談用に明子さんが選句された四句は、季節感がよく出ていて親しみやすいですね。

宮本　ただ公開を予期していないでしょうから、推敲《すいこう》を重ねていないものもあるかもしれない。そうした背景もふまえ、みてみましょう。まずは「酒」の句から。

青梅も色づくまゝに酒旗の風

一九三四（昭和九）年六月十四日

宮本　「新館に久米さんを訪ねて色紙をかいてもらふ／蝙蝠や出水明りに書く手紙／で僕も一句」とあり、それに続く句です。

紀本　二人の交友がうかがえますね。「蝙蝠」（コウモリのこと）は夏の季語です。俳句には挨拶《あいさつ》句《く》といわれるものがあるのですが、これは久米正雄《くめまさお》の句に対して、小津安二郎が返答をしています。

宮本　久米正雄といえば鎌倉文士の中でもリーダー的な存在でしたよね。小説から戯曲に俳句にと多彩な活動をみせて。

紀本　青梅が色づき、気持ちのいい風が吹いている。「青梅」が夏の季語ですね。酒屋に向かっているのか、散歩をしていたら偶然酒屋の旗を目にしたのか。新館を訪ねてとありますが、これは二人、どこにいたんでしょうか。

宮本　日記をみると六月十二日に、小津安二郎は池田忠雄《いけだただお》と湯河原の中西《なかにし》旅館に来ています。新作『浮草物語《うきくさものがたり》』（一九三四年）のシナリオを執筆しに来ていたんですね。到着した十二日、「久米正雄氏も一汽車のちにて来り　いろいろストーリーの話をする」、十三日には、久米と酒を飲み「久米さんのフランス物語を聞く」とあります。

紀本　なるほど。前日に酒を酌《く》み交わしているわけですね。その楽しかった酒の席の思い出も挨拶句に込めているのかもしれませんね。私は下戸《げこ》なのですが、明子さんお気持ちわかるのでは？（笑）

宮本　たしかに、お酒好きとしてはなんとも気持ちの良い句ではないかと。梅雨の頃、みずみずしいうすいみどりの梅、その枝を吹き抜ける風が伝わってくるかのような、大人の贅沢《ぜいたく》な世界ですよね。「酒旗《しゅき》」は何かと思って調べてみると、酒屋の目印の旗なんですね。漢詩、杜牧《とぼく》の「江南春」の一節に出てくるようです。ところで、この句を作った二カ月前に、小津安二郎は父親を亡くしています。六月には、仲の良かった映画監督・成瀬巳喜男《なるせみきお》が、松竹撮影所から別の会社に移籍しています。親しい人との別れを経験しながら、映画制作を続けていた頃です。そしてお酒から食べ物へ。こんな句もあります。

草市や氷白玉ゆであづき

一九三四（昭和九）年七月十二日

紀本　「草市《くさいち》」はお盆の品を売る市ですね。迎え火のためのおがら、ホオズキなどを買いに皆が来る東京・月島《つきしま》の草市が有名です。二〇一八年は七月七、八日でした。

宮本　小津安二郎は深川に生まれ、暮らしていたので、そのあたりの情景を詠んだのかもしれません。リズムがいいですね。ご自身は甘いもの、とくにあずきはお好きだったようです。ところで「氷白玉」ってどんな食べ物なんでしょう?

紀本　うーん、冷やした白玉だんごに蜜やあんこ、削り氷がかかっている感じかな？「草市」がお盆の行事で秋の季語、「氷」の夏の季語とずれてしまい、俳句では「季違い」となるのですが、小津安二郎は庶民の生活を素直に表現したのだと思います。好物をのせた氷をおいしそうに食べている姿が浮かびます。

宮本　なるほど。私はこれ別々のお店で売られているものを、あ、ここにも、あ、あそこにもある、とみて歩いているのかと思いました。でも「氷白玉」「ゆであづき」も、同じ器に入っているのかもしれませんね。

紀本　そうですね。これは誰かとふたりで来たのかな。もしくは、ひとりで、お盆のおそなえものを買ったあとで、暑いからちょっと、氷をたのんでひとやすみしているのかもしれない。映画の一場面を切り取ったような感じの句ですね。

宮本　そして翌年の二月には、後年まで付き合いがあった小田原の森栄《もりさかえ》という女性に出逢い、たびたび小田原を訪れていたようです。日記には、「明そめし鐘かぞへつゝ二人かな」「口づけをうつつに知るや春の雨」「口づけも夢のなかなり春の雨」など、それまでと一味違った恋の句が詠まれるようになります。

いづこにか夕立ありし冷奴

一九三五(昭和十)年八月四日(＊日記「その2」では三日に記載あり)

宮本　これも夏の句です。

紀本　「夕立」と「冷奴」がともに夏の季語です。俳句としては、「季重ね」といって、二つ以上の季語を使わないようにするのが常道ですが。先ほどの句の「季違い」と同じく、感じたままを日記に書いたんでしょうね。

宮本　そうそう。どこか達観しているのが、詠み手自身でもあり冷奴のようでもあり。夕立の湿り気が伝わってくるかのような湿度と、冷奴のくっきりした形の対比がおもしろい。

紀本　もしかしたら、豆腐を買いに行ったのかもしれませんね。ほら、昔だと豆腐をお豆腐屋さんに買いに行きましたよね。お鍋とか持って。

宮本　たしかに。室内で「夕立ありし」と思った以外に、外を詠み手が出歩いてる、とも読めますね。私の近所にもお豆腐屋さんがありました。皆がお豆腐買いにつっかけはいてきたりして。

紀本　買いに行く途中で、もわっとした湿度で、雨が降ったのかなと感じたのか、誰かの話し声を聴いて、「夕立ありし」と思ったのかもしれないですね。小津安二郎の俳句は生活の些細《ささい》な瞬間を切り取った句が多い気がします。忙しくしていたら気がつかない何か微細なものを日常から掬《すく》い取ることに長《た》けていますよね。

宮本　うんうん。そして豆腐、といえばよく引き合いに出されるのが、俺は「豆腐屋」だという小津監督の発言です。

紀本　それはどういう意味なんですか？「豆腐」で有名な句といえば、久保田万太郎の「湯豆腐やいのちのはてのうすあかり」です。「豆腐」のイメージと自分を重ねている？

宮本　豆腐屋だ、それと違うものは作らない、という主旨で、何度か発言しています。これは職人として映画を作っているという気概の表れではないかと教えてくれた方がいて、なるほどと思いました。でも俳句もフィクションだから、自分のことを詠んでいるとは限らないですけれどね。そして夕立の句から四年後、戦場で記した日記の中の句です。

未だ生きてゐる目に菜の花の眩しさ

一九三九（昭和十四）年三月二十八日

紀本　五、七、五におさまっていないですね。破調の句。「菜の花」で春の情景を詠んではいますが、それ以上に小津安二郎の想いが伝わってきます。

宮本　戦場で二度目の正月を迎えた春の日記。日中戦争で毒ガスを扱う部隊に所属していたときの記録です。敵、味方が死んでいくのを目にしながら、その「未だ生きてゐる目」が菜の花をとらえている。率直で技巧的なものはほとんどないのだけれど、それだけにいっそうことばに表せないものにあふれている。ところで「未だ」は「まだ」それとも、「いまだ」と読むのがよいでしょうか。

紀本　うーん、「いまだ」かな……。文字数でいうと、（数えながら）「いまだ」「まだ」いずれにしても破調ですね。戦場だから破調になるのでしょうか。おさまりきらない、なにかの想いがあるという。今まで挙げた三句は生活感がある軽やかな句ですが、これはそれらと比べてずっしりと重みがありますね。

宮本　戦争という局面でいうと、第二次世界大戦でシンガポールに派遣され、戦後は抑

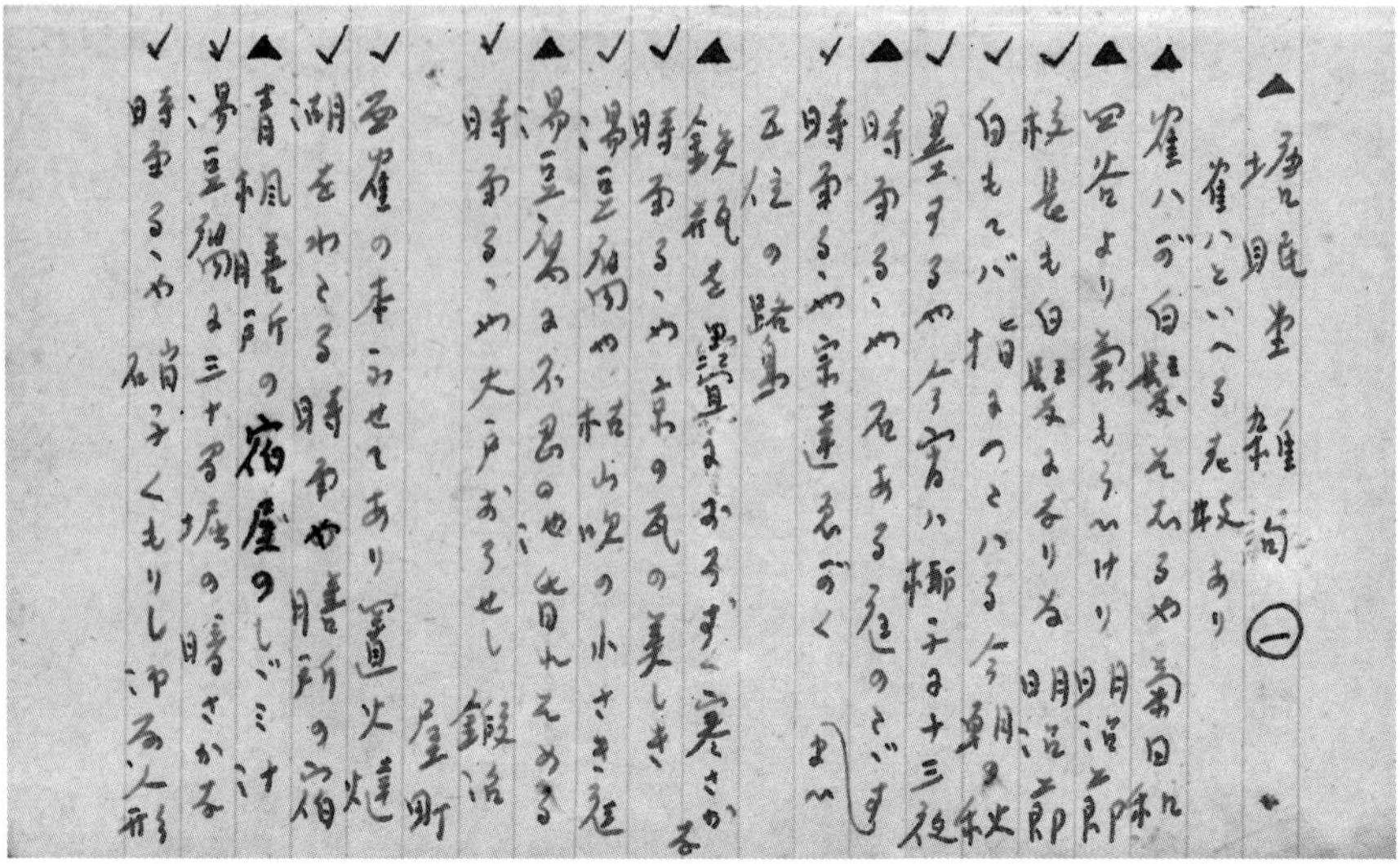

シンガポール時代の手帖に書かれた俳句。「塘眠堂」は小津の雅号。小津家蔵／鎌倉文学館寄託

留されていた一九四三年から一九四六年（推定）の間に記されたとみられる日記（貴田庄編纂「文学覚書」から）に、正岡子規《まさおかしき》の句集から選んだ俳句や季題、芭蕉《ばしょう》や「蕉門十哲《じってつ》」についてのメモがあります。同じ班員たちと連句をつくってもいました。

紀本　俳号も――？

宮本　「塘眠堂《とうみんどう》」という俳号はよく使っていたようです。「塘」は「つつみ」とか「ためいけ」のことなんですね。映画だと『彼岸花』（一九五八年）で同級生たちが再会する場面で、「池塘《ちとう》春草《しゅんそう》の夢」という漢詩の一節が出てきます。春の草の上でみた夢、少年時代のはかない夢。それを思い出させる俳号ですね。

紀本　これって、「冬眠」とかけてます？　シンガポールでは（当初の目的である）映画制作ができなくなったんですよね。仕事も〝冬眠〟していると。その諧謔《かいぎゃく》もみえかくれしますね。

宮本　あっ、それもあるかもしれませんね。

紀本　俳号をつけることで、自分の違う一面を出すおもしろさがありますよね。いつもと違う自分となって楽しむことが、俳号で句作をする魅力なんだと思います。「小津」ではなく「塘眠堂」としてひねる俳句は、創作の幅を広げたのでは。ふと浮かんだ句を日記に書きとめることで、アイディアスケッチになったのかもしれませんね。

宮本　誰かに見せようというわけではなく、日常の一断面として、こうした俳句が添えられている。そこに、対象を見つめるもうひとつの小津監督の目を見てとれる気がします。

Profile

（きもと・なおみ）　早稲田大学文学部卒。俳句グループ「船団」会員。俳句講師。著書に、俳句集『さくさくさくらミルフィーユ』、俳句とエッセー集『八月の終電』。大学、カルチャースクールなどで講師を務める。二〇一二年より「紀本直美の俳句ブログ」連載中（https://kimotonao.exblog.jp/）。

（みやもと・あきこ）　同志社女子大学表象文化学部助教。表象文化論、日本映画研究。台本や日記など、小津安二郎一次資料群の調査分析、関係者へのインタビューを進めている。大学を中心に、映画に関する講座や講演会の企画、運営にも携わる。

酒と敗戦

終戦の時にはシンガポールの軍報道部にいた。ところが、現地で軍関係の仕事をやっていると、数日前からもう戦争は終りだという噂が流れて来た。宿舎からみると、いつもは厳重な燈火管制の街に、チラホラ燈がついている。やっぱり本当だ、と思っているうちに八月十五日が来た。だから、このへんの移り変りが、永いオーバー・ラップという感じで、とくに大きなショックはなかった。

ただ記憶にのこるのは、そろそろ敗戦の色が濃くなって来ると、軍人をはじめとするお偉方たちが、戦争が負けたら切腹するといきまいていた。どうも切腹は困るが、ぼくだけ生きのこるわけにも行くまい。仕方がないからドイツ製の催眠薬ベロナールを手に入れ、これを酒にまぜて飲もう、いい気持に酔っぱらって死ねば、いかにもぼく流でよろしかろう、と考えていた。ところが、いざ敗戦となると、切腹を叫んでいた軍人たちの負けっぷりが、実に鮮やかなのである。アッサリ、手をかえすように負けてしまった。これをみてぼくは、日本人にも必ず敗戦の伝統がある。歴史上一度も負けたことがないというけれど、ぼくたちの血の中には、きっと負け戦さの経験が流れているんじゃないか――と思った。

（「キネマ旬報」〈あの日私はこうしていた！〉
昭和三十五年八月下旬号）

原節子　知性群をぬく

僕は過去二十何年か映画を撮ってきたが、原さんのように理解が深くてうまい演技をする女優はめずらしい。芸の幅ということからすれば狭い。しかし原さんは原さんの役柄があってそこで深い演技を示すといった人なのだ。例えばがなりたてたり、子守っ子やおかみさんのような役はあの人の顔立ちや人柄が出来上っていないというそれを「原節子は大根だ」と評するに至っては、むしろ監督が大根に気づかぬ自分の不明を露呈するようなものだと思う。

映画が人間を描く以上、知性とか教養とかいうものも現れてこなければならない。そういう意味でも原さんの演技には内容があるといえる。もちろん原さんが結婚すればまた違った面も出てくるとは思うが……。〝原節子は日本人向き〟という評、結構、大いに結構なことだ。

実際、お世辞ぬきにして、日本の映画女優としては最高だと私は思っている。

（「アサヒ芸能新聞」〈監督のみたスター〉
昭和二十六年九月九日）

第四章

OZU

伝記　小津安二郎

本章は、関係者への調査を基に、『小津安二郎―人と仕事―』、『全日記 小津安二郎』、『蓼科《たてしな》日記 抄』、報道記事、諸先行研究などからまとめた。報道記事、信憑《しんぴょう》性のある日記の記述、複数の異なる情報源から確認できたことは断定した。信憑性の十分でない情報は「～だろう」「～だと思われる」などと表記した。参考文献には、題名、号数など必要最小限の情報を記した。その他の詳細は巻末「参考文献」に記した。

執筆編纂　松浦莞二
編纂補　折田英五／宮本明子
協力　正清健介
監修　オフィス小津

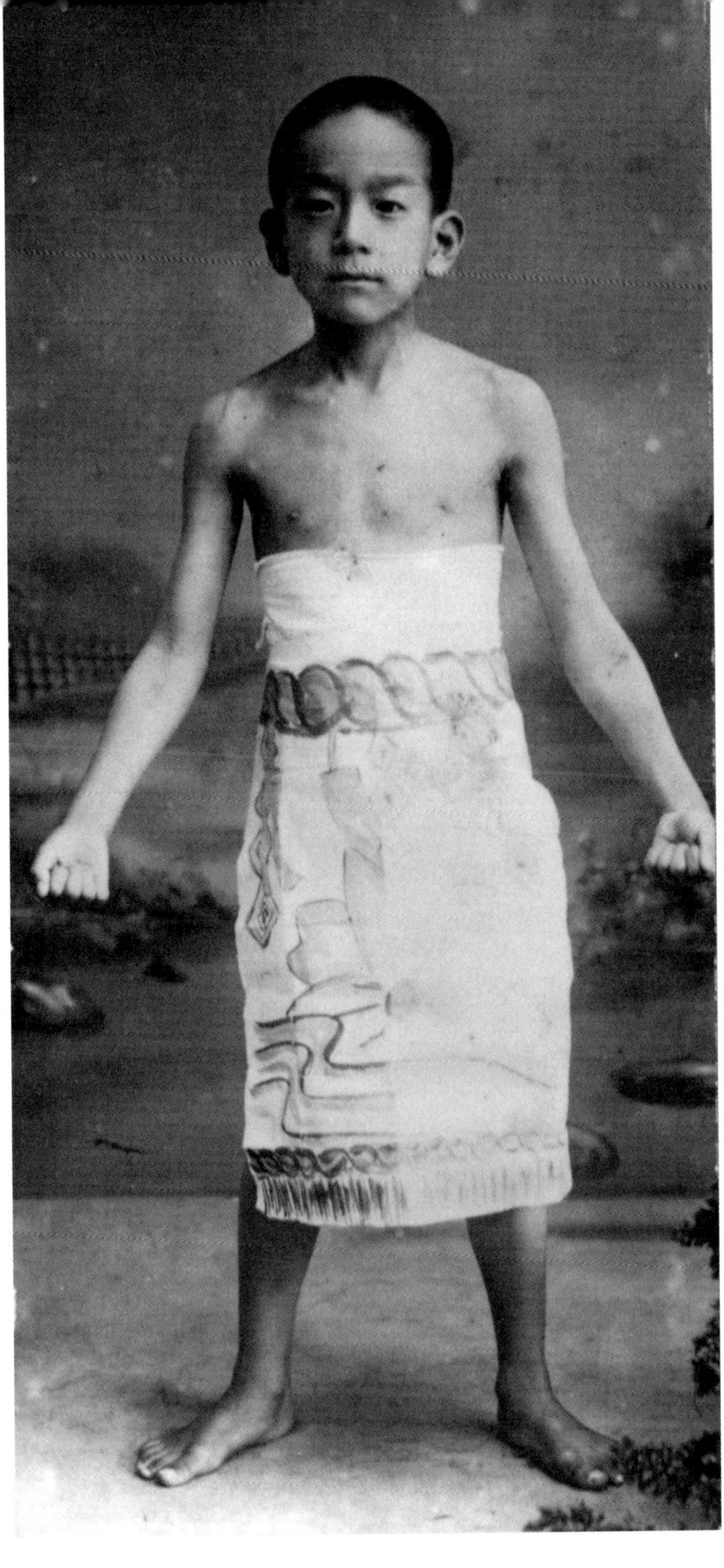

自身による手づくりの化粧まわしで相撲取りの格好をする小津少年。小学校三年生頃。写真提供＝小津家／鎌倉文学館

一九〇三(明治三十六)年　〇歳

十二月十二日、小津《おづ》安二郎《やすじろう》は東京市深川《ふかがわ》区万年《まんねん》町(現・東京都江東《こうとう》区深川一丁目)に父・寅之助《とらのすけ》、母・あさゑの次男として生まれた。長男に三歳年上の新一《しんいち》がいた。安二郎が生まれた時、寅之助は三十七歳、あさゑは二十八歳。当時としてはかなり遅く生まれた息子だった。両親が初婚でなく再婚だったためだ。当時の離婚率は二〇一〇年代後半とでそれほど違いはないが(結婚率は異なるが、人口千人に対し約一・五件)、両親とも二度目の結婚というのは珍しい。一般に映画の誕生は一八九五年とされるので、それから八年が経とうとしていた。日本でも一八九六年頃に映画が上映されていたので、小津は映画とともに育ったと言っていい。

生家・小津新七《しんしち》家は肥料問屋を営む小津与右衛門《よえもん》家の分家で、父・寅之助はその海産物肥料問屋「湯浅屋《ゆあさや》」の番頭を務めていた。干鰯《ほしか》(魚から製造されていた肥料)を扱っており、海に近く運送に便利な深川に店があった。下町で職人たちと触れ合う機会も多く、その経験は「喜八もの」などの下町を舞台にした作品に活かされた。

history

12/12　小津安二郎、生まれる。

米国のライト兄弟が有人動力飛行に成功。
米国で自動車メーカーのフォード・モーター創業。
日本初の常設映画館・電気館が開場。
相撲人気沸騰。
初めての早慶戦(野球試合)。

岡田時彦、碧川道夫、清水宏、高橋とよ、吉谷久雄、八雲恵美子、生まれる。

1904年、0歳の頃。百十日祝いで。写真提供＝小津家/鎌倉文学館

一九〇四（明治三十七）年　一歳

ひどい腫れ物ができ、順天堂医院に入院した。年末から新居に引越しを始める。

一九〇五（明治三十八）年　二歳

一家、昨年から始めていた深川区亀住《かめずみ》町七番地への転居が完了。同じ区内での引越しだが、本家から土地を譲られたことによる。かなり大きな家を新築した。

history

12／12　一歳の誕生日を迎える。

日露戦争勃発。その戦闘の様子が日本で上映され、人気を博した。

与謝野晶子が反戦歌「君死にたまふことなかれ」発表。

大山健二、笠智衆、結城一朗、生まれる。

history

前半　一家、深川区亀住町七番地へ転居。

12／12　二歳の誕生日を迎える。

米国の物理学者アルベルト・アインシュタインが特殊相対性理論発表。

夏目漱石、文芸誌「ホトヽギス」に『吾輩は猫である』発表。

厚田雄春、北竜二、藤原釜足、斎藤寅次郎、池田忠雄、成瀬巳喜男、小原譲治、茂原英雄、生まれる。

一九〇六（明治三十九）年　三歳

二月、父方の祖父である五代目小津新七が死去。新七は芸能を好み、浮世絵や相撲の番付表、印影なども集めていた。安二郎の浮世絵、スタンプ制作などの嗜好《しこう》は、新七から受けた影響ではないかと思われる。

一九〇七（明治四十）年　四歳

二月、一家に長女・登貴《とき》誕生。三人兄妹になった。

安二郎は三歳半の頃に脳膜炎にかかり、数日間高熱で意識不明に。一時は医師からも見放されるほど重篤になった。父が「この子も、もう、あきらめるしかないか」とつぶやいたところ、母は「私の命にかえても癒してみせます」と必死に看病、一命をとりとめた。*

*「考える人」no.一九に詳しい。

history

2/6　祖父・新七、死去。
12/12　三歳の誕生日を迎える。

色彩映画パテ・カラー公開。
米国で世界初のラジオ放送。

三島雅夫、杉村春子、永田雅一、河野鷹思、西村青児、吾妻三郎、若葉信子、岸松雄、松井潤子、生まれる。

history

2/18　小津登貴、誕生。登貴はのち長井家に嫁ぐことになる。
12/12　四歳の誕生日を迎える。

日露戦争に勝利したが講和条約で賠償金が取れなかったことから戦後恐慌起こる。
円盤式蓄音機が普及。
義務教育が四年から六年に。女学生にリボン、男は角刈りが流行。

澁谷実、日守新一（生年については他説あり）、大日方傳、原研吉、関時男、菅井一郎、東野英治郎、浪花千栄子、浜田辰雄、生まれる。

一九〇八（明治四十一）年　五歳

安二郎に関して特別な記録は残っていない。

一九〇九（明治四十二）年　六歳

四月、安二郎は深川区立明治小学校附属明治幼稚園に入園。当時、子どもを幼稚園に入れる家庭はまれだった。小津家はかなり裕福で教育熱心だったといえる。近所には江戸勧進《かんじん》相撲《ずもう》発祥の富岡《とみおか》八幡宮《はちまんぐう》や、深川不動堂、松尾《まつお》芭蕉《ばしょう》の芭蕉庵があった。兄たちと外に出てこうした場所でも遊んだだろうか。

history

12／12　五歳の誕生日を迎える。

米国でT型フォード発売。自動車が普及し始める。

東京の吉沢商店が目黒・行人坂に日本初の撮影所を開設。

日本初の女優・川上貞奴（さだやっこ）が帝国女優養成所を開設。

藤沢浅二郎が東京俳優養成所を開設。

長岡輝子、佐々木康、山本武、宮川一夫、小川國松、十朱久雄、中村伸郎、沢村貞子、筈見恒夫、生まれる。

history

4／　東京市深川区立明治小学校附属明治幼稚園に入園。

12／12　六歳の誕生日を迎える。

伊藤博文がハルビンで暗殺される。

日本初の映画雑誌「活動寫眞界」創刊。

ハイカラが流行語に。

佐分利信、浪花友子、小沢栄太郎、斎藤一郎、上原謙、山中貞雄、田中絹代、生まれる。

一九一〇（明治四十三）年　七歳

三月、卒園。四月、深川区立明治尋常小学校入学。この学校は一八七〇年の開校で現在も続いている。偶然にも一学年上に脚本家・野田高梧《のだこうご》の妻となる静《しず》が在籍していた。過去の在校生には作家の長谷川如是閑《はせがわにょぜかん》らもいた。この頃から絵を描くことが好きで、近所の家では小津のために帳面が用意してあり、静かに絵を描いていたという。

history

3／ 明治小学校附属明治幼稚園を卒園。
4／1 東京市深川区立明治尋常小学校に入学。
12／12 七歳の誕生日を迎える。

日韓併合。

京都で創立された松竹合名会社が東京に進出。

志賀直哉・里見弴らにより文芸雑誌「白樺」創刊。

山村聰、三井弘次、黒澤明、信欣三、藤本真澄、宇佐美淳、伊達里子、斎藤良輔、生まれる。

一九一一（明治四十四）年　八歳

三月、一家に次女・登久《とく》誕生。四人兄妹に。登久はのちに山下家に嫁ぐことになる。山下家は千葉県野田でキノエネ醬油を経営しており、弟・信三《のぶぞう》の勤務先にもなった。小津映画には作品内にキノエネ醬油の樽が映るなど何度か小道具として登場している。

history

3／1 小津登久、誕生。
4／1 小学校二年生に進級。
12／12 八歳の誕生日を迎える。

関税自主権を回復。日本の国際社会での地位が上昇。

ハリウッドに最初の映画スタジオが設立。米国映画の中心地が東海岸からハリウッドに。

初の外国映画専門館・横浜オデヲン開館。

四月、安二郎は小学校二年生に進級。

カフェが流行。続々開店。

加東大介、近衛敏明、吉村公三郎、生まれる。

一九一二（明治四十五／大正元）年　九歳

四月、安二郎は小学校三年生に進級。

フランスの怪盗小説を元にした映画『ジゴマ』が爆発的に流行していた。小津も見ただろうか。

history

4／1　小学校三年生に進級。

12／12　九歳の誕生日を迎える。

明治天皇崩御。大正に改元。

日本活動フィルム株式會社（のちの日活）設立。

東京市の映画館入場者数は八五〇万人に達し、映画産業が大きく成長。

田中春男、川崎弘子、佐野周二、木下恵介、生まれる。

一九一三（大正二）年　十歳

三月、父を残し一家は小津家の郷里、三重県飯南《いいなん》郡松阪《まつさか》町（現・松阪市）に移り住んだ。父・寅之助が、子どもの教育は田舎のほうが良いと考えたためだという。その頃、住民に甚大な被害を及ぼしていた深川のセメント粉塵《ふんじん》公害も一因のようだ。

history

3／　三重県松阪町垣鼻（かいばな）七八五番地に移転。

4／1　松阪町立第二尋常小学校四年に転入。

12／12　十歳の誕生日を迎える。

チャールズ・チャップリン、映画スタジオ「キーストン社」との専属契約を機に、映画界に進出。

森繁久彌、宮口精二、生まれる。

伊勢《いせ》商人は妻子を地元において江戸に店を持つのが慣《なら》わしだったので、妻子と離れるのは特別不自然なことではなかった。父が東京にいることで距離が生まれたが、母・あさゑの書簡によると比較的よく松阪へも通っていたという。とはいえ、安二郎が父を恋しく思うこともあっただろう。

四月、安二郎は松阪町立第二尋常小学校四年に転入。松阪の家では、エスという名の犬を飼い、深川に続いてここでも女中が二人いた。相変わらず裕福な暮らしが続いていたようだ。兄は親戚の家から中学に通ったので、家では男は安二郎だけになり、女性に囲まれて育つ環境となった。

家からわずか四〇〇メートルのところにあった映画館・神楽座《かぐらざ》で「目玉の松ちゃん」の愛称で親しまれた人気の歌舞伎役者、尾上《おのえ》松之助《まつのすけ》が出演する作品を見た。それがきっかけで映画にひかれ、徐々にのめり込んでいくことになる。小津は松竹に入社する際、邦画は三本しか見ていない、と語ったようだが、それは過少申告であろう。この頃、神童の誉《ほま》れ高かったという。

1904年9月、兄・新一と。写真提供＝小津家／鎌倉文学館

1907年5月、母・あさゑ、兄・新一と。写真提供＝小津家／鎌倉文学館

1913年、明治尋常小学校の制服で、父・寅之助、兄・新一と。この年、父の郷里、三重の松阪へ転居。写真提供＝小津家／鎌倉文学館

小津安二郎の〇〜十歳

小津家の次男として安二郎は生まれた。家は職人の多い東京・深川にあった。裕福な家庭だった。三歳の時、脳膜炎を患い絶望的な状況に陥る。幼い子どもの大病に周囲はさぞ心配したことだろう。一命をとりとめ、奇跡的に回復した。病気の後、両親の愛情はより深いものになっただろう。

彼の絵が三重県松阪市の小津安二郎青春館などに残っている。学校の課題と思われる静物画の習作や、ノートに記した漫画のような絵もある。小津の映画には自身で筆をとった絵も登場するが、少年の頃から好んで絵を描いてきたのだ。

松阪へは安二郎が九歳の頃に引越した。小津といえば東京という印象が強いが、彼は東京を離れる経験もしていたのだ。三重の子どもたちには、大都会東京からやってきた男の子が珍しく映っただろう。

この頃、サイレント映画が徐々に広まり、人気を獲得し始めていた。家の近くには、彼を待っていたかのように映画館・神楽座があった。小津はここで映画と出逢う。

明治の終わり頃に生まれ、日露戦争(一九〇四〜〇五年)、韓国併合(一九一〇年)と日本が近代国家として軍事的にも拡大路線を進むなか、小津は育った。担任教師らの証言によると、おとなしい子どもだったようだ。絵の腕前も相当に上達し、神童の誉れ高かったという。しかし、そのおとなしさも思春期までなのである……。

一九一四(大正三)年　十一歳

四月、小学校五年生に進級する。同月、のちに宝塚歌劇団となる宝塚唱歌隊が第一回公演を行い、人気を博した。その評判は松阪にも及び、後年、小津が宝塚スターの写真を持っていたという級友の証言もある。神戸での受験の帰りに宝塚を見たいと希望したり*、晩年には『小早川家《こはやがわけ》の秋《あき》』(一九六一年)撮影の際にも何度も劇場に足を運んだりと、小津は長年にわたっての宝塚愛好家である。

五、六年時の担任によると、小津は円満実直で成績優秀、喧嘩《けんか》したのは見たことがなく、暇があるとチャンバラごっこをしていたという。絵画は大人が舌を巻くほどの才能の持ち主で、几帳面《きちょうめん》で清潔な少年だった。「少年期の絵画」(一三〇ページ参照)のキノコの絵などは相当の描写力があり、抽象的な作品に挑戦しているのも興味深い。

* 中村博男『若き日の小津安二郎』に詳しい。

history

4／1　小学校五年生に進級。
12／12　十一歳の誕生日を迎える。

サラエボ事件(オーストリア＝ハンガリー帝国皇太子が、セルビア人青年に暗殺される)。
第一次世界大戦勃発。
東京駅開業。

山茶花究、生まれる。

一九一五(大正四)年　十二歳

四月、小学校六年生に進級。この頃に描いた林檎《りんご》や筆立ての絵が残っている。この頃、『名金』(米)というフランシス・フォード監督による各話約二〇分のサイレントの連続活劇映画が流行した。小津自身は、この『名金』から映画を本格的に見るようになったと回顧している。

history

4/1　小学校六年生に進級。
12/12　十二歳の誕生日を迎える。

米国で長編映画『國民の創生』(D・W・グリフィス監督)が大ヒットを記録。

早川雪洲がセシル・B・デミル監督の『チート』に出演し、ハリウッドで人気を博す。

ハロルド・ロイド、映画界に入る。

中華民国参政院が袁世凱を皇帝に推戴。

桑野通子、オーソン・ウェルズ、井上雪子、坪内美子、伏見信子、殿山泰司、生まれる。

一九一六(大正五)年　十三歳

三月、安二郎は小学校を卒業。四月、三重県立第四中学校(現・県立宇治山《うじやま》田《だ》高校)に入学。当時中学に行く者はまだ少なく、文部省(当時)の統計によると進学率は一割に満たない程度だった。学業優秀で金銭的余裕のある者だけが進学できる時代だった。なかでもこの第四中学校はかなりの進学校だった。一

history

3/　松阪町立第二尋常小学校卒業。
4/8　三重県立第四中学校(在学中に宇治山田中学校と改称、現・宇治山田高校)入学。寄宿舎に入る。
12/12　十三歳の誕生日を迎える。

チャールズ・チャップリンの短編喜劇が日本に輸入上映され、大人気。

D・W・グリフィス監督『イントレランス』が米国で公開。

九一三年には作家・梶《かじ》井《い》基《もと》次《じ》郎《ろう》も一年間在籍していた。*

自宅から通学するには遠かったので、安二郎は寄宿舎に入る。男子校で、それまでの女性に囲まれた生活から一転、男だけの環境に入った。寄宿舎での生活は厳しく、朝は六時起床、授業が始まる前に約一時間勉強した。学校が終わってからも十八時から三時間自習となっていた。その自習も一時間ごとに舎監が見回りに来たという。上下関係も厳格で、下級生は上級生の布団の片付けや靴磨きもしたようだ。部活動では柔道部に入る。体格が良く、上級生を投げ飛ばした逸話も残っており、かなり強かったようだ。

* 戦後の作品で使用した歌「戦友の遺骨を抱いて」の作詞者・逵原（辻原）実、小津が最晩年に入院する築地の国立がんセンター院長もこの学校の出身。

一九一七（大正六）年　十四歳

四月、安二郎は中学二年生に。この年に日本で公開された大作映画『シヴィリゼーション』（トマス・H・インスほか監督・米）に感銘を受けたという。また、映画を作る際に映画監督などの役職があることを知り、美術監督になりたいと思った。美術が好きだったためだろうか。この頃から映画の世界に進むこ

英仏露の三国がサイクス・ピコ協定を締結、オスマン帝国領分割を約す。

三宅邦子、水久保澄子、小藤田正一、生まれる。

history

4／1　中学二年生に進級。
12／12　十四歳の誕生日を迎える。

ロシア革命勃発、史上初の社会主義国家樹立。

米、独に宣戦布告。

警視庁が「活動写真興行 取締規則」を発令。フィルムの内容の検閲や映画館での男女席の分離が決められた。

バスター・キートン、ハリウッド映画

とが頭の片隅にあったと思われる。

インスのほかに、ペンリン・スタンロウズ[*1]やレックス・イングラム監督のハリウッド作品も多数観た。のちに「おれは大変あの男が好きだ。中学のころあれの映画をよく見た。もしイングラムという監督がいなかったら、おれは現在監督にはなってはいないだろう」と語っている。[*2]

＊1　スタンロウスなど他表記あり。
＊2　「映画の友」（一九五五年九月号）に掲載の小津安二郎・筈見恒夫対談に詳しい。

一九一八（大正七）年　十五歳

一月、一家に三男・信三《のぶぞう》が誕生。五人きょうだいとなった。寄宿舎にいたので頻繁に会えたわけではないが、年の離れた弟を可愛がり、よく面倒をみたという。日記によると、この頃から親友の家で写真を何度も撮っている。親友の家には流行していたコダック社の小型カメラ・ベス単があり、撮影を楽しんだ。カメラについては日記にも記述が多く、夢中だった様子がみてとれる。写真撮影の嗜好は生涯続いた。また、三つ年上の兄・新一は、神戸高等商業学校（現・神戸大学経済学部）への進学が決定した。

に本格進出。

山田五十鈴、下河原友雄、二本柳寛（生年については他説あり）、生まれる。

history

1／10　小津信三、誕生。
4／1　中学三年生に進級。
12／12　十五歳の誕生日を迎える。

第一次世界大戦が終結。
米の価格高騰により、米騒動が起こる。
初めて女優が出演する日本映画『生の輝き』『深山の乙女』が製作される（翌年九月に同日公開）。
木暮實千代、池部良、小桜（上原）葉子、高杉早苗、高峰三枝子、生まれる。

四月、安二郎は中学三年生に進級。学校から禁止されていた映画を見るため、家族にはピクニックに行くと偽《いつわ》り、片道三時間もかけ名古屋まで出かけた。近所の映画館ではかかっていない作品を観に行ったのだろう。米国の俳優パール・ホワイトのファンだった。ホワイトは活劇作品に多数出演、身体能力に長《た》けていた。飛行機操縦、自動車の運転、男性との格闘シーンなども自らこなす、活発な強い女優だった。

一九一九（大正八）年　十六歳

四月、中学四年生に進級（当時の中学は五年制だったので落第をしたわけではない）。

五月、修学旅行で大阪を訪れる。同級生が道頓堀《どうとんぼり》でボートに乗り転覆。この出来事が『父《ちち》ありき』（一九四二年）のボート転覆場面の元になったと考える者もいる。

古典の傑作とされる『シヴィリゼーション』やD・W・グリフィスの『イントレランス』『散《ち》り行《ゆ》く花《はな》』（いずれも米）がこの年までに製作されていた。英国人の俳優チャールズ・チャップリンが活躍し始め、小津が好んだジョン・

history

4／1　中学四年生に進級。
12／12　十六歳の誕生日を迎える。

前年から世界的にスペイン風邪が流行。日本でも五十万人弱の死者を出したとされている。
映画雑誌「キネマ旬報」創刊。
D・W・グリフィス監督『散り行く花』が米国で公開（日本での公開は一九二二年）。

水戸光子、須賀不二男、生まれる。

フォードやエルンスト・ルビッチらがハリウッドの監督になっていた。良からぬ娯楽とされた映画に小津はますます熱を上げていた。卒業まで二年を切り、進路を考える頃になった。

一九二〇(大正九)年　十七歳

四月、安二郎は中学五年生に。中学最後の年を迎える。七月頃、学校で「稚《ち》児《ご》事件」なる出来事が発生。男子生徒同士が性的接触や恋文をやり取りしたというもので、小津もそれに関与したとされた。読売新聞や名古屋新聞にも掲載されたので、話題になったことだろう。小津は、自身は関与していないと主張した。しかし舎監から睨《にら》まれていたためか、停学ならびに寄宿舎追放の処分を受ける。

小津は生涯事件に関わっていないことを主張し、晩年の同窓会においても追放処分を決めた舎監が来るなら参加しないと言い張った。

寄宿舎追放後、自宅から約二〇キロの道のりを汽車通学することになった。しかし、自由に外出可能になったので、映画鑑賞には好都合で、ますます映画鑑賞に没頭することになる。汽車の中では学友に、映画について熱心に語った。

history

4／1　中学五年生に進級。
7／　「稚児事件」発生。停学処分を受け、寄宿舎からも追放。
12／12　十七歳の誕生日を迎える。

国際連盟発足(日本は常任理事国)。人形浄瑠璃文楽座、歌舞伎座を直営の松竹合名会社が帝国活動写真株式会社を設立し、映画界に進出、蒲田に撮影所を設立。
ドイツ表現主義の嚆矢(こうし)となった『カリガリ博士』(ロベルト・ヴィーネ監督)がドイツで公開(日本での公開は一九二一年)。
米国で本格ラジオ放送開始。
大坂志郎、原節子、生まれる。

洗面所にこもってタバコもふかした。入学当初は勉強ができおとなしい生徒だったというが、この頃にはしばしば校則も破り、成績も落ちたようだ。

一九二二(大正十一)年　十八歳

進路が決まる時期になった。宇治山田中学校は無事に卒業。学友の多くは小津は卒業できないと思っていたようで、卒業式に現れた小津を見て驚いた。卒業集合写真では進学校らしく皆が行儀よく真面目に写るなか、最後列で友人と肩を組んで写った。小津のやんちゃぶりが窺《うかが》える。日記には「此《こ》の日沙婆《しゃば》の学校と縁を切った。永遠に」と記した。

優秀な兄の通っていた神戸高商を受験。受験は神戸で三日間続いた。試験初日終了後に三本もの映画を観たうえ、全試験終了後には宝塚の公演観劇を計画。これでは試験を受けに行ったのか遊びに行ったのか分からない。結果、不合格。あまり合格する気はなかったのだろうとされている。

一方、日記には「明日から勉強―目指す神高商―」(一月九日)、「明日からは全力全力である。目指す神高商」(一月二十六日)という記載もあり、合格の希望もないわけではなかったようだ。神戸高商に続いて名古屋高商(現・名古屋

history

3/7　宇治山田中学校卒業。
中旬　神戸高商ならびに名古屋高商を受験(ともに不合格)。浪人生活に入る。
7/27　映画研究会・エジプトクラブを設立。
12/12　十八歳の誕生日を迎える。

ヒトラーがドイツのナチス党党首に就任。
原敬首相、東京駅で暗殺される。
桜むつ子、生まれる。

大学経済学部）も受験したが、再び不合格。浪人生活に入る。

　浪人生活も勉強一直線、というわけではなかった。日記には、「一日を何もせずに送る」（五月二日）、「何も手が付かない」（五月四日）、「ビールにすっかり酔つた」（五月八日）――など集中できない様子が書き留められている。

　七月には知人らとエジプトクラブという映画研究会を設立。憧れのパール・ホワイトなどハリウッド俳優の住所を調べ手紙を書き、数名からは返信ももらった。英語はかなりできたらしい。クラブの標章や印を制作するなど研究会の活動に熱中していた[*1]。また映画情報を求め、各地のファンや、映画館から頻繁に映画のプログラムを取り寄せた。

　日記によると雑誌「中央公論」を読んでいる。日記で小説家の里見弴《さとみとん》に触れており、『桐畑《きりばたけ》』を読んだのもこの頃だという。醒井三郎、竹生島三郎などの名前で地元の南勢新聞に投書し、掲載もされた。この頃、のちの喜劇王・古川《ふるかわ》緑波《ろっぱ》（ロッパ）が若くして映画批評活動を開始、注目を集めていた。同じ年齢の彼の批評活動に刺激を受けていただろう、小津は彼にも手紙を出していたようだ[*2]。

＊1　本書第三章掲載「少年期の絵画」参照。
＊2　中村博男『若き日の小津安二郎』に詳しい。

一九二二（大正十一）年　十九歳

浪人生活も一年が経ち、再び進学試験の時期がきた。今度は三重県師範学校（現・三重大学教育学部）を受験するが、再び不合格。優秀な兄のようには進学できなかった。親友の紹介もあり、宮前《みやまえ》尋常小学校に代用教員として就職。学校は松阪の中心地から南西へ約三〇キロのところにあり、山中のため学校のすぐそばに下宿することになった。この宮前村（現・飯高《いいたか》町）は奈良・吉野から伊勢神宮へ続く道中の宿場町。芝居小屋はあったが映画館はなかった。小津は現地の資産家の娘から多くの本を借り、読んだという。本格的に読書を始めたのはこの頃からのようだ。

小津は五年生男子四十八人の組を担任した。授業はしばしば脱線。生徒に得意の英語を教え、自身が観た映画の話や、ハリウッドで人気を得ていた俳優・早川雪洲《はやかわせっしゅう》の話を聞かせた。マンドリンの弾き聞かせもしたと、教え子たちの証言が多数残っている。下駄のまま生徒を引き連れて近くの山（局《つぼね》ヶ岳《だけ》）に登頂するなど、当時の小津はバンカラだった。後年のお洒落《しゃれ》な姿がよく知られているが、若い頃はハイカラとはほど遠かったのだ。学校では常に和装だったが、一

history

3／　三重県師範学校（現・三重大学教育学部）を受験、再び不合格。

4／　宮前尋常小学校に代用教員として就職。

12／12　十九歳の誕生日を迎える。

？　一家、東京市深川区和倉町に移転。

ソビエト社会主義共和国連邦成立。

ムッソリーニ内閣成立。

千石規子、月丘夢路、生まれる。

代用教員時代といわれる、マンドリンを弾く小津。
写真提供＝小津家／鎌倉文学館

度だけお洒落をして洋装で登校し、生徒にからかわれてすぐに着替えたという逸話も残っている。

　十二月、一家が東京・深川に再び引越し。仕事のあった安二郎と女学校に通う妹・登貴の二人は松阪に残った。

一九二三（大正十二）年　二十歳

三月、松阪に残っていた妹・登貴の女学校卒業を機に、安二郎は代用教員を辞め上京。一年間の教師生活だった。深川区和倉《わくら》町の新居に合流して家族全員が顔をそろえた。小津の十年ぶりの東京生活が始まった。

　兄は銀行員として働いていたが、安二郎は無職だった。映画会社への就職を希望したが、映画は品の良い仕事とされず、父・寅之助は反対。進学を勧めた。映画業界に名家出身の者など、まずいない時代だった。しかし、母の異父弟・中條《ちゅうじょう》幸吉《こうきち》が松竹に土地を貸しており、彼の口添えがあって八月、松竹キネマ蒲田撮影所に入社。当時の撮影所スタッフはほぼ全員が十代、二十代という若い組織だった。演出部には空きがなく、撮影部助手となり牛原《うしはら》虚彦《きよひこ》の組についた。以後、撮影助手として撮影や現像を学ぶ。それは小津にとって大切な勉強

history

3／　代用教員を辞め、上京。
8／1　松竹キネマ蒲田撮影所に入社。撮影部所属。
9／1　撮影所が関東大震災で被災。碧川道夫の助手として働く。
12／　一家、中野区の野方の借家に仮住まい。
12　二十歳の誕生日を迎える。

関東大震災。

ディズニー・ブラザース・カートゥーン・スタジオが設立される。

突貫小僧（青木富夫）、小林桂樹、生まれる。

になったという。

月給三十円。代用教員時代が三十五円だったので給与は下がった。当時の平均年収が六百円程度であったことを考えると薄給といえるだろう。撮影所では「オッちゃん」の愛称で呼ばれた。体格の良かった小津は、重い撮影機材も軽々と運んだ。鑑賞した映画の細部まで語れるなど、記憶力が卓越しており周囲の者を驚かせた。

九月一日、撮影所で関東大震災にあう。深川の家は焼失したが、一家は全員無事だった。撮影所にも被害があり、所員の多くが震災被害のない京都に移動した。

小津は東京に残り、碧川道夫《みどりかわみちお》の助手として働く。碧川はハリウッドで学んだヘンリー・小谷《こたに》（セシル・B・デミル監督『十誡《じっかい》』の撮影助手など）に弟子入りしたキャメラマンで、小津にハリウッド流の画面作りを指導した。洋画を好んで観ていた小津はハリウッド流撮影法を吸収、多くを学んだ。

撮影助手時代。写真中央、キャメラの左が小津。
写真提供＝小津家／鎌倉文学館

小津安二郎の十一〜二十歳

十二歳で観た、フランシス・フォード監督『名金』から映画熱が高まりだしたという。中学に入り寄宿舎生活。家では女性に囲まれていた小津が一転、男子ばかりの集団生活に入った。

小津本人の発言なので幾分《いくぶん》誇張されているかもしれないが、小津は中学二年の年に日本で公開された大作『シヴィリゼーション』で映画監督を意識したという。十六歳の頃、「稚児事件」に関わったとされ、寄宿舎を追い出された。もっとも、真実かどうかはっきりしていない。小津は生涯否定し続け、舎監の下した判断を批判した。彼の権威的なものへの反抗は、この頃芽吹いていたのかもしれない。寄宿舎追放後は、映画館に通う、タバコを吸うなど、奔放《ほんぽう》ぶりに磨きがかかった。

中学卒業後は受験に失敗。浪人生活にもかかわらず文化活動に精を出し、ハリウッド俳優らに手紙を書いていた。このような映画への没頭ぶりはもっと知られてもよい側面だ。そんな浪人生活を送っていたからだろうか、受験に二年連続で失敗してしまう。

ところが、彼も「小津先生」と呼ばれるようになる。山間の小学校で代用教員の職に就いたのだ。学生を連れて裏山に登り、授業で映画の話をしては生徒たちを喜ばせ慕われていた。

しかし、一年後に東京に戻り、父の強い反対を押し切って映画界に入った。直後に関東大震災が起き、激動と混乱を目の当たりにする。その混乱の中、小津の映画人生が本格的に始まった。

第一次世界大戦(一九一四〜一八年)が勃発。日本は工業が潤い成金が誕生するなど近代国家として成長を続けた。また、民本主義が提唱され、大正デモクラシーと呼ばれる思潮・社会運動が発展した。自由な風潮の時代でもあった。そんななか映画はますます人気を博したが、一般的には不良の文化とみなされていた。

小津はおとなしい少年から、逞《たくま》しくやんちゃでバンカラ、映画への情熱が溢《あふ》れる青年に育った。念願の映画界に入り撮影助手として働き始めるのだが、この後、ある事件をきっかけに映画監督に昇進する。

1921年3月16日、神戸高等商業学校の入試3日目の日記＝小津家蔵／鎌倉文学館寄託

一九二四（大正十三）年　二十一歳

関東大震災後、本家・小津与右衛門家が海産物肥料問屋「湯浅屋」を廃業したため、その番頭を務めていた父は、あらたに小津地所部を始めた。本家が持っていた深川の一万坪の土地や貸し家の管理業だった。また本家は、円山応《まるやまおう》挙《きょ》の絵などかなりの美術品を蒐集《しゅうしゅう》していたので、その管理も請け負った。

震災から半年が経った三月、蒲田撮影所が再開。小津は酒井宏《さかいひろし》撮影技師の助手を務めることになる。暫《しばら》くして義務であった徴兵検査を受け、甲種《こうしゅ》で合格。入隊が決まり、一年志願兵の手続きをする。この一年志願兵というのは、中学校卒業者かつ一年分の食費等経費を前納できる者が、通常は二年の兵役のところを、半分の一年で除隊できる制度だ。安月給の小津だったが、中学は卒業していたので、実家の支援を受けこの制度を利用したと思われる。会社より辞令を受け、十二月に東京・青山の近衛歩兵《このえほへい》第四連隊に入営。一年の徴兵が始まる。

この年、小津を含む日本映画界に強い影響を与えたエルンスト・ルビッチ監督の『結婚哲学』（米）が公開。チャップリンの『巴里の女性』（米）にも小津は感銘を受けたという。映画はこの頃になると、単なる娯楽から、細やかな人間描

history

?　一家、中野に仮住まいの後、深川・亀住町二番地に新築。
3／　蒲田撮影所が再開。酒井宏撮影技師の助手に。
7／1　野村芳亭が下加茂撮影所所長に異動、代わって城戸四郎が蒲田撮影所所長に。
11／22　徴兵検査。
12／1　東京・青山の近衛歩兵第四連隊に入営、第六中隊に配属。
12　二十一歳の誕生日を迎える。

邦画の粗製乱造。この年の警視庁検閲台本数八七六本（外国映画は八九八本）。

「キネマ旬報」が優秀映画選奨（のちのベスト・テン選出）を開始。

築地小劇場が開場。新劇運動起こる。

菅原秀雄、淡島千景、京マチ子、高峰秀子、鶴田浩二、斎藤高順、井上和男、生まれる。

写もしうる高度な表現に発展しつつあった。

またこの年、二人の重要な人物が蒲田撮影所に入ってきていた。一人は、のちに小津と共作することになる脚本家の野田高梧(当時三十一歳)。もう一人は、監督第一主義を掲げ、松竹映画の黄金時代を築き上げていく、映画製作者で撮影所所長に就任した城戸四郎《きどしろう》(当時三十歳)だ。城戸はスター役者を重視した新派悲劇調の作品から、監督を重視した明るい庶民劇作品への脱却を図った。これにより、監督主導の映画制作が可能となっていく。新しい動きが蒲田撮影所で生まれ始めた。

一九二五(大正十四)年　二十二歳

前年に入隊した小津は、青山で兵役訓練を続けた。四月には一等兵に進級。教練には熱心ではなかったが、要領は悪くなかったようだ。大きな演習が近づくと診察を受け、何らかの症状を発見させ休んだという。休暇日にはキャメラマン・碧川道夫を訪ね、熱心に映画のこと、撮影のことを学んだ。

入隊から一年が過ぎた十一月、計画通り将校とならず一足先に伍長《ごちょう》で除隊。蒲田撮影所に戻り、再び映画人として働き始める。除隊した小津は映画や歌舞

history

4／　一等兵に進級。
11／30　伍長で除隊。松竹に戻る。
12／12　二十二歳の誕生日を迎える。

治安維持法公布。

普通選挙法公布。

この頃日本で、時代劇映画の製作が盛んに。

日本で初めてラジオ放送が流れる。

セルゲイ・エイゼンシュテイン『戦艦ポチョムキン』(ソ連)が公開(仏、米などでの公開は翌年、日本公開は一九六七年)。

伎を観、仲間らと果てしなく語らった。

一九二六（大正十五／昭和元）年　二十三歳

兵役訓練が終わり、再び撮影助手として働いていた小津は、演出部へ移籍できるよう同僚の斎藤寅次郎《さいとうとらじろう》に依頼。十一月、監督助手の辞令をもらう。三年間（徴兵期間を除くと二年間）の撮影助手生活が終わり、助監督として歩み始めた。

現代劇ではなく時代劇班に所属した。斎藤とともに大久保忠素《おおくぼただもと》の助監督となった。第三助手だった。大久保は助手にも仕事をどんどん任せたので演出などの勉強になったという。小津はギャグを考えるなど脚本作りにも参加し、フィルムの編集を手掛けることもあった。

撮影所近くの家を共同で借り、斎藤寅次郎、清水宏《しみずひろし》、佐々木啓祐《ささきけいすけ》、撮影部の浜村義康《はまむらよしやす》の四人との生活を始めた。* 前者三人の、のちの監督としての活躍を考えると豪華な面々だ。浜村はこの頃は撮影部だったが、『戸田家《とだけ》の兄妹《きょうだい》』（一九四一年）以降に小津映画の編集を務め、以後長い付き合いになる。成瀬巳喜男《なるせみきお》、茂原英雄《もはらひでお》らとも親交を結んだ。趣味としてボクシングにも精を出した。

ある日、野村芳亭《のむらほうてい》監督に呼びつけられ、所内で会ったら挨拶するように、と

history

山内静夫、葉山正雄、志賀眞津子、生まれる。

11／1　時代劇班の大久保忠素の助監督に（九月説もあり）。この頃、斎藤寅次郎、清水宏、佐々木啓祐、浜村義康との共同生活。

12／12　二十三歳の誕生日を迎える。

大正天皇崩御、昭和に改元。

森英恵、津島恵子、市村美津子、中北千枝子、川又昂、今村昌平、高橋貞二、佐田啓二、生まれる。

注意を受ける。野村は二十三歳も年長の先輩監督で、元撮影所所長でもあった。小津は一介の新人助監督。挨拶をするのは当然だったが、素通りしていたのだ。一通り文句を言われ、部屋から出るとそこには同居人の清水宏がニヤニヤしながら待っていた。清水も同様に注意されていたのだ。このようなこともきっかけとなって親友たちとの仲は深まっていき、その幾つかは生涯親密なものとなった。

＊四人との生活がいつまで続いたかは不明だが、一九二七年には清水宏が田中絹代と「試験結婚」するので、長くは続いていないだろう。

一九二七（昭和二）年　二十四歳

大久保忠素の助監督を務めながら、脚本『瓦版《かわらばん》かちかち山《やま》』を書き会社に提出。内容は、表向きには御用聞き（岡っ引き）、実はスリ団の頭《かしら》という主人公が、妹のために強盗するという時代劇。ラブシーンや格闘場面もある作品だったが、第一作にしては内容が渋すぎると判断され保留となる。しかしこの脚本は七年後の一九三四年に井上金太郎《いのうえきんたろう》監督が映画化したくらいなので、優秀な脚本と言えるだろう。

history

? 脚本『瓦版かちかち山』を執筆。
8/ 監督昇進。第一回監督作品『懺悔の刃』制作を進める。
9/15 撮影途中で予備役の演習召集を受ける。
25 三重県津市歩兵第三三連隊第七中隊に入隊。
10/13 召集解除、除隊。
14 『懺悔の刃』公開。
浅草電気館で自作を観る。
11/ 蒲田撮影所時代劇部が京都撮影所に移転し合併。小津は蒲田に残る。

ある日、撮影で腹をすかした小津が会社の食堂でライスカレーを注文すると、そのカレーは後から入ってきた牛原虚彦に届けられた。監督の牛原が優先されたわけなのだが、先に注文したのは自分だ、と怒った小津は殴りかかって喧嘩になった。小津の融通の利かない側面、権威に屈しない側面が窺える。殴られた給仕もさぞ痛かっただろう。この事件の後、話を伝えられた撮影所所長・城戸四郎に呼び出されるが、処分されるでもなく「一本撮ってみたまえ」ということになった。八月「監督ヲ命ズ　但時代劇部」の辞令を受ける。

　思いがけず監督に昇進した小津は、第一回監督作品『懺悔《ざんげ》の刃《やいば》』の制作準備に入る。『瓦版かちかち山』に続きこちらも時代劇だったが、ジョージ・フィッツモーリスの『キック・イン』（一九二二年・米）を下敷きに、アンリ・フェスクール『レ・ミゼラブル』（一九二五年・仏）やジョン・フォードの『豪雨《ごうう》の一《いち》夜《や》』（一九二三年・米）など、海外映画から話を借りた。『晩春《ばんしゅん》』以降の全脚本を手掛けることになる野田高梧が脚色を担当。二枚目歌舞伎俳優の阪東妻三郎《ばんどうつまさぶろう》にそっくりだと売り出された吾妻三郎《あづまさぶろう》が主演。弟の信三によると、映画界入りに反対していた父・寅之助もこの作品のために小道具の大福帳《だいふくちょう》（帳簿）を書くなど協力したらしい。

　撮影は順調に進んでいたが、九月に軍事演習の召集を受ける。撮り残した冒頭場面の撮影を斎藤寅次郎監督に依頼し、本籍のあった三重県の部隊に入る。十月、監督第一作となった『懺悔の刃』は完成、封切られた。作品は親交の

12／12　二十四歳の誕生日を迎える。
米国で、世界初の長編トーキー『ジャズ・シンガー』公開。
米国で、映画芸術科学アカデミー創設。
日本国内で、モボ・モガやエログロナンセンスが流行。
日本国内でレコードの製造が開始。
地下鉄、上野―浅草間開通。

監督昇進の頃。写真提供＝小津家／鎌倉文学館

あった批評家内田岐三雄《うちだきさお》らが激賞し、他にも「この青年の将来、充分に刮目《かつもく》の要有り！」と評した者もいた。しかし、除隊後に作品を見た小津は、何ら感激を覚えず、後年、「自分の作品のような気がしなかった」と振り返っている。冒頭の撮影も編集も本人の思った通りではなかったのだろう。

小津の初監督作品公開から二日後、米国では世界初の長編トーキー『ジャズ・シンガー』が公開された。日本ではトーキーはなかなか普及しなかったこともあり、以後九年間、小津は音や台詞の入っていないサイレント作品を作り続けることになる。十一月に入り、蒲田撮影所の時代劇部が京都撮影所へ移転。小津は京都に行かず蒲田に残った。現代劇を監督できるようになった。

一九二八(昭和三)年　二十五歳

『懺悔の刃』以降、会社からの依頼があったが五、六本断る。気に入らない作品を断るとは、まだ実績のない新人監督としては異例の態度だった。しかし、監督としての立場を確立するには会社の企画にも沿って実力を認めさせなければいけないと考え、中編喜劇を立て続けに撮ることにする。

四月、第二作『若人《わこうど》の夢《ゆめ》』封切り。この作品には小津組の常連となる斎藤達《さいとうたつ》

history

4／29　『若人の夢』公開。
6／15　『女房紛失』公開。
8／31　『カボチャ』公開。
9／28　『引越し夫婦』公開。
12／1　『肉体美』公開。
12／12　二十五歳の誕生日を迎える。

張作霖爆死事件。
サンモリッツ冬季五輪。スキーブーム起こる。
爆弾小僧(横山準)、生まれる。

雄《お》や坂本武《さかもとたけし》、笠智衆《りゅうちしゅう》らが出演した。撮影は茂原英雄が担当。茂原はトーキーが始まるまでの九年間、ほぼ全ての小津作品を撮影する。小津は茂原のことを「実にいい艶《つや》を出す、得がたいキャメラマン」だと評価している。撮影助手に厚田雄春《あつたゆうはる》もいた。六月、雑誌で公募した懸賞での当選脚本を映画化した『女房《にょうぼう》紛失《ふんしつ》』を撮影。シャーロック・ホームズやアルセーヌ・ルパンをもじった探偵、泥棒が登場する作品だった。会社からのお仕着せの企画で、小津は作りたくなかったのか、「あまり面白いものとは言えなかったな。実をいうと話もよく覚えていないんだ」と振り返っている。八月、『カボチャ』封切り。この作品で、「コンティニュイティの建て方というものが自分でようやく判りかけて来た」。九月、再び会社からの企画で『引越《ひっこ》し夫婦《ふうふ》』封切り。この作品で、のちに多くの脚本をともに執筆することになる伏見晁《ふしみあきら》が初参加した。

十二月、小津がだんだんと実力をつけ、自分でも恰好《かっこう》がついてきたと思ったという『肉体美《にくたいび》』封切り。この作品は三枚目喜劇女優として人気を博していた飯田蝶子《いいだちょうこ》が、画面に映らないものの最後には一糸まとわぬ姿になるというオチで、会社からも認められ、再び批評家が高く評価した。小津によれば撮影中画面に入らないようにするため、床の電気ケーブルをいちいちどかすのが面倒なこともあり、初めてローアングルで撮影を行ったという。

以上五本が監督二年目の作品だ。会社からの依頼を断っていたため第一作と二作の間は六カ月以上も開いたが、二作目からは精力的に働いた。評価も悪くなく、新人監督としてはまずまずの二年目だった。終生の付き合いとなる笠智衆や厚田雄春らと出会ったことも重要な出来事だった。

一九二九（昭和四）年　二十六歳

二月、『宝《たから》の山《やま》』封切り。出演する飯田蝶子は、実生活で蒲田に芸者や娼妓《しょうぎ》をかかえる茶屋を経営していたので、そこへ遊びに行っては取材した。四月、第八作『学生《がくせい》ロマンス　若《わか》き日《ひ》』封切り。一〇〇分を超える、初の長編。フィルムが現存する最古の小津作品で学生喜劇。七月、リチャード・ウォーレス監督『喧嘩友達《けんかともだち》』（一九二七年・米）をもじった『和製喧嘩友達《わせいけんかともだち》』封切り。九月、『大学《だいがく》は出《で》たけれど』。この作品は、元は清水宏が「試験結婚」中だった田中絹代《たなかきぬよ》を主演に撮る予定だったが、二人の仲が破綻《はたん》したため小津に譲られた。田中や高田稔《たかだみのる》というスター俳優を初めて起用できた。会社からの信用も徐々に得つつあった。

十月、『会社員生活《かいしゃいんせいかつ》』封切り。会社員もの第一作。これまでは学生ものが多かったが、小津の年齢を反映してか、会社員を描くことが増えていく。この作品はフィルムが残っていないが、編集では連続オーヴァーラップを試したとい

history

1/1　月給八十円となる。編集に衝撃を受けたというヨーエ・マイ監督『アスファルト』（独）公開。
2/7　『宝の山』公開。
下旬　『若き日』撮影開始（～4月）。
4/10　『若き日』公開。
下旬　『和製喧嘩友達』撮影開始（～6月中頃）。
6/末　『大学は出たけれど』撮影開始（～9月上旬）。
7/3　『和製喧嘩友達』公開。
9/6　『大学は出たけれど』公開。
10/25　『会社員生活』公開。
11/24　『突貫小僧』公開。
この頃『朗かに歩め』撮影開始。
12/12　二十六歳の誕生日を迎える。

世界恐慌が起こる。景気がさらに悪化し、失業者増加。東京帝大卒業者の就職率が約三〇％。
風俗営業化したカフェが流行。社会主義的な傾向映画が盛んに。
第一回アカデミー賞。

う。しかし、「使ってみて、便利ではあるがつまらんものだと思ったね」と振り返っている。以降、ごく短いものを除いてオーヴァーラップは使わなくなった。

十一月、『突貫小僧《とっかんこぞう》』封切り。三日ほどで撮り上げた作品。原作は野津忠二で、これは野田高梧、小津安二郎、池田忠雄《いけだただお》、大久保忠素の合成名。この頃は原作料を稼ぐため、架空の原作者を作り原作料を会社からもらい、皆で分けていたという。前作に出演した子役の青木富夫《あおきとみお》が暴れん坊の小僧役で活躍、芸名も映画題から取って突貫小僧と改名、人気を博した。青木のことを「撮影中に眠っちまうという仲々の奴でね。面白い、これを主役にして撮ろうと、話を考えたんだ」と語っている。

監督三年目は六作品を監督。精力的だった。一方、米国発の世界恐慌が起こる。第一次大戦後、景気の悪化していた日本にさらなる不況の影が近づいていた。

一九三〇(昭和五)年　二十七歳

一月、『結婚学入門《けっこんがくにゅうもん》』封切り。栗島《くりしま》すみ子《こ》ら大スターが並んだ正月映画で、

有楽町の映画館で上映中に音楽を奏でていた楽士が全員解雇され、楽士争議に発展。

ラジオ体操の全国放送開始。ツェッペリン号来訪。

黛敏郎、生まれる。

history

1/1 月給一一〇円となる。
5 『結婚学入門』公開。
2/ 『朗かに歩め』撮影終了。
3/1 『朗かに歩め』公開。
下旬 『落第はしたけれど』撮影開始(〜4月)。

小津は人気役者を起用できるようになってきた。三月、『朗《ほが》らかに歩《あゆ》め』封切り。前年の『大学は出たけれど』に続いて再び清水宏の原作を映画化。清水が、不良少年の更生物語はどうかと小津に伝えて実現した。清水はのちに『晩春』(一九四九年)の原作となった広津和郎《ひろつかずお》の『父と娘』を小津に勧めたとも言われており、小津との交友は深い。*

四月の『落第《らくだい》はしたけれど』は、『大学は出たけれど』に続く『~けれど』の連作。脇役の学生の一人ではあるが、笠智衆を「役らしい役で使いはじめた」作品だと小津は振り返っている。笠の発言によると、笠は『懺悔の刃』『淑女《しゅくじょ》は何《なに》を忘《わす》れたか』以外の全小津作品に何らかの形で出演しているらしい。笠ともきわめて長い関係となった。

七月、『その夜《よ》の妻《つま》』封切り。トップスター岡田時彦《おかだときひこ》を初めて起用。岡田茉《ま》莉子《りこ》の父である。時彦と小津は同年齢。演技が気に入っただけでなく、ともに東京下町育ち、六代目尾上菊五郎へも傾倒、谷崎潤一郎《たにざきじゅんいちろう》、芥川龍之介《あくたがわりゅうのすけ》、里見弴を愛読するなど文学趣味も合った。

完成後に作品が城戸撮影所所長に褒められ、褒美《ほうび》として保養に温泉に行けることとなる。ただし、保養中に一本映画を撮れという条件が付いた。温泉で撮ったのが『エロ神《がみ》の怨霊《おんりょう》』。原作は松竹が公募をかけた「一九三〇年型エロ怪談」の入選作だが、脚本は残っていない。当時流行したエログロナンセンスな内容だろうか。

4／11　『落第はしたけれど』公開。
5／　『その夜の妻』撮影開始(～7月)。
7／6　『その夜の妻』公開。
7／27　『エロ神の怨霊』公開。
10／3　『足に触つた幸運』公開。
12／12　『お嬢さん』公開。二十七歳の誕生日を迎える。
この年(翌年説あり)に、高級カメラ「ライカA型」を入手。三〇〇円。

欧米の主だった映画は全面的にトーキーへ移行。
松竹、土橋式トーキーを導入。
特急・つばめ、東京―神戸間で運転開始(東京―大阪間は八時間二〇分)。

新珠三千代、岸田今日子、佐藤忠男、生まれる。

十月、大金を拾った会社員の話『足《あし》に触《さわ》った幸運《こううん》』封切り。年末には『お嬢《じょう》さん』。松竹は喜劇大作を希望し、スター役者を並べ、脚本家のほかにギャグを専門に考えるギャグマンを複数起用した。『お嬢さん』はキネマ旬報ベスト・テンに初めて選ばれ、日本・現代映画部門同票第二位を得た。監督になって四年目、第十九作だった。

この年は七本もの作品を監督。小津の人生最多産出の年である。録音を伴わないサイレント作品で撮影が早かったとはいえ、晩年の寡作からすると驚きの本数だ。作品には時代を反映した不況が描かれた。

＊ 志賀直哉が小津に勧めたという説もある。ともあれ清水とは晩年まで交流があり、実力を認め合っていた。

一九三一（昭和六）年　二十八歳

一月、『淑女《しゅくじょ》と髯《ひげ》』封切り。岡田時彦の演技がよく、楽しみながら八日間で撮影。華族の家にカール・マルクスの肖像を飾るなど、刺激的な笑いも含む作品だが、前年の『お嬢さん』より「評判がよかった」と振り返っている。同時期、清水宏の『銀河《ぎんが》』のスキー場面を応援監督。『学生ロマンス　若き日』でスキー場面を撮影した腕を見込まれたためだろう。その返礼だろうか、『銀河』

history

1／ 『淑女と髯』撮影開始。

1／24 『淑女と髯』公開。

2／14 清水宏監督『銀河』公開。小津がスキー場面を応援監督。

5／29 『美人哀愁』公開。この頃、岡田時彦らと新橋演舞場で宝塚作品を観劇。

6／ 『東京の合唱（コーラス）』撮影開始（～8月）。

8／15 『東京の合唱』公開。

9／ 岡田時彦、鈴木傳明、高田稔らが松竹を脱退し、不二映画をの劇内には『淑女と髯』の映画ポスターが貼られた。

五月封切りの『美人哀愁《びじんあいしゅう》』は後年小津が語るように再び力を入れた大作で、それまでのナンセンス喜劇からの方向転換を図った。主人公三人が全員亡くなる恋愛悲劇で、上映時間一五八分と小津作品のうち最長である。フィルムは残っていないが、「長たらしくてダラけた写真が出来てしまった」「本当を云うと、僕が監督としての情熱をもって力一ぱいの仕事をしたのは『美人哀愁』なんだ。『出来《でき》ごころ』は自分として嫌いだし、『生れてはみたけれど』などでも『美人哀愁』ほど張り切っていなかった」と、後年振り返っている。

八月、『東京《とうきょう》の合唱《コーラス》』封切り。北村小松《きたむらこまつ》の『あゆ子の父』や井伏鱒二《いぶせますじ》の『先生の広告隊』[*1]を原案にした。新聞で「『美人哀愁』がロマンティズムの極限を描写」「『東京の合唱』がリアリズムの極致を行くもの」と語った[*2]。力を入れたにもかかわらず、ダラけた作品と評された前作の失敗に懲《こ》り、コンテを固めずのん気な心持ちで撮った。監督の仕事なんて残るものは何もない、「映画ってつまらんものだ」と思えてきた頃だという。しかし作品は好評で、キネマ旬報ベスト・テン日本映画部門三位に選ばれた。

十一月、『大人《おとな》の見《み》る繪本《えほん》　生《うま》れてはみたけれど』を撮影開始するが、主役の子どもが怪我《けが》をして一時中断。代わりに『春《はる》は御婦人《ごふじん》から』を撮り始める。

この年、初の国産長編トーキー『マダムと女房《にょうぼう》』（五所平之助《ごしょへいのすけ》監督）が公開。日本ではサイレント映画を活動弁士の解説とともに鑑賞していたが、徐々に

創立。松竹は男性スター不在に。

10／　月給一六〇円となる。

11／　『生れてはみたけれど』撮影開始。

12／12　二十八歳の誕生日を迎える。『生れてはみたけれど』の撮影が開始されたが中断。『春は御婦人から』撮影開始。

満州事変。

『モロッコ』（一九三〇年、ジョセフ・フォン・スタンバーグ監督・米）が日本公開。この作品で初めて日本語字幕が付き、以後、海外映画は字幕が付くことが一般的になる。

本格的国産長編トーキー『マダムと女房』（五所平之助監督）公開。

久我美子、篠田正浩、山田洋次、香川京子、山本富士子、生まれる。

トーキーが普及。小津も対応を迫られていく。

松竹蒲田撮影所では他にも変化が起こっていた。撮影所所長・城戸四郎が導入した監督第一主義が定着。スター役者を重視するのではなく、監督が制作の軸となる新しい体制となった。

＊1　小津安二郎生誕90年フェア事務局編『小津安二郎映画読本――［東京］そして［家族］』に詳しい。
＊2　「国民新聞」一九三一年七月二十七日に詳しい。

一九三二（昭和七）年　二十九歳

この年は四作品が封切られた。一月、恋愛喜劇『春は御婦人から』。続いて撮影中断となっていた『生れてはみたけれど』を完成させるが、狙っていたものより暗い内容になってしまい、松竹は二カ月近く封切りを延期した。しかし、発表すると名作と評され、キネマ旬報で初めてベスト・ワンの評価を獲得。「小津は真実を描き過ぎる」と批評家の筈《はず》見《み》恒《つね》夫《お》に言わしめた。ただ、客の入りは芳《かんば》しくなかった。

五月、初めてのサウンド版映画『また逢《あ》ふ日《ひ》まで』を撮影開始する。しかし、凝《こ》った撮影を続けたため予算が足りなくなり中断。次の作品を先に撮ることに

history

1／29　『春は御婦人から』公開。
4／　『生れてはみたけれど』撮影完了するが、公開を見送られる。
5／　『また逢ふ日まで』撮影開始。しばらく後、予算不足で中断。
6／3　『生れてはみたけれど』公開。
9／　『青春の夢いまいづこ』撮影開始（～10月）。
10／13　『青春の夢いまいづこ』公開。その後『また逢ふ日まで』撮影再開。
11／24　『また逢ふ日まで』公開。
12／12　二十九歳の誕生日を迎える。
？　妹・登久がキノエネ醤油を経営する千葉県野田市（当時野田町）山下家に嫁ぐ。

なる。十月、『青春《せいしゅん》の夢《ゆめ》いまいづこ』封切り。会社の要求もあって作ったメロドラマだった。自分の撮りたいものを撮るために、忙しいとも思わず作ったという。

十一月、『また逢ふ日まで』封切り。小津としては初めての、台詞はないが音楽が付いているサウンド版映画だ。元の題名は『娼婦と兵隊』で作品内容をそのまま表していたが、前年の満州事変から徐々に軍国化する世相を考慮して改題された。この作品は内容が反戦的であると内務省からにらまれたという。劇中では小津の指示により「蛍の光」「トロイメライ」などの曲が使われた。この作品以降、『浮草物語《うきくさものがたり》』『箱《はこ》入《い》り娘《むすめ》』『東京《とうきょう》の宿《やど》』『大学《だいがく》よいとこ』合わせて計五本がサウンド版映画となる。

この頃取材に答え、好きな監督でウィリアム・ワイラー、ジョン・M・スタール、ルイス・マイルストン、レックス・イングラムなどのハリウッド監督を挙げる。一番好きな監督はドイツ出身のエルンスト・ルビッチで、『私の殺した男』(一九三二年・米)が一番好きだと述べる。* 若手の山中貞雄《やまなかさだお》の『小判《こばん》しぐれ』も褒めた。

絵を描くことや写真撮影は引き続き行っており、この頃は画家の三宅克己《みやけこっき》が好きだったという。三十歳が近づくなか、笑いの中に鋭い社会描写をみせる監督となっていた。売り上げは伸びなかったが、作品は高い評価を受けた。

* 岸松雄『映画評論家 岸松雄の仕事』に詳しい。

反トーキー論争。
第一回ヴェネツィア国際映画祭。
チャップリン来日。
有馬稲子、岸惠子、田浦正巳、生まれる。

一九三三(昭和八)年　三十歳

一月、池田忠雄と次回作『非常線の女』脚本執筆のため、神奈川県湯河原《ゆがわら》の中西《なかにし》旅館へ。この頃より一九四一年頃まで、執筆にしばしば中西旅館を利用することになる。四二年の『父《ちち》ありき』からは茅《ち》ヶ崎《さき》館、五七年の『東京暮色《とうきょうぼしょく》』からは蓼科《たてしな》の別荘で執筆した。[*1] 期間としては茅ヶ崎館より短いが、多数の傑作がこの中西旅館で生み出された。

この頃、日本人の生活は、非映画的で、動作が遅い。もっと日本の生活は映画的にならなくてはならないという発言をしている。[*2] 欧米映画に追いつくには日本人の生活から変えないといけないという映画至上主義的な考えを持っていたのだろうか。同月、『非常線《ひじょうせん》の女《おんな》』の脚本を完成させるが、会社から『東《とう》京《きょう》の女《おんな》』を先に撮ってほしいと依頼される。後年の小津からは考えられないが、脚本が未完成のまま撮影を始め、九日で撮り上げた。他作品でも同じだが、この頃は編集時間も短く、撮影終了の五日後に公開という慌ただしさだった。撮影の構図はこの頃から固まってきた。

三月に入り、延期になっていた『非常線の女』を撮影。四月封切り。物語や

history

- 1/9 『非常線の女』脚本相談のため池田忠雄と神奈川県湯河原の中西旅館へ。
- 27 『東京の女』撮影(～2/4)。
- 2/9 『東京の女』公開。
- 3/1 『非常線の女』撮影開始(～4月)。
- 4/15 『非常線の女』公開。
- 5/2 荒田正男と『大学よいとこ』の脚本相談(～4日)。
- 6/9 『大学よいとこ』の脚本、内容が暗いということで一時保留。
- 21 一〇〇メートル走ってみる。一四秒八。
- 7/2 『出来ごころ』脚本相談のため池田忠雄と中西旅館連泊(～5日)。
- 8 本読み。十日後、撮影開始。
- 9/7 『出来ごころ』公開。
- 16 演習召集。津市歩兵第三三連隊に入隊。毒ガス兵器の特殊教育を受ける。
- 10/1 除隊。松阪で学友らと旧交を温めた後、3日、京都へ移動。
- 4 京都観光。大久保忠素、井上金太郎、6日には秋山耕作、山中貞雄も加わる。

美術にハリウッドの影響が強い作品だった。五月には『大学よいとこ』の脚本を執筆したが、松竹から内容が暗いと難色を示され、一時保留となる。

七月、中西旅館で新作『出来ごころ』を執筆する。欧米映画をしばしば脚本の下敷きにしてきた小津だが、この作品で方針を転換。下町を舞台に、主人公・喜八をめぐる人情噺《ばなし》を書き上げた。九月封切り。この作品は高く評価され、二年連続となるキネマ旬報ベスト・ワンを獲得。一方、年末の日記には「トーキーの仕事をつくづくやつてみたいと思ふ」「来年から小説をかく勉強をしやうと思ふ」と記し、雑誌[*3]では「(『出来ごころ』まで)私は同じ筆法を守りつゞけて来た。そしてこの儘《まま》押し通して行けば、ひどい行き詰まりに当面して了《しま》うのは目に見えている」と語った。

サイレント映画で作風を確立したが、それを続ける危機感、新しいことへの挑戦意欲もあった。しかし、この後もなかなかトーキーへ移行はできなかった。強い絆のあったキャメラマン・茂原が独自のトーキー録音方式を考えており、それを採用すると約束していたためだ。小津はのちに「僕　茂原氏とは年来の口約あり　口約を果さんとせバ　監督廃業にしかず　それもよし」と日記に記した。作家としてサイレントの表現を極めたかったという考えもあったのかもしれない。またこの頃、「俳優も毎年同じ俳優を使い、家の構造やセットなども同じにこしらえて、そして年々の写真を比較してみると、いろんな点で面白いです」とも発言している。[*4]

11/21 「銀座でライカノールを買つて家に帰つて書斎をとつた」と日記に記す。

28 写真「兵器」を木村伊兵衛氏宛てに郵送。

12/12 三十歳の誕生日を迎える。

14 所長から正月の帝劇の舞台演出依頼を受ける。

26 「ライカ作品 大佛次郎と北村小松に送る」と日記に記す。

31 成瀬巳喜男、岸松雄と酒を飲んで越年。

独国でヒトラー政権誕生。
日本、国際連盟を脱退。

岡田茉莉子、北原三枝(石原まき子)、若尾文子、生まれる。

九月、演習に召集され、本籍のあった三重県の部隊に入隊。毒ガス兵器の特殊教育を受けた。半月の演習だったが、津《つ》市の母方の祖母を訪問した。入営中に静物写真（作品題「兵器」）を撮影し、写真家・木《き》村《むら》伊《い》兵《へ》衛《え》に送って年明けに雑誌掲載される。写真現像もみずから行っていた。

除隊後に京都に寄る。かつての師であった大久保忠素と会い、井上金太郎、山中貞雄らを紹介される。山中は小津より六歳下の監督だが、注目を集めていた。小津との交友は山中が一九三八年に戦病死するまで続く。

年末に所長から舞台作品『春は朗かに』の演出を依頼され、引き受ける。短い作品とはいえ、小津が舞台を演出していたことはあまり知られていない。

＊1　一九五六年『早春』の構想も蓼科で練られたが、執筆は『東京暮色』からである。
＊2　「キネマ旬報」一九三三年一月十一日号に詳しい。
＊3　「キネマ旬報」一九三四年四月一日号に詳しい。
＊4　浜野保樹『小津安二郎』に詳しい。

『非常線の女』のスタジオで田中絹代と。
写真提供＝小津家／鎌倉文学館

小津安二郎の二十一〜三十歳

撮影助手として働き始めた小津は、ハリウッド流の撮影を学んだ。その後、念願の演出部に移籍、助監督となる。助監督時代に書いた脚本『瓦版かちかち山』は没となり撮影はできなかったが、社員食堂での「ライスカレー事件」がきっかけで、監督に昇進。

二十三歳で『懺悔の刃』を初監督。以後、長い付き合いとなる野田高梧が小津の原作を脚色した。実現した唯一の時代劇である。第二作からは現代劇に移り、俳優の斎藤達雄、坂本武、笠智衆、脚本の伏見晁、撮影の茂原英雄、厚田雄春らと出会った。喜劇、悲劇、学生もの、会社員もの、エログロナンセンスなど、多様な作品を撮った二十代だった。欧米作品の影響を強く受け、バタ臭い監督とも評された。

二十代前半の小津は、撮影所の先輩への生意気な対応、趣味のボクシング、ライスカレー事件、会社からの仕事依頼を断るなど、十代後半の頃と同じく、血気盛んでバンカラだった。小津といえば堂々とした巨匠としての姿が知られるが、こんな時代もあったのだ。二十代後半になると、もう新人ではなかった。二十九歳での『出来ごころ』ではそれまでの作風から一転、下町の人情あふれる話を描いた。

世界恐慌(一九二九年)が起こり、その後の満州事変(一九三一年)頃から日本は軍国主義の歩みを加速させていく。そんななか、客はそれほど入らなかったが各作品は高く評価され、日本有数の映画監督に上り詰めていく。

一九三四(昭和九)年　三十一歳

一月、山中貞雄が上京。井上金太郎、清水宏らを交え親交を深める。京都で山中や稲垣浩《いながきひろし》らが活躍し始めており、彼ら映画人との交友が盛んになった。同月、松竹の俳優が出演する正月の舞台公演『春は朗かに』を手掛けることになり、稽古を指導した。稽古は一日だけの簡単なものだったが、五日間の上演は大入りで再演もされた。また、前年の軍事演習中に撮った写真作品「兵器」が、翌月には「静物」が「月刊ライカ」に掲載された。

続いて『母《はは》を恋《こ》はずや』を執筆。三月より撮影に入った。撮影中の四月一日夜、深川の自宅でコンテを描いていたとき、急に父・寅之助が苦しみ出す。翌日、狭心症《きょうしんしょう》にて死去、六十七歳だった。今わの際《きわ》に、安二郎の手を強く握ったという。皮肉にも『母を恋はずや』は父が亡くなる場面から始まる作品だった。五月の作品公開後、松阪での法事を経て、高野山《こうやさん》へ分骨に行った。

六月、会社から「小津は二人いらない」とされ、仲の良かった監督・成瀬巳喜男がPCL(のちの東宝)へ移籍。小津は別れを惜しんで語り明かしたという。一方、以前から尊敬していた六代目尾上菊五郎を訪ね、芸談を聞くという新し

history

1/8 山中貞雄らと遊ぶ。東西の映画人との交友が盛んに。
13 帝劇での舞台実演『春は朗かに』(脚本・野田高梧)稽古。翌日から上演(〜19日)。
16 岡田時彦、死去(享年三十)。
20 三越ホールで『春は朗かに』再演。
21 井上金太郎に脚本『瓦版かちかち山』を譲る。
22 新作脚本相談のため、野田高梧、池田忠雄と湯河原に宿泊(〜25日)。
「月刊ライカ」に写真「兵器」が掲載される。
2/7 海軍の遠洋航海撮影でドイツへ行く茂原英雄の送別会が催される。
12 新作を『母を恋はずや』と決定。16日脚本完成、23日本読み。
「月刊ライカ」に写真「静物」が掲載される。
3/6 『母を恋はずや』撮影開始(〜5/5)。
18 岸松雄、山中貞雄が訪れる。この日と21日、山中が深川宅泊。
19 『出来ごころ』、キネマ旬報社の名画会で上映。突貫小僧、坂

い出会いもあった。
七月、池田忠雄と中西旅館で新作『浮草物語』の脚本を完成させる。好評を得た『出来ごころ』と同じく喜八を主人公にした連作「喜八《きはち》もの」である。これまで東京を描き続けた小津が、監督三十一本目の作品にして初めて東京以外を主な舞台に設定した。* この時期、母・あさゑから結婚を勧められている。日記に「朝ねてゐると母が二階に上つて来て嫁をもらつてはどうだと云ふ　カナリヤだと必ずつがひにして飼ふ人間の潔癖性がどうやら俺にも及んできた」と書かれている。母親からの「嫁のはなし」は前年にも出ており、「不愉快なり　若ぼけにはなりたくねいからなあ」と書かれている。小津も三〇歳。仕事も成功しており、結婚の話がでても不自然でなかった。

九月、『浮草物語』の撮影、十一月には編集に入り連日徹夜作業となった。サウンド版作品の第二弾。音楽も手がけたようで、日記には「音のことまで知るものか　整理室の二階にねる」とこぼしている。

「しぐれ旅」という映画の主題歌も作られたようだ。この映画のサウンド版は残っていない。無音版のみが現存している。作品は検閲で三カ所、六メートル(約十三秒)切られ、十一月に封切り。この作品で三年連続キネマ旬報ベスト・ワンに選ばれる。

年末には次回作が決定。正月映画で『箱入り娘』。「〜けれど」や「喜八もの」に続く「おかみさん」シリーズを計画した。撮影ではキャメラが故障し大《おお》

本武が同行のなか小津は苦手の講演をする。

4/2 父・寅之助、狭心症にて午後十一時十五分死去(享年六十七)。5日に深川陽岳寺にて告別式・埋葬。

5/11 『母を恋はずや』公開。

23 松阪で亡父の法事。中学の級友と会う(〜28日)。

6/2 野田高梧、池田忠雄、北村小松、柳井隆雄、清水宏、斎藤良輔、佐々木康らと下呂・飛騨高山へ(〜5日)。

11 野田高梧の自宅で池田忠雄と新作の相談。

16 PCLに移籍の成瀬巳喜男と語り明かす。十日後にも再び飲み明かす。

21 六代目尾上菊五郎を訪ね、芸談を聞く。

7/7 池田忠雄より脚本ができ上がったと電話連絡がある。小津と池田は湯河原で書き直しを繰り返し、月末完成。

16 母より結婚を勧められる。

24 キノエネ醤油からタイアップの話が持ちかけられる。

26 ドイツから帰国した茂原英雄を出迎える。頼んでいたライカを茂原から入手。

8/4 次回作の題を『浮草物語』と決

晦日《みそか》を返上。徹夜で撮影を敢行《かんこう》した。

この年は、何度も起用した俳優・岡田時彦が結核のため三十歳で死去(その娘・岡田茉莉子《まりこ》は一九六〇年『秋日和《あきびより》』に出演)。父・寅之助が世を去り、また仲の良かった成瀬巳喜男が松竹を去った。小津にとって別れの多い一年だった。一方、山中貞雄ら関西映画人との交友が深まり、歌舞伎役者の尾上菊五郎との出会いもあった。

* 監督第一作『懺悔の刃』は脚本もフィルムも残っていないが、多くの場面で木更津が舞台の可能性がある。

1934年2月、雪どけの倉庫前で父と。
写真提供＝小津家／鎌倉文学館

定。翌日から信州各地でロケハン(〜12日)。
14 母、弟と熱海へ(〜16日)。続けて弟と木曽へ旅行。
9/7 『浮草物語』の撮影開始。
10/3 『瓦版かちかち山』(井上金太郎監督、小津安二郎原作)公開。
9 鎌倉へ転居したいと思う。
13 トーキーについて所長らと論議。
? 『浮草物語』の主題歌「しぐれ旅」のレコードが発売。
11/17 『浮草物語』の撮影が完了し、編集作業。
22 『浮草物語』公開。
30 正月映画制作が決定。六代目菊五郎の舞台稽古を見る。
12/1 新作、おかみさんシリーズ『箱入り娘』と決定。
12 三十一歳の誕生日を迎える。
31 『箱入り娘』の撮影を徹夜で続け越年。

ドイツ国民投票により、ヒトラーが総統に。
稲垣浩、山中貞雄、滝沢英輔らが京都に鳴滝組を結成。時代劇に新風が起きる。
宝田明、司葉子、生まれる。岡田時彦、死去。

一九三五（昭和十）年　三十二歳

『箱入り娘』の撮影完了とともに年が明けた。暮れも正月も返上して仕上げた作品だが、試写を見た小津は「まことに凡作」と感じる。連作にする予定が、この一本で終わることになる。

二月、小田原《おだわら》の清風楼《せいふうろう》に飲みに行く。三月にも清風楼で宿泊している。この頃、小田原の芸者・森栄《もりさかえ》とめぐり合ったと思われ、何度も清風楼を訪れている。歌も多く詠んでおり、「明そめし鐘かぞへつゝ二人かな」「口づけをうつつに知るや春の雨」「口づけも夢のなかなり春の雨」など恋の歌が多く残っている。森とはのちに結婚も考えたという。

小津の女性関係についてはすでに複数の記事が発表されているが、不確かなことも多く、一部の紹介にとどめる。小津は数人の女優と交際を噂《うわさ》されたが、いずれも噂の域を出ない。この頃は前述の森栄、一九五四年頃から『東京物《とうきょうもの》語《がたり》』に出演したアコーディオン奏者・村上茂子《むらかみしげこ》、六二年頃からは加代子《かよこ》という女性と交際があったとされる。

三月、『東京《とうきょう》よいとこ』の脚本完成。翌月より撮影を開始する。しかし、主

history

1/1 『箱入り娘』撮影完了。
9 検閲で内務省に出頭。約六五秒カット。ラジオで『箱入り娘』放送。
11 『箱入り娘』公開。
23 「國民新聞」で仏の映画監督ルネ・クレールの合評会に参加。
2/13 小田原の清風楼を訪れて酒を飲み、二時間ほど滞在。
3/5 小田原の清風楼に一泊。
16 『東京よいとこ』脚本完成。
23 大日方傳退社に伴い、新作の主役を日守新一に変更。
4/9 『東京よいとこ』撮影開始。
10 弟・信三、第一早稲田高等学院に入学。
20 主演の飯田蝶子が体調不良のため撮影休止。
25 飯田蝶子、入院（～5/5）。
30 飯田の回復が思わしくなく、撮影中止に。別の脚本を池田忠雄と湯河原で執筆（～6/3）。
5/17 「キネマ旬報社と横浜球場にて試合 勝つ」（日記）
6/13 所長より『菊五郎の鏡獅子』の撮影依頼の話を聞く。

演の飯田蝶子が入院し撮影は中止。新作『東京《とうきょう》の宿《やど》』を進めた。
新作準備中の六月、海外へ日本文化を紹介するために『菊五郎《きくごろう》の鏡獅子《かがみじし》』の話が所長より入る。六代目尾上菊五郎の舞台の記録撮影である。菊五郎が、交友のあった小津の撮影を希望したという。

『東京の宿』の撮影も間近だったが、小津は『鏡獅子』の撮影も引き受け、二本を同時に監督する。『鏡獅子』は徹夜で撮りきった。『鏡獅子』は劇場公開されなかったが、厳密に言えばこれが小津の初めてのトーキーで、音と芝居を同時に収録した。小津は技術的な制約から、「どうしてもキャメラ（ワーク）に無理が出来た」と振り返っている。

七月、演習で東京・青山の部隊に三週間の入隊。演習はしばしば休んだ。ビールを飲み昼寝して集合時間に遅れたり、演習前に得意の診断を受けて演習を休んだりしたことが日記に記されている。同月末日、除隊。箱根で羽を伸ばし、小田原の清風楼にも行った。休止していた『東京の宿』の撮影を再開し、九月末に撮影完了。十一月に封切り。

続いて、二年前に書き、内容が暗いと延期になっていた『大学よいとこ』に再び取り組む。この年も本数こそ減ったが精力的である。しかし、一本で終わったおかみさんシリーズ『箱入り娘』、主演女優の病気のため撮影中止になった『東京よいとこ』、初めてのトーキー撮影で無理が生じたという『鏡獅子』と、満足のいかない一年だった。キネマ旬報も四年連続のベスト・ワンと

15 『東京の宿』脚本完成。
18 茂原英雄と所長宅でトーキーについて談合。
20 『東京の宿』撮影開始。同時に『鏡獅子』の打ち合わせ。
22 茂原と六代目尾上菊五郎を訪ねて打ち合わせ。翌日、試験撮影。
25 『鏡獅子』を徹夜で撮影。
27 『東京の宿』を夕刻まで撮影し、『鏡獅子』の編集。暁に及ぶ。
28 丸の内松竹で『鏡獅子』試写。
7/1 前日より微熱。監督になって初めての欠勤。
10 軍事演習に召集。東京・青山の近衛歩兵第四連隊に入隊。
31 軍事演習終了。清水宏らと箱根へ。小田原の清風楼にも行く。
8/12 井上金太郎、上京。清水宏を含め三人で鬼怒川へ行き、山中貞雄、秋山耕作らと合流。
9/5 会社で脚本研究生に講義。
11 「今の世の中に楠正成《ママ》がゐても〈七度生れかはつて〉と云ふに違ひない　然し〈朝敵を滅さん〉とは云ふまい　〈金持になりたい〉と云ふだらう　ことによると七度生れかはつた正成の変身は矢張〈七度生れかはつて〉の希望を継続して

はならなかった。今まで上り調子に進んできた小津が、監督になって九年目、大きな壁にぶつかる。大晦日の日記にも、「この年　まことに　よき年に　あらざりき……　来る年　清貧にくらさんかな」と書き記している。前年に父が亡くなり、兄・新一も安二郎も家を継がなかったので、深川の家を明け渡す必要が生まれた。また、弟の信三が進学し、その学費も負担したため金銭的にも苦しかった。

映画界では、邦画もついにトーキーが大半を占める。世界初のカラー映画『虚栄《きょえい》の市《いち》』が米国で製作され、公開された。

丸びるの或る商事会社の会計課につとめてゐるかも知れない〈格言〉英雄も時代にハ勝てない」と日記にこぼす。

17　「鎌倉に移居の志しきりに動く」（日記）

28　『東京の宿』撮影完了。続いて音入れ作業。

10／8　脚本相談のため荒田正男と湯河原泊（〜12日）。17日、『大学よいとこ』脚本完成。

11／21　『東京の宿』公開。

25　『出来ごころ』を劇団・笑の王国が上演することになる。

12／12　『大学よいとこ』撮影開始。三十二歳の誕生日を迎える。

28　『大学よいとこ』試写会。「不味いのでくさる」（日記）

世界初のカラー映画『虚栄の市』（米）。
日本映画もトーキーが大半を占める。
第一回芥川賞・直木賞発表。

団令子、生まれる。

一九三六(昭和十一)年　三十三歳

一月、松竹が大船《おおふな》撮影所を開設し、蒲田から移転する。

二月、母・あさゑ、弟・信三と三人で高輪《たかなわ》に引越した。父の死後、長男は銀行員、三男は未成年で小津地所部を継ぐ者がおらず、深川の家を明け渡す必要があったためだ。兄は妻子と世田谷に移ったが、母が安二郎らとの生活を希望した。母・あさゑは教養深く、小津が結婚しなかったのはあさゑの眼鏡にかなう女性がいなかったからだという説もある。母とは最晩年までともに暮らした。

一家の大黒柱として、家計も、弟の学費も背負った。苦しいそぶりは見せなかったが、信三に語ったところでは、この頃が金銭的に最も苦しかったという。

三月、日本映画監督協会の発会式。小津が協会の紋章を制作した。同月、『大学よいとこ』が封切り。不況と軍国化が進む時代を反映した暗い話になった。六月、前年に撮影した記録映画『鏡獅子』に、六代目菊五郎の楽屋の様子を追加撮影して完成させる。試写会が催されたが、批評家からはグロテスクな女形のアラが見えたなどと酷評を受けた。

会社から何度もトーキーへの移行を急《せ》かされていたなか、盟友・茂原英雄の

history

1/15　松竹大船撮影所、開所。
2/4　一家引越し。母と弟と三人は芝区高輪南町二八(のちの三宅邦子邸)に、兄は妻子とともに世田谷に移る。
3/19　日本映画監督協会の発会式。小津が紋章を制作。溝口健二、内田吐夢、田坂具隆らと交友深まる。
4/19　『大学よいとこ』公開。
5/14　『一人息子』撮影開始(~9月)。『鏡獅子』の楽屋部分を追加撮影。
6/29　『鏡獅子』完成、帝国ホテル演芸場にて試写会。
9/15　『一人息子』公開。
12/12　三十三歳の誕生日を迎える。
12/30　監督協会の忘年会。内田吐夢、田坂具隆、溝口健二、牛原虚彦、島津保次郎、伊丹万作らと同席。
12/31　池田忠雄、荒田正男、斎藤良輔、伏見晁らと夕食し越年。

二・二六事件が起こり、軍国化が進む。
皇道派青年将校らによるクーデター。戒厳令発令。

茂原式トーキーが完成したと連絡が入る。劇映画ではない『鏡獅子』は例外として撮ったが、初トーキーは茂原が開発した方式で行うという約束を守り抜いた。世界初の長編トーキー『ジャズ・シンガー』(米)から九年、日本初の本格的トーキー『マダムと女房』から五年が経ち、周りの主な作品はすっかりトーキーになっていた。小津はトーキー第一作として、撮影中止になっていた『東京よいとこ』を書き直した『一人息子《ひとりむすこ》』の脚本を執筆。設備の新しい大船撮影所で撮ろうと考えた。しかし、そこでは土橋《つちはし》式トーキーの撮影しか許されなかったので、誰もいなくなっていた蒲田撮影所を使用。茂原への筋を通す小津の頑固な一面が窺える。

蒲田撮影所は線路が近く防音設備もなかったので、昼間は撮影できず、深夜十二時から明け方まで毎夜五カットほどずつ撮り進めた。サイレントの表現が抜けず苦労もしたようだ。トーキー移行は遅くなったが、この初のトーキーでは、映画内でトーキー映画を引用し、発売禁止となった曲の冒頭を歌うなど、さまざまな試みを見せた。作品は九月に封切られ、キネマ旬報年間四位に選ばれた。

皇道派青年将校らによるクーデター二・二六事件が起き、軍国化が加速した年だった。映画界に、国策に協力するべきだという動きと、表現の自由を守ろうとする動きが入り組む。一九三〇年代を日本映画の黄金期とする者も多いが、表現をめぐる大きな揺れ動きがあった時代でもあった。欧州ではファシズムが

ベルリン五輪開催。
東宝映画配給株式会社が創立。
溝口健二の『祇園の姉妹』公開、のちに小津が絶賛。
日本初のプロ野球リーグとして「日本職業野球連盟」設立。

吉田輝雄、川口浩、生まれる。アンリ・ド・レニエ、死去。

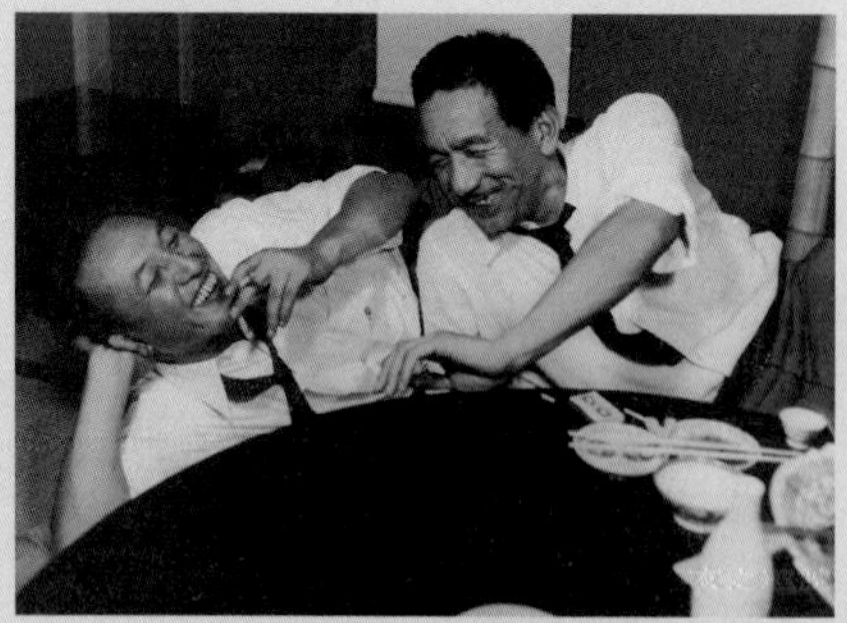

30代の小津。清水宏監督とふざけている姿。写真提供＝小津家／鎌倉文学館

台頭していた。

一九三七（昭和十二）年　三十四歳

一月、『淑女《しゅくじょ》は何《なに》を忘《わす》れたか』のロケハンを経て撮影を開始した。キャメラマン・茂原が母の死去のため一時帰郷し、長らく撮影助手だった厚田雄春が一週間、代わりに撮影を務めた。撮影中、雑誌「セルパン」に同作品のシナリオが掲載され、三月に封切りとなった。舞台は、それまで多かった下町から富裕な山の手に移った。軍国化強まるなか、洗練された都会的な喜劇で、ファンの中には作風の変化に首を傾《かし》げる者もあった。

続いて、熱海で伏見晁と新作脚本の相談。森栄との交情も続いた。四月に内《うち》田吐夢《だとむ》が来て脚本の話をし、小津が考えていた原作『愉《たの》しき哉保吉君《かなやすきちくん》』を内田に譲ることにする。

続いて池田忠雄と新作を相談。行き詰まっていたようだ。日記に「仕事全く不捗」「そろそろ背水の陣なれど　すとうりー全く無し」と記す。気を紛らわすためかゴルフにも熱中する。

六月上旬に『愉しき哉保吉君』を完成させて内田に渡す。他社（日活）に所属

history

1/9　『淑女は何を忘れたか』のロケハン。13日から撮影開始。
18　撮影所内に監督部屋できる。
27　茂原英雄の母、死去。翌日から厚田雄春が撮影を務める。
2/4　茂原、帰社する。
23　『淑女は何を忘れたか』撮影完了。
25　音楽吹き込み。
3/1　試写に川端康成らが来る。
3　『淑女は何を忘れたか』公開。
21　都新聞が「独身に関して」の記事を取りに来る。
30　伏見晁と脚本相談、熱海宿泊（～4/2）。31日、森栄来る。
4/3　内田吐夢と相談。
15　内田吐夢、八木保太郎らと伊豆へ（～21日）。小津が考えていた原作『愉しき哉保吉君』を内田に譲ることにする。
27　小田原から森栄が来る。
5/2　日本映画監督協会総会。衣笠貞之助、伊丹万作、伊藤大輔、稲垣浩、山中貞雄、溝口健二、島津保次郎、内田吐夢ら出席。

していた監督に原作を譲渡するのは大変大胆なことだった。また、この頃知り合った中西文吾《なかにしぶんご》（紳士洋品店、銀座田屋の番頭を務めていたとされる）らと、新宿に「第八劇場」なるものの建設を計画し始める。映画が第八芸術と呼ばれたことからの名称で、美術監督の浜田辰雄《はまだたつお》を交えて相談するなど、芸術映画劇場の設立に取り組んだ。ある程度、具体的な活動もしていたようだ。

八月、『父ありき』の脚本を書き始める。同月二十五日、山中貞雄が訪ねてきて、応召《おうしょう》の報告をし、別れを告げた。戦争は徐々に激しくなり、会社から「時節柄ネガ二割高なれば節約せよ」との話も出始めた。同月、小津も召集令状を受け、命をかけた実戦に出ることになった。

九月五日、『父ありき』脱稿。日本を離れる前に書き上げた。同月十日、応召。陸軍歩兵伍長の中で最年長だった。* 東京・竹橋《たけばし》の近衛歩兵第二連隊に入隊。毒ガスを扱う部隊だった。許可を得て、高級カメラ・ライカを持参した（本書第三章掲載「復刻 中国戦線写真集」一四六ページ参照）。大阪から出港し、上海に上陸。同月二十八日より大場鎮《だいじょうちん》攻撃戦（第二次上海事変）に参加する。

十一月には小津が書いた『愉しき哉保吉君』を原作にした『限りなき前進』（内田吐夢監督）が封切られている。同作はキネマ旬報ベスト・ワンに選ばれた。授賞式で内田は「この栄誉は原作者小津安二郎君にこそ与えられるべきものであります」と述べている。

十二月十二日、小津は三十四歳の誕生日を戦地・鎮江《ちんこう》で迎えた。

19 「難渋を極めたる脚本一時中止することに話決る」（日記）
25 斎藤良輔、荒田正男、中西文吾とゴルフ。この頃しばしばゴルフに通う。
6/10 『愉しき哉保吉君』脱稿。
25 中西文吾夫妻らと、新宿に「第八劇場」建設を計画開始。
7/29 池田忠雄、柳井隆雄と新作相談のため箱根へ（～8/2）。
8/3 原研吉の軍事物映画の撮影を見学。
5 池田忠雄、柳井隆雄が来宅。『父ありき』の脚本執筆開始。
25 山中貞雄から応召の報告。『愉しき哉保吉君』脚本が「新潮」に掲載。
9/5 『父ありき』脱稿。
10 応召で高輪の自宅を出発。その後、東京・竹橋の近衛歩兵第二連隊に入隊。
24 大阪から出港。
27 上海上陸。松井本部隊森田部隊所属。松井石根（いわね）将軍の軍司令部直轄の化学部隊。
28 大場鎮攻撃戦（第二次上海事変）参加（～11/19）。
11/3 『限りなき前進』（内田吐夢監督）公開。
12/8 鎮江象山砲台の戦闘。
12 三十四歳の誕生日を鎮江で迎

＊「考える人」no.一九に詳しい。

1937年9月10日、応召で高輪の自宅を出発する日。左から弟・信三、母・あさゑ、小津、妹・登久、兄・新一。写真提供＝小津家／鎌倉文学館

える。
19　老張営の戦闘。敵陣の包囲から脱出した小津の連絡で戦友ら救出される。
20　滁県入城。翌年1／30まで警備。
?　岸松雄『日本映画様式考』装丁、『溝口健二作品シナリオ集』の題字を書く。

盧溝橋事件を機に日中戦争始まる。
日本軍の南京占領（南京事件）。
日独合作映画『新しき土』公開。外国映画輸入許可制が実施される。
映画の巻頭に「挙国一致」「銃後を護れ」等の文句を挿入することが義務づけられる。
東宝映画株式会社設立。
パリ万国博覧会。
劇団「文学座」結成。
甥（妹・登貴の長男）の長井秀行、生まれる。

一九三八（昭和十三）年　三十五歳

一月、上海への公用出張の帰路、句容にいた山中貞雄を訪ねる。* ちょうど厠《かわや》に入っていた山中は飛び出してきて、洗っていない手で小津の手をしっかり握ったという。二人でパイプをふかした。短い時間しか面会できなかったが、その晩山中は、嬉しくて大はしゃぎしたという。

その後、多くの戦友を失った高壇舗の戦闘、徐州《じょしゅう》会戦などに参加、六月には軍曹に昇進した。同月、南京《ナンキン》に移動し駐留する。南京が陥落した、いわゆる南京事件が起こってから半年後の入城だった。南京では、『淑女は何を忘れたか』で起用した俳優の佐野周二と出会う。

友人に宛てた手紙には、戦死者の「眼窩《がんか》一杯に盛り上つた蛆《うじ》」のことや、喉《のど》が渇き「みぢんこがゐれば毒の無い証拠」と小川の水を腹ばいになって飲んだことなどが書かれ、過酷な戦況の様子が窺える。「仲間の坊さんは頭をやられた。脳味噌と血が噴きこぼれ物も云はず即死だつた」「手術室に、戦友は手足を縛つて腹を割つた。痛がる度に腸は切口から噴きこぼれた。（中略）僕は暗闇に戦友の両手を押へながら十句観世音を唱へた」とも記した。

history

1／12　上海への公用出張の帰路、山中貞雄伍長を訪ねる。
2／14　高壇舗の戦闘で、多くの戦友を失う。
17　和県攻撃戦に参加（～20日）。
3／11　興郷集附近の戦闘。
4／25　徐州会戦に参加。
6／1　軍曹に昇進。
26　漢口作戦に参加、南京に移動。南京考試院駐留（～9／6）。佐野周二伍長と出会う。
9／17　山中貞雄が戦病死。
12／12　三十五歳の誕生日を応城で迎える。応城の警備につく。
20　「中央公論」十二月号を入手。
28　漢口の佐野周二を訪ね、街に誘う。翌29日も佐野と会う。

国家総動員法、公布。
岡田嘉子が舞台演出家・杉本良吉とソ連に亡命。
映画の興行時間を三時間以内に制限。外国映画の輸入が許可制になり十五本のみが公開。
『五人の斥候兵』（田坂具隆監督）がヴェネツィア国際映画祭においてイタリア民衆文化大臣賞。

八月、南京の古雞鳴寺で現地の住職から「無」の書を受ける。この書を小津は生涯大切に保管した。

九月、山中貞雄が赤痢《せきり》で戦病死。その報はほどなく小津の耳にも入った。小津は突然口をつぐみ、数日間無言でいたという。悲しみに耐えている背中を戦友たちが目撃している。

十二月、「中央公論」を入手。山中貞雄の遺書と「撮影監督に関するノート」を読み、手帖に写した。中国大陸での過酷な一年だった。

＊小津の日記によると句容で会ったという。山中貞雄の残した手紙によると、湯水鎮（湯水鎮という地名は現在残っていないが、湯山鎮のことか）。

一九三九（昭和十四）年　三十六歳

戦場で二度目の正月を迎える。城外に慰安所がもうけられ、慰安券二枚・星秘膏（性病予防薬）などが配給される。戦友の中には、小津が出入りする姿をみかけたことがなく、不思議がる者もいたという。

この頃、よく麻雀をした。里見弴の『鶴亀《つるかめ》』なども読んだ。「百の『麦と兵隊』より、千の『土と兵隊』より、一つの『鶴亀』の方が嬉しかった」と日記

history

山中貞雄、死去。

1938年1月、南京郊外で再会した小津と山中貞雄監督（右）。写真提供＝朝日新聞社

1/20 「無為。室外不出。慰安所の日」（日記）
25 小津が映っていたニュース映画を見た兄の新一、母のあさゑから手紙が届く。
30 漢口へ移動。佐野周二を訪ね二日後、佐野と雨中を呑み歩く。
2/5 九江へ。警備にあたる。
3/1 「ライカをもつて外に出る」（日記）。修水河での戦闘に参加（〜21日）。

に記した。また、報道映画の撮影隊が小津を撮影していった。ニュース映画[*1]の撮影で、本土の映画館で報道上映された。それを見た母の手紙が来た。月末、漢口へ移動。従軍生活も一年三カ月が経っていた。帰国のための移動かと期待していたところ、南昌《なんしょう》攻略作戦参加と分かりヤケ酒。

三月、修水河の戦闘に参加。毒ガス弾三千発、毒ガス筒五千余発など、多くの毒ガスを使用したとされる戦闘だった。続いて南昌へ進撃。厳しい進撃だったが、歯を喰いしばり、「山中貞雄の供養だ」と思って歩いた。進軍中に南昌陥落したとの連絡が入り、作戦は中止になる。

四月、谷崎潤一郎の『源氏物語《げんじものがたり》』と日本小説代表作全集が届く。志賀直哉《しがなおや》の『暗夜行路《あんやこうろ》』後半も読み、激しくうたれる。「これは何年にもないことだった。誠に感ず」(日記から)。

六月、帰還命令を受ける。七月に九江を出航、神戸港に上陸した。高輪の家に帰り、約二年ぶりに母らに会った。

戦争を経た小津のさまざまな発言が残っている。映画制作に関しては「僕はもう懐疑的なものは撮りたくない。何んというか戦争に行って来て結局肯定的精神とでもいったものを持つようになった」と語っている。自身の撮った『生れてはみたけれど』や『一人息子』のような暗い作品を否定。凡《すべ》てを肯定する、救いのある映画を撮ることを考えた。[*2]同時期に、「フィルムというものを信用できるかと反問すると、信用できないという気持ちになってきたんだ。ものす

6 野田高梧、伏見晃宛てに航空便で手紙を送る(十日後、上海の野田高梧から手紙が届く)。
20 雨中の修水河で渡河戦。毒ガス弾三千発、毒ガス筒五千余発が使用された。
21 闇の中を渡河、泥濘の悪路を急進撃開始。
22 南昌への進撃開始。
27 南昌が陥落、進撃中止。
4／1 奉新・安義・武寧警備(〜6／7)。
18 五所平之助から谷崎潤一郎『源氏物語』と日本小説代表作全集が届く。
30 部隊が出発。部隊長が「小津は置いてゆけ、彼奴は下手に頑張るから」と言ったため、残留。
5／2 軍通信の兵隊と野球の試合。
9 志賀直哉の『暗夜行路』後篇を読み進める。
12 部隊が二十日間の予定で南京へ出張。
15 四辻で、傷病兵にキャメラマン長岡博之(『出来ごころ』撮影助手)を発見。見舞う。
17 毎日市場へ桂魚を買いに行くので売り子から「大尽、大尽」(金持ちの意)と言われる。
20 南京到着。
21 莫愁湖・古雞鳴寺・考試院など

ごい現実に直面すると、その不安があるんだね」「俺はフィルムが信じられなくなった」とも言い残した。[*3] 戦闘については、「敵の弾を初めて経験したのは滁県、情けないがビクリと来ました。が段々なれて来ました(中略)。しまいには平気です。人を斬るのも時代劇そっくり。斬ると、しばらくじっとしている。やアと倒れる。芝居は巧く考えてありますネ。そんな事に気がつく程余裕が出来ました。」と振り返った。[*4] 自身がそのような戦闘を体験したのか、あるいは見ただけなのかは不明だが、厳しい戦いをくぐり抜け、幾多の死を見たのは間違いない。苛酷《かこく》な戦争で、人間が人間として見られなくなってしまったとの告白もある。[*5]

従軍中には四千枚もの写真を撮っており、二年後その一部が雑誌に掲載された。他に「陣中日誌」や「撮影に就いての《ノオト》」も記していた。日記や映画のネタ、山中貞雄の遺書の写しなどが主な内容。何故か、敵軍がまいたビラを相当数書き写してもいる。

八月、京都大雄寺《だいおうじ》の山中貞雄の墓に参った。ヴェネツィア国際映画祭で賞を受けた田坂具隆《たさかともたか》監督と対談。戦地で田坂の『五人《ごにん》の斥候兵《せっこうへい》』を見た感想を話した。「(この作品で)テンポがのろいのなら、僕の作品なんか永久にヴェニス(国際映画祭)行きは駄目だなあ」と語る。この頃、自作に迫力が足りないとも語っている。

十二月、池田忠雄と帰還後第一作となる『彼氏南京へ行く』を執筆。小津が

を回る。各所でご馳走になる。
25 玄武湖に釣りに行くが、不漁。
27 映画館に入り深田修造監督『女の友愛』を観る。
30 安慶着。
6/2 出帆。湖口へ。
3 湖口を出発し、九江へ。傷病中のキャメラマン、長岡博之を見舞う。
8 九江を警備。
26 帰還命令が下る。
7/4 九江を出航。
13 神戸港上陸。松阪の旧友に電話する。
16 召集解除となり、高輪の家に帰る。歓迎会が続く。
8/6 有馬温泉で帰還を祝うクラス会が行われる。
8 京都、大雄寺の山中貞雄の墓に参る。
12/ 帰還後の作品として池田忠雄と『彼氏南京へ行く』を執筆。のちに『お茶漬の味』と改題。
12 三十六歳の誕生日を迎える。

第二次世界大戦が勃発。
映画法(脚本事前検閲、国策映画の強制など)公布。
パーマ禁止。
泉鏡花、死去。

南京に入城していたことを考えると重い題だが、題名の「彼氏」という言葉が時節にそぐわないと内務省映画検閲課から意見が入り、題名を『お茶漬《ちゃづけ》の味《あじ》』と改めた。この年から映画法が施行され、脚本の事前検閲が始まっていた。

＊1 「朝日世界ニュース」第二六一号のこと。
＊2 田中眞澄編『小津安二郎全発言』に詳しい。
＊3 浜野保樹『小津安二郎』に詳しい。
＊4 田中眞澄編『小津安二郎全発言』に詳しい。
＊5 「大陸」一九三九年九月号に詳しい。

一九四〇(昭和十五)年　三十七歳

一月、『彼氏南京へ行く』から改題した『お茶漬の味』の撮影準備を始める。二月にスタッフ・配役も決定するが、再び事前検閲で止められ、全面改訂を申し渡される。出征前夜に夫婦でお茶漬を食べる場面が「赤飯を食べるべきところなのに不真面目」とされ、「全体的に有閑士女の態度なり」と非難された。お茶漬を食べる部分は話の幹なので変えることはできず、制作中止とした。贅《ぜい》沢《たく》が禁止されていくなか、このような話を企画するのは時代に反することであった。小津のような名のある監督の脚本が却下されたことは、映画界に衝撃

history

1／ 『お茶漬の味』の撮影準備。
2／ 検閲から全面改訂を申し渡され、『お茶漬の味』制作中止。
『山中貞雄シナリオ集』を装丁、表紙の絵も描く。
8／21 『戸田家の兄弟』脚本脱稿。のちに『戸田家の兄妹』に改題。
10／1 『戸田家の兄妹』本読み、衣装合わせ終了。
2 『戸田家の兄妹』撮影開始。
『戸田家の兄妹』脚本が雑誌「文藝」に掲載。
18 山中貞雄追悼会に出席。岸松

1939年、中国戦線で肩を組む小津と佐野周二(左)。漢口で会ったときの写真だろうか。写真提供＝朝日新聞社

を与えたという。

　同月、雑誌で批評家らと座談会*。好きな男優に、チャールズ・ロートン、ゲーリー・クーパー、ライオネル・バリモア、女優では、ノーマ・シアラー、キャロル・ロンバード、ジーン・アーサーらを挙げた。一方グレタ・ガルボ、キャサリン・ヘップバーンを嫌いな女優としている。作品では『民族の祭典』（一九三八年・独）、『駅馬車』（一九三九年・米）などを賞賛している。

　二月、『山中貞雄シナリオ集』発売。小津が装丁を手がけ、表紙に花瓶（または徳利だろうか）の絵を描いた。続けて新作『戸田家《とだけ》の兄妹《きょうだい》』の準備にかかる。脚本は検閲を通り、十月に撮影開始。この作品から撮影が厚田雄春になった。厚田は小津の監督第二作『若人《わこうど》の夢《ゆめ》』から撮影助手で関わっていたが、以降、松竹での全撮影を担当する。また、『淑女は何を忘れたか』の「セルパン」掲載に続き、『戸田家の兄妹』脚本が雑誌「文藝」に掲載された。映画脚本が文芸誌へ掲載されるのは異例のことだった。映画の地位が上がり、なかでも小津が高く評価されたことがみえてくる。同月、山中貞雄追悼会に出席。故人を偲《しの》んだ。

＊「キネマ旬報」一九四〇年一月一日号に詳しい。

雄、清水宏、溝口健二、内田吐夢、三村伸太朗ら出席。
12／12　三十七歳の誕生日を迎える。

大政翼賛会結成。

日独伊三国同盟締結。

国民精神総動員運動を推し進めるためのスローガン「贅沢は敵だ」。

外国ニュース映画上映禁止。時事映画指定上映。

ジャズ歌手のディック・ミネ、俳優の藤原釜足らに改名指示。

大船撮影所のフィルム使用量、NG七割までに制限。

アッバス・キアロスタミ、三上真一郎、生まれる。

『戸田家の兄妹』の衣装選びをする小津。写真提供＝小津家／鎌倉文学館

一九四一（昭和十六）年　三十八歳

三月、『戸田家の兄妹』が封切りとなる。試写後の座談会で中学の頃から読んでいた作家・里見弴と対面を果たし、題名や内容について里見の作品から拝借していると語った。以後、里見との交友が深まる。

それまでの小津作品は評価されることはあっても、客が多く入っていたわけではなかった。清水宏は、小津はそれでいい、客の入るような作品は我々が作ると語ってもいたのだが、『戸田家の兄妹』では佐分利信《さぶりしん》や桑野通子《くわのみちこ》などスターを並べ、興行的にも大成功だった。日本映画雑誌協会選考で第一位。のちに批評家・淀川長治《よどがわながはる》が『残菊物語《ざんぎくものがたり》』『羅生門《らしょうもん》』とともに日本の三大映画に選ぶ。

四月、中国で撮った写真の一部が雑誌「寫眞文化」に掲載される。八月、『映画演技学読本』で「映画演技の性格」を執筆。「気持と形とは、本質的に一つのものでなければならない」と述べ、俳優の演技を形から出発しようが気持ちから導こうが、同じであるべきだなど、演技について語った。十一月、四年前の応召直前に書き上げた『父ありき』を書き直して撮影することに決まり、神奈川県の茅ヶ崎館で脚本を執筆した。

history

2／18　『戸田家の兄妹』撮影終了。
3／1　『戸田家の兄妹』公開。
8／　『映画演技学読本』発売。「映画演技の性格」を執筆。
9／　前年にできた大雄寺の墓のそばに、山中貞雄之碑、建つ。キネマ旬報社社長・田中三郎の撰文、小津の揮毫による。
11／　『父ありき』の脚本を神奈川県の茅ヶ崎館で改稿。
12／12　三十八歳の誕生日を迎える。

太平洋戦争開始。
大蔵省令で米英映画が上映禁止に。
全国の映画館で時事映画強制上映。
映画の興行時間を二時間半以内に統制。
米国で白黒テレビ放送開始。
岩下志麻、生まれる。

十二月、真珠湾攻撃により日米開戦。日本映画への統制も一層厳しさを増していく。

一九四二（昭和十七）年　三十九歳

年始、佐野周二、高峰三枝子《たかみねみえこ》らによる大船俳優実演舞台『健児生まる』を演出。他の出演者に坂本武、笠智衆などがいた。八年前に行ったのと同様の正月特別舞台公演で、連日大入りだった。

四月、『父ありき』が封切りとなる。五年前に書いた脚本では斎藤達雄を父親役に想定していたが、『一人息子』で味のある演技を見せた笠智衆を父役に抜擢《ばってき》。「笠は真面目な男だ。人間がいい。人間がいいと演技にそれが出てくる」と語った。ベスト・テン二位。一方で汽車の網棚に父の遺骨を載せた場面に非難も起こった。

六月、陸軍報道部企画の「大東亜映画」のうち、国策映画「ビルマ戦記」の担当に決まる。翌年にビルマ（現・ミャンマー）と同盟条約を結ぶ予定だったことから立てられた企画だろう。戦争体験を基に『ビルマ作戦《さくせん》　遙《はる》かなり父母《ちちはは》の国《くに》』の執筆を開始する。同月のミッドウェー海戦での敗北以降、日本の戦況は

history

1／1　大阪劇場での大船俳優実演舞台『健児生まる』（伏見晁作）を演出（〜5日）。
4／1　『父ありき』公開。
6／5　陸軍報道部企画の「大東亜映画」のうち、「ビルマ戦記」の担当に決定。『遙かなり父母の国』を執筆。
12／12　三十九歳の誕生日を迎える。
？　筈見恒夫の本『映画の伝統』の装丁を手がける。

ミッドウェー海戦で日本敗北。米軍機が本土空襲。戦況は徐々に劣勢に。
大日本映画製作株式会社（大映）創立。松竹、東宝との三社体制が成立。
劇映画の製作が限定され、製作本数が激減。映画監督協会が解散。
桑野みゆき、生まれる。

劣勢に傾き、戦意高揚につながらない映画の制作はますます厳しくなっていた。松竹は撮影所所長・城戸四郎のもと健全で明朗な娯楽作品を作り続けていたが、批判が高まり城戸は辞任。新所長・白井信太郎《しらいしんたろう》が就任し、ほどなく狩谷太郎に交代した。

一九四三(昭和十八)年　四十歳

一月、雑誌「新映画」の取材を受ける。航空機を主題とする「未だ帰還せざるもの一機」、「『戸田家の兄妹』の続篇」のようなもの、「満鉄発達史をバックにした困苦欠乏に堪へるテーマ」などを撮りたいと語る。『曽我兄弟裾野の仇討ち』という時代劇も構想していた。しかし、いずれも実現できなかった。

昨年より準備していた『ビルマ作戦　遙かなり父母の国』はほぼ書き終わったが、軍官の要求する勇ましい映画でないと難色を示され、製作中止に。脚本には銃撃戦があり、戦車なども出てくる。しかし大筋は、一個部隊をまるで家族のように描き「中隊長を父、班長を母とし、一つの部隊の一家団欒《だんらん》を前面に

history

1／雑誌「新映画」新年号に記事掲載。『ビルマ作戦　遙かなり父母の国』製作中止。

3／脚本集『戸田家の兄妹・他』を上梓。黒澤明の第一作『姿三四郎』を審査。

6／新作『デリーへ、デリーへ』を撮ることになり、軍報道部映画班員として南方へ派遣される。

12／12　四十歳の誕生日を迎える。

兵力不足を補うため、学徒出陣が始まる。
日本でこの年公開された外国映画はドイツの戦意高揚映画三本のみ。

1942年、大船撮影所にて。左端は俳優の佐野周二。写真提供＝小津家／鎌倉文学館

押したて」た脚本だった。

三月、池田忠雄と脚本集『戸田家の兄妹・他』を上梓《じょうし》。自ら装丁した。また小津は監督である一方、内務省の検閲官（名目上は試験官）も務めていた関係で、黒澤明の処女作『姿三四郎《すがたさんしろう》』を公開前審査することになった。一九三九年の映画法制定により、映画監督になるには内務省の試験を通過する必要があり、黒澤もこれを受けていたのだ。他の検閲官からは「欧米的である」と批判があり公開が危ぶまれたが、小津は「一〇〇点満点として一二〇点」と絶賛、黒澤を祝福して銀座の飲み屋に誘ったという。このときの小津の後押しがなければ、『姿三四郎』の公開も、黒澤明のその後の活躍もなかったかもしれない。

六月、今度はインド独立を主題とした国策映画『デリーへ、デリーへ』（オン・トゥー・デリーなどの呼称もあり）を撮ることになった。軍報道部映画班員としてシンガポールへ派遣される。前回の出兵とは異なり戦闘目的ではなかったが、より遠方への派遣となった。

「陸軍から監督の指名はとくになかったが、小津監督は何となく煙《けむ》たいので、小津さんに決めた」と、撮影所所長だった狩谷太郎はのちに語った。* 撮影所は一九三〇年代にスター重視から監督第一主義へ移行した。さらに製作者（プロデューサー）主導の製作体制に移行しようと試みていた。頑固で自分を貫く小津は煙たいとみられたのかもしれない。

* 山本若菜『松竹大船撮影所前松尾食堂』に詳しい。

小津安二郎の三十一〜四十歳

三十歳を過ぎた頃、生計や弟の学費を負担し経済的に苦しんだが、超高級カメラを買うなど贅沢もした。小津には、贅沢と無駄遣いは違う、勉強になるなら贅沢はすべきだという考えがあった。映画はサイレントからトーキーにすっかり移行していたなか、三十二歳でついにトーキーに移行した。下町職人ものから富裕な家族の喜劇へと新しい境地をみせ、評価も悪くなかった。三十三歳の時、赤紙が来て中国の前線に向かう。毒ガスを扱う部隊に所属し、文字通り生と死のあいだをさまよい、人の死をみた。帰国後、「俺はフィルムが信じられなくなった」と発言したのは、戦場経験を経ての実感だったのだろう。

戦場からの帰還後、『戸田家の兄妹』を監督。小津作品は当たらないという評判を一蹴した。三十七歳で初めて手にした商業的成功である。その後、戦争が激しくなり、戦意高揚映画の制作依頼がくる。国からの要請でビルマを舞台にした脚本を書いたが、勇ましい内容でないとの理由で却下された。続いて、インド独立を主題にした作品を撮るよう、会社からの命令で軍報道部映画班員としてシンガポールへ派遣された。三十代前半の仕事は好調だったが、トーキーに移行できず壁にぶつかった。また、太平洋戦争(一九四一〜四五年)が起こり、戦況が厳しくなる。映画を自由に撮影することが難しくなり、三十代後半の脂がのった時期に思ったように作品が作れなかった。しかし、小津は国策にのったいわゆる「勇ましい映画」を撮らなかった。依頼によって書いた脚本さえ、勇ましくはならなかったということは記憶に留《とど》めておかれるべきだろう。

一九四四（昭和十九）年　四十一歳

『デリーへ、デリーへ』の制作を進めるべく、軍報道部映画班員としてシンガポールに派遣された。同行は、製作兼マネージャーの秋山耕作《あきやまこうさく》と脚本家の斎藤《さいとう》良輔《りょうすけ》。遅れて撮影担当の厚田雄春も合流。映画の題材やロケ地を探した。インド独立を主題にした一種の記録映画で、それを占領地のインド人や他のアジア人に見せたいと考えた。この三人のほかに追加で撮影隊が来ることになったが、戦況が悪化してきたので、小津は厚田に後発スタッフが出発しないよう電報を打たせた。この頃すでに太平洋の制海権は米国に移っており、海路を渡ることは非常な危険をともなったのだ。ところが、民間の電報は軍用より配達が後回しにされ、後発スタッフは出発してしまう。そのことを知った小津は、眼を真っ赤にして激怒。厚田はその時ほど怖い小津を見たことはなかったと語る。

結局、美術・浜田辰雄、助監督・山本浩三《やまもとこうぞう》、録音・妹尾芳三郎《せのおよしさぶろう》、その他三十人は、日本映画社のマニラ駐在員だった山本武の尽力もあって無事、シンガポールに到着する。このことがのちに、山本武が小津作品の製作を担当するきっかけとなったようだ。小津はスタッフに万が一のことがあったら切腹する

history

この年　『デリーへ、デリーへ』制作を進めるも中止に。

12／12　四十一歳の誕生日を迎える。

劇映画が一〇〇分までに制限。フィルム欠乏のため七三一館の映画館に配給休止。興行も一日三回までと制限。

輸入映画公開はドイツ映画七本のみ。

本土空襲本格化、戦況悪化。

学童集団疎開が始まる。

兵役年齢を十七歳に引き下げ。

連合軍がパリに入城。

神風特攻隊が初出撃。

つもりだったと述懐しており、山本への感謝の気持ちは深かったのだろう。『デリーへ、デリーへ』のスタッフ一行はマレー半島北部のペナンまで車をとばし、インド独立運動の志士、スバス・チャンドラ・ボースと会見、ジャワなどで情景撮影も行った。しかし戦況がさらに悪化したため、結局撮影は休止となった。

仕事のなくなった小津らはテニスに興じるなど穏やかに過ごしていた。また軍報道部の検閲試写室で映写機の点検と称して秘密裏に外国映画百本余りを観た。これほどまでに多くの海外映画を観たことはなかったと、のちに小津は語っている。英軍が撤退した後のシンガポールには日本に輸入されていなかった作品が大量に放置されていたのだ。以前から好んでいた監督の作品を多数観た。ウィリアム・ワイラーの『月光の女』『西部の男』『嵐ケ丘』、ジョン・フォードの『怒りの葡萄《ぶどう》』『果てなき航路』『わが谷は緑なりき』『タバコ・ロード』『モホークの太鼓』『駅馬車』、キング・ヴィダー『北西への道』、エルンスト・ルビッチ『天使』……。そのほかに『風と共に去りぬ』『レベッカ』『ダンボ』など。なかでも新人オーソン・ウェルズの『市民ケーン』を、チャップリン以上だと絶賛。グレッグ・トーランドやジョージ・バーンズらハリウッドのキャメラマンや役者陣も賞賛した。ディズニーの『ファンタジア』には、「こいつはいけない。相手がわるい。大変な相手とけんかしたと思いましたね」と戦争相手国との映画技術や資金の圧倒的な違いについて感想を漏らした。

やがて非常召集がかかり、スタッフは全員現地の軍に入営させられる（それまでは形式上、民間人としての派遣扱い）。軍としての立場上、録音技師の妹尾が小津の上官になるという奇妙な上下関係も生まれた。

一九四五（昭和二十）年　四十二歳

戦況は厳しくなるなか、小津組はシンガポールで穏やかに過ごしていたようだ。八月、終戦を迎えると、撮影していた『デリーへ、デリーへ』のフィルムを破棄。英豪軍の下、シンガポールにあるジュロンの民間人抑留所で抑留生活に入る。松竹から給与を受け取っていたこともあり、軍人ではなく民間人扱いとなった。

抑留中はゴム林での労働や、抑留所内での日本人向け新聞「自由通信」の編集に従事し、挿絵なども描いた。抑留所内誌「文化週報」の題字も手がけた。抑留中に記していた覚書《おぼえがき》には、『太平記《たいへいき》』や『平家物語《へいけものがたり》』、芭蕉、『古今集《こきんしゅう》』などについて書き留めている。*助監督らと連句も詠んだ。連句の構成と映画のモンタージュは共通するところがあり、とてもいい勉強になったという。

十二月、第一次引き揚げ船で帰国できることになった。ところが、船の定員

history

3／18　母・あさゑ、千葉県野田に疎開。
8／15　終戦。英豪軍の下、ジュロンの民間人抑留所で抑留生活。
12／12　四十二歳の誕生日を迎える。

東京大空襲。
玉音放送、終戦（八月十五日）。連合国軍総司令部（ＧＨＱ）、日本を占領。
戦後イタリアの映画や文学でネオレアリスモ起こる。
日本政府による映画検閲撤廃。ＧＨＱによる映画の規制が開始。
「リンゴの唄」が大ヒット。
ヴィム・ヴェンダース、生まれる。葛城文子、死去。

十九名に対して松竹の人員は二十二人。三人はいつになるか分からない第二次引き揚げ船を待つ必要があった。公平にクジ引きで帰還者を決めることにし、小津は当選。しかし、「俺は後でいいよ」と妻子あるスタッフに当選を譲った。映画班の責任者として、他の者の帰還が終わるまで残留した。小津組の結束はこうしてさらに固まったのだろう。小津組では年齢のほとんど変わらない役者やスタッフが小津のことを「小津先生」と呼んでいたのも、このような出来事の積み重ねによると思われる。

一方、戦中、映画報国団副団長だった野田高梧は、十一月に結成された大船撮影所従業員組合委員長に任命された。同じく副団長だった溝口健二は、労働組合のデモ隊の先頭を歩いていた。溝口のその姿を見て厚田雄春は驚いた。時代は激変していた。

*「文學界」二〇〇五年二月号に詳しい。

一九四六（昭和二十一）年　四十三歳

二月、小津もついにシンガポールから帰国した。日本を離れて二年半が経っていた。

history

1946年2月、野田にて帰還記念。（前列左より）妹・登貴、母・あさゑ、姪・山下和子、甥・長井孝至、兄・新一、（後列左より）小津、弟・信三、妹・登久。写真提供＝小津家／鎌倉文学館

2/12 シンガポールから帰国。この頃千葉県野田に移る。野田町内の清水一六三に移る。

3/16 東京新聞に抑留所での生活や「自由通信」などについて語る。

7/22 東京新聞に談話が掲載、今後の展望について語る。

空襲で焼け野原になっていた東京に小津も驚いただろう。高輪の家はかろうじて残っていたが誰もおらず、千葉県野田市（当時野田町）に行く。下の妹・登《と》久《く》がキノエネ醤油を製造していた山下家に嫁いでいたことから、母たちは千葉に疎開していたのだ。翌月、小津も野田に移住。新作の計画を練った。この頃、「アメリカ映画の軽快なテンポに追いつけるかを心配してる人があるが、余り気にしないでよい。日本人のテンポとあちらのテンポは自《おの》ずから違う。無理に追いつこうとすれば日本映画でなくなろう」と語っている。*

＊「東京新聞」一九四六年七月二十二日に詳しい。

一九四七（昭和二十二）年　四十四歳

帰国した後の小津の行動については、あまり記録がない。

新作を準備するなか、会社から今回きりだからと急かされ、約二週間で『長《なが》屋《や》紳《しん》士《し》録《ろく》』を書き上げた。三月より撮影開始となる。撮影所内の監督室に寝泊まりしながら撮影した。

五月、撮影・編集が終わり試写。この頃、撮影所前の食堂・月ヶ瀬の杉《すぎ》戸《と》益《ます》

history

12/12 四十三歳の誕生日を迎える。
詔書（天皇の人間宣言）。
第一回国連総会。
日本国憲法公布。
極東国際軍事裁判（東京裁判）始まる。
女性参政権が認められる。
米映画上映が再開。
日本映画演劇労働組合結成、ゼネスト。
GHQ、映画検閲を指令。
「夕刊フクニチ」にサザエさん連載開始。
設楽幸嗣、生まれる。桑野通子、死去。

3/ 『長屋紳士録』撮影開始（〜5月）。

4/ 「キネマ旬報」に談話が掲載。シンガポール滞在の様子や、当地で見たジョン・フォードやオーソン・ウェルズの作品に言及。また「映画春秋」に、志賀直哉らとの座談会の記事が掲載。原作の映画化や文学と映画の差異について語る。

5/ 撮影所前の食堂・月ヶ瀬で杉戸益子に出会う。

子《こ》と出会う。杉戸によると、小津は作品検閲でGHQの検閲官と揉《も》めたらしく、荒れていたという。同月、戦後初作品『長屋紳士録』が封切り。戦前作品からの常連となる飯田蝶子、吉川満子《よしかわみつこ》にみずから交渉し、出演を実現させた作品だった。『出来ごころ』『浮草物語』から連なる「喜八もの」の系譜にあり、戦前の特徴を受け継いでいるが、靖国神社で拾われた孤児を描くなど社会的な題材が含まれている。キネマ旬報ベスト・テン四位。これを最後に小津は下町人情噺は作らなくなった。戦後に描きたい下町がなくなったのだ。

試写後の座談会では、敬愛していた志賀直哉と初対面を果たした。*その中で、映画は「作って何年くらい生命があるものかね。五年程度かね」という問いに「せいぜい十年くらいのものかと思います」「若い生意気な頃はそんなことで男子一生の仕事として映画は面白くない気もしました。でもこの頃は反対にそういったところがかえって気も楽になり心を引かれるようになりました」と答えている。

作品公開後、京都に一カ月ほど滞在し、清水宏、溝口健二らとの旧交を温める。知り合ったばかりの食堂の娘・杉戸を伴っての滞在で、小津の婚約者かと噂を呼んだ。これより暫《しばら》く彼女は私設秘書のような働きをすることになった。彼女はのちに佐田啓二と結婚し、中井益子（麻素子との表記もある）となり、中《なか》井貴恵《いきえ》、貴一《きいち》をもうける。秋には、新作『月《つき》は上《のぼ》りぬ』を書き始めた。

＊戦時中に会ったという説もある。

20　『長屋紳士録』公開。その後、一カ月ほど京都に滞在。清水宏、溝口健二らと旧交を温める。
秋　次作予定の『月は上りぬ』脚本執筆開始。
12／12　四十四歳の誕生日を迎える。

学校給食始まる。
新憲法施行。
参議院議員選挙法、公布。
衆議院議員選挙法、改正・公布。
映画界戦犯追放者の発表。
新東宝映画製作所設立。

侯孝賢、生まれる。エルンスト・ルビッチ、死去。

1948年、野田の清水公園で。左から小津、弟・信三、母・あさゑ、信三の妻・ハマ。写真提供＝小津家／鎌倉文学館

一九四八(昭和二十三)年　四十五歳

一月、『月は上りぬ』の脚本を書き上げ、「映画春秋」に発表する。前作『長屋紳士録』は短期間で書き上げたので、小津の本格的な戦後作品はここから始まるともいわれる。しかし、主役予定の高峰秀子《たかみねひでこ》を専属の東宝から借りることが難しく製作延期となり、代わりに『風《かぜ》の中《なか》の牝雞《めんどり》』を製作することになる。『風の中の牝雞』は五月より撮影を始め、九月に公開した。キネマ旬報ベスト・テン七位。本人は否定したが、志賀直哉の小説『暗夜行路《あんやこうろ》』の影響があると言われた。『ビルマ作戦　遙かなり父母の国』『デリーへ、デリーへ』から続く脚本家・斎藤良輔との共作である。小津はのちに失敗作、しかも良くない失敗作だと語っている。小津が会社をクビになるという噂も流れた。

　小津は、この作品の出来について監督第一作から付き合いのある脚本家・野田高梧に意見を求めた。しばらく一緒に仕事していなかった野田は、かえって客観的に作品を分析できたのだろう。現象的な世相の扱い方が同感できなかった、などの意見を伝えた。小津は、次回作は野田と共同で脚本を書くことにした。階段落ちの暴力表現もすさまじいこの映画を、優れた作品でないと考える

history

1／『月は上りぬ』の脚本が「映画春秋」に掲載。東宝専属の高峰秀子を主役に予定するも交渉難航し、製作延期に。

5／『風の中の牝雞』撮影開始(～9月)。

9／20『風の中の牝雞』公開。

10／『月は上りぬ』の配役交渉に入るが、再び延期。

11／18 日刊スポーツに談話が掲載。日本映画監督協会の運営方針や映画界の展望について言及。

12／12 四十五歳の誕生日を迎える。

帝銀事件。

第三次東宝争議。戦後最大の労働争議でGHQまでもが出動。

プロ野球初ナイター開催。

LPレコード発売。

巣鴨プリズンで、東条英機ら死刑囚七人に絞首刑執行。

D・W・グリフィス、西村青児、死去。

者も多いが、高く評価する者もいる。

十月、企画が滞っていた『月は上りぬ』の配役交渉に入るが難航し、再び延期となった。

一九四九(昭和二十四)年　四十六歳

野田高梧と『晩春《ばんしゅん》』の執筆を始めた。野田とは一九二七年の第一作『懺悔の刃』からの付き合いだったが、仕事をするのは『箱入り娘《はこいむすめ》』以来十四年ぶりとなる。

『箱入り娘』と同じく娘の結婚を描いた。戦後の価値観が激変するなか、茶や能楽、寺や石庭など日本の古いものの良さを描いた。以降、全ての作品を野田と共同執筆することになる。清水宏が勧めたという[*1]広津和郎の短編『父と娘』を原作としたが、大筋以外はほぼ独自の物語である。主役には原節子《はらせつこ》を迎え、ほかにも杉村春子《すぎむらはるこ》を起用するなど俳優の顔ぶれはかなり入れ替わった。また、この頃から里見弴や鎌倉に住む作家に脚本を送り意見を求めたという。

五月から撮影開始。撮影にも挑戦があった。京都の清水寺《きよみずでら》や龍安寺《りょうあんじ》の場面で、撮影と同時に音を収録する同時録音を行っている。[*2]現在では当たり前に行われ

history

2/16 講談社座談会。栗島すみ子を囲んで、蒲田時代の逸話を聞く。
3/4 志賀直哉、広津和郎と熱海へ行く。
5/ 『晩春』撮影開始(～9月)。監督協会再発足、事業製作委員長に就任。
9/19 『晩春』公開。
12/12 四十六歳の誕生日を迎える。
米国を中心に北大西洋条約に調印、NATO発足。
中華人民共和国成立。
国鉄三大事件(下山、三鷹、松川)。
六代目尾上菊五郎、死去。

ることだが、巨大な録音機械が必要な当時、ロケ撮影での同時録音は極めて先鋭的だった。当時は電気事情も悪く、ロケ撮影中にキャメラの回転速度が落ちるなど苦労を強《し》いられた。

ところで、小津は野球も好きだった。京都のロケ中には、キャメラマン・宮《みや》川《がわ》一《かず》夫《お》が率いる大映の野球チームと対戦したこともあった。[*3] 宮川とはのちに『浮草』(一九五九年)でともに仕事をする。宮川と小津組撮影助手・川又昂《かわまたたかし》によるキャメラマン投手対決では宮川チームが勝った。

九月に『晩春』が公開となる。この年のキネマ旬報ベスト・テン一位。再び一線に返り咲いた。いわゆる小津調と呼ばれる作風はこの頃から完成したとされる。一方、古い、無思想だ、社会性がないなどの声もあがった。

試写を見た里見弴から、結末は「娘を結婚さした晩、父親が淋しくひとりで帰って来る。留守番の人を玄関からでなく、台所から送り帰す。座敷へ入ろうとして、娘のいた二階をつと見上げる。こんな事にしたら……」と意見をもらった。これは『秋刀魚の味』(一九六二年)で活かされた。

*1 都築政昭『「小津安二郎日記」を読む――無常とたわむれた巨匠』による。ほかに、志賀直哉が勧めたという説もある。

*2 録音は行われたが、その音は作品には使われていない可能性もある。

*3 坂村健、蓮實重彦編『デジタル小津安二郎：キャメラマン厚田雄春の視』による。ただし、対戦したのは『麦秋』の頃の可能性もある。

一九五〇（昭和二十五）年　四十七歳

元旦の読売新聞に小津の談話が掲載された。小津は「永遠に通じるものこそ常に新しい」「現象が変らぬこと……それが新しい」と語っている。

この年、初めて他社である新東宝で撮影を行うことになった。大佛次郎《おさらぎじろう》の同名小説を原作とする『宗方姉妹《むねかたきょうだい》』である。のちに溝口健二の『西鶴一代女《さいかくいちだいおんな》』の製作などで知られる児井英生《こいえいせい》が製作に就いた。前作に続き、再び野田高梧と共同で脚本を執筆。戦後の新しいものに疑問を抱く姉と奔放《ほんぽう》な妹を対比させ、姉夫婦の崩壊を描いた。

新東宝撮影所は世田谷にあり、千葉県の住まいからは遠かった。小津は『朗かに歩め』『落第はしたけれど』のフィルム現像を担当した増谷麟《ますたにりん》（のちにソニー育ての親として知られる）邸に滞在しながら撮影を進めた。松竹から助監督二人*を連れた以外は、初めて一緒に仕事をするスタッフがほとんどだった。

八月、『宗方姉妹』公開。作品は大入りで、洋画を含む興行年間第一位だった。小津作品が商業的に大成功していたとは現代では想像しにくいかもしれないが、『戸田家の兄妹』以来、小津の作品は興行成績も良かった。この年のよ

history

1／1　読売新聞に談話が掲載。
5／　『宗方姉妹』撮影開始（〜8月）。
8／25　『宗方姉妹』公開。興行年間第一位。キネマ旬報年間ベスト・テン七位。
?　野田高梧と小津、松竹から準専属制を解かれる。
9／17　山中貞雄十三回忌。この頃より、次作『麦秋』の準備開始。
12／12　四十七歳の誕生日を迎える。

山本富士子が第一回ミス日本に選ばれる。
朝鮮戦争勃発。その影響で株式盛況、特需始まる。
夏頃から各社でレッド・パージ。共産党員とその支持者が解雇。
警察予備隊が発足。
映画戦犯の追放が解除された。日本映画、再び活気。
NHK設立。この頃からパチンコ流行。

うに年間最大のヒット作になることもあり、本作品は奈良の薬師寺《やくしじ》観光ブームのきっかけを作った。

前年に松竹を退社していた田中絹代を主演にした。田中は日米親善大使として渡米し、帰国時に投げキッスを披露した行為が「米国かぶれ」とたたかれていた。松竹から独立した田中を起用したこともあってか、野田高梧と小津は松竹から準専属制を解かれることになり、他社でも映画を撮ることが可能になった。小津は「他社で撮るのは勉強になった」と回顧している。

九月、次作『麦秋《ばくしゅう》』の準備を開始した。

＊山本浩三、塚本芳夫。

一九五一（昭和二十六）年　四十八歳

四月、野田高梧が会心作と自負した『麦秋』の脚本が完成。「ストウリイそのものより、もっと深い《輪廻》というか《無常》というか、そういうものを描きたいと思った」と小津は語っている。

配役では『晩春』に続き、原節子を「紀子《のりこ》」として起用することを想定していた。しかし、『晩春』は原の関係者に良い役と思われなかったらしく、しか

history

1950年7月、『宗方姉妹』の撮影をする小津。5200万円と、それまで最高の制作費をかけたという。この映画の撮影のために、アメリカから特別に輸入したという、ミッチェル製の最新型撮影機は1000万円以上といわれ、当時日本には2台しかなかった。写真提供＝朝日新聞社

4／7　『麦秋』脚本脱稿。
5／9　原節子の義兄・熊谷久虎の家に行く。原らと話す。
17　奈良へロケハンに出発。
28　高峰秀子の渡仏送別会。
6／　『麦秋』撮影開始（～9月）。
10／3　『麦秋』公開。
20　全米選抜と巨人軍の野球を見

も松竹からは彼女の出演料が高いと難色を示された。小津は原が出演しないなら撮らないと主張。それを伝え聞いた原は、私のお金は半分でもいいから出演したいと申し出た。

原は小津作品に実は消極的だったとする説もあるが、この頃「世界の檜《ひのき》舞台で一、二を争うような映画に出たいわ。それも日本独特の味わいのあるもの。ホラ昔やった『晩春』のような」*とも語っており、彼女が出演に否定的だったとは考えにくい。

六月、撮影が開始された。撮影前の本読みで原が「あたし、四十になってまだ一人でブラブラしているような男の人って、あんまり信用出来ないの」と読んだ後に小津が、「だがこの後に、こういう台詞が続くんだよ。ただし小津さんは別よ」と茶々を入れ、笑いを誘うなど和やかに進んだようだ。奈良でのロケ撮影の際は小津組が大映京都撮影所チームと野球試合を楽しんだ。余裕ある映画制作だった。

十月、『麦秋』が公開となる。「芝居も皆押しきらずに余白を残すようにして、その余白が後味のよさになるように」演出したと小津が語った本作は、再び高い評価を得た。しかし、ズレている、今日の風俗がつかめていないなどの声も上がった。

この頃、小津と原の結婚の噂も出た。しかし交際はあくまで噂だけのようである。日記によると、この頃、築地の森栄の家に母・あさゑを連れ宿泊してい

に行く。
23 志賀直哉に懐中時計・ベンソンの鎖を送る。
11/10 電車で川端康成と同席。
14 松阪へ旅行(～18日)。
15 料理屋・和田金に行く。
20 清水宏に会う。
21 京都の桂離宮へ。溝口宅に行く。以降、23日まで京都滞在。
22 伊藤大輔、溝口、井上金太郎らと会う。
12/12 四十八歳の誕生日を迎える。
18 松阪旧宅全焼。『麦秋』が芸術祭賞受賞と決定。

サンフランシスコ講和条約締結。日米安全保障条約締結。GHQは廃止へ向かう。
ヴェネツィア国際映画祭で『羅生門』(黒澤明監督)が金獅子賞受賞。
初の国産カラー長編映画『カルメン故郷に帰る』公開。
第一回紅白歌合戦放送(ラジオ)。

る。戦前からの交際はまだ続いていた。母に会わせているので結婚も考えていたのかもしれない。

この年は、黒澤明が監督した『羅生門《らしょうもん》』がヴェネツィア国際映画祭で金獅子賞《グランプリ》を受賞した年でもある。小津が『姿三四郎《すがたさんしろう》』で見いだした才能が世界的な評価を受けた。「黒澤君はずっと注目して来ているが自分は『野良犬《のらいぬ》』が好きだ」と、この頃語っている。一九三〇年代と同様に日本映画が再び盛り上がってきていた。製作本数は増え、質的にも黄金期を迎えようとしていた。また、木下惠介監督による初の国産長編カラー映画『カルメン故郷に帰る』も公開された。

＊浜野保樹『小津安二郎』に詳しい。

一九五二(昭和二十七)年　四十九歳

一月、大船撮影所の事務所本館が全焼した。ここには小津の監督室も入っていた。日記や中国で撮影した四千枚の写真などが焼失してしまう。

二月末日から新作を茅ヶ崎館で執筆。戦前の脚本『お茶漬の味』を、「夫が出征」から「海外転勤」に置き換え、登場人物の年齢設定も上げて書き進めた。四月脱稿。五月、念願の北鎌倉へ引越す。○歳〜深川、九歳〜松阪、十九歳〜

history

1/16 大船撮影所の事務所本館が全焼。

2/29 戦後版『お茶漬の味』の脚本を茅ヶ崎館で執筆開始。

3/22 熱海にてシンガポールの会。

? 弟・信三の息子が一歳前にして死去、「しきりに涙が出る」と日記に記す。

4/1 『お茶漬の味』脚本脱稿。

7 築地の森栄の家に宿泊。

12 大船でニューフェイスの審査があったが欠席。

深川、二十二歳～蒲田での共同生活ならびに深川、三十五歳～高輪、四十二歳～野田と移り住んできた小津。この北鎌倉の家が母子ともに終《つい》の棲《すみか》となる。森栄がこの家を見つけ、買取り手続きまで一切を引き受けたという。*1

六月から九月にかけて『お茶漬の味』を撮影。完成後の試写で再び志賀直哉らと面会し、尊敬する志賀の前では小津も恐縮していたという。十月、作品封切り。時代設定を戦時中から戦後にするという変更で物語に緊張感がなくなったと評された。しかし、この年の映画で四位（洋画を除くと二位）の客入りで『宗方姉妹』に続く大成功だった。

十二月、「顎に出来ものが出来る」と日記に書いた。これが死因の癌《がん》につながったとみる者もいる。小津も五十歳近くになった。当時の感覚からすると、人生の終盤に入りつつある頃だ。年末には野田と製作の山本武と湯河原の中西旅館で次回作の相談に入った。

前年の黒澤明の受賞に続き、日本映画が海外で評価された。溝口健二監督『西鶴一代女』がヴェネツィア国際映画祭で銀獅子賞を受賞。小津作品はどうだったのかというと、日本的で海外の人には分からないだろうと思われ、積極的な宣伝や輸出はされなかった。小津自身は海外の人には分からないだろう、とも、いつか分かる日が来るだろう、とも言い残している。日本の監督の中には海外で受けそうな映画を狙って撮る者もいたが、小津はそこから距離を置き、自身の作品を追求した。また、自身が似た作品を繰り返し作っていることに対

14 出京。築地の森家泊。
15 大船で城戸・野田と脚本訂正、翌日完成。
25 高峰秀子、上原謙らと志賀直哉を訪問。
5/2 千葉県野田から北鎌倉へ引越し、母と住む。
8 ロケハン一日目、銀座へ。志賀直哉に会い、ともに帰る。9日に神宮外苑・東宮御所、10日に丸の内をロケハン。
13 志賀直哉と対談。
6/7 『お茶漬の味』撮影開始。セット「社長室」から始める。
9/26 のちに製作を務めることになる山内静夫と湯河原の中西旅館に宿泊。
29 ペンクラブ内の『お茶漬の味』の試写。のち里見弴らと宴会。
10/1 『お茶漬の味』公開。
11/7 清水宏、溝口健二らと座談会。
10 京都へ（～21日）。溝口、清水が同行。奈良薬師寺などに行く。
16 京都で里見弴、大佛次郎、吉井勇、川口松太郎、溝口、清水らと会食。
27 助監督を務めていた山本浩三監督第一回作品の撮影見学。
12/3 「顎に出来ものが出来る」
12 四十九歳の誕生日を迎える。
18 野田、山本武と湯河原の中西

し、「豆腐屋は豆腐しか作れない」という今日では有名になった言葉を語った*2のもこの頃だ。


*1「考える人」no.一九に詳しい。

*2「産業経済新聞」一九五二年五月二十七日。しばしば小津は同様の発言をしており初出は不明。

一九五三（昭和二十八）年　五十歳

二月、野田高梧と茅ヶ崎館に『東京物語』執筆のため投宿。執筆が煮詰まってきた四月、助監督・塚本《つかもと》芳夫《よしお》が緊急入院、その二日後に急死してしまう。塚本は『父ありき』以降の助監督で、ともに俳句もたしなんだ。入院中、塚本に

history

27　旅館で次回作の相談（〜21日）。松竹の俳優、河村黎吉の社葬につき出社。

接収された羽田空港の大部分が返還される。

日米安全保障条約発効。

連合国軍総司令部（GHQ）廃止。

日本映画の海外での評価が高まる。『羅生門』（黒澤明監督）が米アカデミー賞最優秀外国映画賞受賞。『西鶴一代女』（溝口健二監督）がヴェネツィア国際映画祭で監督賞受賞。

初のシネラマ公開。『鉄腕アトム』連載始まる。


島津雅彦、生まれる。河村黎吉、死去。

2/14　野田高梧と茅ヶ崎館で『東京物語』執筆開始。
5/28　午前二時『東京物語』脱稿。
6/11　『東京物語』、ロケハン開始。
7/17　『東京物語』本読み。
25　シーン96・服部の家の奥の部屋より撮影開始。
9/　五社協定調印（松竹、東宝、大映、新東宝、東映）。

つきっきりだった小津は、上京した塚本の父に会うのが辛《つら》いと言った。塚本は、のちに『早春《そうしゅん》』で逝去する男の原型となった。

五月、『東京物語《とうきょうものがたり》』を脱稿。一〇三日間の執筆期間中に小津と野田が飲んだ日本酒は一升瓶四十三本を数えた。一日一瓶飲んでいたという晩年に比べればその数はやや落ちるが、それでもよく飲んでいる。題名は『東京暮色《とうきょうぼしょく》』と迷ったのち『東京物語』とした。『晩春』『麦秋』に続き、原節子を「紀子《のりこ》」として起用した「紀子三部作」の最終話となった。

東京、尾道などをロケハンした。いよいよ撮影開始という時、今度は原節子の実兄でキャメラマンだった會田吉男《あいだよしお》が亡くなった。『白魚』という映画の撮影中に原の眼前で列車にはねられるという悲劇だった。

七月、東京ロケから撮影を開始。演奏指揮者・吉澤博《よしざわひろし》の薦めもあり、映画音楽は未経験だった斎藤高順《さいとうたかのぶ》を音楽担当に起用した。小津はまだ二十八歳だった斎藤の仕事を気に入り、以後のほとんどの作品で彼を起用した。

十月、『東京物語』の編集が一通り終了した。しかし、完成段階のオリジナルネガフィルムが現像所の火事で焼失してしまう。輸出用に制作していたポジフィルムを活用し、上映用フィルムを作成することになった。このため、『東京物語』は前後の作品と比べて絵の調子が良くないものになった(現在の修復版はかなり原板に近い)。

十一月、『東京物語』封切り。小津自身が述べたように、『東京物語』はメロ

15 『君の名は』(大庭秀雄監督)第一部公開。『鏡獅子』の一部が使用される。
田中絹代の第一回監督作品『恋文』に特別出演(*)。
10／22 熱海ロケにて『東京物語』撮影終了。
23 音取り、総ラッシュ。後にダビング作業。
28 スタッフ試写。
11／3 『東京物語』公開。
8 山中貞雄十七回忌。大雄寺墓参。会食。
10 中国から帰国した内田吐夢を京都駅に出迎える。
12／12 五十歳の誕生日を迎える。

『雨月物語』(溝口健二監督)ヴェネツィア国際映画祭で銀獅子賞。
NHKテレビ放送開始。
ソビエト連邦が水爆保有を発表。

* 厚田雄春・蓮實重彦『小津安二郎物語』より。ただし、編著者らがこの映画を観た範囲では確認できていない。

ドラマに傾いており、小津の持ち味が活きていないとみる向きもあるが、小津の最高傑作の一つとなった。キネマ旬報ベスト・テン二位と、再び高く評価される。前後をみると、一位は今井《いまい》正《ただし》監督『にごりえ』、三位が溝口健二監督『雨月物語《うげつものがたり》』だった。日本映画が黄金時代を迎えていた。

この年、映画製作を再開した日活の監督・役者引き抜きへの対抗策として、五社協定が結ばれた。松竹、東宝、大映、新東宝、東映の五社による、各専属の監督・俳優の引き抜き、また貸し出しを禁止する協定である。以降、他社の役者が起用しにくくなる。自由な映画制作ができなくなると懸念した小津は協定に反対した。

1953年、『東京物語』撮影で涙の表現として原節子の目元にワセリンを塗る小津。写真提供＝松竹株式会社

小津安二郎の四十一〜五十歳

一九四四年、小津は派遣先のシンガポールで映画撮影の準備にとりかかったが、戦況が悪化し、制作中止になった。仕事がなくなり、軍報道部の検閲試写室にあった多数の米国映画を映写機の点検と称して秘密裏に見た。『市民ケーン』『風と共に去りぬ』をはじめ百本以上鑑賞し、ハリウッド映画の技術に驚いたという。これも忘れてはならない小津の映画体験のひとつである。

四十一歳の時に第二次世界大戦が終結し、現地で抑留生活を続けた。やっと巡ってきた帰路への切符の抽選で帰還の当たりクジを引いたが、独身の小津は「俺は後でいいよ」と帰路につくための渡航枠《わく》を部下に譲った。

帰国後は、妹の嫁ぎ先だった千葉県野田に移住した。戦争体験に触れた取材もあり、「これからは自分というものがハッキリ出た仕事をやりたい」などと語っている。イタリアではネオレアリスモという新しい映画の動きが起こり、日本でも戦後の新しい民主的な映画が作られ始めた。新たな小津の映画に世間が注目していた。

帰還後第一作は、下町長屋を描いた『長屋紳士録』だった。人情噺とも読めるが、それだけではない。続く『風の中の牝雞』とともに戦争の跡が確かに描かれている。

『晩春』では十四年ぶりに野田高梧と共同執筆を始め、高い評価を得た。茶の湯や能楽など、古きよき日本が描かれていると好評も得た。その一方で、若者からは時代とズレていると批判もあがった。

日本が徐々に復興を遂げるなか、その後も『麦秋』『東京物語』と、当時としては寡作《かさく》といえる一年一本のペースで完成度の高い作品を制作していった。サイレントの傑作を連発していた三十歳の頃以来、二度目の小津の黄金期といえる。同じ頃、一九五一年に黒澤明監督『羅生門』が日本映画として初めてヴェネツィア国際映画祭で金獅子賞《グランプリ》を受賞する。日本映画に注目が集まるようになったが、小津の映画はあまりに日本的で、海外の観客には受けないとみられていた。そのため、積極的に海外へ売り込みがかけられなかったのである。

私生活では、以前から考えていた北鎌倉の住居へ引越した。交際を重ねる女性もいたが、母親と二人での生活が始まった。ここから里見弴、志賀直哉ら鎌倉に住む文化人との交流が深まっていった。彼ら鎌倉文士との交流は、小津の映画に膨らみを与えただろう。

そして五十歳。人生の節目にさしかかる。当時の感覚からすると人生の終わりを考える頃だ。引き続き一年に一本映画を撮っていくのだが、名声を手にした小津は、何を求めていたのだろうか。

一九五四（昭和二十九）年　五十一歳

一月、松竹監督会が行われた。清水宏や志賀直哉を訪問した。

二月、兄・新一と森栄の家に寄る。二年半前に母のあさゑに会わせたのに続いて、今度は兄を交際相手に会わせた。

四月、中平《なかひら》康《こう》、鈴木《すずき》清順《せいじゅん》、今村《いまむら》昌平《しょうへい》ら有能な新人が松竹から日活へ移籍。後には川島《かわしま》雄三《ゆうぞう》も移籍する。五社協定に入っていない日活の映画製作が活発になり、既存の映画会社五社との争いが激化。

そんななか、さらなる問題が持ち上がる。小津が脚本を執筆していたものの戦後長らく映画化に至らないままでいた『月は上りぬ』を、当時日活で活動を始めていた児井英生（『宗方姉妹』『西鶴一代女』製作者）が製作、田中絹代が監督することになったのだ。他社の製作ながら、小津は脚本の提供、スポンサーとの交渉など田中への協力を精力的に進めた。しかし、五社との衝突から製作は難航する。『月は上りぬ』は松竹と対立していた日活が関わっていたためであり、そこに小津が関与したのも事を荒立てた。監督協会は小津らの主張で独自の見解を声明書として出し、『月は上りぬ』を監督協会の企画、日活の製作

history

1/6 松竹監督会に続き、清水宏邸に逗留（～10日）。志賀直哉を訪問。
24 大相撲春場所のほとんどを見物。
30 京都へ行く（～2/2）。
2/11 野田高梧らと清水宏邸滞在。後、湯河原の中西旅館滞在。
26 山下平兵衛の十三回忌にて野田へ行く。兄・新一と森栄の家に寄る。
3/15 里見弴、野田高梧らと清水宏邸宿泊（～19日）。
22 十三万五千円のライカを買う。
4/10 野田高梧に還暦祝いの反物を届ける。
中平康、鈴木清順、今村昌平ら新人が日活へ移籍。
5/4 児井英生、田中絹代と『月は上りぬ』について話し合う。
24 日活撮影所を見学。
26 斎藤良輔、野田高梧と『月は上りぬ』の脚本訂正。
6/1 野田高梧、児井英生と京都へ行く（～3日）。溝口健二、田中絹代と会う。
4 『月は上りぬ』の脚本訂正。

とした。しかし、松竹や大映は自社の役者を出演させることに反対。スター役者を起用する計画は中止となった。

六月、『晩春』から『東京物語』までを製作（『宗方姉妹』を除く）した山本《やまもと》武《たけし》も日活に移籍することになり、小津は新しい製作者を探すことを余儀なくされた。並行して『月は上りぬ』の脚本を訂正し、同月脱稿した。八月、長野県蓼科にある野田高梧の別荘・雲呼荘《うんこそう》を初めて訪れる。滞在が楽しかったのだろうか、戯《たわむ》れに小津は、「雲呼荘小唄」を作っている。

一、雨の降る日の蓼科は
　うすら寒さの身にしみて
　足をまるめて昼寝すりや
　とんとんとんかつ食ひたいな
　蓬莱屋《ほうらいや》がなつかしや

二、雨の降る日の蓼科は
　昼はひねもす寐るばかり
　呑んでは食つてねるばかり
　うう　うう　うなぎが食べたいな
　尾花《おばな》の蒲焼《かばや》き食べ度《た》いな

12　山本武が日活に移籍することになり、送別会。
13　里見弴邸で園遊会、酩酊。
15　築地竹葉亭で溝口健二の会に出席。
25　助監督を務めた山本浩三、志賀眞津子の結婚式に出席。
27　『月は上りぬ』訂正完了。
8/18　初めて長野県蓼科にある野田高梧の別荘・雲呼荘を訪れる（〜9/3）。
9/3　山内静夫と帰京。森栄の家に寄る。
6　松竹監督会。日活に移籍する川島雄三の送別会に出席。
7　監督協会、『月は上りぬ』について協議。田中絹代監督応援の声明書を出す。
8　松竹との契約期間終了を機にフリーとなる。この頃、日活側と連日会う。
10/2　日活で田中と『月は上りぬ』の話。配役も決定していく。
11/4　彼岸花の球根を鎌倉の自宅の庭のあちこちに植える。
7　野田夫妻や若者たちと八王子・野猿峠へ行く。
12　日活へ行き、『月は上りぬ』撮影とラッシュを観る。
24　里見弴、野田高梧と、松阪・鳥羽・大阪・京都旅行（〜29日）。

三、うな子ととん子がやって来て
枕に近く　にじり寄り
びんのほつれをかき上げて
恋し　なつかし　主さまと
さめりや昼寐が恨めしや

九月、松竹との契約期間が終了した。田中絹代応援のため、小津は松竹と契約を更新せず、フリーになることを選ぶ。十一月に『月は上りぬ』の粗編集を見て、十二月にようやく完成試写会となった。『月は上りぬ』に奔走した一年だった。それは監督・田中への応援であり、また五社協定への抵抗だったのかもしれない。

長年交際のあった森栄との関係にも変化が起こる。母や兄に紹介するなど結婚を思わせる間柄だった彼女だが、親族の面倒をみなければならない状況になり、小津との結婚どころではなくなってしまったようだ。年の終わり頃からはアコーディオン奏者・村上茂子との交友が始まった。村上は『東京物語』の老夫婦が泊まる熱海の宿の場面で、アコーディオンを演奏している。二人で森が経営する旅館を訪れた記録も残っている。

松阪で和田金の牛肉、賢島で的矢の牡蠣（かき）を賞味。京都大徳寺大仙院で石仏を入手。旅行の費用を几帳面に記録し、正確に割り勘。

12／5　自宅の庭に合歓（ねむ）の木を植える。

9　『月は上りぬ』完成試写。

12　五十一歳の誕生日を迎える。京都で入手した石仏を庭に設置（現在は蓼科の無藝荘に展示）。

17　里見弴より志賀直哉来るとの連絡、野田高梧と会いに行く。

31　南千住の尾花、森栄の家、浜町のさくらで越年の会。

『地獄門』（衣笠貞之助監督）がカンヌ国際映画祭グランプリ。

『七人の侍』（黒澤明監督）、『山椒大夫』（溝口健二監督）がヴェネツィア国際映画祭で銀獅子賞。

初のビスタビジョン作品『ホワイト・クリスマス』（マイケル・カーティス監督・米）が公開。米国で世界初、カラーテレビの本放送開始。

第五福竜丸事件。

自衛隊発足。

神武景気（高度成長期、はじまる）。

日活が戦争中に中止していた映画製作を本格的に再開。

一九五五(昭和三十)年　五十二歳

一月、小津が前年より尽力した『月は上りぬ』(田中絹代監督)が公開された。続いて、自身の新作構想を練り始める。同月、成瀬巳喜男の『浮雲《うきぐも》』が公開された。「俺にできないシャシンは溝口の『祇園《ぎおん》の姉妹《きょうだい》』と成瀬の『浮雲』だけだ」と絶賛している。松竹を離れた成瀬に、小津は一目置いていた。

三月、『早春』の構成が仕上がり、野田高梧と本格的に執筆作業に入る。四月、米国のウィリアム・ワイラー監督が来日。『嵐ケ丘』(一九三九年)や『我等の生涯の最良の年』(一九四六年)、『ローマの休日』(一九五三年)で知られた監督で、小津は帝国ホテルのパーティで話をした。ワイラーは以前から好んで観

history

松竹から若手監督が流出。久我美子、岸惠子、有馬稲子が映画製作プロダクション「文芸プロダクションにんじんくらぶ」創立。

井上金太郎、死去。

1/8 『月は上りぬ』(田中絹代監督)公開。

12 高橋貞二、山内静夫、野田夫妻、里見夫妻ら来邸し宴会。母と「とらとら」を踊る。

3/24 『早春』の構成ができる。

30 野田高梧と本格的に『早春』執筆開始。

4/18 ウィリアム・ワイラー来日。帝国ホテルのパーティで会う。

6/24 『早春』脚本脱稿。

8/10 『早春』撮影開始(〜12月)。山内静夫が製作担当となる。

10/ 溝口健二に代わり、日本映画監督協会理事長となる。

12/12 五十二歳の誕生日を迎える。

ていた。しかし、次回作を縦横三：四のスタンダード画面でなく、横長ワイド画面で作ることを聞き落胆したのか、「ナイロンのワイシャツを着てたんでガッカリしたよ」と漏らした。小津は白黒スタンダードを好んでいた。一方、映画はカラー化、ワイド画面化が進んでいたのだ。

この頃から、俳優の高橋貞二《たかはしていじ》、須賀不二男《すがふじお》、田中春男《たなかはるお》らとの付き合いが増え、飲酒量も増えた。

六月、『早春』の脚本を脱稿する。一九五三年の『君《きみ》の名《な》は』で注目を集めた岸惠子《きしけいこ》を主役に迎えた。小津にとって久しぶりの会社員もの。野田は、「ストーリーでなく綾《あや》」、小津は「見終わった後の後味」に重きを置いたと語っている。八月より松竹大船撮影所で撮影、芝居も型にはめすぎないよう、役者に自由に演じさせたという。

『晩春』『麦秋』『東京物語』などを製作した山本武が日活に移籍していたため、松竹在籍で、里見弴の四男である山内静夫《やまのうちしずお》が製作に就いた。以降の松竹での作品は全て山内が製作した。山内はのちの『秋刀魚《さんま》の味《あじ》』に岸田今日子《きしだきょうこ》の出演を勧めるなど、作品世界を膨らませた。自宅までの送り迎えや酒の相手などもしながら、山内と小津の付き合いは深いものとなる。十二月、『早春』撮影が終了した。

自民党と社会党が結成。五五年体制が始まる。
好景気（数量景気）。
シネラマ作品『これがシネラマだ』（一九五二年・米）が日本初公開。
邦画の年間製作本数が四二〇本となり、当時の世界記録。
東映新作二本立て論争。
ＬＰレコードが主流に。

1955年、斎藤高順夫妻（左の２人）の結婚式に出席した小津（右）。写真提供＝斎藤民夫氏

一九五六（昭和三十一）年　五十三歳

一月、『早春』が封切りとなった。久しぶりの会社員もので、若者を多数登場させている。戦前には就職難や失業を描いたが、今作ではさらに不倫や転勤を扱っている。

二月、松竹と年一本映画制作の再契約をする。以降、一年ごとに契約を更新することになる。

四月、昔は不良の文化とされた映画も社会的に認められたのだろう、大修館書店の教科書・新高等国語に『麦秋』の脚本が掲載された。この頃、かつて書いた『愉しき哉保吉君』（内田吐夢により『限りなき前進』として映画化されていた）を自ら監督することを企画している。仮題を『夕暮れ』と考えたが、内容が暗すぎるという理由で実現しなかった。[*1] また、前々年に日活に移籍した山本武に『噴煙』という脚本を渡していたが、進まないので自分で映画化することも考えた。この作品についてはほとんど資料が残っていないが、悪徳を嫌う母親の母性愛を描いた話だったようだ。[*2]

六月下旬、長野県蓼科にある野田高梧の別荘・雲呼荘に滞在。里見弴も招く

history

1/29 『早春』公開。
2 松竹と年一本制作の再契約を結ぶ。
3/11 里見弴、那須良輔、野田高梧、笠智衆らと九州旅行（〜22日）。帰路の京都で溝口健二と会食。
6/6 里見弴、志賀直哉との京都・大阪旅行の途中、病床の溝口健二を見舞う。
23 蓼科にある野田の別荘・雲呼荘に滞在（〜7/13）。
7/9 里見弴を蓼科に招く。
18 蓼科滞在（〜8/9）。
8/13 肥厚性鼻炎の手術のため鎌倉渡部医院へ入院。
22 骨髄性白血病で入院した溝口健二を京都府立病院に見舞う。24日、溝口健二死去（享年五十八）。
9/6 蓼科（〜13日）。
13 銀座で「溝口氏を偲ぶ会」に出席。
17 蓼科（〜28日）。この頃、片倉製紙の別荘を借りうけ、「無藝荘」と命名。野田高梧と『東京暮色』脚本執筆。
21 斎藤高順の初子の名を章一と

などして、八月上旬まで断続的にここで過ごした。

八月二十二日、骨髄性白血病で入院した溝口健二を京都府立病院に見舞った。これが最後の別れとなり、二十四日に溝口は亡くなった。五十八歳だった。当時としては特別早い死ではない。二年前には同じく交友のあった同年代の井上金太郎監督も亡くなっていた。

九月から再び蓼科で過ごす。土地も人々も気に入り、小津も別荘を借りうけた。それを「無藝荘《むげいそう》」と命名し、野田と『東京暮色』を執筆開始。『彼岸花《ひがんばな》』を除き、以降の作品は蓼科で執筆することになる。

執筆中は毎日のように酒を飲んだが、酔った小津は「カチューシャ」「千葉心中」「不如帰《ほととぎす》」「婦系図《おんなけいず》」などを歌い踊った。ジョン・フォード『駅馬車』のモノマネを披露することもあったという[*3]。

十一月末、『東京暮色』を脱稿した。想定していた役者に出演を打診、ほぼ全員が想定通り決定したが、父親役に考えていた山村聰《やまむらそう》が舞台出演の時期と重なったため不可となり、代わりに笠が父親を演じることになった。主演の次女役には岸惠子を考えてきたが、彼女が他作出演や仏国のイヴ・シャンピ監督との結婚のため、こちらも不可となった。小津は『早春』で岸を大変評価しており、「俺がひとりの女優のために六ヶ月もかけて書いたシナリオなんだ。これは、君のために書いたんだ。君なんかよりもいい女優はたくさんいる。でも、これは岸惠子じゃなきゃできない役なんだ[*4]」と伝えた。しかし調整はつかず、

命名、速達で送る。
10／16　一時を除き蓼科滞在（～12／14）。
11／29　『東京暮色』脱稿。
12／12　五十三歳の誕生日を迎える。

日ソ共同宣言。

日本の国際連合への参加決定。

『経済白書』の序文に「もはや戦後ではない」と書かれ、流行語に。

『宮本武蔵』（稲垣浩監督）が米アカデミー賞外国語映画賞。『ビルマの竪琴』（市川崑監督）がヴェネツィア国際映画祭サン・ジョルジョ賞。

松竹の配収が東映に抜かれ二位に。

石原慎太郎の小説『太陽の季節』から生まれた「太陽族」流行する。

プレスリー人気。


周防正行、生まれる。藤野秀夫、溝口健二、死去。

その役は有馬稲子《ありまいねこ》が演じることとなった。この頃、役者は皆喜んで小津作品に出演し配役には困らなかったというので、異例のことだった。

この年、石原慎太郎《いしはらしんたろう》の小説『太陽の季節《たいようのきせつ》』が映画化される。太陽族が流行した。「大船調」を守っていた松竹の興行成績が、新作二本立てに踏み切って時代劇ブームを起こした東映に抜かれ、二位に転落した。翌年には大映にも抜かれ、翌々年には五位に凋落《ちょうらく》する。大船調を守り続ける松竹の方針に批判が高まり始めた。

＊1 浜野保樹『小津安二郎』に詳しい。
＊2 「東京新聞」一九五六年一月二十日に詳しい。
＊3 「考える人」no.九に詳しい。
＊4 浜野保樹『小津安二郎』に詳しい。

一九五七（昭和三十二）年　五十四歳

一月、『東京暮色』を撮影開始。「今までは劇的なものは避けて、なんでもないものの積み重ねで映画を作ってきたが、今度は僕のものでは戦後初めてドラマティックな作品となろう。芝居を逃げずに、まともに芝居にぶつかるという作り方をしようと思っている。話の仕組み自体はメロドラマ的なものだが、メ

history

1/22 『東京暮色』撮影開始（〜4月）。
2/28 佐田啓二と月ヶ瀬の益子との結婚媒酌人を、木下惠介と二人でつとめる。
4/30 『東京暮色』公開。キネマ旬報ベスト・テン十九位。
7/19 里見弴の古稀、大佛次郎の還暦を祝う野球大会で左足アキレス腱を切る。
21 アキレス腱の手術。鎌倉の香

ロドラマになるもならないも芝居の押し方次第だ。近ごろは、大船調批判が厳しいようだが正調の大船調とはこれだということを、この作品で示してみようと思っている」と語り、作品への意欲を示した。脚本執筆では野田高梧が反対する部分もあったが、小津は押し通した。助監督によると撮影時、「そんなものが撮れるか、それは野田が勝手に書いたんだ」と小津が珍しく声を荒らげることもあったという。[*1] 大幅に撮影は遅れ、小津組には珍しく、夜中までの撮影もあった。

四月、『東京暮色』が公開された。物語も画面の調子も暗い作品となった。「この次に撮る作品も、やはりドラマティックなものにする予定です」と語っている。[*2] しかし、キネマ旬報ベスト・テン十九位という結果に終わる。それを知った小津は、俺は十九位だから、と周囲に自虐的に語っている。野田ものちに、リアルに現実を表現することは無意味だとこの作品を批判した。

七月、里見弴の古稀《こき》と大佛次郎の還暦を祝う野球大会が後楽園球場で催され、小津も出場した。この試合で左足アキレス腱を切ってしまい、手術した。佐田から慰安にと箱根温泉に誘われ遊びに行き、後日、高橋貞二からも同じ温泉に誘われる。高橋が佐田との慰安旅行を知らなかったためだが、小津は何も言わず二度目の箱根を楽しんだ。

八月下旬から蓼科に入り、十月から一九三四年に撮った『浮草物語』を元に、野田高梧と『大根役者《だいこんやくしゃ》』の執筆を開始した。十一月下旬に脱稿。同時期に佐田

風園で一カ月静養。
8／26 蓼科へ。
10／23 野田高梧と『浮草物語』を元に『大根役者』を起稿。
11／26 『大根役者』を脱稿。
12／12 五十四歳の誕生日を迎える。

『明治天皇と日露大戦争』（渡辺邦男監督）、大入り。
邦画初のシネスコ『鳳城の花嫁』（松田定次監督）が公開。
五社協定、日活を加えて六社協定となる。
中井貴恵、生まれる。

蓼科で、野田高梧（左）と。写真提供＝小津家／鎌倉文学館

啓二と妻・益子の間に中井貴恵が誕生。小津も大変可愛がったという。佐田との付き合いは私生活でも深くなった。

＊1 『シナリオライター野田高梧をしのぶ』に詳しい。
＊2 浜野保樹『小津安二郎』に詳しい。

一九五八（昭和三十三）年　五十五歳

一月、新潟県高田《たかだ》や佐渡島《さどがしま》へ『大根役者』のロケハンへ向かった。しかし、積雪が少なかったために撮影は延期となった。進藤英太郎《しんどうえいたろう》、淡島千景《あわしまちかげ》、有馬稲子を主演に構想していた。のちに中村鴈治郎《なかむらがんじろう》、京《きょう》マチ子《こ》、若尾文子《わかおあやこ》の主演で『浮草《うきぐさ》』となる。

『大根役者』撮影延期決定の後、『彼岸花』を撮ることが決定した。里見弴と話を練ることから始め、物語の大筋が決まってから里見と小津、野田がそれぞれ原作と脚本を執筆した。

五月、『彼岸花』の撮影を開始した。初のカラー作品である。世界初のカラー映画『虚栄の市』（米）から二十三年、国産初カラー『カルメン故郷に帰る』から七年を数えていた。小津はトーキーに移行する時と同じく、カラーに移行

history

1／　新潟県の佐渡島、高田などで『大根役者』のロケハン。雪不足のため撮影延期。『彼岸花』執筆開始。執筆は、一九四一年『戸田家の兄妹』以来の中西旅館で行われた。
5／5　山本富士子に会う。大映より三十五日間の契約で借りることに。
17　『彼岸花』、京都ロケから撮影開始（～8月）。
9／7　『彼岸花』公開。
10／14　ロンドン映画祭で『東京物語』がサザランド賞。
11／5　蓼科で『お早よう』を野田高梧と起稿。
15　衣笠貞之助とともに紫綬褒章を受ける。
23　『お早よう』脱稿。
24　フラフープ購入。
12／12　五十五歳の誕生日を迎える。

するのも遅かった。カラー映画をじっくり研究し、自分の表現したいものが固まるまで粘ったために時間を要したのではないか。また、この頃、「ぼくの生活条件として、なんでもないことは流行に従う、重大なことは道徳に従う。芸術のことは自分に従うから、どうにもきらいなものはどうにもならないんだ。(中略)嫌いだからやらない。こういう所から僕の個性が出て来るので、ゆるがせにはできない。理屈にあわなくてもぼくはそれをやる」と述べている。[*1]

さらに、トーキーの時と同様、新しい技術を十分に研究した。撮影監督・厚田雄春の意見を受け入れ、渋い色彩で赤がきれいに出るドイツのアグファフィルムを使用した。

九月、『彼岸花』が公開された。スターを並べ、この年の松竹作品の興行成績第一位となった。小津作品としても過去最高の興行成績だった。他にもヒット作が多かったために日本映画全体では九位だったが、成績不振の松竹を興行面でも支えた。この作品から劇中に本物の絵画を使い始める。「劇の進行に潤いと深さと幅を作る」ことをねらったという。

『彼岸花』以降、小津は目新しい主題を追求するのではなく、過去の作品で取り上げた主題を再び扱い、内容を練り直すようになった。小津が円熟したことや、松竹の経営が苦しいなか「外さない作品」しか作れなかったことなどが背景にあると思われる。なお、製作の山内静夫によると、この頃の小津作品の製作費は一本約四五〇〇万円[*2]だった。これは木下恵介の三分の二程度である。

EEC(欧州経済共同体/EUの前身)発足。

東京タワー完成。

『純愛物語』(今井正監督)がベルリン国際映画祭銀熊賞。『無法松の一生』(稲垣浩監督)がヴェネツィア国際映画祭金獅子賞。

日本最初のカラー長編アニメ『白蛇伝』(藪下泰司監督)。

日本で映画の年間入場者数が過去最高の十一億人に。しかし、それ以降はテレビの普及に伴い急速に減少、十年後には三億人に。

50代の小津。鏡に映る自分を撮る。
写真提供=小津家/鎌倉文学館

十月、ロンドン映画祭で『東京物語』が、イギリスの映画監督リンゼイ・アンダーソンらにより賞賛される。最も独創的で創造性に富んだ作品の監督に贈られるサザランド賞を受賞した。小津作品を海外で最も早く評価したのは、このロンドン映画祭だった。受賞を小津は喜ばしく思ったのだろう、当時の構想ノートに「サザランド　サザランド」と書き込んだ。溝口や黒澤と比べると海外で作品を知られていなかった小津に、少しずつ光が当たり始めた。ところで、そのサザランド賞のトロフィーは、オレはこんなもの家に飾っておく趣味はない、といって、山内静夫や佐田啓二らが参加していた麻雀倶楽部の優勝トロフィーとして寄贈したという。

十一月五日、蓼科で次作『お早《は》よう』を野田高梧と起稿した。同月、紫綬褒章を受ける。映画が文化として国からも認められたひとつの証しだった。二十三日に脱稿。十八日間と短期間で書き上げた。脚本審査で映倫から、これほどオナラが出てくる映画は前代未聞だ、オナラの描写を変えてくれと注文が入ったが、小津は脚本を変えることはなかった。紫綬褒章を受けた直後にオナラを連発する作品を撮るのも、小津らしい道化ぶりである。ただ、生々しいオナラの音は避けた。当時注目されていた前衛音楽家・黛敏郎《まゆずみとしろう》の起用を小津みずから希望し、黛もそれに応えた。

＊1「キネマ旬報」一九五八年八月下旬号。しばしば小津は同様の発言をしており初出は不明。
＊2「東京人」no.一九五に詳しい。

里見弴と「天ぷらの会」。写真提供＝小津家／鎌倉文学館

蓼科の野田高梧の別荘・雲呼荘で。写真提供＝小津家／鎌倉文学館

一九五九(昭和三十四)年　五十六歳

一月、鎌倉の自宅で田中絹代とＮＨＫの対談を行う。お気に入りだった若手役者・高橋貞二の婚約の件で佐田啓二、実業家の菅原通済《すがわらつうさい》らと打ち合わせをし、仏映画監督イヴ・シャンピと結婚した岸惠子のお別れパーティにも出席した。新作『お早よう』のロケハンも進め、月末から撮影が始まった。

二月、映画関係者で初めて小津が芸術院賞を受賞した。

四月、『お早よう』の撮影が終了し、翌月公開された。テレビが普及し、映画の苦境が始まりつつあるなか、そのテレビを購入する家庭を明るく描いた。

同月、大映より脚本『大根役者』を映画化したいと連絡が入る。以前から誘われ続けていたことや、『彼岸花』で女優・山本富士子《やまもとふじこ》を借りた経緯もあり、大映で一本作品を撮ることになった。『大根役者』を『浮草』と改題し製作することが決まる。製作者は『羅生門』『雨月物語』などで知られる永田雅一《ながたまさいち》。

『大根役者』の舞台は冬の新潟だったが、夏の三重・伊勢志摩に変更。六月より野田高梧夫妻と関西へ旅行し、作品に使えそうな場所や題材を探した。その後、蓼科で脚本を修正する。この間に蓼科には、小津と野球の試合で交流があ

history

1/2 田中絹代とNHK番組の対談。
6 高橋貞二の婚約の件で佐田啓二、菅原通済らと打ち合わせ。
9 結婚で渡仏前の、岸惠子のお別れパーティに出席。
10 『お早よう』のロケハンが始まり、多摩川畔・蒲田方面を歩く。
28 『お早よう』撮影開始。
2/25 映画で初の芸術院賞受賞。
27 高橋貞二の結婚式出席。
4/19 『お早よう』撮影終了。
5/2 『お早よう』試写。
12 『お早よう』公開(キネマ旬報ベスト・テン十二位)。
15 ソ連映画観光団の大船撮影所見学で会談。
16 菅原通済夫人から結婚話を持ちかけられる。
21 大映の常務より『大根役者』映画化希望の連絡。
30 大映本社に行き『大根役者』を改題した『浮草』を製作決定。
6/7 野田夫妻と関西へシナリオハンティング(〜13日)。白浜、新宮、故郷の松阪などをまわる。
20 蓼科で『浮草』脚本修正(〜7/10)。
7/5 宮川一夫、蓼科を来訪。
17 大映東京撮影所で『浮草』主要

り、世界的に評価されるようになっていたキャメラマン・宮川一夫も訪れた。小津は撮影に宮川、美術に『宗方姉妹』での仕事以降小津を私淑《ししゅく》していた下《しも》河原友雄《がわらともお》を起用した。

八月、『浮草』の撮影が始まった。他社で監督する二本目の作品で、音楽の斎藤高順と美術監督の下河原以外は全て初顔合わせのスタッフだった。撮影中に『一人息子』で主演した日守新一《ひもりしんいち》が心臓麻痺《まひ》で急死、さらに高橋貞二が交通事故死するなど悲しい出来事が続いた。特に高橋は佐田啓二、鶴田浩二《つるたこうじ》とともに松竹大船の「三羽烏」と呼ばれ活躍しており、小津も『早春』以降とても気に入っていた。二月に結婚したばかりでもあった。小津は自動車事故を起こしたことに怒りを表し、そして悲しんだ。

十一月、『浮草』の全撮影が終了し、十日後に封切り。『彼岸花』以降、小津は過去の作品を練り直し深めていく方向にあり、『浮草物語』を元にしたこの作品も同様だった。ただし、撮影に関しては今までの小津作品にはない構図や色彩設計となった。

フランスでヌーヴェル・ヴァーグが起こり、日本でも新しい映画の動きが起きつつあった。小津は、「映画の作り方にまだ文法なんてないと思うね。だから、ヌーベル・バーグ大歓迎だ。個性的な新人よ大いに出《いで》よ」と語っている。

22　スタッフと打ち合わせ。スタッフと『浮草』ロケハンで伊勢志摩方面へ(〜26日)。
8/12　『浮草』撮影開始。
18　志摩でロケ撮影(〜29日)。
9/12　日守新一、心臓麻痺にて死去。
11/3　高橋貞二、交通事故死。
6　高橋貞二の葬儀に出席。
7　『浮草』撮影終了。
15　試写会。東山魁夷、橋本明治が出席。翌日、本社招待試写に志賀直哉、里見弴ら出席。
17　『浮草』公開(キネマ旬報ベスト・テン十五位)。
12/12　五十六歳の誕生日を迎える。
31　年末に体調を崩す。

皇太子ご成婚、パレードをテレビ中継。

カンヌ国際映画祭で『白鷺』(衣笠貞之助監督)が特別表彰。

ベルリン国際映画祭で『隠し砦の三悪人』(黒澤明監督)が銀熊賞、国際批評家連盟賞。

仏でヌーヴェル・ヴァーグが起こる。

「週刊少年マガジン」「週刊少年サンデー」創刊。漫画が人気に。

伊勢湾台風(死者・不明者五〇九八人)。

石川欣一、日守新一、高橋貞二、死去。

一九六〇(昭和三十五)年　五十七歳

一月、次回作相談のため里見弴、野田高梧と湯河原の中西旅館に行く。翌月にも里見邸で再び打ち合わせ。『秋七草』『秋日和』などの題名について、また主演に司葉子《つかさようこ》はどうか、などの話が出る。蓼科に移り、さらに構想を練った。蓼科で小津は別荘を借りうけ「無藝荘」として使用していた。この地が気に入っていたのだろう、新たに自身の別荘を建造することを考え、土地五〇〇坪を借りることにした。

新作の題名を『秋日和《あきびより》』に決定し、四月上旬より蓼科で脚本の執筆を始める。こちらも『彼岸花』と同様、里見弴と話を練ることから始め、物語の大筋が決まった後、里見と小津、野田がそれぞれ原作と脚本を執筆した。こうなると、里見が原作を担当したとは言い難い。しかし、小津はこれまでも台詞や設定など、里見作品から「借りた」ものが多かった。里見に敬意を示したいという意図もあり、原作としたのではないか。

六月、『秋日和』を脱稿。この頃、テレビの台頭などが理由で映画産業が傾き始める。松竹の城戸四郎社長が業績悪化を理由に辞任。これ以降、社内では

history

1/14 次回作相談のため里見弴、野田高梧と湯河原の中西旅館へ。
29 田中絹代を激励する会に出席。
30 第三回溝口健二賞を受賞。
2/13 野田高梧と里見邸で打ち合わせ。司葉子主演の話。
22 蓼科の別荘「無藝荘」へ(～27日)。構想を練る。
29 里見邸を訪ね、構想、題名などの意見を訊く。
3/1 蓼科滞在(～30日)。土地五〇〇坪を借りることに。
6 佐田啓二、里見弴と賭け相撲。
24 新作の題名、『秋日和』に決定。
4/5 蓼科(～10日)。七日より『秋日和』の脚本を書き始める。
12 皇居園遊会に参加。
14 蓼科で『秋日和』脚本を執筆(～6/3)。
30 城戸四郎社長が業績悪化で辞任。松竹ヌーヴェル・ヴァーグが台頭。
5/16 下河原夫妻、蓼科へ来訪。
6/2 『秋日和』脚本を脱稿。
21 草津・白根山・鬼押出し園・軽井沢などをロケハン(～24日)。
7/12 『秋日和』撮影開始。
8/6 東宝で一本作品を撮る約束を、

大島渚《おおしまなぎさ》ら松竹ヌーヴェル・ヴァーグが台頭し始めた。

七月、『秋日和』の撮影が開始された。この作品に東宝専属の司葉子を借りる代わりに東宝で一本作品を撮ることも決まる。

十一月、全撮影が終了し、公開。『秋日和』の撮影は「出来思はしからず寒さ一段と身に沁《し》む」(日記から)など、思うようにいかなかったところもあったようだ。また、激しい疲労も吐露しており、体力が衰えてきたことが窺える。しかし、学生運動が盛んになっていたなか、時代の流れとは一線を画した余裕を感じさせる作品になった。また、撮影中に新聞の取材に答え、今まで続けてきた縦横三：四のスタンダード画面にこだわりを見せた。一方、「ビスタビジョンだけは、やってみたい気もしますね*」と新しい撮影方式にも意欲を示した。この『秋日和』は『晩春』を父娘から母娘に置き換えたような作品で興行成績も良く、この年の松竹作品の中で最高の配収で、キネマ旬報ベスト・テン五位となった。

十二月、次回作のため『浮雲』や『隠《かく》し砦《とりで》の三悪人《さんあくにん》』で知られていた東宝の製作者・藤本真澄《ふじもとさねずみ》、野田夫妻らと大阪へ向かった。東宝宝塚撮影所などを見学し、その後、蓼科で越年した。

* ビスタビジョンはスタンダード・サイズの倍以上のフィルム面積で撮影する方式。画質も大幅に向上する。

8　大船撮影所の月森所長と話す。「一本の前歯　サンドイッチを食つてぐらつく」(日記)
12　梅原龍三郎、前田青邨ら十二点の絵を岡村多聞堂より借りる。
9／3　里見邸で『秋日和』パーティ。
10／28　「出来思はしからず　寒さ一段と身に沁む」(日記)
11／1　『秋日和』全撮影終了。
8　『秋日和』試写。
13　『秋日和』公開。
19　文化放送「お便り有難う」録音。
12／7　「入浴中前歯の義歯一本とれる」(日記)
12　五十七歳の誕生日を迎える。
15　藤本真澄、野田高梧夫妻らと大阪。東宝宝塚撮影所などを見学。のち、蓼科へ行き越年。

日米相互協力及び安全保障条約(新安保条約)調印。三十三万人の国会デモ。
池田内閣が所得倍増計画を発表。
『鍵』(市川崑監督)がカンヌ国際映画祭で審査員賞。
『人間の條件』(小林正樹監督)がヴェネツィア国際映画祭でサン・ジョルジョ賞。
カラーテレビが本格放送開始。
高堂国典、死去。

一九六一（昭和三十六）年　五十八歳

『小早川《こはやがわ》家《け》の秋《あき》』の執筆時の様子が、蓼科での日記から以下のようにわかる。

一月八日、題が『小早川家の秋』に決まる。

二月八日、再び蓼科に入る。翌日、人物の位置その他のことを話し合った。

三月十日、場面をカードに書き、それを並べて流れを決めていく。

三月十七日、「京都の氷屋」の場面より脚本を書き始める。

四月二十一日、完成。

人物・構成・それぞれの場面を考え、次に流れを決め、書き上げるという手順だった。書き始めるまでに二カ月以上もかけている。書き上げる時も冒頭から順に仕上げていったのではなく、中盤の「京都の氷屋」の場面から執筆していった。

五月よりロケハンが始まり、京都を巡った。この時、旧友・清水宏とも会い、語らう。六月から撮影開始。他社での三本目の作品で、兵庫県の宝塚撮影所に単身乗り込んだとされるが、実際は秘書として笠智衆の娘・成子《せいこ》を帯同した。また野田高梧夫妻が撮影所近くに滞在していたようだ。八月には山内静夫、厚

history

1/8 次回作の題、『小早川家の秋』に決まる。
23 歯の根を四本抜き、義歯をはめる。
2/8 蓼科で野田と脚本執筆開始。
4/8 文部省の芸術選奨授与式出席。
21 『小早川家の秋』脚本完成。
5/15 監督協会理事長に再選される。
25 『小早川家の秋』ロケハン開始で、京都を巡る。
26 伏見造り酒屋・月の桂見学。夜、清水宏と語らう。
30 浦野理一邸で衣装を検討。
6/10 俳優面接、スタッフ顔合わせ。
23 『小早川家の秋』撮影開始。
8/5 宝塚撮影所に清水宏と厚田雄春、山内静夫が来訪。
9 厚田、山内帰る。次作の題名に『秋刀魚の味』が思い浮かび、山内に車内電報。
14 宿泊先の旅館に納涼床ができ、翌日スタッフと花火見物。
22 宮川一夫、撮影見学で来訪。
9/25 向日町競輪場、大阪実景で撮影終了。
10/4 東宝砧撮影所で粗編集を見た帰り、車内で脳貧血で倒れる。

田雄春らが来訪し、松竹次回作の打ち合わせ。題名の事などを相談した。良い題がなかなか浮かばなかったが、『秋刀魚《さんま》の味《あじ》』が次作の題名となった。『秋日和』『小早川家の秋』に続いて「秋」の連作だった。

『小早川家の秋』の撮影は、宿泊先の旅館に納涼床を作りスタッフと花火見物したり、『浮草』撮影の宮川一夫が顔を見せたりと、終始賑《にぎ》やかに進行した。スタッフ全員の名前をすぐに覚えるなど、ここでもスタッフを大切にした逸話が残っている。撮影チーフの田邉皓一《たなべこういち》によると、学生時代から好んでいた宝塚歌劇団の舞台演出を小津が務める話も決まっていたらしい。小津は戦前にも舞台演出をしていた。もしこの話が実現していたら、どのような舞台になっていただろう。

『小早川家の秋』は九月に撮影が終了し、翌月封切り。役者もスタッフも豪華だった。

十一月、再び蓼科で過ごす。昨年借りた土地に新別荘の建設計画を進めた。美術監督の下河原友雄を呼んで設計を相談した。

『小早川家の秋』撮影の中井朝一《なかいあさかず》の一家を招くなどして越年した。蓼科での時間が増えていた。この頃から加代子《かよこ》という女性との交際もあったとされる。東宝の映画製作者・藤本真澄との交際もあった女性で、詳細は不明だが、小津より随分年下だったという。

7 『小早川家の秋』音楽ダビング（～12日）。
14 『小早川家の秋』試写。
20 スカラ座で試写。志賀直哉ら訪れる。
29 『小早川家の秋』公開（キネマ旬報ベスト・テン十一位）。
11／11 蓼科滞在（～26日）。
22 昨年借りた土地に新別荘を計画。下河原友雄を呼ぶ。
12／12 五十八歳の誕生日を迎える。
24 里見夫妻、山内夫妻、故・高橋貞二の妻らと聖夜を祝う。
26 蓼科滞在（～翌1／10）。再び下河原友雄を呼び別荘の計画、中井朝一の一家を招くなどして越年。

ベルリンの壁建設。
NHK朝の連続テレビ小説放送開始。
『裸の島』（新藤兼人監督）がモスクワ国際映画祭でグランプリ。『用心棒』（黒澤明監督）で、三船敏郎がヴェネツィア国際映画祭男優賞を受賞。
新東宝、業績悪化により倒産。
歌謡曲「スーダラ節」「上を向いて歩こう」が流行。

中井貴一、生まれる。

一九六二（昭和三十七）年　五十九歳

年が明け、蓼科より鎌倉に帰宅。月末より再び蓼科で野田高梧らと次作『秋刀魚の味』の準備に入った。二月二日、妹・登貴より電話で、母・あさゑが肺炎併発との連絡があった。しかし、小津は今日明日ということもないだろうと帰宅しなかった。三日夜、妹に電話し、母は小康と思う。しかし翌日の夕食の時、母死去の電話。野田らの手前、小津は気丈に振る舞ったが、涙があふれ庭先の洗面台で何度も何度も顔を洗った。野田らの勧めで小津は車で鎌倉に向かった。鎌倉浄智寺《じょうちじ》にて告別式が営まれ、深川陽岳寺《ようがくじ》に埋葬された。

小津が母を大切にしていたことは広く知られている。追悼のため宝塚歌劇で覚えた「幸福を売る男」を母の霊前で歌った。「オイラ無宿人《ヴァガボンド》　幸福と楽しいシャンソン売って歩く」「人が悩み涙こぼす　そんな時にオイラは行く　胸の中のほころびを　繕う為にオイラは行く」という歌詞だ。歌った小津の悲しみは増すばかりだった。[*1]

同じく二月、ＮＨＫの『戸田家の兄妹』テレビ化を承諾。[*2] 三月からは再び『秋刀魚の味』に取り掛かった。四月、（映画）五社社長会で、専属主演スターの

history

1/10 蓼科より鎌倉に帰宅。
31 蓼科にて次作準備（〜2/4）。
2/2 妹・登貴より、母・あさゑ肺炎併発の連絡。
4 夕食時、山内静夫より母死去の電話を受ける。享年八十六。
6 通夜に続き鎌倉浄智寺にて告別式。深川陽岳寺で読経、埋葬。
19 森栄、鎌倉に来訪。
23 ＮＨＫの依頼で『戸田家の兄妹』テレビ化を承諾。
3/2 赤坂の料亭「口悦」を命名。佐田家で下河原友雄による新しい蓼科別荘設計図を見る。
5 野田夫妻らと湯河原の中西旅館で次作相談（〜8日）。
12 蓼科に滞在（〜4/11）。
5/3 次作の筋、大体決まる。
29 蓼科に滞在（〜7/27）。本格的に脚本執筆開始。
7/25 『秋刀魚の味』脚本完成。撮影の準備に入る。
8/30 『秋刀魚の味』撮影開始（〜11月）。
11/18 『秋刀魚の味』公開。
27 映画界最初の芸術院会員に決定。

他社作品への出演が禁止となった。小津も他社の主演級役者は使えなくなり、「松竹の俳優さんだけで作れるようなシナリオ」になるよう考えた。

五月上旬に大筋が決まり、月末から蓼科で『秋刀魚の味』脚本の執筆を開始した。七月下旬に脱稿し、八月末日から撮影開始。いきなり二十九ショットも撮影し、進行は快調だった。九月、『お早よう』の海外配給が決まり、ニューヨークで試写会が開催される。一九五八年のサザランド賞を経て、海外で徐々に小津作品が広まり始めていた。

十一月、『秋刀魚の味』が封切られた。小津の持ち味の出た作品で現在も人気が高い。『秋日和』『小早川家の秋』に続く「秋」の連作。監督五十四作目で、これが小津の遺作となった。そのうち二十七作の協力者となった野田高梧は、のちに「これがオッちゃんの遺作では可哀そうだ」と語っている。同月二十七日、映画界最初の芸術院会員に選出された。

十二月に入り、弟の信三、妹の登貴、登久と、亡母の遺骨を高野山に納めにいく。松阪の養泉寺《ようせんじ》、深川の陽岳寺が小津家の墓だったが、父の時と同じく縁のあった高野山にも分骨。年末年始は再び蓼科で過ごした。母を歌った、次の「高野行」を記している。

高野行
ばばあの骨を　捨てばやと

12／2　亡母の遺骨を高野山に納める。
4　京都にも足を延ばす（～6日）。清水宏、宮川一夫、下河原友雄と会う。比叡山を車で周遊。
7　松阪で中学時代の旧友に会う。
12　五十九歳の誕生日を迎える。
26　蓼科滞在（～翌1／10）。

キューバ危機。
五社社長会で各社専属主演スターの他社出演禁止が決定。
米女優のマリリン・モンロー自殺。
英国のロックグループ、ザ・ビートルズ、デビュー。
原研吉、死去。

芸術院会員に内定した小津。映画界からは初の芸術院入りだった。写真提供＝朝日新聞社

高野の山に来てみれば　折からちらちら風花が
杉の並木のてっぺんの　青い空から降ってくる
太政大臣関白の　苔のむしたる墓石に
斜にさしこむ夕日影　貧女の一燈またたいて
去年に焼けたる奥の院　梢にのこるもみじ葉に
たゆとう香華の煙にも　石童丸じゃないけれど
あわれはかない世の常の　うたかたに似た人の身を
うわのうつつに感じつつ　今夜の宿の京四条
顔見世月の鯛かぶら　早く食いたや　呑みたやと
長居は無用そそくさと　高野の山を下りけり
ちらほら灯る僧院の　夕闇迫る須弥壇《しゅみだん》に
置いてけぼりの小さな壺　ばばあの骨も寒かろう

＊1　岸松雄の文章による。この出来事は「シナリオ」一九六四年二月号に詳しい。
＊2　田中眞澄編『全日記　小津安二郎』に詳しい。

一九六三（昭和三十八）年　六十歳

history

1／1　野田夫妻、池田忠雄と四人で元旦を迎える。
14　築地でシンガポールの会に出席。

『秋刀魚の味』で演技をつける小津。写真提供＝朝日新聞社

1961年、宝塚の松楓園にて。宴会の余興だろうか、浴衣姿でおどける小津。写真提供＝小津家／鎌倉文学館

一月、NHKから依頼があり、里見弴とテレビドラマ『青春放課後《せいしゅんほうかご》』の脚本を書くことになった。

月末には大船監督会の新年会に出席。この時、小津が新人監督の吉田喜重《よしだよししげ》にからむという出来事があった。これは小津が若者に感情を露《あら》わにした珍しい出来事だった。末席の吉田やその隣に座っていた篠田正浩《しのだまさひろ》によると、小津は宴で一通り酒が回ってきた頃、吉田の前に座り、無言で酒を注いだ。宴会が終わるまで、何も言わず酒を注ぎ続けた。しまいに「しょせん映画監督は、橋の下で菰《こも》をかぶり、客を引く女郎だよ」「俺は小林(正樹)は好きだけど吉田くん、君は嫌いだよ」「君なんかに俺の映画が分かってたまるか」と声を荒らげたという。

以上は雑誌「シナリオ」で吉田らが『小早川家の秋』を批評したことに対するものだった。しかし、記事を読むと、吉田自身はさほど小津を批判しているようには思えない。小津自身も若い頃は古い映画に反抗してきた過去があり、当時の石原慎太郎や松竹ヌーヴェル・ヴァーグなど若者に寛容だった。撮影中も滅多《めった》に怒ることはなく、めずらしい出来事だった。

同月、杉村春子の所属していた劇団・文学座に分裂騒動が起こる。劇団の有望な中堅座員が杉村体制に反発して集団で脱退した事件で、小津は里見弴と「オレガツイテル　サトミトン　ボクモツイテル　オヅヤスジロウ」と杉村に電報を打った。

二月、次作の題名が『大根《だいこん》と人参《にんじん》』に決定。里見との『青春放課後』と同時

21 里見邸でNHKから脚本依頼があったテレビドラマ『青春放課後』の相談。
25 鎌倉で大船監督会の新年会出席。泥酔。
26 浅草で戦友会に出席。
2/2 松竹と契約更新。給料が二十万円上乗せ。
6 いすゞ工場見学。
19 監督協会でいすゞ自動車の話が持ち上がる。
20 次回作の題名『大根と人参』に決定。
21 里見弴と『青春放課後』の脚本相談。
22 湯河原の中西旅館に里見弴と同行、脚本の相談好調(～25日)。のち里見邸で脚本訂正。
3/13 『青春放課後』の脚本完成。稿料に当時としては破格の四十万円を受け取る。
14 蓼科滞在(～27日)。21日、『青春放課後』を観る。
20 いすゞ自動車の映画『私のベレット』の脚本を読む要あるも時間がなくて困る。
26 数日前から右頸部の腫れ物ができ、佐田啓二に医者に診てもらいたい、と電話。
31 築地の国立がんセンターで手術をすすめられる。

に構想を進めた。また、日本映画監督協会プロダクションでいすゞ自動車の宣伝映画『私のベレット』を製作することになり、脚本の監修を担当した。ベレットという自動車をめぐる映画で、翌年大島渚が監督した。

三月、『青春放課後』の脚本を完成させ、翌日から『大根と人参』執筆のため蓼科にこもる。構想ノートを書き進めた。山荘にテレビを買い、『青春放課後』の放送を観る。同席していた甥の長井秀行《ながいひでゆき》によると、小津は特に感想を口にしなかったようだ。続いて『私のベレット』の脚本を読むが、日記からはあまり時間がない様子が窺える。*1 当時注目を集めていた大島渚が監督で、その脚本監修が小津とは面白そうな組み合わせだが、小津は実際にはそれほど関わっていないようだ。これが小津最後の仕事となった。同月下旬、数日前からの右頸部の腫《は》れ物が気になり、佐田啓二に医者に診てもらいたいと電話、『秋刀魚の味』にも特別出演した緒方安雄《おがたやすお》医師を佐田とともに訪ねる。築地の国立がんセンターでの手術をすすめられる。がんセンターの医長は、偶然にも小津の中学の先輩だった。

四月、がんセンターに、頸部悪性腫瘍手術のため入院、手術。小津はひどく痛がって暴れたという。小津は癌《がん》ではないのかと回診の先生に聞いたが、リンパ腺に直接癌はできません。リンパ腺腫です。と医師は答えた。コバルト、ラジウムによる放射線療法を続けた。

六月、日仏交換映画祭で十作品が上映され、またベルリン国際映画祭で過去

4/10 がんセンターに、頸部悪性腫瘍手術のため入院。
16 手がしびれていてペンが持ちにくい。口述しようと思うが見舞客が多く困難。
17 頸部悪性腫瘍手術。コバルト、ラジウム放射線療法を続ける。
6/17 ベルリン国際映画祭。六作品が上映。
21 同月よりパリ・シネマテークで過去十作品が上映(〜7/31)。
7/1 退院し、湯河原・中西に湯治。七月末帰宅。八月および九月は自宅で寝たきりの生活。痛みが増す。
9/5 病院より、ごく親しい周囲の者に「癌」であることの通告。
10/12 東京医科歯科大学附属病院八階十七号室に入院。病状は悪化するのみ。
11/22 白血球不足。呼吸困難のため気管支の切開手術。ゴム管をはめ、ほとんど発声不能に。
27 危険状態に入り、また少し脱する。
28 壁にイロハを書いた紙を貼る。文字を指して要求を推察。
30 気力衰える。
12/2 中井益子が還暦の紋付き羽織贈る。「いいね」と反応。

の六作品が上映された。

七月に、退院し湯河原で湯治。右手のしびれが痛みとなり月末に帰宅した。

八月および九月は自宅で寝たきりの生活になった。激痛は増すばかりだった。

九月、がんセンターより、佐田啓二らごく親しい周囲の者に、小津が癌であることの通告があった。十月、小津は東京医科歯科大学附属病院に入院。癌は進行し、悪化するのみだった。非常な苦痛に呻吟《しんぎん》するが、それでも見舞い客には、ユーモアをもって応対していた。

十一月十四日、佐田の娘(中井貴恵)が見舞いに訪れる。病室で二人は「スーダラ節」「幸福を売る男」を歌う。十一月二十二日、白血球不足となり呼吸困難のため気管支の切開手術をしてゴム管をはめたので、ほとんど発声不能となる。*2 二十七日、一時危険状態に陥る。二十八日、壁にイロハを書いた紙を貼り、唇の動きを見ながら近親の者が文字を指して小津の要求を推察する。三十日、気力衰える。十二月二日、佐田の妻の益子が還暦の紋付き羽織を贈ると、小津は「いいね」と反応。十一日、容態悪化、死相あらわれる。

十二月十二日、満六十歳の誕生日の十二時四十分、小津安二郎はこの世を去った。十六日、築地本願寺にて告別式。本人の希望により、墓は北鎌倉の円覚寺につくられ、母と眠る。墓石には「無」の一字が刻まれた。

*1 「蓼科日記」刊行会編『蓼科日記 抄』に詳しい。
*2 病院での小津の様子は、佐田啓二の看護日誌(『サンデー毎日が伝えた一億人の戦後70年』)に詳しい。

11 容態悪化、死相あらわれる。
12 六十歳誕生日を迎える。十二時四十分死去。
13 通夜。
15 出棺、荼毘(だび)に付される。戒名、曇華院達道常安居士。
16 築地本願寺にて葬儀、告別式。松竹・監督協会の合同葬。委員長は城戸四郎が務めた。贅沢を愛した小津だったが、会社から金を借りていた。会社は葬式でその借金を回収しようとしたが井上和男により止められた。墓に円覚寺管長・朝比奈宗源の筆で「無」の一字が記された。

ケネディ米大統領暗殺。

『切腹』(小林正樹監督)、カンヌ国際映画祭審査員特別賞。『武士道残酷物語』(今井正監督)、ベルリン国際映画祭で金熊賞。

城戸四郎、再び松竹の社長に就任。

テレビアニメ『鉄腕アトム』放送開始。日米間テレビ中継に成功。NHK総合テレビで大河ドラマ開始。

三好栄子、死去。

小津安二郎の五十一〜六十歳

戦後の高度経済成長とともに日本映画が黄金時代を迎えていた。無軌道な若者を描く小説や映画が流行し、松竹撮影所でも若い監督たちが新しい主題・表現を追求していた。小津はそれを避けるかのように東京を離れ、長野の蓼科にこもって執筆を行う。

五十四歳で撮った『彼岸花』以後、作品から風刺や悲劇要素が減り、再び新たな境地に達した。作品がカラーになっただけでなく、積極的に自身の過去作品を練り直し、円熟味を増した作品を作ったのだ。

五十八歳、『秋刀魚の味』の脚本を執筆中に母・あさゑが死去。翌年には小津自身も入院する。頸部の癌だった。しかし激しい痛みの中にも、見舞い客にはユーモアをもって応対したという。

十二月十二日、すなわち満六十歳の誕生日に小津安二郎はこの世を去った。

小津は戦後の巨匠としての姿がよく知られている。しかしそれは、巧みな絵を描いた幼少時代、やんちゃで映画に熱狂した時代、欧米映画に強く影響を受け「新しい」「バタ臭い」とされた時代、鋭い風刺とともに貧しい人びとを描いた時代、国策映画から距離を置いた時代……これらが重なった姿なのだ。

1959年、『お早よう』撮影中の小津。写真提供＝松竹株式会社

持ち味を生かす／こっているんじゃない

――小道具にこるのは

「別にこっているわけではない。人間にさまざまタイプがあるように小道具も違う。私はその人の個性にあった小道具をみたてる意味で慎重に小道具係とうちあわせるわけだ」

――本番を三、四度もくりかえすのは

「俳優は演技をする場合意識しているからだ。私はセリフに注文をつけるし、テストをなん度もやる。しかし段どりをつけてしまえばあとは俳優まかせ。なん度もやらせてみて最も自然なものを選ぶわけだ」

――自分でカメラをのぞくのは

「俳優の動きや構図はフレームを通してでなければ判らない。たとえば三人の俳優がいてその一人がキレる場合、あとの二人が画面に空白を作るようではいけない。これはカメラマンではダメだ」

――監督はオールマイティーということか

「私はそうあるべきだと思う」

――製作費をふんだんに使うことは

「製作費のことは判らないが、私はどんなに使ってもかかれば仕方がないという考えだ。そうかといってムダな金を使っているわけではない。興行面も見込んだうえで作っている」

（「報知新聞」〈映画　私はこう考える〉
昭和三十四年四月三日）

例えば豆腐の如く

あの作品を見て泣いたりすることは私も脚本を書いた野田（高梧）君も計算に入れてなかった。ただ親子の関係を否定も肯定もしないで、ありのままに書いてみよう、いいとか、悪いとかでなしに親孝行しなければ……と感じてくれたなら、作者としては満足でないかと思っていた。

だから今回の受賞は恐らく毒にも薬にもならないし、可も不可もないというので文部省としては妥当だとしておほめにあずかったのだと有難く思っているが、私としては自信はもてなかったが、気に入ったところも多く好きな作品となった。

一番当らずさわらずのところで人を感動させることに意義があったので、撮影の苦心としても余り演技を誇張しないで、感じを下目におさえてみた。小津の芸の頂点に立った作品だなどと批評されたことは、好意を示したようでいて、ぼくを買っていない言葉だと思う。しかし、ぼくは例えば豆腐屋なんだから次の作品といってもガラッと変ったものをといってもダメで、やはり油揚とかガンモドキとか豆腐に類したものでカツ丼をつくれたって無理だと思うよ。

（「東京新聞」『東京物語』の小津安二郎監督談
昭和二十八年十二月九日）

第五章

OZU

小津安二郎を聞く

取材集Ⅱ

子役／録音技師

末松光次郎

小津先生が「一コマか二コマ切れてるぞ」って。編集のやつ、切ったポジフィルムを探すんですよ。するとやっぱり前見たのと一コマ違ってた

——末松さんは子役として『大人《おとな》の見《み》る繪本《えほん》 生《うま》れてはみたけれど』（一九三二年）に出演していますね。

ある程度覚えてますよ。映画に出てくる電車が池上《いけがみ》線。蒲田《かまた》から五反田《ごたんだ》へ向かう。このころは皆に「こうちゃん」って呼ばれてたね。小津先生は「こうべえ」。大人になっても「こうべえ」って（笑）。

——サイレント*ですが、台詞《せりふ》もある役です。実際の撮影では、やはり台詞をしゃべっているんでしょうか。

一応ね。僕の知っている範囲では、台本通りにはしゃべっていますよ。子役でも言われたところをね。他に出演したのは、たしか、泣いてるところ。湖かなんかで事故起こして、生

*サイレント＝俳優の台詞など音声、音響が入っていない映画。活動弁士が語りで内容を解説した。

徒が死んじゃって……。

――というと、『父《ちち》ありき』(一九四二年)でしょうか。

(『父ありき』の映像を一緒に見ながら)ああ、これがそうだ(笑)。これは覚えてるね。座らされて、泣いてなんて言われて。

――この、泣いているのが末松さんでしたか! 学生服を着てアップですね。同級生のボートが転覆して、その同級生のお葬式の場面ですね。

当時ね、演劇科に通ってたんです。それで、松竹で働いてたうちの親父が紹介したんじゃないかな(笑)。でも松竹から給料あったのかは知りません。

――お父様が仲介に入っている(笑)。そうして末松さんは俳優としてだけでなく、スタッフとしても小津組に関わっています。これは珍しいですね。小津監督はいかがでしたか。

小津先生からは「こうべえ、こうべえ」って呼ばれてね。小津先生は俳優さんには(何度もテストを重ねて)厳しいって言われるかもしれないけど、怖くはなかったですよ。まあ『晩春《ばんしゅん》』(一九四九年)の笠《りゅう》(智衆《ちしゅう》)さんがお酒飲むシーンなんか、朝九時から笠さんがお猪口《ちょこ》をもってお酒飲む、その動作ができなくて何度もやったことはありましたけど。考えられないでしょう。小津監督はなんか寂しさがないっておっしゃるんですよ。皆いつ本番でもいいようにしてたけど、(あまりに長いから)もうライト消そうっていうことになって。午前中それで終わり。そんなことはありましたけどね。俳優でいうと、僕は突貫小僧(を演じた青木富夫《あおきとみお》)*とは仲よかったです。日活行っちゃったけどね。あいつがフランスの映画祭で男優賞もらったときに、帰ってきてお祝いやりましたよ。

——ほかに清水宏《しみずひろし》*監督の『有《あ》りがたうさん』(一九三六年)にも出演されているとか。

伊豆に行ったことだけは覚えてますね。清水さんにはね、使いっ走りさせられたんです。熱海に釜つるって魚の料理屋があるんですけどね、よくそこへ「こうべえ、熱海の釜つる行ってくれ」って、魚もらいに行きましたよ。何かあると遊びがてらね。清水一派で釣りに行こうなんて。

——子役を経て、小津組の録音技師となります。その経緯は。

昭和十七(一九四二)年にね、小津さんの映画で『遙《はる》かなり父母《ちちはは》の国《くに》』*って戦争映画をやるつもりで、ミャンマーに行く案があったんです。でも出発がだんだん延びて十八年になって徴用にかかっちゃった。で、軍需工場に行ったんです。十八年の一月に徴用に行って、二十年の八月十五日に(戦争が)終わりますよね。それで九月に大船に。『晩春《ばんしゅん》』で(録音部のなかでも)調音の助手です。編集もしました。大船の撮影所の仕事は一通りやりましたね。そのときの大船には現像所があって、手伝ったんです。

会社に入るときは試験も何もないんです。身内が多いんだ。僕らも親父がいたから、そのまま入った。人数が足りないんですよ。で、録音がいいよなんて聞いたから、もう空いたと

*青木富夫＝俳優。一九二三～二〇〇四年。松竹蒲田撮影所で遊んでいたときに声をかけられ、子役として『会社員生活』でデビュー。主演した『突貫小僧』が人気を得、突貫小僧を芸名とした。以降も多くの作品に出演した。

*清水宏＝映画監督。一九〇三～六六年。子どもを起用した作品やロケ作品に優れていた。『有りがたうさん』『風の中の子供』など。小津とも交友が深かった。

*『遙かなり父母の国』＝『ビルマ作戦 遙かなり父母の国』。脚本は執筆されたがビルマ(現・ミャンマー)での撮影はされなかった。軍による要請を受けて書いた国策映画だが、内容が勇ましくないと却下された。

ころに行っちゃおうと。映画会社って監督、脚本はまあ別にして、キャメラ、美術、照明なんて家族の人がスタッフになることが多かったね。

――撮影だと撮影監督、チーフ、セカンド、とありますが、録音部はどのような構成でしょうか。

録音スタッフは四人。技術さんも入れれば五人。大体、マイクを下ろして（位置を）決めるのが一人。セカンドがマイクの位置を微調整して、もう一人がそれを見て移動の指示を出す。四人も要らないんでしょうけどね。今だったら一人か二人でやるよね。

――録音部は撮影部と張り合うことが多いそうですね。

照明はもうしょうがない。一度小津さんが出てきてね、どっちか泣いて（譲って）くれって言ったことありますよ。僕がね、先にマイク置いちゃったんですよ。それで知らん顔してたんでしょう。でも照明さんは「録音さんマイクがダブるから、どっかどけてよ」って。そんなこといっても、俺だってここはどかせない。そんなことはありましたね。

――マイクが照明の影になるからですね。

そう。それで、妹尾《せのお》さん＊という人がだいたい小津組の録音やってるんですが、その妹尾さんの下に、第一助手のホリさんて人がいて。もう人がいないからすぐ第二助手になりましたよ。二十一で入ったんで、実際やったのは五年間かな。三五ミリフィルムに録音してたんですね。フィルムを縦に半分に割《さ》いて使ってたんです。そうしたらフィルムが倍、使えるとい

＊妹尾さん＝妹尾芳三郎（せのお よしさぶろう）。録音技師。

うことで。ふつう、録音するときはまっすぐ(口にめがけてマイクを)向けますよね。妹尾さんの録音の仕方っていうのはそうじゃなくて、ちょっと外すんですよ。ちょっとマイクをずらす。そうすると音が柔らかい。それが妹尾さん式なんですよ。だけどかえって難しいよ。普通はしっかり口にマイクを向ける。妹尾さんは違うね。よくね、妹尾さんのまねしたら難しいから駄目《だめ》だよって言われました。

——妹尾さんはどんな方でしたか。

いや、あまり口上手《うま》いほうじゃないかな。寡黙な感じで。作品の最後の仕上げ、音楽を入れるときに、小津さんは御前演奏っていうのをやるんですよ。そのとき妹尾さんが、「そこもう少し小さく入れて」なんて言う。妹尾さんてね、自分でバイオリンちょっと弾くんですよ。仕上げで音楽入れるとき、録音の部屋にいないから、どこに行ってるのかと思ったら、(楽団の)中で一緒に演奏やってた(笑)。本番になると帰ってくるんだけど、変わってるなって(笑)。小津組だからできたんでしょうね。他の組だったらそんなことできない。

——小津組では録音にマイクは一本だけだそうですね。

そうそう。マイクの数自体がないんですよ。

——まだ磁気テープはない頃ですから、フィルムに録音ですよね。

フィルムですよ。それで『晩春』のときは、京都ロケを小津さんがシンクロ*でやりたいっ

＊シンクロ=同時録音。映像と音を同時に収録すること。当時は屋外での撮影となると雑音まで拾ってしまうので、あとでフィルムにあわせて音声を録音(アフレコ)した。

て言いだしたんです。

――あれは同時録音だったんですか！

セットで使う機械を梱包《こんぽう》してみんなで持って。龍安寺《りょうあんじ》。笠さんたちが寺で二人でしゃべるとこあるでしょう。あれシンクロ。大変ですよ。小津監督がやりたいって言って。機材も一人じゃ持てない。だから皆で東京駅まで持っていって。エスカレーターも何もないから、赤絨毯《じゅうたん》をね、ずっと押していったんです。（そのスロープは）皇室が歩いたところじゃないかと思うんです。そこをずーっと行って、電車に乗せて。

――当時はロケといえばアフレコですよね。ロケのシンクロは『晩春』だけですか。たとえばそれ以前の『長屋紳士録《ながやしんしろく》』（一九四七年）は。

セットはシンクロ。ロケのときは後から吹き込む。『晩春』の観能の場面は先に音楽録《と》ってます。我々が音楽録ったフィルム持っていってそれで、ヨーイ、ハイで演奏。

――音の編集はしましたか。

いいえ。音は編集者がいましたからね。東宝と大船とでは編集のやり方が違うんですよ。東宝は撮影終わるとネガに手をつけないでポジに焼いちゃう。そしてポジフィルムを編集する。でも大船は違ったんです。オリジナルネガを直接編集していました。

――オリジナルネガを直接編集するのは、普通はしないですよね。オリジナルに傷がついたら大変ですから。

ねえ。あと記憶にあるのは『東京物語《とうきょうものがたり》』（一九五三年）の撮影かなあ。編集したフィルムを確認してたとき、小津先生が「こないだと違うぞ」って。「なんか一コマか二コマ切れてるぞ」って。

――数コマの違いも見抜いていたんですね。

編集のやつ、切ったポジフィルムを探すんですよ。するとやっぱり前見たのと一コマ違ってた（笑）。

（聞き手：長門洋平、正清健介、松浦莞二、宮本明子）

Profile

（すえまつ・こうじろう）　一九二四年生まれ、東京都出身。父親が蒲田撮影所で働いていた縁で、子役として『大人の見る繪本 生れてはみたけれど』『一人息子』『父ありき』に出演。『長屋紳士録』『風の中の牝雞』『麦秋』『晩春』で録音部のスタッフとして参加。

川又昂

キャメラマン

巨人とタイガースだったら、小津さんはタイガース応援してたね（笑）。巨人は大嫌いですから

――キャメラマンとして、川又さんは『長屋紳士録《ながやしんしろく》』（一九四七年）から小津組に参加されていますね。

今思い出すのは『晩春』（一九四九年）の最後の場面。あそこで娘を嫁にやった笠さんが監督に泣いてくれと言われたでしょう。今まで意見したことのない笠さんが、監督にただひとつ逆らったんです。（泣く演技が）どうしてもできない、駄目だと意見して。立派だと思います。

――その『晩春』ですと、原節子《はらせつこ》と宇佐美淳《うさみじゅん》*が、ふたりで自転車で走っています。ここでパン*していますが、珍しいですね。通常はキャメラを固定するかドリー撮影*するのが多いかと思います。当初からパンする予定だったんでしょうか。

小津監督は茅ヶ崎館《ちさきかん》*でシナリオ書いてましたからね。伊豆半島の美しさは見てたでしょう

*宇佐美淳＝俳優。一九一〇～八〇年。小津作品では『晩春』に出演。

*パン＝キャメラを三脚上で左右に振ること。

*ドリー撮影＝キャメラを台車に乗せ移動しながら行う撮影。

*茅ヶ崎館＝神奈川県茅ヶ崎市にある旅館。湯河原や蓼科とともに、小津組脚本執筆の場となった。

から、そのときはやっぱりパンするつもりでいたんじゃないでしょうか。僕らは脚(三脚)はちゃんと持っていってましたから。

——パンしやすい三脚を持っていったということでしょうか。

そうです。(撮影監督の)厚田《あつた》(雄春《ゆうはる》)さんは、普通のミッチェル*の脚なんかは使わないんですよね。ミッチェルの三脚は、(台座となる)雲台《うんだい》が大きいでしょう。ですがパンするにはいい。それを(持っていった)。僕はもう、厚田さんはパンすると小津監督から言われてたんじゃないかと思います。伊豆半島はとにかくきれいに映るように撮れとね。それで、トラックの上に乗ったり、ずいぶん時間をかけて、茅ヶ崎ロケをやりましたよ。

——セットでの撮影はどうでしょうか。小津監督が、ホリゾント*を使用したことはありましたか。

いやあ、ほとんどないですね。小津さんの場合はほとんどセットですよね。普通ならホリゾントが映るようなところまで、セットを作って撮影してますからね。

——もうひとつ、撮影でいうと、小津監督の映画は、対話しているふたりの視線が合わないことが特徴だといわれますね。

あれはわざと、役者にレンズを見せるんです。そうすると、あっと思わせるような視線になりますよね。お互いにこうギリギリのところ見せてるんです。で、ロングに引いた場合には相似形の構図になって、目線は登場人物ふたりとも同じ方向を見せてみたりね。これは、

*ミッチェル＝キャメラなどの撮影器具を扱っていた米国の会社。

*ホリゾント＝撮影で使用する背景の壁や幕。

ずいぶん計算してますよ、やはり。

——そのほかに、レンズはいかがでしょうか。小津監督といえば五〇ミリレンズとききますが、撮影記録が残る当時のデータシート*をみると、四〇ミリの使用もあったようですね。*

そういうデータが僕のところから小津さんのところに行って、それがどっかへ行っちゃってるんですよね。撮影のとき、テストなどで（四〇ミリでの）撮影はしたけれども、そのショットを最終的に使ったか使ってないかは、もう僕のほうから離れてますからね。

——当時の記録をたどるうえでは、現存するデータシートが頼りになります。それを見ると、作品によっては非常に速いシャッタースピードを使っているところがありました。シャッタースピードで撮影時の露出を調整していたんでしょうか。

そうです。セットではシャッター開けっぱなしですよ。ロケに行けば九〇度くらいになってます。小津さんはそういうことは指定しません。露出に関しては撮影部任せです。

——撮影以外の小津監督とのエピソードはありますか。

よく後楽園に行きましたね。川崎球場での試合、撮影が終わって皆で行きましたよ。大船駅で横須賀線に座ってね。今はヤクルトですけど、その頃のオーナーが国鉄だったんですよね。

*データシート＝撮影時のレンズや絞りなどが記録されている。

***四〇ミリの使用もあった**＝映画の三五ミリフィルムにおいて、四〇ミリレンズは肉眼に近い標準的なレンズ。五〇ミリは標準的だがやや望遠のレンズ。

——監督と一緒に野球もしたそうですね。小津監督といえば好きな球団があったようですが。

スワローズは一番間違いないです(笑)。やっぱりあの球団弱かったからねぇ。巨人とタイガースだったら、小津さんはタイガース応援してたね(笑)。巨人は大嫌いですから。僕と野球見に行っても、スワローズはもう少し体の大きい選手を雇わなくちゃいかんなぁ、と言っていました。いやあ、弱いほうが好きなんです(笑)。

(聞き手:松浦莞二、宮本明子)

Profile

(かわまた・たかし) 一九二六年、茨城県生まれ。四五年、松竹に入社。『長屋紳士録』(四七年)から『彼岸花』(五八年)までの小津監督の九作品に、撮影助手として参加(『風の中の牝雞』を除く)。九三年、『小津と語る』を撮影した。

映画監督
田中康義

楽屋落ちっていうのは、作劇――ドラマ作りでは邪道なんですよね。観客には絶対分かんないわけだから。ところが、小津さんは好きなんですよ

――田中さんは『早春《そうしゅん》』（一九五六年）、『東京暮色《とうきょうぼしょく》』（一九五七年）、『彼岸花《ひがんばな》』（一九五八年）で助監督を務められます。助監督は複数いるかと思いますが、『早春』ではいかがでしたか。

僕は一番下。助監督が五人いて、五人目ですよ。普通は四人でしたけどね。それから、僕らの松竹大船撮影所は、現場の諸々《もろもろ》を記録するスクリプターがいないんです。

――そうなると、その役目は……。

助監督。助監督の、セカンドか、場合によってはサード。助監督が編集までずっと入るんです。世界中の撮影所で、スクリプター*を助監督がやるっていうのは（松竹）大船だけですよ。つまり順番で言うと、チーフが予算とかスケジュール。セカンドかサードがスクリプターだね。衣装がサード。フォースが小道具とカチンコ*。『早春』のときは僕がカチンコ打ってた。

*スクリプター＝映画の記録係。撮影中の小道具や衣装など、諸々を記録する。この記録をもとに、撮影や編集が進められる。

*カチンコ＝撮影開始時に打つ道具。

——小津組の撮影はどういうふうに始めていましたか。監督が合図を出して……。

「ヨーイ、はい」でブザーが鳴って、カチンコ。松竹大船は終わりも「はい」が多かったですね。小津さんも「はい」でした。

——その『早春』ですが、映画をみていると、どこからかカンカンという音がきこえる場面があって、気になっていました。これは何でしょうか。

長屋なんかだとよく鍋釜を直す鋳掛屋《いかけや》があって、そういう商売やってる人がいる感じで鳴らしてるね。

——現場で鳴らしてるんでしょうか。

それもあるかもしれないし、前もって録《と》っておいたのを使ってる場合もあったかもしれない。小津さんは自分が好きな音は作るんです。一回作った音でも、気に入ったのはそれを使う。『早春』以降でも、「サセレシア」って曲をずっと使ってる理由の一つはそれですよ。

——短い曲はいくつか入ってるけど、それ以外ずっと一曲で通すというのは、大胆ですね。

『東京暮色』のときなんか、確か撮影終了が四月で、ゴールデンウィークが封切りだった。撮影終わったときに作品題名と日付を書いた看板持って記念撮影するんですけど、写真みたら午前四時(クランクアップ)って書いてある。大変だった。それで『早春』の「サセレシア」って曲はね、監督と斎藤高順《さいとうたかのぶ》と吉澤博《よしざわひろし》とが喋《しゃべ》ってて意見まとまったの。最初はスネアドラムをスティックで叩いてたんだけど、音がきついと思ったんだろうね。銀のブラシみたいなのをパーカッションの人が使った。あと、メロディは村上茂子《むらかみしげこ》*のアコーディオン。『東京物語』(一九五三年)にも出て「湯の町エレジー」を弾いてた蛇腹《じゃばら》のお茂。小津さんとの集まりでは「湯島の白梅」なんか演奏するんだ、お茂さん。小津安二郎に一番近い女性でしたからね。

――集まりというと、打ち上げで小津監督は「金色夜叉《こんじきやしゃ》」をよく演じたそうですね。

あと「婦系図《おんなけいず》」だね。湯島のシーンで小津さんはお蔦《つた》をやりたがるんだ。あと宴会でよく歌うのが、「戦友の遺骨を抱いて」。「一番乗りをやるんだと　力んで死んだ戦友の　遺骨を抱いて今入る　シンガポールの街の朝……」。これは小津さん自身がシンガポールにいたでしょう。だから歌うんだよ。

小津さんの『父ありき』(一九四二年)の最後の場面、知ってる?

――列車で遺骨を……。

網棚に置くよね。今あるDVDだと、最後は汽車の音。ここで本当は「海ゆかば*」が流れるんだ。

――その部分が、今確認できる映像にはないですよね。GHQが――。

*村上茂子=アコーディオン奏者。小津と交際があった。

*海ゆかば=戦死者への鎮魂歌として位置づけられる。

いや、GHQは検閲で絶対あれを切れとは言わなかったと思う。僕は自主規制だと思う。そうでしょう。（あの場面で）海ゆかば〜って歌ってるわけじゃないんだから。そのときの汽車の音、僕が監修した小津安二郎生誕九十周年のときに全作品チェックしたんです。その頃の松竹のフィルムはひどくて、カビが生えててさ。最後に汽車が行くところ、ザザーッてすごい音なんだ。今はデジタルだからいろんな編集はしやすいけど、フィルムで音に細工するのはほとんど不可能に近い。だから前のシーンにある汽車の音をコピーして、僕がやったんですよ、その音を最後にもう一度使った。

――つまり編集をされたと。

そう。いや、そういうことしたって言ったら、先輩なんだけど、「現状を変更するってことは何とか何とか……」って偉そうに言ったんだ。だけどね、この人は助監督ちゃんとやってないって分かるんだな。小津さんは一つ汽車の音を選ぶでしょう、すると同じような光景があると、同じ音を使う。だから良いんだよ。もうひとつ音の話でいうと、『早春』のとき。録音はタイトルバックとかエンディングとか、大勢の演奏者が必要なところからやっていったね。小津組くらい予算の大きな組になると演奏家も違うわけ。黒柳徹子《くろやなぎてつこ》のお父さん（黒柳守綱《もりつな》）とか、N響のコンサートマスターなんかが来るわけだ。小津組だけなんだよ、御前演奏って、録音の前日ぐらいに監督の前で、メインの幾つかの曲をやる。それから本番。

――脚本はどうでしょうか。小津組は第一稿すなわち完成稿といわれるように完成度が高く、台詞

をはじめ修正はほとんどないといわれます。

『早春』でね、浦辺粂子《うらべくめこ》*が朝セットに入ってきて、「先生、この私の台詞直していただけないでしょうか」って言ったんだ。「(競輪で)確かな筋から聞き込みがあって八レースの四－四絶対だ」っていう台詞あるでしょ。これ最初は、八レースの「三－三」だったの。それを、浦辺粂子が「先生、三－三て目はありません」って言った。なぜ直したかっていうと、小津さんは役者に当てて脚本書いてるでしょ。浦辺粂子は競輪好きだったからね。競輪の制度《システム》が変わったんだけど、シナリオにあったのはその前の制度だった。だから脱稿した。『東京暮色』でもありますよ。菅原通済《すがわらつうさい》*が新聞読みながら、「はあ、売春防止法実施。はあ、なるほどね」って言うけど、最初は台詞はなかった。でもこの台詞を言わせた。菅原通済って人は江ノ島電鉄のオーナーで、売春防止法を実現する会みたいなのがあって、会長か何かやってた。だから自分のやってることの記事だ。それだと言いやすいじゃん。楽屋落ちですよ。本来、楽屋落ちっていうのは、作劇——ドラマ作りでは邪道なんですよね。観客には絶対分かんないわけだから。ところが、小津さんは好きなんですよ。

——そんなふうに台詞を変えるときは、(一緒にシナリオを書いた)野田高梧《のだこうご》*に相談していたんでしょうか。

してるかどうかは分かんない。でも後から言ってると思うんだ、この程度なら。他にも麻雀屋のオヤジが「熱田さん、ラーメン直《す》ぐにきます」って言うでしょう。撮影監督の厚田雄《あつたゆう》春《はる》*が麻雀好きなわけ(笑)。撮影中に監督が席はずすと、ブーブー「俺はラーメンなんか頼ん

＊浦辺粂子＝女優。一九〇二〜八九年。『早春』ではおでん屋を経営する母親として登場。他監督の出演作に『稲妻』『雁』『赤線地帯』など。

＊菅原通済＝実業家。一八九四〜一九八一年。江ノ島電鉄をはじめ複数の会社の社長を歴任。政界でも活躍。一方で『東京暮色』『秋日和』など小津作品ほか映画数作品に出演している。

＊野田高梧＝脚本家。一八九三〜一九六八年。小津の監督デビュー作『懺悔の刃』で脚色担当。以降、脚色、脚本など小津と長く組んだ。『晩春』以降は小津との脚本共同執筆を続けた。著書に『シナリオ構造論』がある。

＊厚田雄春＝撮影監督。一九〇五〜九二年。小津組には第二作『若人の夢』で撮影助手につき、『淑女は何を忘れたか』で撮影監督に昇進。以降、松竹の全小津組作品を担当した。

でねえ」って(笑)。あの人ロケなんかで麻雀やるとね、五目焼きそば頼む(笑)。あの頃、ラーメン五〇〇円なら五目そばは一〇〇〇円くらいするからね。もうおかしいから、助手やら何か側《そば》にいる人が、笑いこらえるのにたいへんだった(笑)。

——田中さんが最後についた『彼岸花』ではどうでしょう。

『彼岸花』(一九五八年)は、あるシーンがなくなったんだよ。病院の、ちょっとした場つなぎの場面。階段の踊り場で、二人で立って窓のほう向いて、窓から斜めに強い陽が当たってる天気のいい日。二人とも芝居のできる女優さん。「ああ、いいお天気」「ねえ、お昼東興園行かない。美味しいのよ。焼売《シュウマイ》ライス」って。撮影はしたけど、試写ではなかった。

——では編集で切ったのですね。いつでも脚本通りというわけではない。そうした撮影の中で、小津監督について思うことは。

僕は小津安二郎って人についていつも同じこと言うんですが、さりげなさと佇《たたず》まいの良さ。作品もご本人もそういう人。素敵です。ほら、監督としてはすごくいい映画を撮るけど、人間的にはあのクソ野郎って思う場合だって当然あるわけですよ(笑)。もう前になるけど、一九五五年、僕が小津組についたときの話。先輩の一人が小津さんに、「先生は豆腐屋だって聞いたんですが、あれはどういうことでしょうか」って聞いたんだ。小津さんの、「俺は、豆腐屋だから」ってことばがあるでしょ。「絹や木綿、揚げやガンモまでなら作るけど、ハンバーグやステーキを作れって言われても作れない」って。そのとき僕らは顔合わせでね、チーフ、セカンド以外は小津さんと仕事初めてだった。本当は今村昌平《いまむらしょうへい》*がつくはずだったのが『東京物語』のとき抜けちゃって。そこで、僕がふと思ったことが止まらないで口から出ちゃったんだね、「豆腐屋ならオカラもできますね」って。凄《すご》かったよ。サッと静まった。

――みんな黙ってしまった。

一瞬、あっ、しまったって思ったけど間に合わなかった(笑)。そのときは梅雨に入ってて、絹のような雨が降ってた。葉っぱに当たる雨音が聞こえるくらい、サーッて静まり返った。慌ててね、「オカラは母親の味だ」って。「炒めて醤油や砂糖で味付けしたら大変いいですよ」って弁解した。そしたら小津安二郎はね、「ああ、そうなんだ。オカラはな、京都のいい料亭でもな、ちょっとした一品になるんだ」って言ってくれたんだ。救われたね(笑)。

(聞き手:長門洋平、正清健介、松浦莞二、宮本明子)

*今村昌平=映画監督。一九二六~二〇〇六年。代表作に『赤い殺意』『復讐するは我にあり』『楢山節考』『うなぎ』など。

Profile

(たなか・こうぎ) 一九三〇年生まれ。五五年、松竹大船撮影所入社。『早春』『東京暮色』『彼岸花』に助監督として参加。監督を務めたドキュメント『小津と語る』(一九九三年)は、ヴィム・ヴェンダースやアキ・カウリスマキらに取材し、高い評価を得た。著書に『豆腐屋はオカラもつくる 映画監督小津安二郎のこと』(龜鳴屋、二〇一八年)。

映画監督

篠田正浩

『東京暮色』は暗い。ものすごく暗い。暗さが、僕にはなんとも言えず良かった

――篠田監督が『東京暮色』に参加したのは――。

一九五七年でしたね。封切りを早めた松竹の命令で、珍しく小津監督が残業を強いられた。そのため小津組が人手が足りなくなって、助監督一人派遣してくれっていうわけ。小津組っていうのは、句会をやるくらい風流なんだね。そういう結束の固い一座の中に僕が呼び出されて、弱ったなと（笑）。

――それは撮影が始まって、どれくらい経った頃ですか。

食卓で、母親が自分を捨てた女だということを知った直後の、有馬稲子《ありまいねこ》*がふてくされている場面だったな。残り六割ぐらいのところです。毎日二十一時、二十二時まで撮影してた。

*有馬稲子＝女優。一九三二年～。小津映画では『東京暮色』『彼岸花』で主演。岸惠子・久我美子らとともに「文芸プロダクションにんじんくらぶ」を設立した。

——小津組も残業があったんですね。篠田監督の担当は——。

カチンコ係だね。

——小津監督の映画にどのような印象を持っていましたか。

松竹の中で一番好きでしたね。試写で制作（進行）の清水富二《しみずとみじ》*と『浮草物語《うきくさものがたり》』*（一九三四年）を見て、戦前蒲田の映画はやっぱりいいなあなんて思ったりもしたんですけど。（僕が入社した）一九五三年といえば、溝口健二《みぞぐちけんじ》が『雨月物語《うげつものがたり》』、黒澤明《くろさわあきら》が『七人の侍《しちにんのさむらい》』、小津安二郎が『東京物語』を撮るゴールデンタイムだった。

——小津監督が、試写で篠田監督に意見を求めたと聞いたのですが——。

オールラッシュ*のときだね。本社から城戸四郎《きどしろう》社長も来ていた。こっちは残業で散々こき使われたわけだから、もう試写室の一番隅っこで寝ようと思ってた（笑）。そうしたら、小津さんがスクリーンのほう見ながら、「篠田はおるか」。声が響いた。城戸四郎が正面にいるし、名だたる助監督がいるのに、応援の僕にいきなり声がかかった。「篠田はおるか」。「はいっ」。「お前はよそもんだから、俺の映画を客観的に見られるだろう。見終わったら感想を言うように」。「はいっ」。

——映画を見終わった。朝になっていて、一杯飲もうということになった。映画についての話をスタッフから聞こうと思ったんだね。助監督部と製作部とが一緒になって、朝の湯豆腐を作るんだ。鎌倉の円覚寺《えんがくじ》の門前町にある豆腐屋が朝四時に開いてるから、その豆腐を

＊清水富二＝松竹の映画スタッフ。小津映画では制作進行という、映画制作全般に関わる役職を担当した。

＊『浮草物語』＝小津が大映で撮った『浮草』（一九五九年）の元になった作品。

＊オールラッシュ＝台本通りに編集したフィルムの試写。

買って火をおこして。月《つき》ヶ瀬《せ》って、撮影所の真ん前にあるレストランの一室に陣取って、湯豆腐を始めた。「俺は豆腐屋だから豆腐しか作れない」っていうのは小津安二郎の言葉だけれど、クランクアップもそうやるのかって思ったんですよ。冷酒で、皆で回し飲みを始めた。篠田どうだ感想を言えって、いつ言われるのかと思って待ってた。でもね、待てど暮らせど言わないんだよ。不機嫌なんだ。とっても不機嫌なの。篠田どう思うって、とうとう言わずに終わっちゃった。そのぐらい自分じゃ不出来だと思ったんだと思う。

――でも篠田監督は――。

僕はね、とってもいい映画だと思ったの。世評でも小津映画の中で一番劣悪で、ベストテンの中にも入っているか入っていないかという作品にされてしまったけれどね。

――とってもいい、というのはどんなところですか。

暗い。ものすごく暗い。暗さが、僕にはなんとも言えず良かった。だって、有馬稲子が堕胎するわけでしょう、男に振られて。怪しいお医者さんのところまで行ったりもするわけだけれど。小津さんようやってくれたなって。ネタ元は一九五五年の『エデンの東《ひがし》』なんですよ。まるっきりの盗作といっていいと僕は思っているんですけれども(笑)。

――当時から『エデンの東』が元とされていたんですね。ところで、小津監督が最晩年の新年会で、吉田《よしだ》喜重《よししげ》*監督につっかかっていったと。その後、篠田監督が鎌倉駅まで小津監督を見送ったと聞い

*吉田喜重＝映画監督。一九三三年〜。一九六〇年に『ろくでなし』を初監督。松竹ヌーヴェル・ヴァーグの一翼を担った。『小津安二郎の反映画』(岩波書店)で一九九九年、芸術選奨文部大臣賞を受賞。

ています。

鎌倉の華正楼《かせいろう》(中華料理店)でね。一九六三年の監督会の新年会があった。僕は『乾いた花』がお蔵入りになった頃だった。その頃、映画界の前途はどん底だったわけです。でも監督会なんていうのは、沈没寸前でも艦長は船から離れないぞっていう、今考えると最後の晩餐《ばんさん》だったんだ、松竹大船の。一通り酒が回ってきた頃かな、正面にいた小津さんが、つかつかっと、僕の前に座るかと思いきや吉田の前に座った。吉田が一番末席で、僕が隣にいた。吉田君飲みたまえって、酒をついで。吉田君、俺は小林《こばやし》(正樹《まさき》)＊や木下《きのした》(恵介《けいすけ》)＊は好きだけど、吉田君、君は嫌いだよって。君なんかに俺の映画が分かってたまるかって言い出したんだ。

――変なこと言う人だなって思ってね。「シナリオ」っていう雑誌にね、吉田が現場の人間としての視点から、小津は時代に媚《こ》びていると。素直に老残《ろうざん》を示せばいいのに、って発言をしたらしいんですよ。僕はその発言を知らないんですけれど、吉田らしい、知的な分析だと思うんですよ。

――吉田さんの率直な分析だったわけですよね。

そう。全然非難されることはないと思うんですよ。まだ続きがあって、俺は、橋の下で菰《こも》をかぶってね、客をひく女郎《じょろう》だ、って。吉田君、君の映画は橋の上で声をかける女郎だよ、お上品だよって。僕はそれ聞きながら心の中で、橋の下の女郎っていうのはローアングルのことかと思って(笑)。そこに、吉田の師匠が木下恵介だったから、木下さん割って入って。「オッちゃん何言ってんです。大監督が、そんな後輩いじめてもしょうがないですよ、駄目《だめ》

＊**小林正樹**＝映画監督。一九一六～九六年。主な作品に『人間の條件』『切腹』など。

＊**木下恵介**＝映画監督。一九一二～九八年。小津安二郎らの助監督を経て『花咲く港』を初監督。『カルメン故郷に帰る』『二十四の瞳』など多数の名作を生み出した。

ですよ。沽券《こけん》に関わるよ」って。そしたら小津さん、「木下、俺お前が好きだよー」ってキスしてね(笑)。もう退《ひ》け時だと小津さんが悟《さと》って収まった。それで、誰か小津さんを送ってかないかと。鎌倉に住んでたのが僕しかいなかったもんで、車を呼んで。そうしたら小津さん、「篠田、もういっぺん飲もうよ」。「駅前の弁天寿司《べんてんずし》だ」。すると木下さん、「僕もついてく！」って言って。

——篠田監督は、皆さんから人気だったと聞いています(笑)。

木下さんが割って入って三角関係になった(笑)。そのままハイヤーに乗って、駅前の弁天寿司に入った。そこで小津、木下と並んでいたわけ。そのときに木下さんが、「さっきの吉田に対する態度は何事ですか」ってお説教を始めた。「小津さんのところからはどう考えても、いい監督が生まれてませんね」って。「僕を見てくださいよ。小林正樹、松山善三《まつやまぜんぞう》*、吉田喜重。全部、私の組ですよ」って。そしたら小津さん、「木下、何かい。映画監督ってのは、助監督を映画監督にするのが仕事かい」って。吉田とはまだ続きがあって、その同じ年、小津さんが癌《がん》で入院したとき、吉田と岡田茉莉子《おかだまりこ》*が夫婦で見舞ったら、「吉田君、映画はドラマだ。アクシデントではない」って言った、という話もあります*。

——そして、『乾いた花』試写会が、ちょうど小津監督が亡くなった日でしたね。

一九六三年の正月、ヨーロッパ旅行から帰ってきた石原慎太郎《いしはらしんたろう》*が「映画どうなった？」って言うから、お蔵入りになってるよって言ったら、俺に見せてくれよと。彼と二人っきりで

＊松山善三＝映画監督、脚本家。一九二五〜二〇一六年。『名もなく貧しく美しく』で監督デビュー。『人間の條件』『乱れる』などの脚本でも知られる。

＊岡田茉莉子＝女優。一九三三年〜。岡田時彦の娘で、小津映画には『秋日和』『秋刀魚の味』に出演した。

＊朝日新聞「語る　人生の贈りもの」二〇一八年四月。

＊石原慎太郎＝作家、政治家。一九三二年〜。主な作品に『太陽の季節』など。

松竹築地本社の試写室で見た。そうしたら、傑作だよと。絶対上映させようということで日生劇場で試写会をしたんです。それが十二月十二日だった。満席だった。映画は前評判高かったから、みんなうきうきしてたんだね。僕は、皆がどんなリアクションをみせるのか、席に座らないで劇場の一番後ろの扉に立って客席を眺めていた。カーテンが上がって、映画が始まった。賭博の場面だ。僕は相当自信を持ってたわけ。

　そしたらお客が次第に一人立ち、二人立ちして出ていく。あれ、やっぱり駄目だったか、松竹が言う通りお蔵の映画なのかと思っていたら、読売新聞の映画部担当の記者が通ったんだ。おいお前、終わるまで見ていけよ、って言ったら、「いや違うんだ」。「今、会社から、小津安二郎が死んだっていうんですぐ記事にしなきゃいけないんだよ。予定原稿ができてたらいいんだけど、――失礼」。僕も大船監督会の幹事をやってましたからね、東京・御茶ノ水の東京医科歯科大に行きました。小津さんの遺体は解剖中でした。当時、医科歯科大の解剖室は病院の外のバラックの中にあって。そうしたら杉村春子《すぎむらはるこ》＊さんが駆けつけてきていた。解剖室から音が聞こえてくるんです。あれは何、と聞かれて、あれは先生の骨を切ってる電気ノコギリでしょうって言ったら、杉村さんがうわって泣き出して。そっちの面倒も見なきゃいけなくなって。それが一九六三年十二月十二日の、午後七時か八時だった。小津さんの六十歳の誕生日だったから、よく憶《おぼ》えています。

――小津監督は篠田監督の作品を見ていたのでしょうか。

　木下さんと僕と小津さんと三人きりになって弁天寿司で飲んだときだったね。木下さんが、

＊杉村春子＝女優。一九〇六～九七年。演劇界、映画界で活躍した日本を代表する女優の一人。小津映画には『晩春』で初出演。小津からも気に入られ、以後の作品に多数出演した。小津組の〝四番バッター〟と呼ばれたことも。

そうだ小津さん、あなたの血を引くのがここにいる篠田だ、篠田の映画はいいですよ、見たことありますかって言ったら、「見たことない」って。見てるに違いないけど(笑)。気に入らなかったにちがいない。

(聞き手：松浦莞二、宮本明子)

Profile

(しのだ・まさひろ) 一九五三年、松竹入社。『恋の片道切符』(六〇年)で監督となり前衛的な作品を発表。六七年、独立プロ「表現社」を設立し、自主制作を始める。主な作品に『心中天網島』『沈黙』『瀬戸内少年野球団』、『鑓の権三』(八六年、ベルリン国際映画祭銀熊賞受賞)、『スパイ・ゾルゲ』など多数。著作に泉鏡花文学賞受賞の『河原者ノススメ――死穢と修羅の記憶』、『路上の義経』など。最新作は『卑弥呼、衆を惑わす』(幻戯書房)。

撮影監督

兼松熈太郎

宝塚ファンだったからね、監督。作品の完成祝いで歌うのは、「すみれの花咲く頃」だったね

――兼松さんは『彼岸花』（一九五八年）、『お早《は》よう』（一九五九年）、『秋日和《あきびより》』（一九六〇年）で撮影助手です。小津組の撮影は、いつもどのように始まるんでしょうか。

兼松　毎日ね、九時になると「小津組、小津組、ただいま第一ステージで撮影開始します」ってアナウンスが流れる。前の日に決めてあったポジションにキャメラを置いておくと、九時十五分くらいかな、（プロデューサーの）山内《やまのうち》（静夫《しずお》）さんが迎えに行って監督が来る。そこで監督が台本をぽーんと置く。台本には全部カット割りが書いてあって、色分け*してあるんです。赤色とか、黄色とか。これをその場で助監督が全部書き写すの。僕らはその色を追いながら、あぁ今日は二十カットだな、四十カットだな、ということが分かるんです。

――カット数は、当日になって分かるんでしょうか。

*色分け＝アップやロングショットなどショットの種類ごとに色分けされていた。

※このインタビューは菅野公子氏、満井坦彦氏も迎えて行われた。菅野氏は厚田雄春三女。満井氏は厚田雄春のもと撮影に携わったキャメラマン。ただし、小津組には参加していない。

兼松　当日。他の監督は絶対に台本を見せないからね。他の組だと、その日何カットあるかってことも分からないんです。

――だいたい一日で何カット撮影するんでしょうか。

兼松　四十、五十じゃないですか。でも四十っていっても順撮り*じゃないから、そんなに大変でもない。同じ構図も多いから。

――小津監督が若い頃に、撮影のとき、どうしても案がなかったらキャメラを切り返せ*と指示したそうですね。それで演出を考える時間を稼ぐんだと。

兼松　へぇー。僕だって、キャメラマンになって、迷ったりするじゃない。そういうときはもう切り返しますよ。セッティングに時間かかんだ。そのあいだに考える。

――機材はどうでしょうか。たとえば、レンズや絞りなど、小津組の特徴があるのでしょうか。

兼松　僕らは会社から、「はい、小津組はこれ」「大庭組はこれ」って決められていました。今回のレンズがいいとか悪いとかはなかった。セットの場合だと、絞りは三・五かな。ちょっとパン・フォーカス*なんかして絞ろうかというときは五になったりします。だから、他の組ともそう違いはないですね。あと、小津組で不思議なのは、マイクが部屋の真ん中の高いところに一本ぼんっ、とあるだけなんだよね。

＊順撮り＝場面を冒頭から末尾まで順番に撮影していくこと。一般には行われない。

＊切り返せ＝キャメラを一八〇度反転させて撮影することを「切り返し」という。たとえば、対面している二人を撮る場合、その二人を交互に撮影すること。

＊パン・フォーカス＝焦点を手前にも奥にもあわす撮影手法。レンズの絞りを使って行う。

――一本だけで録音できてたんですか。

兼松　そう。それを録音部が用意するんだけど、僕ら撮影部はね、たとえば九時なら九時にセット入りして準備してる。でも録音部は、僕らが準備した後にマイクの棹《さお》を出す。だからマイクに影ができちゃうのね。調整しなきゃいけない（笑）。それから、みんな小津組っていうとローアングル、ローアングルっていうけどね、僕はそんなに感じたことないんですよ。加藤泰《かとうたい》*さんみたいにさ、あんな下のほうから足の裏をなめるようなことはないからね。

――よく小津の撮影では会話のシーンで登場人物の目線があってないと言われます。

兼松　（小津監督にとっては目線の一致は）どうでもよかったんじゃないかな。普通、僕らはですよ。原さんを撮るときは左見てたから、司さんは（それに対応するように）右だってやるじゃない。（小津監督は）目線をキャメラの横に誘導して、「もうちょい右だ、もうちょい右だ、もうちょい右だ」とやっているうちに、センターを越えちゃう。俺たちにしてみると、「あれ、おかしいな」と思う。でも監督はそれでいいって言うんだから、それでもうＯＫですよ。

――最初に兼松さんが参加した『お早よう』の現場はいかがでしたか。小津監督はスタッフに優しかったという話をよく聞きます。

兼松　それは全くその通りですよ。僕らが何かちょっとミスするでしょ。そうすると（撮影監督の）厚田さんが怒るわけですよ。そしたら監督が、「厚田、怒るな」って、それで終わ

＊加藤泰＝映画監督。一九一六～八五年。代表作に『明治侠客伝　三代目襲名』など。極端なローアングルで知られる。

り。『お早よう』は全部ロケに見えるかもしれないけど、家の中はセットで、室内から外は大船の撮影所。土手から上は多摩川。その家の中で、田中春男《たなかはるお》*がご飯食べてるところありますね。いつだったか、小津組ってテストが長いでしょ。田中さんが置いてある沢庵《たくあん》をひとつつまんだんだ。そしたら監督が、「田中さん、誰が沢庵食べろって言った」って。

――沢庵も画面の構図の計算に入っているわけですね。

兼松　もちろん冗談なんだろうけどね。『彼岸花』でも高橋貞二《たかはしていじ》*が、バーでピーナッツ食べるところあるでしょ。あれ、何度やってもOKが出なかった。その日の夕方になってもOKが出ない。次の日にやっとOKになったんだ。「ピーナッツ、ピーナッツ」って言って食べるだけなんだけど。そんなところは厳しかったね。それから、食べ物は、お酒もそうだけど全部本物。『秋刀魚《さんま》の味《あじ》』（一九六二年）のとんかつ屋があるでしょ。吉田輝雄《よしだてるお》*と佐田啓二《さだけいじ》*が出てくるところ。普通だったらとんかつなんて、お肉屋さんで買ってきたり小道具が部屋で揚げてきたりするんだけど、上野の蓬莱屋《ほうらいや》ってとんかつ屋を呼んで揚げさせていましたね。

菅野　吉田さんはとんかつ嫌いで食べられなかったと父から聞いていています。だから、映画で佐田さんは食べているんだけど、吉田さんは背中になっているんですよね。

兼松　映画に出てくる絵にしてもね、普通だと素手で作業するけど、小津組は本物だから触れないんですよ。作業のときは小道具が手袋してました。橋本明治《はしもとめいじ》*とか、東山魁夷《ひがしやまかいい》*の絵が

*田中春男＝俳優。一九一二～九二年。黒澤明の戦後の作品や『早春』以降の小津作品に度々出演した。

*高橋貞二＝俳優。一九二六～五九年。佐田啓二、鶴田浩二とともに「松竹大船の三羽烏」といわれ、『早春』以降の小津映画に出演した。

*吉田輝雄＝俳優。一九三六年～。小津映画では『秋刀魚の味』に出演。

*佐田啓二＝俳優。一九二六～六四年。『彼岸花』以降の小津映画に出演。私生活でも小津と親しくしていた。中井貴恵・貴一の父。

*橋本明治＝画家。一九〇四～九一年。カラー以降の小津の映画にその日本画がたびたび登場する。

*東山魁夷＝画家。一九〇八～九九年。昭和を代表する日本画家の一人。

ありましたね。撮影が終わると、それを撮影所の金庫に入れる。いつだったか、たまたま日曜に撮影することになったの。でも、絵が金庫に入っちゃってるからないんだ（笑）。「だから日曜なんか仕事することないんだ」って小津さんは言ってたよ。

――そして『お早よう』には、レンズや絞りなどの撮影情報が書き込まれた記録が残っていました。（記録を見せながら）表紙には、「ＫＫ」というサインもみえます。

兼松　これね！　撮影しながら僕が書いてましたよ。どこをどう撮ったのか、記録するためにね。小津組って、記録係がいないんです。だから、残業して書いてた。そうすると残業代出るでしょ（笑）。そういうことも含めて、誰かが考えたんじゃないかなあ。この記録ノートは何年か前、東大でデジタル化したんだけど、そのとき貸してからまだ一部返ってこない（笑）。困ったと思ってね。そのときの借用書、いまだに手元にあるよ（笑）。もともとこの記録は僕が松竹辞めたあと、厚田組のロッカーにしまってあったのを、厚田さんについてた満っちゃん（同席する満井《みつい》坦彦《やすひこ》）が持ってきてくれたんだよ。

――厚田組のお話も出ましたが、撮影監督の厚田雄春さんは撮影以外に、照明指示を出すことはありましたか。

兼松　ありました。

菅野　一応、照明マンはいたけどね。

兼松　小津組はキャメラから何から監督が決めた、って皆さん思っているだろうけど、実は違うんです。撮影監督は厚田さん。撮影監督のいちばん大事なことって、露出を決めることなんですよ。その画《え》の明暗を決める。露出に関しては小津さん何も言わないからね。すべて厚田さんがやっていたわけ。世界に通用する撮影監督システムの最たるものは、僕は小津組だと今でも思っていますよ。厚田さんが本当の意味の撮影監督だと。

――海外では撮影監督が照明も決めますが、日本の場合は、照明監督も地位が高いと思います。厚田さんは照明の指示もしていたわけですが、撮影部と、照明部との連携はいかがでしたか。

兼松　大船撮影所はやっぱり撮影部がしきってましたよ。僕がついてた頃はね。

――その撮影ですが、小津組ではときどき瓶《びん》が登場します。廊下や部屋の一角に……。

兼松　そう。あれは厚田さんのアイデアですよ。画面にビール瓶が映っているのはなんでかっていうと、画面がしまるから。手前にあると、瓶が大きく映って構図が決まらない。それを避けるために小さいのを用意した。そうしたら、監督が、それがいいって。

――そういったビール瓶などの小道具の位置を、厚田さんが決めることはありましたか。

兼松　それはすべて小津監督ですね。でも、照明はすべて厚田さんの指示。たとえば、赤い色のヤカンを置くじゃない。置いた場所が影の部分だったら映らない。じゃあ照明をあてようって。

――監督が構図を決めたら、きれいに映るように厚田さんが合わせるってことですね。

兼松　そう。あと、厚田さんのライティングの特色のひとつは、電気を消すような場面だね。普通なら、照明が消えて真っ暗になる。それで終わりなんだけど、厚田さんの場合はそうじゃない。消した瞬間に、別の弱いライトが点《つ》くの。他の人はそんなこと絶対やらない。厚田さんの、真っ暗闇のライティングの特色です。

満井　何かちょっと、フワッと消えた感じを出したいんだろうなぁ。

兼松　そう。消えたんだから真っ暗でいいや、っていうんじゃ映画にならない。

菅野　撮影のときでも、(電車が鎌倉から)東京来るまでに、どこのところで柱がぶつかるとか、父は全部自分の頭のなかに入ってた。電柱が待ってる場所とか……。

――厚田さんの列車好きについてはよく聞かれる話です。

兼松　そう。それは本当に厚田さん詳しい。たとえばね、軽井沢とかにロケ行くじゃない。そうすると、「この陸橋越えると、電信柱が三本あるから、それを過ぎたら回せ」とかね。ロケで思い出すのは『秋日和』ね。伊香保《いかほ》の榛名湖《はるなこ》の情景ショットがあるでしょう。窓枠があって、向こうに山がみえるところ。

——原節子《はらせつこ》さんと司葉子《つかさようこ》さんがいる店の窓枠ですね。

兼松　普通なら、撮影するのにスタッフは何人もいらない。でも、小津組はスタッフ全員で行ってるんです。演出部から大道具小道具から。それでね、あの場面を撮影するのに、窓枠を持って行ったんです。

——その『秋日和』の榛名湖ロケでは、厚田さんが、集合写真撮影のシーンにも出演しています。

兼松　そう。厚田さんだけじゃなくて他のスタッフも出てますよ。僕の上にね、後に加藤泰監督の映画を撮った丸山恵司《まるやまけいじ》*さんってキャメラマンがいるんですが、彼なんか小津さんに可愛がられて、『彼岸花』でラーメン屋の店員で出演しています。

——そして『秋日和』です。兼松さんが参加した、小津組最後の作品ですね。

兼松　撮影のときにね、司葉子が、はじめて小津組に出るんで挨拶に来たんだよ。僕は撮影のスイッチをいじってた。そしたら、何してるんだろうと思ったんだね、彼女が入ってきて、「それは何をやってるんですか」って。こっちは「こうやってスイッチを押すとキャメラが回るんです」と答えた。そしたら、監督が見てたんだろうな、「熈太郎くん。監督より先に葉子ちゃんと口きいちゃだめじゃないか」って(笑)。もちろん冗談だけど、そういう先生でしたね。

＊丸山恵司＝キャメラマン。主な参加作品に加藤泰監督の『ざ・鬼太鼓座』など。

——『秋日和』には岩下志麻《いわしたしま》さんも出ていましたよね、案内係の役で。

兼松　そう。三カットくらいだったけど監督がね、「おい熙太郎くん、若者から見て、岩下くんどう思う」って。「いや、清楚でいいんじゃないですか」って言ったんだ。そしたら『秋刀魚の味』(一九六二年)で主役だもんね。

菅野　そのあと、先生のお気に入りは宝塚《たからづか》の加茂《かも》さくら*さん。父が「今度は加茂さくらさんなんだ」って言っていました。実現しなかったけれど。

兼松　宝塚ファンだったからね、監督。作品の完成祝いで歌うのは、「すみれの花咲く頃*」だったね。

(聞き手：伊藤弘了、島田虎之介、中村紀彦、正清健介、松浦莞二)

Profile

(かねまつ・きたろう)　一九五七年、松竹大船撮影所入社。『彼岸花』『お早よう』『秋日和』撮影助手。多数の劇映画、PR映画の撮影に携わり、平成二十三年度文化庁映画功労賞、平成二十六年度日本映画テレビ技術協会栄誉賞受賞。二〇〇二年から日本映画撮影監督協会理事長、〇四年から撮影助手育成塾塾長。

***加茂さくら**＝女優。一九三七年〜。宝塚歌劇団で活躍していた。

***「すみれの花咲く頃」**＝宝塚歌劇団を代表する歌の一つ。

キャメラマン

田邉皓一

競輪の優勝選手全部集めたの。小津組っていったら超一流が集まるんです

――田邉さんは東宝《とうほう》で『小早川家の秋《こはやがわけのあき》』（一九六一年）の撮影に参加しています。このときは何歳でしたか。

二十九か三十かな。僕は黒澤組やってて、黒澤監督はものすごく厳しい人でね、助手のサードでもフォースでも怒るんです。お前が失敗したら全部はじめからやり直ししなきゃならないと。絶対失敗するなと。ところが小津監督は温厚でね。一週間で全スタッフの名前覚えちゃう。これはびっくりしました。（セット足場の上にいる）二階の誰々さんなんて本名呼ばれたら、よう働く働く（笑）。「もうちょっと電灯降ろしてくれ」なんて言われたら、照明部五、六人くらいで電灯降ろしてましたね。小津さんは、（画面に）電灯を入れるの好きでしょう。

――画面構成も独特ですよね。

キャメラアングルもローが基準ですから、工作部に頼んで、オリジナルの低い三脚を発注して作りました。それまではカニ脚って三脚を使っていて、どうしても高さ四〇センチぐらいになる。小津さんはもう少し低いほうがいいって言うんでね。覗《のぞ》くときも地面ギリギリになりますから、潜望鏡みたいなの作らせて、ファインダーに取り付けましたよ。そうしたらたいへん喜んで。助かるよって。大映の『浮草《うきぐさ》』(一九五九年)のときも、こんなのは作ってないと思います。あと、僕は作品タイトルも撮りました。

――映画のオープニングタイトルですね。あれはどうやって撮ったんですか。

まず、背景だけ撮る。次に白でタイトルや名前書いて、秒数通り撮っていく。そしてそれを合わせる。ここの文字をこの色にする、とかは監督の指示だったと思います。

――あの文字に色を塗っていた人は誰でしょうか。

クレジットには載ってないけれど、三上嘉男《みかみよしお》さんという人です。現像所で監督の指示通りに文字に色をつける人。昔は全部書いてたんですよ。メインタイトルとか、役名とか名前とか。

――色も特徴的ですね。小津作品では(ドイツの)アグファ社のフィルムが使われています。アグファは赤の発色が良いそうですね。

うん。小津監督は赤が好きでね。僕、大映で聞いたんだけど、『浮草』を撮影した宮川一夫《みやがわかずお》＊さんは青が好きで、青い灰皿持ってくるんだけど、いつの間にか小津さんが赤いのに変えちゃってる（笑）。それを嫌がって、宮川さんは赤を引っ込めるんです。赤系は目立つから、キャメラマンは嫌がる。東宝でもアグファを使っている人はいましたよ。堀川弘通《ほりかわひろみち》＊監督の『裸《はだか》の大将《たいしょう》』（一九五八年）とか、成瀬巳喜男《なるせみきお》監督の『鰯雲《いわしぐも》』（一九五八年）とか。宝塚でアグファカラーで撮影したのは十三本もありました。あと驚いたのがね、監督の部屋の床の間に一斗《いっと》樽《だる》が置いてあったんです。葉巻の箱も十ケースぐらい積んであった。先生は持っていきなよって。僕ら遠慮してね、二、三本ぐらいしか貰《もら》えない（笑）。

――黒澤組は厳しかったようですが……。

そう。全然違うの！　宝塚映画は、撮影所がたいへん家族的でね。仕事に来られた監督さんも俳優さんも、気楽に構えることなくお話のできる場所だったと思うんです。あと、下着を買ってきてくれないか、って制作進行に一万円渡したら、それは先生が「ダースで」買うってことだったんです。ワイシャツや帽子もね。トレードマークのあのピケもです。びっくりした。これが巨匠かなって（笑）。撮影のときも、和室に横額があったんです。でも横額に合う絵がない。美術は下河原友雄《しもがわらともお》＊さんでしたけど、下河原さんは最初の打ち合わせにいて、本番はうちの近藤司《こんどうつかさ》＊っていうのがほとんど任されてました。その近藤――近ちゃんが、困ってね。先生どうしましょうか、って言ったら、監督が「俺今日帰って描いてくるよ」って。そしたら、色のついたカクテルグラスが並んだ絵を持ってきて、「近ちゃんこれ飾んなよ」っ

＊宮川一夫＝キャメラマン。一九〇八～九九年。『羅生門』『雨月物語』『祇園囃子』など多数の撮影に関わる。フィルムの発色部分の銀を残す「銀残し」の技法も生み出した。

＊堀川弘通＝映画監督。一九一六～二〇一二年。『女殺し油地獄』『裸の大将』など。

＊下河原友雄＝美術監督。一九一七～七八年。小津監督作品では『宗方姉妹』『浮草』『小早川家の秋』と、松竹以外の作品の美術を担当した。小津を私淑し、私生活でも交友があった。

＊近藤司＝美術監督。一九三一～二〇一二年。黒澤明監督『姿三四郎』をはじめ、木下恵介、成瀬巳喜男、島雄三などの作品に従事した。

て。その絵がピッタリ。旅館で描いたんだよ、っておっしゃっていました。

――自ら描いた。小津組はセットの中の絵画も本物を使う、といいますね。

そう。本物だから、昼休みには倉庫に入れて鍵をかけてて、番人がいたんです。あとは石灯籠《いしどうろう》。重くて大変なんだけど、これも本物です。

――小津監督と話す機会はありましたか。

結構話しましたよ。助監督連中はもう緊張しちゃって、ハイッハイッて言ってたけど、僕らはぶっちゃけて聞くんです。先生どうして移動車使わないのですか、どうしてローアングルなんですか、とかね。そしたら、「あのなぁナベさん、俺、蒲田時代にね、豊田四郎《とよだしろう》*と成瀬巳喜男が午前中移動車使う、俺には午後に貸してくれるって。でもあいつら全然貸してくれない、午後も貸してくれない。ええい、もういいわいって。俺は一切移動車使わないって決めた。それ以来使わないんだ」と。「ローアングルはね、そのほうが見やすいんだよ」って。昔、映画館のスクリーンは舞台のちょっと上、客席から見るとだいぶ上にあったんです。アイレベルよりスクリーンがちょっと上にあるから見やすいんだと。

仕事の後、飲みに行くときは六時か五時ごろ集合して、だいたい十人ぐらい。監督と役者、メインスタッフ、脚本の野田《のだ》（高梧《こうご》）さんご夫婦がいらっしゃいました。食事終わるとね、キャメラの中井朝一《なかいあさかず》*さんが「僕が踊ります」って踊り始めて、最後、野田さんと小津さんがふたりで踊る。連れ合いみたいに踊るんです。うまいことねぇ。ふたりとも夏でも浴衣着て、

*豊田四郎＝映画監督。一九〇六～七七年。『雁』『或る女』『夫婦善哉』『暗夜行路』など、文芸作品を多数監督した。

*中井朝一＝撮影監督。一九〇一～八八年。『わが青春に悔なし』『生きる』『七人の侍』から『影武者』『乱』までの黒澤明作品の多くを撮影した。

白足袋《たび》履いてました。その踊りを見ないと僕ら帰れないの(笑)。でもまあ、十時には終わりますけどね。あと監督は、宝塚にある門樋《もんぴ》って旅館を気に入られました。黒澤監督もよく泊まった所です。古い所で、便所の匂いがする。昔は汲《く》み取り式でしょ。小津監督は「あの匂いが堪《たま》らんのだよ、田邉君」って。びっくりしました。小津さんの部屋も二階だから、かすかに臭《くさ》いんです。先生よう我慢しますねって言ったら、「これがいいんだよ。昔懐かしい」って。その旅館はもうないんですけど、川縁《かわべり》で、宝塚大花火大会がよく見えてね。先生に飲みながら花火見てもらうのに、京都の川床《かわどこ》みたいなのを大道具が作ったこともありました。撮影は宝塚でしたけど、休みのときなんか小津さん、歌劇が好きでね。あの方、自分の大きい浴衣があるんです。それ着流しでね、草履《ぞうり》で宝塚歌劇行くと、歌劇の席で目立つんです。大きいしね。そうすると歌劇の生徒が、あっ先生来てる！って大騒ぎで(笑)。

――よく観劇してたんですか。

ええ。全部の撮影が終わって、帰りしな僕らにね、「ナベちゃんまた来るよ」って。なんですか、次の作品ですかって聞いたら、いつか歌劇の演出やりたいって。俺ができないことないだろうって。(東宝の)藤本真澄《ふじもとさねずみ》プロデューサーと約束して、阪急の社長とも約束したからって。

――それが一九六一年だとすると、もう少し時間があれば＊、歌劇の演出をしていたのかもしれませんね。若い頃から宝塚も好きだったと聞きますし……。撮影側から見た監督の印象はいかがでした

＊もう少し時間があれば＝小津監督は一九六三年に亡くなった。

か。松竹ではキャメラの位置も監督が決めていたと聞きます。

東宝でも、全部小津さんの言う通りにしていました。

――レンズも五〇ミリでしたか。

そう。ほとんど五〇と四〇ミリ。先生はセットを大事にするから、セットをうんと見せるときには四〇ミリも使います。キャメラには四本つけられるレンズがありました。三五、四〇、五〇、七五ミリ。七五はほとんど使わない。四〇、五〇ばっかり。

――照明はどうやって決めていましたか。

照明は黒澤組のメンバーなんです。石井長四郎《いしいちょうしろう》*さん。キャメラマンが中井朝一さん。典型的な黒澤組です。

――小津監督はスタッフに脚本や絵コンテも見せたようですが、それはめずらしいことでしたか。

東宝の監督は脚本見せるの嫌がって、成瀬巳喜男なんか見に行ったらバッて伏せるしね。でも小津さんは大っぴら。朝食でも日本酒二合、旅館で飲んでくるらしいんです。セット入ったらシュッとしてますけどね。それで、昼食は黒ビール中瓶と生玉子。で三時ごろになると、もう駄目だよ、今日は三時で終わりだよーって。余談ですけど、うちの制作進行が、最初お昼に黒ビールとお豆腐出したら「この冷奴、美味しいな」って言ってもらったらしいんです。それで、明けても暮れても冷奴と黒ビールばっかり出していたら、クランクアップ

***石井長四郎**＝照明監督。『続 姿三四郎』『ゴジラ』『浮雲』『用心棒』などの作品を担当した。

して帰りしな、「あの冷奴には俺も懲《こ》りたよ」って(笑)。僕もね、早く言ってもらったら、おい止《や》めろって言うんだけどね。美味しい美味しいって言うから先生そんなに好きなのかなってって……ロケまで持って行ってた(笑)。

――ロケといえば、『小早川家の秋』の最後の場面もそうですね。

京都の流れ橋ね。あそこで煙突から出る煙、黒か白か迷って、タイヤを燃やしたんですわ。煙突は作りものだから、あまり長く煙を出すと燃え出すから苦労して。あと、カラスも映るけど言うこと聞かなくてね。しょうがないから杭《くい》で脚つないでるんです。それから競輪場。(京都の)向日町《むこう》で、競輪の優勝選手全部集めたの。みんな大スターばっかりよ。

レース展開を指示しないといけないでしょう。一番が抜いて二番が……って。それを言いに行ったら、任しとけよって。皆トップの選手だから、監督の言ったこと全部把握してる。その通りでした。あれはもうびっくりした。ぶっつけ本番で。小津組っていったら超一流が集まるんです。

(聞き手:松浦莞二、宮本明子)

Profile

(たなべ・こういち) 一九三三年生まれ。五六年、東宝に入所。『隠し砦の三悪人』(黒澤明監督)の撮影助手などを経て、『小早川家の秋』で撮影チーフを務める。その後もシドニー・ポラック監督『ザ・ヤクザ』、ジョン・ベリー監督『がんばれ!ベアーズ大旋風――日本遠征――』などに関わる。日本映画撮影監督協会関西相談役。

音楽家

ミシェル・シオン

小津の音楽はいずれも日常生活で抱く気持ちを表すと同時に、時の流れを感じさせます

――小津安二郎の映画音楽について、現在はどうお考えですか。

小津の音楽は時期によって様々に色合いが異なります。私が知っているのは特に一九五〇年代から一九六〇年代の作品ですが、音楽に強い印象を持っています。これらの作品に心打たれるからですが、音楽はいずれも日常生活で抱く気持ちを表すと同時に、時の流れを感じさせます。ポピュラー・ミュージックの響きは、子ども時代や青春時代を思い出させます。この響きの作用は世界中ほとんどどこでも同じでしょう。

――シオンさんの著書『映画にとって音とはなにか』の中で、音楽と映像の偶然の一致により「悲壮な印象」が生まれると書かれています。『秋日和』や『秋刀魚の味』の会話のシーンで、BGMが小さく聞こえるときが、おそらく最も美しい瞬間だという部分ですが*、この「悲壮な印象」とは

＊「『秋日和』や『秋刀魚の味』の会話のシーンで、スーパーマーケットのBGMが小さく聞こえるときが、おそらく最も美しい瞬間である」(『映画にとって音とはなにか』Le Son au cinéma. Paris：Cahiers du cinéma, 1985, p.117)。

どのようなものでしょうか。

斎藤高順の音楽の「控えめな」音、つまり、情熱的ではまったくなく、適度に明るく軽快なものもあれば、非常にセンチメンタルなものもあるという音です。人間という存在がいかに脆弱《ぜいじゃく》で、互いに寛大でなければならないかを思い出させてくれるということです。

――『映画の声』(原題『*La Voix au cinéma*』、邦訳未刊)で溝口健二の映画の声、特に『山椒大夫《さんしょうだゆう》』(一九五四年)の母の声に触れられています。小津の映画の声についてはどのようにお考えですか。

私が触れたのは全般的な溝口作品における声ではなく、『山椒大夫』の、短編小説のような素晴らしい作品の声だけです。この声は、近代日本を舞台にした溝口作品、特に売春婦をテーマにした作品での声とは異なるでしょう。一九五〇～一九六〇年代の小津作品では、人物の顔と声が結びつき、切り離されません。登場人物がクロースアップで代わる代わる映されているでしょう。

――映画の台詞に関して、小津作品に特徴的なリズムや音調を感じられることはありますか。

もちろん、日本語はわずかしかわかりませんし、映画の中の会話は字幕で理解していますから、特徴的な音調を理解するのは不可能です。それに、古い映画です。同じ言語であっても、時代の違いは問題になります。フランス語の映画を学ぶ学生は、一九四〇年のフランス映画を見て、登場人物が変な話し方をすると感じることがしばしばあります。そんなときは、当時のフランスの俳優の話し方や技術的な条件などを説明しなければなりません。これは映画が抱える一般的な問題です。時代が異なるため、その時代について語り、説明することが必要なのに、母国語だからわかると「思い込んでいる」場合は、通常、問題がより深刻になります。

——よろしければおしえてください。映画音楽の作曲をもし小津監督から依頼されたとしたら、どのような音楽を作りますか。

その質問には答えられません。小津安二郎は巨匠ですが、六〇年代初頭に亡くなっています。それに、私の音楽はミュージック・コンクレート*で、小津の世界にはまったく合いません。また、他の監督の作品に楽曲を提供するのは八〇年代半ばでやめてしまっています。コンサート用か自分の映画のために作曲するほうが好きなんです。

——音楽の観点からみたときに、小津映画でお好きなものは。

好きな作品であれば音楽も好きです。小津の映画では『東京暮色』、それからフランス語では「酒の味」というタイトルがつけられている『秋刀魚の味』の二つです。

（聞き手：正清健介、松浦莞二、宮本明子　翻訳協力：正清健介）

＊ミュージック・コンクレート＝現代音楽のジャンルのひとつ。伝統的な楽器以外の騒音や電子音を積極的に使用し創作される。

Profile

ミシェル・シオン（Michel Chion）　一九四七年生まれ。作曲家、批評家、作家など活動は多岐にわたる。邦訳されている書籍に、『映画にとって音とはなにか』（川竹英克、J・ピノン訳、勁草書房、一九九三年）、『映画の音楽』（小沼純一、北村真澄監訳、伊藤制子、二本木かおり訳、みすず書房、二〇〇二年）などがある。

映画の文法

例えば時間の経過を示そうとする場合、初期の技法はフェイド・アウト（溶暗）からフェイド・イン（溶明）して、丁寧なのは時計をみせたり、カレンダーをみせたりしたものであるが、これなどは今ではカットだけでもう充分に表現している。

然し、省略ということはこのような字義通りの省略ばかりではなく、劇感情のリズムと云うか、濃淡というか、一つの部分をよりこまかに強く印象づけるために他の部分をどのような方法で省略するかという重要な意味を持つもので、外形的なものでなく内容的なもので、絵画の場合に或部分を疎く描くことに依ってこまかい部分を尚一層にこまかく印象させるという場合と同じく、映画に於ける省略の問題は、作劇の生命を握る鍵といってもよかろう。運慶、湛慶の絵《ママ》、芭蕉の俳句などはこの省略を最高度にきわめたものではないかと私は思う。

私は理論を重んずる事も嫌いだし、理論を軽んずる事も嫌いだ。私は天邪鬼かも知れないが、物事の判断を好きか嫌いかできめるのである。

と云うのは、映画は、美術や、文学その他の芸術にくらべて、まだほんの赤ん坊であると思っているために、映画に文法などが出来てはいない筈だと思い、文法などにこだわって知識で身動き出来なくなる事が嫌だし、映画の文法がもし立派な不文律で天然自然の法則のようなものなら、今の世界に映画監督は十人も居ればもうそれでいいはずなのである。

私は映画を作るに当って、文学者が文学を創作する時、文法にこだわらないように、私も亦、映画の文法にこだわりたくない。私は感覚はあるが文法はないと思っている。（文責在記者）

（「月刊スクリーン・ステージ」第一号＝
昭和二十二年六月二十日　一部抜粋）

小津安二郎芸談

音楽についてはぼくはやかましいことはいわない。画調をこわさない、画面からはみださない奇麗な音ならいい。ただ場面が悲劇だからと悲しいメロディ、喜劇だからとて滑けいな曲、という選曲はイヤだ。音楽で二重にどぎつくなる。悲しい場面でも時に明るい曲が流れることで、却って悲劇感の増すことも考えられる。こんなことがあった。支那事変のときの修水河の渡河戦の時であった。ぼくは第一線にいた。壕の近くにアンズの木があり白い花が美しく咲いていた。その中に敵の攻撃がはじまって、迫撃砲がヒュンヒュンと来る。タンタンタンと機関銃や小銃の間を縫って大砲が響く。その音や風で、白い花が大変美しくハラハラと散って来る。ぼくは花を見ながら、こんな戦争の描き方もあるのだなと思ったことがある。これも一つの音楽と画面の例だが……。

（「東京新聞」昭和二十七年十二月　一部抜粋）

第六章

OZU

小津安二郎を知る

論考集 Ⅱ

晩年の小津安二郎は忘れられていたか

映画評論家
佐藤忠男

小津安二郎は晩年、人気がなく、忘れられた存在であった、という無知な妄説が広がっている。もちろん小津を論じた本が数えきれないほど出版されている現状から見ればそうも言えなくはないが、だいぶニュアンスが違う。

その頃、というのは一九五〇年代末から、一九六〇年代はじめということであるが、その頃、日本映画は大きな転換期であった。産業的にもテレビに人気を奪われて絶頂から奈落へという危機を経験したわけだが、人材的にも戦前世代から戦後世代へという大きな変わり目であった。戦後に大学を出て、撮影所に助監督として入った世代がやっと監督になって作品を発表しはじめたのである。増村保造《ますむらやすぞう》、今村昌平《いまむらしょうへい》、山田洋次《やまだようじ》、大島渚《おおしまなぎさ》といった面々である。いずれも一流大学出身の秀才で、戦前には巨匠たちでもせいぜい旧制中学卒業程度だった映画監督の学歴水準がぐっと上がったのである。それまで映画界には、昔の職人がそうであったように、先輩、とくに師匠筋の人の仕事への批判は決して人前ではしないという、つつましい美徳があったが、秀才中の秀才である彼らは、悪口というような下品なことではなく、批判は批判としてきちんと書いて公開した。まず増村保造が直接の恩師である溝口健二《みぞぐちけんじ》を平気で批判したし、今村昌平も師匠の小津安二郎の仕事にあき足りなくて他の監督の組に移った。

若い監督たちはまた、元気な映画と理屈っぽい映画を好んだ。それが古い批評家たちには気に入らなかった。戦争中に先輩たちの作った映画には、上官の命令のまま黙って死地におもむく兵士たち、というような作品が多かったことに対する反発から、新しい世代は行動的で多弁な映画を好んだのだが、戦前世代の批評家たちは、その深みの貧しさと乱暴さを嫌った。それに較《くら》べて戦前の日本映画の名作には、なんと描写のていねいさと味わいの深みのある作品があったことか。そう言えばすぐ持ち出されるのは小津安二郎の一連の名作ということになる。

映画批評界は完全に二つに割れた。戦前派は味わいと深みのある作品を戦前に確立してそれを今も守っている小津をこそ支持し、戦後派はそれを否定して、元気よく自我を主張し理屈も言う若い監督たちを支持した。はじめは戦前派が優勢だったが、年数をへれば若手のほうが優勢になってゆくのは、これはもう年輩者から順に第一線を去ってゆくからで仕方がない。しかし小津批判といっても、映画雑誌に活字となって表に出たものは殆《ほと》んどない。なんとなく新旧両勢力の口論のように言われたことがあった程度である。

ただ、小津の名人芸については若者たちも敬服していた。大島渚なども、俺たちの仲間からもあいう技巧でうならせる者が出てきたほうがいい、と言っていた。

私は当時、小津はなぜ社会派的な映画を作るのを止《や》めたのだろうということを主に考えていた。戦前の『生《うま》れてはみたけれど』や『一人息子《ひとりむすこ》』、戦後でも『風《かぜ》の中《なか》の牝雞《めんどり》』など、日本の社会のあり方を深刻に考えさせるすぐれた作品があるのに、あの感動的な『風の中の牝雞』を自分で失敗作と呼び、以後、社会派映画を作ることを止めてしまったことを不思議に思っていた。若い世代の映画人たちの小津否定論は主としてそこにかかっていた。小津はブルジョア趣味にすっかり逃避してしまった、という一点である。その点では私も小津批判派である。

ただ、どんなにブルジョア趣味的な作品が多くても、生涯に三本、『生れてはみたけれど』『一人息子』『風の中の牝雞』と日本の社会派映画の最高峰の作品がある以上、遊ぶときは大いに遊んでくれていいのではないかと思う。『東京物語《とうきょうものがたり》』は日本の家族の崩壊を見つめた作品で、やはり最高の作品に違いないと思う。しかもそこには、ブルジョアへの夢の崩壊まですでに描き込まれている。だから小津否定論といっても全面否定などでは勿論《もちろん》ない。それは私以外の小津批判者たちもだいたい共通の基本的態度だった。

もし、晩年の小津が本当に無視されていると見えたとしたら、小津作品をいっさい海外の映画祭に出品しなかった松竹《しょうちく》の城戸四郎《きどしろう》社長に責任がある。城戸四郎は公的にはもちろん自社の誇りとして小津を賞讃したが、仕事の上ではいちばん自分の言いなりにならない監督として反発していた。小津があの形式へのこだわりをゆるめてくれればもっと良くなると言い、小津の作品をカンヌやベニス(ヴェネツィア)に出すことは許さなかった。

小津の作品で生前に国際映画祭に出たのは『東京物語』のロンドン映画祭出品の一回だけ

であるが、ロンドン映画祭はマイナーな催しであって、作品が選ばれることを争うというほどの場ではない。だから受賞してもついに大々的に報道されることはなかった。しかしそんな機会を手がかりにして、徐々に徐々に、世界の本当の通《つう》たちの間にその存在が知られていったのである。

ただ、小津作品は外国人には理解できないのではないかという城戸の言い分は彼だけの判断ではない。当時は日本人の多くが、背広を着て畳の上に座り、小さなチャブ台でメシを食うような現代の日本人の生活は西洋人には滑稽《こっけい》にしか見えないと思い込んでいたのだ。その点で、エキゾチックな時代劇でいきなり西洋人をびっくりさせることができた黒澤明《くろさわあきら》と溝口健二は幸運であるが、小津や木下恵介《きのしたけいすけ》は日本人だけで守ってゆこう、という、それこそ暗黙の合意が出来ていたのだ。アメリカ人のドナルド・リチーなどが、そんなことはない、と、しきりに言っていたのだが。こうして小津作品は日本人にしか理解できない伝統芸能のようなものと見なされたのだ。

もちろん識者はいた。「キネマ旬報」編集長だった清水千代太《しみずちよた》が同誌に書いた『晩春《ばんしゅん》』の批評など、これが世界の最高水準の傑作であることを積極的に説いている。これが戦前世代の代表的意見だとすれば、戦後世代の評論家としては、佐藤重臣《さとうしげちか》が確か「映画評論」に書いた『お早《は》よう』評が印象に残っている。この作品を見て外に出たら、大きく深呼吸をして、そして忘れてしまうことだ、という趣旨だった。面白くて見ているうちは満足できるが、これでは新しい映画は作れない、という意味である。

これに対してドナルド・リチーが、そりゃ『生れてはみたけれど』に較べれば劣るけれど、でも今の若い監督の映画よりよっぽど上手《うま》いじゃないか。まあ、そんなことを当時仲間うちで言い合ったことをなつかしく思い出す。

ここでひとつ注意しておかなければならないことがある。それは当時は古い作品を自由に見ることができなかった時代であったということである。

東京国立近代美術館フィルムセンター(現・国立映画アーカイブ)がやっと発足した頃である。映画とは同時代の作品しか見ることができないものであるということが常識で、映画批評家でも若い世代は無声映画など見ていないのは普通だった。だから若い批評家たちは先輩たちがなぜあんなに小津を崇拝するのか、本当のところよく分かっていない傾向もあり、『東京物語』は別として、たあいのない喜劇などまで名人芸として賞《ほ》める先輩たちのことに反発する傾向はあったかもしれない。

私も無声映画は同時代には見ることができなかったのだが、一九五五年に上京すると、無声映画鑑賞会をはじめ、いろんな古典映画ファンの集会をめぐり歩いたものである。それで私なりに小津作品の足どりは摑《つか》んでいたつもりだったので、小津の没後、「映画芸術」という雑誌から小津論の長期連載を頼まれたとき、喜んでとびついたのである。私も当時はけっこう小津作品に否定的なことも言ったり書いたりしていたと思うが、同時に最も強くひかれている監督であったことも確かなので、このさい、その全てを出そうと思って取材にはげんだのである。

そうして出来た私の『小津安二郎の芸術』が、小津再評価のきっかけになったなどと言って下さる人もいるが、再評価もなにもない。小津が忘れられていた時期なんて一度もないのだ。ただ、小津さえ賞めていればそれでいいような昨今と違って、小津の晩年は日本のヌーヴェル・ヴァーグと重なり、そっちを賞めることのほうに私などよりいっそう努力していたことはたしかである。

Profile

（さとう・ただお）一九三〇年、新潟市生まれ。映画評論家、映画史家。国鉄、日本電信電話公社員などをしながら高校を定時制で卒業。映画雑誌の投書家から映画批評家になる。『日本映画史』（全四巻）、『小津安二郎の芸術』その他、著作多数。八〇年頃からアジア諸国の映画の研究紹介をはじめる。同時に日本映画学校の校長となり、同校が日本映画大学になると学長を務める。二〇一七年に退職。内外で受賞多数。

小津安二郎再考

映画研究者
デヴィッド・ボードウェル

アメリカの映画ファンの常として、私が最初に見た小津映画は、古典映画を特集したテレビシリーズで放映された『東京物語』だった。一九七四年、大学で教え始めて二年目のことだった。すぐにその温かい情感と映画的な純度に魅了され、セミナーの学生たちと小津映画の研究を始めた。その最初の成果が、クリスティン・トンプソンと書いた小津作品に関する記事である。一九七六年に出版された英国の雑誌「Screen」に掲載された。その夏、我々は英国に滞在し、ブリティッシュ・フィルム・インスティテュート（ＢＦＩ）が収蔵する、小津の現存作品すべてを見ることができた。我々は小津の作品には更なる研究が必要だと確信した。

小津は、私にとって中心的存在であり続けている。一九八〇年代中ごろ、彼の作品について本を書こうと決めた。作品の構造に、私が呼ぶ「映画の詩学」という立場から迫りたかった。映画の形式と様式を支配する芸術的原則を理解する方法を論じた。小津の物語のパターン、つまり、プロット構成の組織化とナレーションの使い方のパターン分析をした。また、詩学の視点から映画のスタイル、特に彼の典型的な構図、演出、編集の使い方も分析した。

私は映画そのものを越えて、小津を一九三〇年代の豊かでエネルギーに溢《あふ》れた日本映画の伝統という文脈の中で捉えたかった。アメリカ議会図書館で、その時代の他の監督の作品を百本近く見た。そうして、小津の真の独創性について、より鋭く感じられるようになった。小津がどのように一九三〇年代から五〇年代の大衆文化、および社会風潮を引き寄せたのかを研究することで、詩学を彼の作品から社会的意義にまで広げることができると確信したのである。

要約すれば、私が自著『小津安二郎：映画の詩学』(杉山昭夫訳、青土社)でやりたかったことは二つある。偉大な監督の独創的な芸術を見せること、そして、詩学の立場から一人の映像作家を研究する意義を示すことだ。これらの目的の背後には、小津作品に対する深い愛と尊敬がある。多くの欠点もあるが、この本は小津へのオマージュである。少なくとも彼の映画の並々ならぬ幅と深さ、芸術としての映画という位置を示していることを望んでいる。

小津はまた、いろいろなことをしている。大きな感情的な力を見せるような素晴らしいストーリーを語る。見る者誰もが、物語に出てくる人物の状況や問題を理解できる。彼は子どもから大人まで、非常に幅広い世代の人間の経験を追究する。『麦秋《ばくしゅう》』を見れば、私は「ここに人生の全てがある」と思う。彼の映画は、知恵とユーモアの両方の光を放っている。私が非常に魅力的に思う、均衡のとれたヒューマニティである。

同時に、小津は厳格かつ高度に個性的なスタイルを作り上げている。どのショットにも、彼の作品だと分かる特徴がある。これは単にローアングルのキャメラ位置だけが理由ではなく、そのアングルを選択することによる未曾有《みぞう》の可能性、つまり、構図や奥行きといったあらゆる映画の要素に対する可能性を発見できるようになったのである。同様に、編集では、伝統的な連続のカット割りを、高度に異なった方法で捉え直していることがわかる。ショットが切り替わることが、何か新しいものを発見する冒険たりえるのだ。彼がキャメラを動かす時には特有のスリルがあり、私の知る限りどの映像作家も、小津ほどの豊かな色彩感覚を示してはいない。

これも重要な点だが、小津は幅広い観衆に向けた映画を作ってこれらを成し遂げた。私はいつも、この事実に感心せずにいられない。彼の芸術性は、洗練されて繊細である。それを、大量生産と大衆娯楽に専心する映画産業の文脈の中で達成したのである。

初めて『東京物語』を見てから四十五年が経つが、私の意見は変わらない。小津は、私が知る最も偉大な映画作者であり、彼の作品は人々が見続ける限り、永遠にその価値を失わないだろう。

Profile

デヴィッド・ボードウェル（David Bordwell）　ウィスコンシン大学マディソン校ジャック・ルドー教授。『小津安二郎：映画の詩学』（原書は一九八八年出版）を含む、映画史および映画美術に関する複数の論考を執筆。最新刊は『Reinventing Hollywood: How 1940s Filmmakers Changed Movie Storytelling』（原題）。妻のクリスティン・トンプソンとブログ（http://www.davidbordwell.net）で記事を執筆している。

韓国のシネマテークと小津映画

映画研究者
閔愛善

二〇一八年一月、ソウルでは小津安二郎のサイレント『大人《おとな》の見《み》る繪本《えほん》 生《うま》れてはみたけれど』（一九三二年）や遺作『秋刀魚《さんま》の味《あじ》』（一九六二年）などの八編を上映する「小津安二郎アーカイブ特別展」（ソウルアートシネマ）[*1]があり、三月には企画展「春日の映画散策――小津安二郎からフレデリック・ワイズマンまで」において『東京暮色《とうきょうぼしょく》』（一九五七年）が上映された。同作品は五月にも日本の国立映画アーカイブと同様の役割を担う韓国映像資料院のシネマテークKOFAで上映された。釜山《ぷさん》では二月に「成瀬＋小津」のタイトルで二人の特別展（映画の殿堂シネマテーク釜山）[*2]、光州でも六月に「小津安二郎回顧展」（シネマテーク光州劇場）などがみられた。実は韓国シネマテークで小津映画の上映会が開かれるのはけっして珍しいことではない。

遡《さかのぼ》って二〇〇一年一月に日本国際交流基金との共同主催で「小津安二郎回顧展」が開かれて以来、小津の映画は「回顧展」や「特別展」という企画のもとで韓国のシネマテークにおいて少なくない頻度で開かれてきた。なかでも小津安二郎の生誕百年を記念した日本の国際シンポジウム（二〇〇三年）は韓国の映画雑誌「CINE21」でも大きく取り上げられ、東京・ベルリン・ニューヨークなどを巡回した小津の回顧展は、その一環で翌二〇〇四年にソウルと釜山のシネマテークでも行われた。初期作品の『和製喧嘩友達《わせいけんかともだち》』『突貫小僧《とっかんこぞう》』（ともに一九二九年）に関しても、二〇〇七年第一回ソウル忠武路国際映画祭[*3]で日本の古典映画の復刻作品として紹介されている。『東京物語』（一九五三年）の場合、二〇一四年復刻版が一般の映画館でも上映された小津の唯一の作品だが、韓国で先に公開された山田洋次の『東京家族《とうきょうかぞく》』（二〇一三年）が幅広い層で好評を得て、その原作映画として宣伝され上映に至った経緯がある。この『東京物語』の一般上映は、それまで小津を知らなかった人々も知る好機となった。今現在、小津映画は現存してDVD化されている作品のほとんどが韓国でも販売されている。

　周知の通り、日本の映画が公式に公開できるようになるのは一九九八年の韓国における日本大衆文化の段階的開放からである。もちろん国際映画祭においては開放前からも交流があり、一九九六年に始まった釜山国際映画祭では第一回から日本の若手監督の作品などが多く参加している。この映画祭で黒澤明と溝口健二の映画は第四回で紹介されたが、小津は二〇一五年の第二十回での『東京物語』の上映が初めてである。ちなみにこの第二十回ではアジア映画の歴史を紹介する特別展「アジア映画１００」が催され、映画の専門家たちが選んだ映画の第一位が小津の『東京物語』、二位に黒澤の『羅生門《らしょうもん》』（一九五〇年）、三位はウォン・カーウァイの『花様年華《かようねんか》』（二〇〇〇年）、そして監督第一位も小津で、黒澤は四位だった。

小津の登場が遅れたのは、国際映画祭とほとんど縁がないゆえ、映画祭を介して知られる機会が少なかったためである。しかしながら日本と欧米発の情報を通してすでにその名声は認識されていたし、九〇年代半ばには小津をテーマにした学位論文もみられる。韓国の映画雑誌「KINO」(二〇〇三年に廃刊)では、一九九七年十二月号に「日本映画の三つの作家主義——小津、溝口、黒澤」というタイトルの記事を掲載している。世界の多くの監督たちと同様、小津映画に言及する韓国の監督も複数いる。イギリス映画雑誌「Sight & Sound」の二〇一二年版オールタイム・ベスト10で、映画監督が選んだ作品の第一位が『東京物語』であることは有名だが、監督ホン・サンスが小津の『麦秋』を、また評論家の枠ではチョン・ソンイルが小津の『晩春』を選んでいる。

面白いことに、小津映画を紹介する韓国メディアの記事や映画論などには必ずと言っていいほど「タタミショット」という単語が登場する。日本ではあまり耳にしないこの「畳ショット」というのは「ローポジション」のことを指しているが、「カイエ・デュ・シネマ」や欧米の小津関連の記事にも「Tatami shot」の表現が見受けられるし、韓国ではなおその名称が定着しているようで、学術論文でも「あの有名な畳ショット」とか「いわゆる畳ショット」というふうに用いられている。

些《いささ》か遅れをとって紹介された小津は、いまやシネマテークでもっとも企画展の多い監督のひとりだ。その背景には、韓国のシネフィルたちによる小津へのオマージュと、小津映画のストーリーにもつ文化的な親近感、という二つの側面がある。シネフィルたちは、ジル・ドゥルーズやデヴィッド・ボードウェルから、そして一九九五年に韓国語に翻訳されたドナルド・リチーの『ＯＺＵ』[*4]と、さらには二〇〇一年に翻訳された蓮實重彦《はすみしげひこ》の『監督 小津安二郎』などを通して理論的に小津映画を熟知していた。小津の映画は、日本で小津が観られていたとき、世界に知られるとき、それを受けて日本で再評価されたときから、さらに時間差があって韓国に紹介されている。ゆえに世界ですでに「巨匠」のお墨付きを受けている監督の作品にいまさら批評というより、それまで聞いていた撮影スタイルや構造の綿密さと美しさを大きなスクリーンを通して目にし、被写体に向けるカメラの位置、小道具、そして俳優の視線に、シネフィルたちはそのまなざしを向けるのである。

若手映画評論家のキム・ヨングァン[*5]は、韓国のシネフィルたちが小津映画に向ける関心について、「小津映画のショットとショットの間にあらわれる内容から映画の存在論に関連させてよく話します。小津映画は、花が散る感覚、萎《しお》れていく生命、むしろ生命とは『死に向かっていく途中の命』であることを内包した美学的世界であり、映画で表現できる生命の本質とは、人間における物理的な皺《しわ》、つまり表面だと、そういう意味で時間の芸術である映画に対するまたひとつの存在論だ、という類いの話をします」と自らの見解を交えて説明する。韓国のシネフィルたちは小津的映画文法、その形式から思惟《しい》的な意義を見いだしていて、ストーリーそのものに左右された感傷的な言葉を発することは避けてきたように思える。一方、「すべての芸術作品において内容と形式は切り離すことのできない一体のものである」[*6]と佐藤忠男も言ったが、小津映画において小津の選んだ題材は言うまでもなく形式と同様に重要である。隣国である韓国は、類似する家族との関係性を持ち、それを題材にした小津映画の内容は――メロドラマ的な筋に比して淡白すぎる俳優たちの演技が韓国映画の一般的な演技とは多少の差異がありながらも――情緒の面で共感を得るところも多い。その文化的親近感は一般観客にまで広がり、韓国で小津映画の上映会が繰り返し行われている理由のひとつとなっている。

＊1　二〇〇二年に全国のシネマテークと連合して発足した非営利の社団法人「K.A.C.T. 韓国シネマテーク協議会」が運営。
＊2　一九九九年八月に開館した釜山のシネマテーク。
＊3　二〇一〇年第四回で終了し、現在は行われていない。
＊4　韓国語の翻訳タイトルは『小津安二郎の映画世界』。ちなみに日本語訳のタイトルは『小津安二郎の美学――映画のなかの日本』。
＊5　釜山映画評論家協会に所属する映画評論家。機関誌「映像文化」への寄稿や映画の殿堂シネマテーク釜山での映画解説などの活動をしている。
＊6　佐藤忠男『日本映画の巨匠たち①』(学陽書房、一九九六年)。

Profile

(ミン・エソン)　映像文化論、鈴木清順研究。早稲田大学総合人文科学研究センター招聘研究員。博士(文学)。共訳に『思想彙報 民族宗教関連記事朝鮮総督府高等法院1934-1943』(圓光大学校宗教問題研究所資料集叢書3、二〇一六年)、論文に「『清順』という生き方――映画に生きる死者――」(「ユリイカ」第四十九巻、青土社、二〇一七年)ほか。

必然としての蓼科へのベクトル

「蓼科日記」刊行会　事務局長
北原克彦

小津の蓼科《たてしな》生活は昭和二十九年から三十八年までの足掛け十年、延べ日数およそ四八〇日余、決して短くはない歳月である。この間蓼科に通い、蓼科で生活をし、蓼科で仕事をした。『早春《そうしゅん》』の構想に始まり、『東京暮色《とうきょうぼしょく》』以降六本のシナリオを書き上げた(『彼岸花《ひがんばな》』のみ湯河原)。

二〇一二年BFI(イギリスの映画協会)投票によって映画史上世界一の評価を得る『東京物語』(一九五三年)の後、小津の周辺は様々なことが重なった。結果論ではあるがその一つ一つが蓼科への必然のベクトルとして結びついていった。一九五三年は奇《く》しくもNHKがテレビ本放送を始めた年であり、以後、映画からテレビへの趨勢《すうせい》は続く。小津の年齢のこともあるだろう。蓼科に初めて足を踏み入れたのは五十一歳になる年である(二〇一七年の男子平均寿命を勘案すると優に六十五歳に匹敵)。また、映画界頂点に君臨していた小津にとって松竹ヌーヴェル・ヴァーグとの確執は心穏やかならぬことでもあったろう。そして、五社協定である。小津にとってこれはいかにも理不尽であり窮屈であった。五社との対決の先頭に立ち、『月《つき》は上《のぼ》りぬ』(田中絹代《たなかきぬよ》監督)ではプロデューサー的資質を遺憾無く発揮し映画化を実現。しかし難儀なことであったことは想像に難くない。五社協定で松竹専属となっていた小津は身の処し方として再契約せず一時フリーとなる。松竹とは昭和三十一年以降、一年ごとの契約監督になった。これまで製作費で賄《まかな》っていた茅ヶ崎館は使えず別の仕事場を探す必要に迫られた。

蓼科には野田高梧《のだこうご》の山荘があり野田の勧めもあって小津は初めて蓼科に行くことになる。この当時鎌倉《かまくら》から蓼科まで約六時間。気分一新を図りたい小津にとって絶妙な距離感であった。蓼科は文化・風土的に湘南とはまったく異なり、何より高原の爽快な自然が小津の心境とぴったり重なった。小津の戦争体験は『小津安二郎と戦争』(田中眞澄《たなかまさすみ》著)の労作などに見ることができるが、この戦争体験が戦後の小津作品に大きな影響を与えたことは言うまでもない。「見るべきものは見た。やるべきことはやった。これからは自分のやりたいことだけをやる」と吐露した言葉は重い。そうした心情を秘めた小津にとって蓼科の自然は優しかった。四囲《しい》の山々、渓谷のせせらぎ、新緑から綾《あや》なす紅葉へと変じる樹々、日課となった疎林《そりん》の散歩、厳寒期の寒ささえ心を弾ませた。

小津が初めて蓼科を訪れたのは昭和二十九年八月十八日。まさにこの日から「蓼科日記」が記され、そのお陰で我々は山での生活の一部始終を知ることができる。私はこの本の刊行に関わる幸運に恵まれた。全記述を書き起こし編纂《へんさん》していく作業は困難を極めたが、時を超えて直筆に触れる機会を得たことはかけがえのない至福の時であった(二〇一三年、小津生誕一一〇年を期して『蓼科日記 抄』として自費刊行)。詳細は本を手にとっていただくしかないが、都市(東京、鎌倉)の小津とはまったく様相を異にする姿を驚きとともに知ることになる。すでに晩年に向かいつつあった小津にとって生涯追い求めた居場所を得たといっても決して大げさとは思えない。都市において小津の周辺を彩ったのは志賀直哉《しがなおや》、里見弴《さとみとん》ら数多《あまた》文化人、当然のこととして華やかな女優、俳優。一方、蓼科で小津を取り囲むのはごく普通の農村の人たちだった。『東京物語』完成後に語った、「私が表現したい人間は常に太陽に向かって少しずつでも明るさに近づいている人間だ」。まさにそうした人々が目前にいる。『浮草《うきぐさ》』のシナリオ完成パーティーでは東京から気心知れた仲間を呼ぶとともに、こうした市井《しせい》の人たちをも招き、唄あり踊りありの大祝宴となったことがそれを象徴する。宮川一夫《みやがわかずお》が蓼科に来て小津の歓待を受け、「小津さんの心盡《こころづくし》に感激。大映《だいえい》とか松竹とかいうことが空々しい」と日記に記した。

小津と蓼科の関係は野田山荘(雲呼荘《うんこそう》)での仮住まいに始まり、年契約で山荘(無藝荘《むげいそう》)を借り、さらには自身の山荘建築計画にまで深まっていった。山内玲子《やまのうちれいこ》の証言ではその山荘は「八《やつ》ケ岳《たけ》に向かってホームバー、甲斐駒《かいこま》ケ岳《たけ》に向かっては大きなガラス窓の風呂」が設《しつら》えられていたという。しかし昭和三十八年、着工目前の小津の発病、上京をもってこの山荘はプランだけに終わる。そして、その年の暮れ小津は亡くなった。

Profile

(きたはら・かつひこ) 一九四七年、長野県諏訪市生まれ。二〇一三年、『蓼科日記 抄』を刊行(「蓼科日記」刊行会 事務局長)。「小津安二郎記念・蓼科高原映画祭」ファウンダー。

蓼科という装置

シナリオライター
渡辺千明

昭和三十七（一九六二）年六月五日、野田高梧は「蓼科日記《たてしな》」に以下のように書く。

仕事、笠を海軍大佐あがりの製鉄会社の監査役とし、それが部下と邂逅《かいこう》、長男の佐田に女ノ子が生れる等々のエピソードを案出、それによっていろ〳〵進展する。

作品は、野田と小津の最後の作品となった、つまり小津の遺作ともなった『秋刀魚の味』である。

右の「案出」は、以下のようにシナリオ化された。

〈S＃　32〉

（略）

平山（笠智衆《りゅうちしゅう》）が帰りかけると、客の坂本（加東大介《かとうだいすけ》）がハッと見て——

坂本「艦長ッ！　艦長さんじゃありませんか！」

と立上る。

平山（不審そうに）「エート……あなた、どなたでしたかな」

坂本「坂本ですよ！　坂本芳太郎——。『朝風』に乗っとりました……一等兵曹の……」

平山「アア、坂本さん、そうでしたか……」（後略）

そして笠智衆（以下、俳優名で呼ぶ）は、加東大介に連れられて岸田今日子《きしだきょうこ》のマダムがいるトリスバーに行き、「ねえ艦長、どうして日本負けたんですかねえ」などとボヤかれながら「軍艦マーチ」を聞く羽目《はめ》になるのである。

この坂本＝加東大介にはモデルがいることが知られているが、それについては後に回し、まずはここで出る「岸田今日子」について述べよう。

野田は、やはり「蓼科日記」に書いている。

四月二十七日（金）

（略）仕事の話、父親と息子の同時結婚の話にほぼ方向を決める。

前年の昭和三十六年十一月十二日、小津によって「次回作　秋刀魚の味なれバ　早朝秋刀魚を食ひ　武運長久を祈りたり」（蓼科日記）と書かれて始まった『秋刀魚の味』の検討は、五か月の後、父親（笠智衆）と息子（佐田啓二《さだけいじ》）の「父子同時結婚」の話として構想されることになる。

というのも、その記述から二か月半後、三十七年一月三十一日、野田は「仕事、『ＰＨＰ』所載の立石電機社長立石一真氏の随筆『幸福とは』にヒントを得て、（中略）なんとかならないかと話合う」と書き、その立石一真《たていしかずま》氏は当時「後妻」をもらって「幸福」に暮らしていることで著名な人だったのである。

〔以下シナリオの引用はすべて『秋刀魚の味』〕

（Ｓ＃　39）

（略）

幸一（佐田啓二）「どこなんです」

平山「バアなんだがね、その女が若いころのお母さんによく似てるんだよ」

幸一「顔がですか」

平山「ウム、体つきもな。——そりゃアよく見りゃ大分ちがうよ。けど、
下向いたりすると、この辺（と頬《ほお》のあたりを撫《な》でて）チョイと似て
るんだ……」（後略）

――と、笠の同窓会や長男・佐田啓二と岡田茉莉子《おかだまりこ》夫妻との関わり、娘の岩下志麻《いわしたしま》の結婚問題を軸にしながら、映画の後半は笠の岸田今日子への思いが〝通奏低音〟のように響いてゆくことになる。

しかし、周知のように『秋刀魚の味』は「父親と息子の同時結婚」にはならなかった。

笠は、岩下志麻を結婚に送り出した晩、再び岸田今日子のバーに行き、

（S# 92）

かおる「今日はどちらのお帰り――お葬式ですか」

平山「ウーム、ま、そんなもんだよ」

という会話を交わし、岸田がかける「軍艦マーチ」を聞きながら、ひとり苦い酒を飲む。

そして家に帰って、次男・三上真一郎《みかみしんいちろう》の心配をよそに、「守るも攻むるもくろがねの……」と歌いながら「……ひとりぼっちか……」と呟《つぶや》くことになるのである。

＊

なぜ笠は、岸田今日子を「後妻」にする努力を放棄したのだろうか。

というより野田と小津は、なぜ『秋刀魚の味』を、足掛け九か月（同年七月二十五日脱稿）にわたる検討と執筆の挙げ句、「父親と息子の同時結婚」に着地させなかったのだろうか。

周知のように、野田と小津は、『東京暮色』（一九五七年）以降の作品のほとんどを、長野県蓼科の野田山荘（雲呼荘）に合宿して書いた。

独り者の小津にとっては、そこは十歳年長の先輩としての野田がいて、深川《ふかがわ》・明治尋常《めいじじんじょう》小学校で一級上だった野田夫人・静《しず》がいて、清書係としての野田夫妻の長女・山内玲子《やまのうちれいこ》もいる。

佐田啓二を始めとする俳優たちも来るし、当時の恋人・村上茂子《むらかみしげこ》もしばしば来る――小津にとってはまことに居心地のよい場所だったに違いない。

しかし、それぞれ既に確立した〝巨匠〟としての野田と小津の共作が、ただ平坦なものであるはずはない。

『秋刀魚の味』は、題名のみ決まっているものの、やがて行き詰まる。

（意見が）合わないときは、あの人たちは仕事しませんからね。そういうときには、なんてんだろう、仕事しないで雑談したり散歩に行ったり……（後略）。

（「新・雲呼荘」ＨＰ連載『山内久・玲子聞き書き』玲子の発言）

散歩の途中であったかどうかはわからないが、あるとき、どちらからか、「笠が、どこかで利市とバッタリ会ったらどうでしょう」と言い出した場面を私は想像する。

「利市」とは、昭和三十七年当時は既に亡くなっていたが、それまで雲呼荘の管理人的な立場で、野田家のあらゆる家事を助けていた人物である。

野田の、昭和二十九年「蓼科人物記」にいう。

両角利市《もろずみりいち》　万能人物。木樵《きこり》、大工、大福つくり、パン製造、おワイ汲み、電気直し、水道工事、道路監督、等々、等々、赴くところ一として可ならざるなく、しかも曾《かつ》ては帝国海軍一等兵曹として欧米諸国に足跡を印《しる》し、「ハリウッドちうはえゝとこだね」など、時にその豊富なる見聞の一端を仄《ほの》めかす。(後略)

「笠を海軍大佐あがりの製鉄会社の監査役とし、それが部下と邂逅……」

シナリオが動きだすのはこういうときだ。

野田と小津は、「元海軍大佐」笠を、「元海軍一等兵曹」と出会わせることによって、その十七年前に終わった戦争を現前させる。

先の「軍艦マーチ」のシーンの後半は、それを聞く隣の酔客が「オオ、大本営発表か」と茶々を入れ、連れがすかさず「帝国海軍は今暁五時三十分、南鳥島東方海上に於《おい》て……」と口を挟むと、酔客は「敗《ま》けました」と自嘲とも投げやりともつかぬ口調で呟《つぶや》く……。

それを聞いている笠の顔——それは、これ以上の苦い顔はないというぐらいの苦衷《くちゅう》に満ちた顔である。

その年の二月、母を亡くし、孤独を深めていた小津は、いつものように野田とコンストラクションのカードを並べながら、更に終戦の七年前の中国での出来事を思い出していたかもしれない。

昭和十二年一月十二日――陸軍野戦瓦斯《ガス》第二中隊(甲)小津安二郎伍長《ごちょう》は、中国・南京で、一足前に出征していた親友・陸軍第十六師団歩兵第九連隊・山中貞雄《やまなかさだお》伍長と会う。

(略)朝早く、六時半頃に行ったら、向うは朝の点呼が済んだ直《す》ぐ後で、「山中おりますか」と云ったら、いろいろ捜してくれたが、結局便所に行っていた。暫《しばら》く待つと、便所から来て、「小っちゃん、戦争えらいな」と云った。それが奴の第一声だったな。(後略)

(「映画ファン」昭和十四年十一月号「『戦争と映画』を語る」／田中眞澄編『小津安二郎全発言』所収)

そして、そのほぼ一か月前、同じ南京で以下のような「陣中日記」を書いていた日本軍兵士がいる。

拾二月拾六日　晴
午后一時我ガ段列ヨリ二十名ハ残兵掃湯ノ目的ニテ馬風山方面ニ向フ、二三日前捕虜セシ支那兵ノ一部五千名ヲ揚子江ノ沿岸ニ連レ出シ機関銃ヲ以テ射殺ス、其ノ后銃剣ニ

テ思フ存分ニ突刺ス（後略）
（仮名・黒須「支那事変日記帳」／清水潔『「南京事件」を調査せよ』）
※誤記は原文ママ

山中が南京事件そのものに参加していたかどうかはわからない。

しかし少なくとも「死臭」は嗅いだであろう。

その出来事をどう「合理化」すればいいのか、山中は到底答えは出せず、その葛藤が、小津に会ったとたん「小っちゃん、戦争えらいな」という言葉になって出たのではないだろうか。

そして、その山中は八か月後、開封の野戦病院で戦病死した。独身のまま。

小津も山中と同じように独身のままその二十五年後に死に、そして映画の中の笠智衆も一度は「後妻」を娶《めと》ることを幻想しながら、ついに「岸田今日子」には向かわずに遠からず死んでゆくだろう。

笠は、映画の中の北竜二《きたりゅうじ》のように「オクスリ」を飲みながら、よろしくやってゆくなんてことは出来ないのだ。

戦争の加害の歴史と、被害者としての立場が笠一個の体の中に混ぜ合わさって存在する。

笠は、後妻をもらって「幸福」になどなるべきではない。

それが野田と小津が九か月間のシナリオ創作を通してたどりついた結論であり、その二人の——予定調和ではない——スリリングな歩みを担保する空間こそが蓼科という装置だったのである。

Profile

(わたなべ・ちあき) 一九五〇年、兵庫県生まれ。シナリオライター、劇作家、演出家。主な作品に、映画『十八歳、海へ』、TV『あまえないでヨ!』『連合赤軍の崩壊』、演劇『贋作蘆花傳』作・演出など。二〇一六年、長野県蓼科に「新・雲呼荘 野田高梧記念 蓼科シナリオ研究所」(http://www.noda-tateshina.jp/)設立、理事に就任。

「東京物語」のダブル・バインド

文芸評論家
高橋世織

名作とは、観たり読んだりするたびに新たな発見、疑問や謎《なぞ》が湧き起こってくるものだ。

『東京物語』（昭和二十八年）は、二世代にわたる《キッズ・ムービー》仕立てになっている。義母（東山千榮子《ひがしやまちえこ》）の葬儀が済み、実の子どもらは、とっとと東京や大阪に帰ってしまったあと、義父（笠智衆）と義妹（香川京子《かがわきょうこ》）の身の回りの世話をして尾道《おのみち》にひとり居残った紀子《のりこ》（原《はら》節子《せつこ》）が、もう私も帰京します、と（月に帰還するかぐや姫さながらに）告げる時の義父と紀子との対座のシーンはどうだろう。義父は「私らに、ようしてくれた」と謝意を心から表しながらも、同時に玉手匣《たまてばこ》の如《ごと》く別れ際に、ここぞとばかり大切な品を手渡すのだ。

「気兼ねなく、いつでもお嫁に行っておくれ」と本心からの希望を告げながらも、同時に伴侶が長年大切にしていた懐中時計を取り出して紀子に「どうか、形見に貰《もろ》うてやっておくれ」と与える。「今じゃこんなもの流行《はや》るまいが」と付言しながらも。

帰京する列車の中で、その授かり物を見つめ直す紀子（シナリオには「耳に宛てる」とある）。

再びこの物語の一部始終、一切合切《いっさいがっさい》を（観客ともども）想起し直し、さらに今後の身の振り方・行く末も考える紀子の、その義母の遺愛品を取り出して見つめる際の得も云《い》えぬ多義的なニュアンスを含み湛《たた》えた表情は、けだし名演技というしかない。テンポよく進行する終局の瀬戸内海のボーと鳴り響く汽笛に至るまで、老夫の喉仏《のどぼとけ》が下がる演技といい、間然《かんぜん》するところなき感動のエンディングに向かってこの親子のテーマの物語は幕を閉じる。そしてこのあと紀子は果《はた》して再婚するのだろうか、といった表層的な問いを誰しもが抱くだろう。だがよくよく考えると、この物語が秘めた俳味《はいみ》（ユーモア）というか、翁《おきな》の演じる奥深い滑稽味《こっけいみ》が隠されていたことが判る。

　義父が本心から紀子の再婚を願っていることは間違いない。しかし口ではそういうものの、それと相矛盾するような行為として受け手が気重になるような贈り物も同時に与えている。紀子にとってみれば、爾後《じご》、この形見の時計を見るにつけ亡き義母や夫、義父のことを思い出さざるを得なくなり、新たな決断や踏み出しが鈍ってしまいかねない。まさにダブル・バインドの呪文を義父は仕掛けたのである。

　心の奥底では、口説きとは裏腹に、申し分のない紀子はいつまでも昌二の嫁であって欲しいし、義理の娘でいて欲しい、また尾道にも来て欲しい、といったアンビバレンツな感情や心情が無意識裏にも揺曳《ようえい》して、このような言動・行為を取らせたのではあるまいか。

　まるで『御伽草子《おとぎぞうし》』の浦島太郎の物語のような説話的骨格が、このさほど複雑ではない物語の多様な読みを支え、かつ誘発させているのだ。この手渡された「忘れ形見」＝懐中時計は血の繋《つな》がった者の誰の手にも渡らず、ただ一人親身に仕え、よくしてくれた紀子にだけ託されたのだが、この贈り物が呪縛《じゅばく》品ともなるのである。「モノ語リ」たる所以《ゆえん》だ。
もちろん、東京と尾道とを往還するこの物語は、至る所で時計、時間や時刻(表)、遅刻等のさまざまな表象が折り連なって映出する。紛れもなく、とどめを刺す小道具としても首尾よく機能したことは言うまでもない。

この安定感のある三角形構図的な物語は、前半部と後半部とがバランスよく計算された対称的な構成になっている事にも留意したい。実母と長らく会わなかった長女(杉村春子《すぎむらはるこ》)が、紀子と老母と自分と三人が立ち姿になった折に、大柄の老いた母親に対して「また少し大きくなったんじゃないかしら」と冷やかすシーンがある。ここも後半において、三男坊の敬三(大坂志郎《おおさかしろう》)が葬儀の読経《どきょう》の最中に一人抜け出した所へ、御焼香ですよと呼びに来た兄嫁(紀子)に、木魚《もくぎょ》の音と共に「ポコポコ小ッそうなっていきよる」実母を悔やむ件《くだ》りと絶妙に呼応しあっているのであった。

冒頭、旅支度の際に「空気枕」の在処《ありか》を巡って老夫は少々きつい言い方をするが、最後には「もう少し優しう」してやればよかったと悔やむ。場所・構図もろともシンメトリックにフレームが対応して、この旅のはじまりを想起させる仕掛けになっていた。

ちなみに、この「枕」イメージはこの物語の中でさまざまに変容を重ね連鎖していく。孫たちの鬱憤《うっぷん》が爆発して、父親(山村聰《やまむらそう》)の商売道具である診察室の医療用枕を投げ飛ばし床に叩きつける。熱海の旅館や紀子の部屋(亡き息子の枕で母親は寝たことになる)で、また三男敬三の部屋で必ず枕が映る。そして「ハハキトク」以降の後半部は、水枕・氷枕と遷移《せんい》し、おそらく息を引き取ったであろう際の俯瞰《ふかん》ショットでは鉄道線路が映り込むのだが、そこには

「枕木《まくらぎ》」が当然ながら整然と並んでいた。住吉《すみよし》祭りの晩の花火のとき幼い頃の敬三が母親の「膝枕」で寝てしまった昔日の一コマなども会食時に遺族たちに追想されもした。

こうした「枕」の記号体系(コード)が意図的な計算によるものなのか、はたまた無意識裏に結果そのようになったのか、その双方のような、微妙な、作為の痕跡が定かではなくなるような小道具の使われ方こそ、これまた小津映画の演出法の真骨頂でもあった。小津監督の「枕」への偏執《へんしゅう》ぶりをこのように掻《か》き出すと、例えばサイレント映画史上不朽の名作で、小津の代表作、いな白眉《はくび》といっても構わない《大人の見る繪本》と角書《つのがき》された『生れてはみたけれど』(昭和七年)において、子どもたちが屈辱的な父親像が映し出されてしまった映写会を皆で観た晩に、父親へのレジスタンスとばかりに深夜台所から包丁を持ち出して「枕」を切って中から蕎麦殻《そばがら》が迸《ほとばし》り出る強烈な寄りのショットも、思い浮かべ、比べてしまいたくなる。

それにしてもモノと心とのイメージ連関をこれほど見事に生成・定着できている例は、小津映画をおいて他にないといってよいだろう。

Profile

(たかはし・せおり) 一九五一年生まれ。文芸評論家。早稲田大学助手、北海道大学助教授、早大教授、東京工業大学特任教授を経て、日本映画大学の初代学部長。現在、日本映画大学教授・附属図書館長。川崎市文化財団理事。主著に『感覚のモダン』、編著に『映画と写真は都市をどう描いたか』など。源氏物語から賢治、映画、環境思想をクロスさせ文学芸術思想を包括的に考究し語り合う私塾も主宰している。

四〇ミリの謎

映像作家
松浦莞二

・四〇ミリレンズ

キャメラマン厚田《あつた》雄春《ゆうはる》のご息女に『東京物語』の撮影記録を見せていただいた時、それは驚いたものだった。数字が並び分かりにくいかもしれないが、これは撮影時のキャメラの設定記録だ。レンズの絞り、シャッタースピード、焦点距離、役者までの距離(フィート表示)、さらに現像時間なども大変丁寧に記録されている。そしてこの撮影記録のレンズの項目の左端(作品冒頭の尾道の情景ショットで子どもたちが通学しているショット)と三番目(遠くに汽車が走るショット)に「40」という数字が読み取れる。これはつまり、四〇ミリのレンズを使用したということだ。

小津作品は直線の歪《ゆが》みの少ない五〇ミリレンズで撮影された、というのが定説だ。ごく初期は三五ミリなどもあったが、この『東京物語』の頃は五〇ミリ撮影のみのはずである。『父《ちち》ありき』で息子が寂しく肩を落とすショットを例外的に七五ミリで撮影したとは聞いたことがある。それは望遠レンズを使い背景を強くボカして、一人寂しい感じを出すことを狙ったためだった。

しかし、四〇ミリレンズの使用は全く聞いたことがない。衝撃を受け、他にも撮影記録が保存されていると教わった鎌倉文学館で調査を行った。そこには『お茶漬の味』『東京物語』『早春』『お早よう』の四作の撮影記録が残っており、何と『お早よう』以外は全ての作品に四〇ミリレンズが使用されていた。また、七五ミリレンズでの撮影もあった。

後日、小津組で撮影チーフを務めていた川又昂《かわまたたかし》や田邉皓一《たなべこういち》へも取材。撮影現場で四〇ミリが使用されていたことが分かった。一九八四年に刊行された『小津安二郎　東京物語』で撮影監督・厚田は「絶対に五〇ミリで通してるわけですね。四〇ミリってのは、広角はあまりお使いにならないんですよ」と発言している。あまり使わない＝稀《まれ》には使う、が省略され、「絶対に五〇ミリ」が流通したのだと思われる。小津は五〇ミリ撮影、というのは誇張された逸話だったのだ。

そうはいっても小津作品は初期を除けばほぼ全てが五〇ミリレンズによる撮影で、これほど同じレンズにこだわった監督も珍しい。小津が五〇ミリを使用する理由は何なのだろうか。そして今回発見され

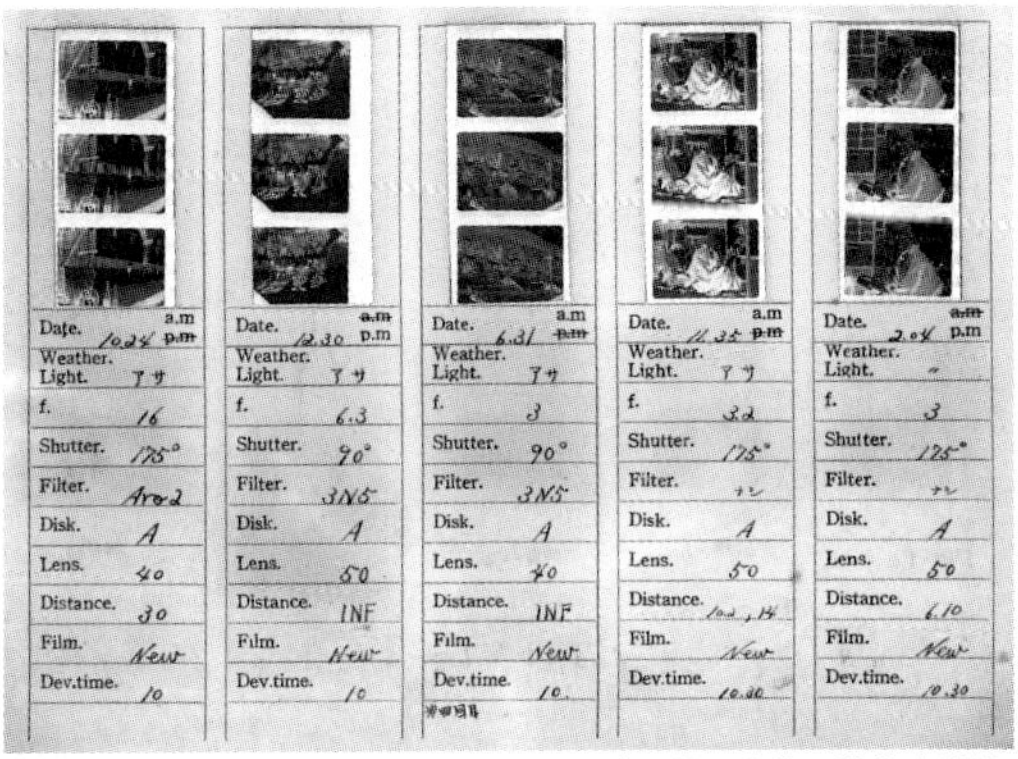

『東京物語』冒頭の撮影記録（データシート）＝菅野家蔵／鎌倉文学館寄託

た四〇ミリレンズ使用の意図は何なのだろうか。

・五〇ミリにこだわる理由

三五ミリフィルムの映画撮影において五〇ミリレンズはやや望遠のレンズだ。よくある三五ミリフィルムのスチル撮影に換算するとおおよそ八〇ミリのレンズに相当する。関心ある人は実際に使ってみるとその特性がよく分かるだろう。

レンズは広角になるほど、絵が歪《ゆが》んでいくが広い範囲が撮影できる、パンフォーカスしやすい、奥行き方向の動きが強調されるという特性がある。レンズが望遠になるほど、絵を歪ますことなく遠いものを撮影できる、背景がボケやすい、奥行き方向の動きが穏やかとなる。

狭い場所での撮影には広角レンズが向き、『市民ケーン』で有名な奥も手前も焦点を合わす手法・パンフォーカスにも広角レンズが向いている。また、奥行き方向の動きが強調され動きにメリハリが出るので、迫力あるアクションシーンにもよく使われる。反対に遠くのも

バストショットをレンズを換えて撮影。上から、一八ミリ、三五ミリ、五〇ミリ。広角レンズの方がやや絵が歪んでいき、背景もハッキリ映る。望遠レンズはさほど歪んでおらず、背景がボケている（ボケ具合には絞りも関係してくるが、ここでは省略する。余談だが、日本の撮影者は背景をボカし柔らかい絵を作るのが好きらしい。ボケという言葉も英語圏でそのまま使われ、「good bokeh」「strong bokeh」などと表現される）

のを撮る場合には望遠レンズが向いており、人物の背景をボカしやすい。奥行き方向の動きが少ないので、構図の乱れにくい落ち着いた画面になる。

小津は直線の多い和室で柱などの線が歪むのを避け、また役者が動いても構図が乱れにくいことから五〇ミリレンズにこだわったのだろう。

五〇ミリレンズで撮影すると、役者とキャメラの距離はどれくらい必要か見当がつくだろうか。役者の身長にもよるが、バストショットで概ね二メートル、大人の全身を画面上下ぴったりに配した構図では、キャメラから六〜九メートルくらいは距離が必要で、構図に余裕をとるとキャメラはもっと遠ざかる。

例えば『東京物語』で妻が亡くなり夜明けに佇《たたず》む老人・笠智衆。彼はキャメラから約一八メートル離れたところにいた。一八メートル——。想像より遠くないだろうか。普通なら三五ミリなり二四ミリのレンズを使い、もう少し役者に近いところから撮影するのだが、小津はこのようなショットでも五〇ミリを使用した。これほどに役者から距離を置いて、それでいて細やかな演出というのは一体どのようにしたら出来るものかと驚いてしまう。小津は悲劇を撮っても絶望的とまではならない。それは役者との距離のとり方も一因だろう。悲しい出来事も距離を置いて見つめられたのだ。人生は近づいて見ると悲劇、遠くから見ると喜劇、という言葉があるが、小津は悲劇を遠くから捉えた監督だ。この距離感も小津が五〇ミリレンズを選んだ理由かもしれない。

・「例外」の意味

では小津が、例外的に四〇ミリを使用した理由は何だろうか。現在撮影データが残っているのは、『お茶漬《ちゃづけ》の味《あじ》』『東京物語』『早春』『お早《は》よう』の四本だけ。『お早よう』は全て五〇ミリ撮影だったので、それ以外を見てみる。

『お茶漬の味』

〈『お茶漬の味』〉右列・佐分利が社長の部屋へ向かう固定ショット。左列・社長との話が終わった後の移動ショット。部屋に入る前と後で照明を大きく変えていることも面白い

佐分利信《さぶりしん》が上司から海外へ転勤を告げられる場面。社長室へ向かうショット、そして部屋から出て行くのをドリー撮影したショット。

『東京物語』

四〇ミリレンズでの撮影は、使われていないものを含めると七二ショットもあった。尾道の情景や路地を小学生が歩くショットなど、ほとんどはロケ撮影で引きが足りなかったためと思われる。ここには掲載されていないが大阪城など七五ミリ撮影もあり、これも単に距離

〈『東京物語』〉右上から下へ３枚が尾道の情景ショット、右下の１枚と左上の２枚が美容院のショット、左下の２枚が部屋奥に向かう原のショット

が遠すぎたためと思われる。ただ、杉村春子と中村伸郎《なかむらのぶお》の経営する美容院での幾つかのショット。そして、香川京子に別れを告げた後に原節子が部屋奥に向かうショット。これらはセット撮影にもかかわらず四〇ミリだった。

『早春』

幾つかの情景ショットや、ハイキングに出かけた場面で池部良《いけべりょう》と岸惠子《きしけいこ》がトラック荷台に乗っているショット、犬小屋のある小さな庭のショットなどが四〇ミリ撮影だった。これもロケ撮影で引きが足りなかったためだろう。

ロケ撮影で距離が取れなかったので四〇ミリ、というのは十分理解できる。特に『東京物語』の尾道は日本各地が焼け野原になったなか、昔の建物が残っていた貴重な街だ。撮影のために壁を壊したりはしたくなかったのだろう。一方、美容院でのショットは、理由は分からなかった。関心ある方は研究してみて欲しい。

〈『早春』〉上から荷台上のショット、庭先のショット

『お茶漬の味』で佐分利の廊下のショット、そして『東京物語』で香川に別れを告げた原節子が部屋奥に向かうショット。これらはセット撮影にもかかわらず何故か四〇ミリレンズが使用されているが、理由は奥行き方向の動きを強調するためだと思われる。

奥行きの強調は特に『東京物語』の原の

ショットが分かりやすい。参考に役者が画面奥に進んでいく動きを五〇ミリと一八ミリで撮影してみた。役者がキャメラから離れるのを五〇ミリで撮ると、さほど小さく見えない。一八ミリの広角レンズで撮ると、同じ距離を進んでも人物がより小さく見えるのが分かるだろう。

『東京物語』で情景ショット以外がほぼ全て五〇ミリで撮影されているなか、原が義父に別れを告げに部屋を進むショットは、例外的に四〇ミリレンズで捉えられている。いつもと同

六歩進む動作をレンズを換えて撮影。右列・五〇ミリ。左列・一八ミリ

じように部屋奥に進んでいる原が、いつもより少し小さくなって見える……そんな物悲しさを表現しようと考えたのだろう。

『お茶漬の味』佐分利の廊下のショットも狙いは同様で、社長室で転勤の話を聞き、廊下を奥に進む会社員の悲しい姿を表現したかったのではないか。(それがなぜドリー撮影なのか、どうしてこの『お茶漬の味』には前後の移動撮影が多いのかを考えても面白いが、今は横道に逸《そ》れないことにする。)

・終わりに

わずか四作品しか撮影記録は残っていなかったが、小津が四〇ミリレンズを使っていたとは驚きだった。小津が撮影で構図にこだわったことはよく知られている。カラー撮影では赤の発色にこだわり、ドイツのアグファフィルムを使用したこともよく知られている。それだけでなく、遠近感を強調するなど細やかな技巧を凝らしていたことがみえてきた。小津の技巧派の一面ももっと研究調査されていいのではないか。

※ 本文で引用した小津安二郎監督作品画像は、すべて松竹株式会社提供。

「小津は二人いらない」？
小津安二郎（一九〇三年―一九六三年）と成瀬巳喜男（一九〇五年―一九六九年）の比較

映画史家
スザンネ・シェアマン

これは、一九三〇年代前半に新米監督だった成瀬巳喜男《なるせみきお》に対して、伝説となった松竹蒲田《かまた》スタジオ所長・城戸四郎の発言とされている。果たして二人の監督は瓜《うり》二つであったのか？類似点は確かにある。松竹に入社して二十三歳（小津）と二十四歳（成瀬）でそれぞれ監督デビューし、小市民映画を中心に活躍したが、両者の描写にはすでに重要な差があった――小津の主人公の方が経済的な困難に直面することが少なかった。両者ともに互いの社会階層を描いたこともあったが、成瀬の登場人物の方が一銭も無駄にする余裕がなかった。

小津と成瀬とが互いに相手のことをどう思っていたのかは興味深いが、残念ながらこうした記録はほとんど残っていない。むしろ、互いの存在を意識しながら敢《あ》えてコメントを避けたようにも見える。または接近点を感じなかったので、互いに発言しなかったのかもしれない。

実は映画制作自体に関しては、正反対の方法をとっていた。トーキーになってから小津は数ヶ月かけて脚本を練り上げて、そのセリフを変更することも認めなかった。撮影も時間をかけたので、戦後のペースは一年間一作品である。それにひきかえ成瀬は自分で脚本を執筆したり、他人の脚本にも手を入れたりして、俳優にもセリフや身振りに関して自由を与えた。さらに、何よりも公開に間に合うことを大切にしたので、戦後に平均一年間二作品を作り上げたが、妥協が多く評価の芳《かんば》しくない作品もあった。

技術に関しても、入念細心な小津に対して成瀬は実験的な立場であった。有声映画をいかに自分の作風に統合するのか、長年にわたって大いに躊躇《ためら》った小津に対して、成瀬はトーキーを試してみたくてならず、その為《ため》に松竹からPCL(のち東宝)に移った。こうしたトーキー映画の試みを島津保次郎《しまづやすじろう》に「無声映画方法」と批判されても、経験からも年齢からも大先輩の島津に対して、これ以外には「映画の方法はない」と成瀬は反論したのであった。これひとつをとってみても、小津と成瀬はとても友達になり得たとは思われない。

結局、小津は丁寧に自分の独特な世界を作り上げ、一度認めた方法を使い続けたが、成瀬は晩年までに新しい方法を試したり、却下したりを繰り返して、とにかく商品に仕上げることを重視した。社会問題を哲学的な立場から提出した小津に対して、成瀬は具体的な経済困難を描いた。日本映画には、このような視角を担ういま一人の小津を加えた「二人の小津」が必要であったことは間違いない。

Profile

スザンネ・シェアマン(Susanne Schermann)　一九五八年、オーストリアのウィーン生まれ。明治大学法学部教授。研究分野は、日本映画史、比較文化論。著書に『成瀬巳喜男　日常のきらめき』(キネマ旬報社)。フランスで初めて小津安二郎監督の作品と出会い、ドナルド・リチーの『小津安二郎の美学　映画のなかの日本』で日本映画研究をスタート。

夫婦は「お茶漬の味」なんだ

映画研究者
宮本明子

小津安二郎監督最後の作品となった『秋刀魚の味』(一九六二年)。これに似た題名で、『お茶漬の味』(一九五二年)という作品があります。

お茶漬といえば、ありあわせの具をのせたご飯に熱いお茶をかけたもの――そんな「なんということのない」味が、夫婦にたとえられています。『秋刀魚の味』に秋刀魚は登場しませんが、この映画ではお茶漬とそれをつくるまでの過程もちゃんと描かれています。一九五二年の製作。その前後には、高い評価を得た『麦秋』(一九五一年)、『東京物語』(一九五三年)が並んでいます。それらと比べると、決して注目を集める作品ではありません。

製作の経緯をたどってみると、映画の元の脚本は製作より十三年も前の一九三九年に書かれていました。二年の中国大陸での従軍を経て帰国した監督が、脚本家・池田忠雄《いけだただお》と共同で執筆したものです。

一九三九年に執筆されていた旧脚本『お茶漬の味』の元の題名は『彼氏南京へ行く』でし

た。その内容が掲載された雑誌「映画之友《えいがのとも》」（一九四〇年三月号）、後年に同「キネマ旬報」（一九九四年小津安二郎特集号）をみると、キャストまで決定していたことがわかります。

一九五二年の映画は、この脚本を元に、小津安二郎が脚本家・野田高梧と改稿し撮影されました。映画で夫を演じたのは佐分利信。上原謙《うえはらけん》や佐野周二《さのしゅうじ》とともに当時二枚目俳優として売り出していましたが、ここでは妻に「鈍感」だといわれる、田舎くさい男を演じています。妻は、妖艶《ようえん》な雰囲気で恋敵《こいがたき》や悪女役を演じることの多かった木暮實千代《こぐれみちよ》です。


ここで、映画『お茶漬の味』の特徴をふりかえってみましょう。

ある日、夫がうっかりご飯に味噌汁をかけて食べた時に、妻は「犬にやるご飯」のような食べ方だと一蹴《いっしゅう》します。二人が性格も好みも対照的であることが、このとき明らかになります。といっても、妻は夫を嫌悪しているばかりでなく、ときには猫撫声《ねこなでごえ》で甘えてみせたり、姪《めい》を叱るときには夫を立てて発言させたりと、夫婦の関係を崩さずうまくふるまっているようです。

しかしついにその糸が、夫が放ったある一言で切れてしまいます。妻は家をしばらく空け、時機悪く同じ頃に夫の海外出張が命じられます。自宅に戻った時、夫はすでに南米ウルグアイに出発した後でした。

この夫婦のすれ違いが、偶発的な事態によって収束を迎えます。

深夜、なぜか出発したはずの夫が戻ってきます。飛行機のエンジントラブルで出発は「明日の朝になった」というのです。朝までのささやかな時間に彼らが手をつけたのがお茶漬でした。

食事配膳を女中に任せていた妻は、慣れない手つきで、夫が食べたいという「お茶漬」を用意します。それを口にしながら、彼女はいままで知らなかった「インティメートで」「プリミティヴな」味わいがようやくわかったのだと訴えます。

一方、旧脚本ではどうでしょうか。

夫婦の好みの違いや、夫婦が「お茶漬の味」の意味を実感することは共通しています。最大の変更は、夫が戦地に向かう結末となっていることです。「兵隊さんや見送り人たちが敷かれたむしろに腰をおろし、ごやごやと居る。／じいやや女中たちがサービスしている。／色々な組が、色々な分かれ方をしている。」など、出征する兵士についての具体的な描写もみられます。戦争を前にした市民の様子も描かれています。

さらに、旧脚本にあった、戦地に「命がけ」で行くという強い台詞は、戦後の脚本にはありません。しかしその代わりとなるかのように、映画では、ナイターが開催されている後楽園球場の外観に「命」という字が浮かんでいます。これは球場に実在した広告塔「千代田生命」の一部でした。

旧脚本ではお茶漬を食べて夫が出征する部分が、新脚本では海外出張に変わっています。この結果、旧脚本の生きるか死ぬかの瀬戸際で語られる「夫婦はお茶漬の味」の説得力に、新脚本は遠く及ばないと批判されることとなりました。

そもそもなぜ改稿したのか、小津監督の発言は残っていません。背景にあったのは、脚本の検閲制度でした。一九三九年から施行された映画法の事前検閲制度により、脚本は事前に検閲を受け、改訂を命じられたのです。

戦後、「キネマ旬報」誌上で新旧『お茶漬の味』解題を付した田中眞澄は、その経緯を次のように説明しています。まず、戦時中に富裕層の生活を描いたことが不謹慎だとされた。さらに、小津自身による諧謔《かいぎゃく》もあるかもしれないが、検閲側から〝赤飯で祝うべき出征を「お茶漬」とは何事だ〟と指摘された。しかし、小津監督が変更を拒んだ、というものです。

検閲の言葉に従えば、夫婦がお茶漬の味に気づくという主題は提示できなくなります。また、お茶漬とは「夫婦の味」であると同時に、鈍感な夫が、どんなときも変わらない「頼もしさ」につながることも示しています。改訂してしまえばその主題を示すことができず、それはお茶漬の味でなければならなかったのです。戦後に旧脚本を改稿したのは、これを現代に改めるとどうなるかという挑戦でもあったことでしょう。

そうして日の目を見た『お茶漬の味』は、皮肉にも失敗作のひとつに数えられてしまいます。しかし、新旧二つの脚本の違いをみることで、そこに試みられた挑戦と、脚本および映画で、小津が戦後をどう描いたのかがみえてきます。一九五二年の『お茶漬の味』には、こうした観点からも、今なお解釈の余地が開かれています。

小津映画におけるお経

映画研究者
正清健介

小津安二郎の映画には葬式や法事のシーンがよくある。例えば、『東京物語』（一九五三年）の老婆とみの葬式シーンなどである。それらのシーンでは、例外なくお経《きょう》ないし木魚《もくぎょ》の音が響いている。では、それはどんなお経だろうか。今回、小津映画で使われているお経を調べてみた。以下、作品ごとに並べる。

『戸田家の兄妹』（一九四一年）

進太郎の葬式のシーンでは木魚の音のみだが、その一周忌のシーンでは、「妙法蓮華経観《かん》世《ぜ》音《おん》菩《ぼ》薩《さつ》普《ふ》門《もん》品《ほん》第二十五」、つまり「観音経」が唱えられる。これは、観音さまを信仰することを説くお経。

『父ありき』（一九四二年）

映画の序盤、ボート事故で亡くなる中学生吉田の葬式のシーンで「舎利礼文《しゃりらいもん》」が唱えられる。これは、文字どおり、お釈迦《しゃか》さまの遺骨を礼拝することを説く短いお経。それと、少年時代の良平が父と流し釣りをするシーン冒頭、木魚の音だけが鳴る。

『晩春《ばんしゅん》』（一九四九年）

紀子とその父周吉が清水寺を訪ねるシーンで、木魚の音と共にお経が唱えられる。残念ながらこのお経に関しては何のお経か聞き取れなかった（後述の近所の住職によると、おそらく当時の清水寺の宗派〈法相宗《ほっそうしゅう》〉のお経であろうとのこと）。

『東京物語』（一九五三年）

前述のとみの葬式シーンで、「大悲圓満無礙神呪」が唱えられる。「大悲呪《だいひじゅ》」と略しても呼ばれるこのお経は、千手観音の功徳《くどく》を説くお経。

『早春』（一九五六年）

正二の同僚三浦の葬式シーンの最後のショットで、斎藤高順《さいとうたかのぶ》作曲の《サセレシア》にかぶさる形で木魚の音が鳴り始める。これも『父ありき』の流し釣りのシーンと同様、木魚の音だけでお経は聞こえない。

『お早よう』（一九五九年）

原口家のみつ江が、不動明王が描かれていると思われる掛軸の前で合掌《がっしょう》してお経らしきものをブツブツ唱えているが、何と言っているのかわからない。ただ、土手の上で合掌して「家内安全、商売繁盛」とつぶやくシーンがある。どうやらお経ではないようだ。ちなみに、このお婆《ばあ》ちゃん、このシーンで珠数《じゅず》を持った手で二回拍手する(神道?)。

『秋日和《あきびより》』(一九六〇年)

冒頭、秋子の亡き夫周造の七回忌のシーンで、『東京物語』と同じく「大悲呪」が木魚の音と共に唱えられる。

以上が、小津映画で私が聞き取った限りのお経(ないし木魚の音)のすべてである。いずれのお経も、日本の主な仏教各派でよく読まれるごく普通のお経である。さて、その中でも「大悲呪」は、日本の大乗仏教《だいじょうぶっきょう》でも強いて言えば禅宗でよく読まれるお経の一つで有名である。そこで、鎌倉のある禅寺の住職に、『東京物語』と『秋日和』の「大悲呪」をそれぞれ聞いてもらった。何か小津監督なりのアレンジがあったりするかも、なんてことを思ったのだ。すると、さすがにアレンジはないようだが、一つわかったことがある。それは、両シーンのお経は、木魚の合わせ方から判断して、禅宗の中でもその一派である臨済宗《りんざいしゅう》のものではないかということである。また、シーンに現れる僧の袈裟《けさ》からもそう判断できるとのこと。一応、確認のため、近所の禅寺の住職にも見てもらったが、臨済宗か黄檗宗《おうばくしゅう》か意見が分かれるところではあるが、まず臨済宗と考えて間違いないとのことだった。鎌倉の住職と同様、決め手は木魚の合わせ方と袈裟であった。特に、『秋日和』はカラー作品のため、袈裟《けさ》や衣の色を目で確認することができ、貴重な判断材料となった。

ところで、『東京物語』のとみの葬式シーンのロケ地は、尾道市長江《ながえ》にある浄土真宗《じょうどしんしゅう》の福《ふく》善寺《ぜんじ》であることがわかっている。[*1] むろん、ロケで撮影されたのは、冒頭の墓地の二ショット、葬儀を抜け出し縁側で目に涙を浮かべる平山家の三男敬三が見ているとされる墓地の一ショット、そして最後の墓地の二ショットの計五ショットに限られる。これに対して、本作品の助監督齋藤武市《さいとうぶいち》氏と撮影助手川又昻氏によると、とみの葬儀が執り行われる寺の本堂内部と敬三が座り込む縁側の一連のショットは、すべてセットで撮影されている。[*2]

しかし、寺の周りの風景として福善寺の墓地のショットが配置されることで、とみの葬儀は他でもない福善寺で執り行われているという設定であることがわかる。つまり、前述の二人の住職の判断が正しければ、浄土真宗の寺で臨済宗（禅宗）の葬儀が執り行われているという、ちょっとおかしなことになるわけである。

だがもちろん、福善寺の墓地のショットを使っているからといって、必ずしも小津監督がシーンの場を現実の尾道に実在する福善寺に設定しているとは言えない。もしかしたら小津監督はシーンの場として、実在しない架空の臨済宗の寺を考えていたかもしれない。ただいずれにせよ、小津監督が本シーンで臨済宗式の「大悲呪」を使用していることは興味深い。というのは、七年後の『秋日和』の冒頭でも、まったく同じお経「大悲呪」が臨済宗式に流れているからである。しかも、この法事のシーンでは、お経のみならず、ロケ地までもが臨済宗の寺なのだ。そのロケ地は、小津監督の一九六〇年十月三日（月）付の日記に「ロケ出発

して　品川の東禅寺の境内をとる」[*3]とあることから、港区高輪に現在もある臨済宗妙心寺派の東禅寺《とうぜんじ》である。

確かに、このシーンも『東京物語』のとみの葬式シーン同様、ロケで撮影されたのは、東京タワーの二ショットに続く寺の石段に座る老婆と子どもを捉えた一ショットに限られ、他の日付の日記から、シーンの要《かなめ》である主要登場人物が現れる庫裡《くり》と本堂のほか一連のショットはすべてセットで撮影されていることがわかる。例えば、同年九月一日(木)付の日記には「お寺本堂　セット　坊主くる　定時前に上げる」[*4]とあり、セットに僧を呼んで撮影したようである。

しかし、ロケ地でのショットがたった一ショットであっても、小津監督はそのたった一ショットのために数ある寺院の中から東禅寺をロケ地として選んだ。シーンが東京タワーのショットで始まることから、東京タワー周辺のお寺という設定であることは明らかであり、脚本でも「東京タワーが見え、近くのアパートの窓々には洗濯物が干してある——と言ったような、都内麻布《あざぶ》あたりの寺」[*5]とある。にもかかわらず、小津監督は麻布でなく、同じ港区でも東京タワーからやや離れた高輪《たかなわ》の東禅寺をロケ地に選んだのだ。

小津監督には、戦前から戦中、高輪に家を借りていた時期があり、キャメラマン厚田雄春氏によると東禅寺はその頃の小津監督の「散歩のコースに入っていた」とのこと。厚田氏は東禅寺について「品川から芝の方に行ってちょっと坂をのぼった途中にあるんですが、あのあたりはお好きでしたね」と当時の監督を回想する。[*6]だから、小津監督はもしかしたら東禅寺と何かしら個人的な関わりがあったのかもしれない。

小津監督が眠る墓は、北鎌倉の臨済宗円覚寺派の大本山円覚寺《えんがくじ》にあることは有名である。一九六三年十二月十二日に小津監督が亡くなった後、北鎌倉の自宅での通夜を経て築地《つきじ》の本《ほん》願寺《がんじ》にて葬儀と告別式が行われたが、本人の希望により墓は円覚寺に建てられた。[*7] 一九六二年に小津監督のお母様あさゑさんが亡くなった際も、北鎌倉にある臨済宗円覚寺派の浄智寺《じょうちじ》で告別式が行われ、深川の臨済宗妙心寺派の陽岳寺《ようがくじ》に埋葬されており、[*8] 臨済宗と小津家の結びつきは深いことがわかる。ちなみに、監督のお父様寅之助《とらのすけ》さんとお兄様新一《しんいち》さんも同じ陽岳寺に眠る。[*9]

むろん、聞くところによると、小津監督自身はさほど宗教宗派にこだわりはなかったそうである。これに関しては私自身も、小津監督に関する様々な逸話を読んだり聞いたりする度にそう思う。それは、『秋日和』の法事後の酒の席で、故人の旧友たちの間で「イヤァ、それにしても今日のお経は長かったね」「イヤァ、坊主の奴、サーヴィス過剰だよ」なんてことが冗談めいて言い交わされていることからもわかる。監督が熱心な信徒だったとは到底思えない。だが、小津監督自身の宗教観がどうであれ、作品内外の事実からみて、臨済宗との関わりは、晩年の小津監督やその作品を語るうえで案外無視できない点かもしれない。

謝辞

この度、お経の聞き取りに協力してくださった扇谷山海蔵寺《せんこくざんかいぞうじ》さまと谷保山南養寺《やほさんなんようじ》さま、そして、お経一般についてご教示いただいた瑞鹿山《ずいろくさん》円覚寺さまに、この場を借りて深く御礼申し上げます。

＊1　坂村健／蓮實重彦編『デジタル小津安二郎：キャメラマン厚田雄春の視《め》』（東京大学総合研究博物館、一九九八年）、七〇頁。

＊2　「音声解説」、『東京物語』、『小津安二郎 DVD-BOX』第一集（松竹、二〇〇三年）所収。

＊3　田中眞澄編『全日記 小津安二郎』（フィルムアート社、一九九三年）、六五六頁。

＊4　同右、六五〇頁。

＊5　井上和男編『小津安二郎全集［下］』（新書館、二〇〇三年）、四〇七頁。

＊6　厚田雄春／蓮實重彦『小津安二郎物語』（筑摩書房、一九八九年）、二三五頁。

＊7　小津安二郎・人と仕事刊行会編『小津安二郎・人と仕事』（蛮友社、一九七二年）、六九四〜六九五頁。

＊8　同右、六八一頁。

＊9　なお、父寅之助さんの告別式も陽岳寺で一九三四年に行われている。同右、四六九頁。

Profile

（まさきよ・けんすけ）　一九八四年、熊本生まれ。リヨン第二大学で修士号（映画・視聴覚研究）、一橋大学で博士号（学術）を取得。現在、一橋大学大学院言語社会研究科博士研究員。専門は映画学。論文に「小津安二郎『お早よう』におけるオナラの音」（『表象』）、「小津安二郎『お茶漬の味』における画面外の声」（『映像学』）ほか。

呑気かつ過酷な映画音楽

作曲家
野見祐二

小津映画の音楽については語り尽くされたというか、あまり語る事がないというか、「音楽がそのシーンの画像や感情に同期しない」という事と「サセレシア」で話が尽きてしまうような感じがします。前者については、小津監督は作曲家の斎藤高順氏に「登場人物の感情や役者の表現を助けるための音楽を決して希望しない」と語っていますが、それでもトーキー初期においては『一人息子』で子供が倒れて人々が駆け寄るシーンに弦楽器のトレモロを伴った緊迫(?)した音楽を付けたり、しみじみしたロングショットにしみじみした音楽を付けたりして〝画面に同期〟させていました。すると小津映画の「文体」が次第に厳格さを増してゆくなかで、音楽の扱い方も次第に独自の様式を整えていったのでしょうか?

彼は撮影用のトンカツを御徒町から大船まで届けさせずにはいられなかったのだから、音楽の扱いだけ適当で済ました、とはとても考えられません。

また、これは僕自身の関心事なのですが、能や歌舞伎といった日本的でとても様式的な芸能の影響はないのか？　歌舞伎の黒御簾《くろみす》音楽というものは歌舞伎の演出技法と同じく非常に様式的・機能的なもので、全体の中のコンポジションとして配置されるようになっています。こういった事に小津監督は関心を示さなかったのだろうかと。

ここで『東京物語』と『東京暮色』の音楽をいくつかピックアップして音楽の扱い方の変化について小考察を試みます。斎藤高順氏担当の両作の間には、大きな違いがあります。

まず『東京物語』（一九五三年）。

「主題曲」

メロウな(?)ストリングスによる主題曲は割と戦前からの定番のようです。途中に〝トリスタン和声〟みたいなのが顔を出すところがいつも気になるのですが。基本的に穏やかな音楽で、映画全体のゆったりとした流れを表現しているといえるでしょう。

「土手に祖母と孫がいるシーン」

タイトル音楽のメロディーをよりメロウにしてヴァイオリンで演奏しています。祖母の寂しさを音楽がさらにもり立ててしまっています！

「堤防に座る祖父と祖母」

情景にピッタリと思える静かなアダージョの音楽です。

「紀子のアパートに泊まる祖母」

ヴァイオリンの思いっきりメロウなメロディー（音量を絞っている）。泣けてくるシーンですが、音楽もシンクロしているらしい（音量が小さくてよく分からない）。

「大阪で休息する祖父と祖母」

しみじみ音楽ですが、次のシーンに変わるところでハープの全音音階のグリッサンドが響く！　祖母の急変を告げるサスペンスのサウンドです。

「帰京の日の紀子と祖父の会話」

全編のクライマックスであり心を揺さぶられるシーンですが音楽なし。

『東京物語』では音楽をシーンの情感に合わせていて、普通の音楽の付け方をしています。ただ紀子のアパートのシーンの音楽では、小津監督は「音楽がシーンと合いすぎている」ので音量を絞ったのだそうで、注目すべきポイントです。

次に『東京暮色』（一九五七年）。

「主題曲」

「サセレシア」が流れます。スペインのポピュラー・ソング「ヴァレンシア」とシャンソン「サ・セ・パリ」のメロディーを組み合わせて作られた曲で、「ポルカ風」のアレンジだそうです。なるほどアコーディオンも使われて、やたらと能天気な、ビヤホールで鳴っていそうな音楽といえるかもしれません。この暗く厳しい内容の映画のテーマ曲として皮肉といえるほど逆を行っています。

「雀荘1」

ただ麻雀をやっているなか、「サセレシア」が流れます。明子が実母とは知らずに会話する複雑な感情のシーンですが、音楽は無関係に流れます。

「雀荘2」

「サセレシア」が流れます。明子が実母に実の母ではないかと問いただすシビアなシーンですが、音楽はまったく無関係に流れます。苦悩する実母の表情に「サセレシア」が極めて皮肉な味をもって響きます。

「明子の死を実母に伝えに行く姉」

極めて悲劇的なシーンに「サセレシア」が流れ続けます。愕然《がくぜん》とする実母。

「孝子に別れを告げる実母」

ストリングスによる悲しい音楽が流れます。

四年後の『東京暮色』では「サセレシア一本で行こう」ということで、非常に思い切った音楽の使い方が実践されています。アイロニーに満ちて虚無的ですらあります。これが小津監督の音楽の使用法の結実なのでしょうか? ある意味そうなのだと思いますが、その後はこのやり方にそれほど執着してはいないようです。

結局、小津監督にとって音楽は服装のようなものだったのではないか、と思います。いまひとつ何を着たらいいか分からなかったので、無難な線に自分の趣味を加味してこなしていたところ、気に入った服〝サセレシア〟が見つかったので、沢山《たくさん》仕立てて毎日着ることにしてみた、のではないでしょうか? そういう点で〝サセレシア〟は徹頭徹尾《てっとうてつび》「機能的な音楽」として異化効果的にコンポジションする事が出来たのかもしれません。ちょうど歌舞伎の殺し場に「露は尾花」という色っぽい唄を使うように。

Profile

（のみ・ゆうじ）一九五八年、東京生まれ。作曲家。坂本龍一氏に見いだされて八六年に「おしゃれテレビ」をリリース。坂本氏と共同で『子猫物語』『オネアミスの翼』の映画音楽を担当。八七年には『ラストエンペラー』の編曲も手がける。九五年に『耳をすませば』、二〇〇二年に『猫の恩返し』などスタジオジブリの作品の音楽も担当する。

いつもお天気がいいにもほどがある

——小津安二郎映画の音楽について

映画研究者
長門洋平

いつも同じような、どうでもいいような音楽が流れているばかりで過激な部分がまるでないところが小津映画の音楽の過激さなのだ、とたぶん誰もが思っていて、たしかにそうとも言えるのだけれど、しかしよくよく聴いてみると、「どうでもいい」では済まされないような音楽のつけかたもあって、そういう意味では小津映画はじつのところ普通の意味で過激なのかもしれない。たとえば、『早春』(一九五六年)中盤、三浦(増田《ますだ》順二《じゅんじ》)の葬儀シーン。小さな音量だが、ワクワクと浮き立つようなマーチ風の音楽が流れている。これが式場に隣接するどこかの物語内空間からもれ聞こえてくる音楽だというならば、映画音響の理屈としては筋はとおるが、そうすると物語的に理屈がとおらない(さすがに、葬儀に対する周囲の配慮はうながされているだろうから)。するとこれは、この映画の伴奏音楽だ。ドラマと無関係になんとなく流れているのではなく、作り手側のつよい意図のもとに、積極的に挿入された異質な音楽だ。すなわち、この場面はスタンリー・キューブリックやデヴィッド・リンチの状態に近い。

一方、葬式場面の20分ほど前、杉山(池部良)が三浦を見舞うシーンでも同じ音楽が流れているが、こちらは伴奏音楽ではなく画面外から聞こえてくる物語世界内の音のようだ。同作の音楽を担当した斎藤高順は、つぎのように述懐している。

小津監督は『サ・セ・パリ』や『バレンシア』が大変お好きだということを聞いていたので、〔中略〕共通する音を楽譜に記載して、それを軸に自由に作曲したところ、『サ・セ・パリ』にも『バレンシア』にも似たようであり、でも少し違うような面白い曲が完成しました。

それを『早春』の中では池部良さんが友人の見舞いに訪れる深刻なシーンのバックに一回だけ使いました。

小津監督からは、「こういうシーンに、悲しい曲や綺麗な曲では画面と相殺してしまうので、歯切れのよい『サ・セ・パリ』や『バレンシア』のような音楽で頼むよ。」という注文でした。

この曲はBGMとして書いたのに、遠くから聞こえてくるレコードかラジオの音楽のようで、いずれにしても場面を大変盛り上げる効果があり、監督はとても喜んでくれるし、スタッフ一同にもきわめて好評でした。*1

「場面を大変盛り上げる」という表現がいまいちピンとはこないものの、ドラマに対し無関心に流れつづける陽気な音楽がシーンの寂寥《せきりょう》感をいっそう際立たせているようで、これはたしかに効果的だ。しかし、「一回だけ」というのは、斎藤の記憶ちがいだろうか。葬式シーンにおいても同曲が使われているにもかかわらず彼がそれを失念しているらしいという事実のうちに、「歯切れのよい」葬儀場面の特異性が浮かびあがってくるかのようだ。

音楽の印象と場面の印象との対照性《コントラスト》を利用する演出は、映画史の教科書では「音と映像の対位法」と表現される。黒澤明が作曲家の早坂文雄《はやさかふみお》と組んだ『酔いどれ天使』(一九四八年)などでよく知られる手法だが、この場合その音楽は物語世界内で――いわゆる「現実音」として――さりげなく聞こえているというシチュエーションでもっともよく効果を発揮する。伴奏音楽として付されてしまうと制作者の意図が前面に出すぎてしまうこともあって、場面の情感の強調を超えて正反対の「異化効果」へ向かってしまいがちだからだ。したがって、右の二つの場面を強引に分類するならば、見舞いシーンは黒澤/早坂的な「対位法」で、葬式シーンはキューブリック的な「異化」と言えるかもしれない。

ところで、『東京物語』(一九五三年)より小津映画の音楽を書きつづけた斎藤の、次のような発言はよく知られている。

小津さんはこう言ってくれたのです。「ぼくは、登場人物の感情や役者の表現を助けるための音楽を、決して希望しないのです。」(中略)「いくら、画面に、悲しい気持ちの登場人物が現れていても、そのとき、空は青空で、陽が燦々と照り輝いていることもあるでしょう。これと同じで、私の映画のための音楽は、何が起ころうと、いつもお天

> 気のいい音楽であってほしいのです。[*2]」

これはおどろくべき発言で、要するに小津は、「伴奏音楽は映像と無関係でいいです」と言った、ということになる。一部の前衛をのぞき、映画の音に対してここまでラディカルな立場をしめした映画作家はほとんどいない。映画音響理論家であるミシェル・シオンの小津映画評もただしくこの文脈上にあり、映像と音楽との「偶然の一致」ないし「無償の結合」によって「存在のはかなさという悲愴《ひそう》な印象が伝えられる時」、小津映画は「もっとも美しい瞬間」を見せると彼は述べる。[*3] また、「映像との意味連関の徹底した不在[*4]」という観点から小津／斎藤の試みを評価する長木誠司《ちょうきせいじ》や、「『一人息子』からのトーキー作品において、作曲家が手掛けた音楽が特別に記憶に残ったり、あるいはストーリーや人物を描きだすのに否《いや》応《おう》なく印象的であったりすることはない[*5]」とする小沼純一《こぬまじゅんいち》ら日本の音楽学者たちも、ひとしく小津映画の伴奏音楽の、物語に対する「どうでもよさ」を前提とし、それゆえに称揚する。

この議論の方向性とサイレント映画との関わりを端的に示してみせたのが、評論家の片山《かたやま》杜秀《もりひで》である。

> 彼〔小津〕はサイレントの美意識の中で映画作法を完成させていた。喜怒哀楽は視覚だけで十二分に表現されるのであり、そこに映画芸術の神髄がある。大袈裟な台詞や説明的な音楽で上塗りするのは、下品なのである。音楽は、サイレント時代のように、画

面上の喜怒哀楽から超然とし、マーチやポルカで囃《はや》しているだけでいい。だから、「いつも天気のいい音楽」なのである。

この思想は周囲に分かられなかった。だが、「最後の軍楽隊員」の斎藤には、元軍楽隊員たちの無声映画館での仕事ぶりを受け継ぐ小津美学が、ピンと来たのだ。だから斎藤は、小津映画のサウンドトラックを、ブンチャブンチャというポルカや、ズンチャチャチャチャ・ズンチャズンチャというマーチのリズムで満たすことができた。それによって、小津のトーキー映画はついに本当に小津らしくなれた。トーキーにサイレントの美意識が召喚されたのである。*6

小津映画における斎藤の仕事は「ただドラマをほっぽっておく」*7ことであるとも述べる片山の見解は、なるほど説得的である。たとえば、『浮草』(一九五九年)の寂寞《せきばく》とした一座解散シーンでながれる脳天気なポルカなどが典型例だろう。つまり、音楽が場面に合っていようがいまいがそれ自体は小津のねらいではなく、結果的にそうなっているだけであり、小津は画面と音楽との関係性をあくまで無視し続けたのだ(だからおもしろい)、というのが右の論者たちの基本的な立場だ。

しかし、すると、先の葬式シーンの音楽はどうなるのか。「サ・セ・パリ」と「バレンシア」を混ぜて「サセレシア」と呼ばれたあの音楽も、「いつもお天気のいい音楽」で済ませられるのか。場面に対する観客の没入を中断させてしまうこの音楽は、「ただドラマをほっぽっておく」の範疇《はんちゅう》を超えてしまってはいないか。人がひとり死んだというのに、お天気がいいにもほどがあるという意味で、ここには――『浮草』等とは異なり――いくばくかの作為がにおう。

というのも、小津は口では「いつもお天気のいい」などと言っているが、場面と音楽との関係性というものを実は気にしているようにも思われるのだ。そもそも、多くの人が指摘しているように、シークェンスの区切りをしめす短い音楽が小津映画にしばしば現れるが、これなどは高度に意図的かつシステマティックに付与されており、映像と無関係とはとても言えまい。またたとえば『彼岸花』(一九五八年)で、自分の結婚に反対していた父親(佐分利信)が、ついに折れて結婚式へ参列してくれることになったという報《しら》せを受けた際の節子(有《あり》馬稲子《まいねこ》)の涙は、抒情的《じょじょう》なアレンジをほどこされた「埴生《はにゅう》の宿」に適切に「伴奏」されてはいないか。

作品のエンディング(エンドマーク)に関しても同じことがいえる。小津映画の音楽が全体に淡泊な印象なのは事実だが、どの作品も最後の最後にはいつだって、幕切れにふさわしい盛り上がりをみせ、観客にカタルシスをもたらしているのではないか。小津にもっとも相性がいいと言われる斎藤高順が音楽を担当した作品ですらそうなのだから、伊藤宣二《いとうせんじ》、斎藤一《さいとういち》郎《ろう》、黛敏郎《まゆずみとしろう》らが書いた音楽はなおのこと「劇伴」的である(黛は意図的に非小津的な音楽を志向していたので*8、すこし事情は異なるけれども)。また、彼の映画のサウンドトラック全般につよい影響力をもっていた、松竹大船撮影所の音楽監督・指揮者の吉澤博《よしざわひろし》*9の存在も看過できないという意味でも、小津映画の音楽は彼の「お天気」観によってのみ規定されるべきではないのだ。

音楽的にもっともおかしなことになっている作品をみてみよう。斎藤高順が音楽を担当した『東京暮色』(一九五七年)である。斎藤は次のようにふり返っている。

三作目の『東京暮色』では全編音楽は『サセレシア』一つでやろうと小津監督に言われ、タイトルバックからあらゆるシーンのバックに『サセレシア』を使い、とうとう一曲も作曲しないまま映画が出来上がってしまいました。[*10]

全体を貫徹する陰鬱《いんうつ》なプロット構成とユーモアの欠落という点で小津らしからぬ雰囲気をたたえた同作は、しかしそんな作品の全体像をまるで気にしていないかのような陽気な「サセレシア」がたしかに印象的である。しかし、意識的に音楽を聴いてみると、「サセレシア」以外の楽曲も使用されていることがわかる。場面に対するちぐはぐさによる強烈な違和感と、流れている時間の長さのために、「『東京暮色』はとにかく「サセレシア」一発」と多くの人が——斎藤も含めて(!?)——思いこんでいるが、じつは同曲の使用頻度はすくなく、タイトルとエンディングを除くと、約一四〇分もの上映時間中わずかに三回しか現れない。以下の三回である。

① 雀荘「寿荘」にて、明子(有馬稲子)が麻雀をしているところへ、店主・相島(中村伸郎)の細君・喜久子(山田五十鈴《やまだいすず》)が帰ってくる。明子に近況を聞く喜久子。

② 喜久子に会うため再度「寿荘」を訪ねる明子。近隣のおでん屋「お多福」へ連れだし、

「おばさん、あたしのお母さんね」、「あたしいったい誰の子なんです？」と喜久子に迫る明子。

③ 明子の姉・孝子（原節子）が「寿荘」に喜久子を訪ね、明子の死を告げる。喜久子は呆然《ぼうぜん》としたまま「お多福」へ行って酒を飲みつつ、相島とともに室蘭《むろらん》へ向かうことを決める。

「サセレシア」はいつも「寿荘」を起点に流れはじめるため、同店の店内BGMのように聞こえる。しかし、右に明らかなように、②と③では場所が変わって屋外および「お多福」に至ってなお流れつづけているため、観客に軽い混乱をあたえるような音響設計となっている。この種の演出に関しても斎藤は言及している。

小津さんの場合、人物の内面とは関係なしに、喫茶店やレストランではムード・ミュージックとして流れているという設定でやりましてね。ところが、そのまんま、まったくシーンが変っちゃったりなんかしても、引きつづき流してるなんてのがおもしろいですね。リアリズムだったらね、パッとシーンが終わったら、そこで切れなきゃいけないのにね、ズーッと流れていて、聴いてるほうでは、あれ？ なんて思ってしまうんです。〔中略〕ですから、エフェクトのつもりだった音楽が、ブリッジになっちゃってるんです。そういうとこがおもしろいですねえ。あの当時でですね、場面が換わっても音楽だけが続いてるなんてこと、ありえないですもの。[*11]

一九五〇年代当時の日本映画にサウンド・ブリッジ——物語世界内の音が、映像との合理的関係を無視して場面転換をまたぐこと——は「ありえない」というのはやや言いすぎの感はあるものの、「店内BGM」（物語世界内音響）と「映画のBGM」（劇伴）が奇妙な混濁《こんだく》をみせる点はたしかに出色《しゅっしょく》と評価できる。[*12] しかしそれ以上に問題なのが、「サセレシア」が流れるタイミングだ。先に述べたとおり、この音楽は一見「寿荘」と関連しているように見える／聞こえるが、おでん屋でも流れているため、特定の場所と結びついた音楽とはいいがたい。するど、場所ではなく人物だ。すでに明らかなように、この三つの場面でつねに登場しているのは山田五十鈴演じる喜久子である。すなわちこの「サセレシア」は、場面のムードとも、登場人物の心理とも、舞台の説明とも、シーンのコンティニュイティともまるで関係しないが、喜久子が画面に出ているから流れているという点において、映像との構造的な関わりをもっている。

もっとも、彼女のキャラクターや内面との関連を徹底して欠いているという意味では、同曲はライトモティーフ[*13]的に働いているとは言いがたい。また、喜久子の登場シーンすべてに「サセレシア」がつけられているわけでもないが、しかし「サセレシア」が流れるシーンにはかならず喜久子が登場しており、これは彼女以外のどの登場人物にもあてはまらないという意味で、これを「喜久子のテーマ」と呼ぶことにさほど無理はないはずだ。[*14] すると、この曲が同作のオープニングおよびエンディングで流れているという事実のうちに、この『東京暮色』という作品の主人公を、明子ではなくその母・喜久子とみなす解釈の可能性もでてくるだろう。すなわち、同作の音楽は、奇妙な仕方で映像と関係している。小津映画の音楽は、必ずしもお天気の観点のみではとらえきれないのだ。

「いつもお天気のいい音楽」の思想は、物語芸術における伴奏音楽のありかたに根本から再考をうながすきわめて刺激的な映画音楽論だ。そして、小津映画はある程度までその達成としてとらえることができるし、『東京暮色』をその文脈で評価することも可能だろう。しかし、それだけでは収まりの悪いなにかが存在する。「お天気のいい」を超えて小津の自意識がすけてみえそうな『早春』の異化効果もあれば、映画音楽のすべての機能を無視したうえで特定の人物が登場している／いないの「0か1か」的発想のみを前景化する『東京暮色』のような畸形《きけい》的作品も存在している。小津映画に向かうわれわれの耳はとかく無常と達観を聴きとりがちだが、真に享受すべきはおそらく彼の気骨と陽性の底意地なのだろう。

謝辞

本稿は、公開講座「映画音響批評 小津安二郎の音を語る」(早稲田大学文化構想学部文芸・ジャーナリズム論系主催、二〇一七年七月十五日、早稲田大学戸山キャンパス)における、松浦莞二氏と筆者との対談にもとづきます。松浦氏をはじめとして、宮本明子氏、小沼純一氏、正清健介氏およびフロアからの貴重なご意見を参考とさせていただきました。厚く御礼申し上げます。

＊1 斎藤高順「『サセレシア』と『ポルカ』――小津安二郎の映画音楽 Soundtrack of Ozu」http://soundtrack-of-ozu.info/memoir-010(最終アクセス：二〇一八年一月三十日)。

＊2 斎藤高順「斎藤高順に聞く――小津映画、音の仕事」(『キネマ旬報』一九九四年七月七日号)、七四頁。

＊3　ミシェル・シオン『映画にとって音とはなにか』（川竹英克、ジョジアーヌ・ピノン訳、勁草書房、一九九三年）、一五八頁。
＊4　長木誠司『戦後の音楽　芸術音楽のポリティクスとポエティクス』（作品社、二〇一〇年）、三九五頁。
＊5　小沼純一「小津安二郎　音とモノの迷宮へ」（『ユリイカ』二〇一三年十一月臨時増刊号）、二〇九頁。
＊6　片山杜秀「斎藤高順と小津安二郎」（『レコード芸術』二〇〇七年二月号）、六五頁。
＊7　片山素秀「小津安二郎、音の世界」（『キネマ旬報』一九九四年七月七日号）、七〇頁。
＊8　黛敏郎「黛敏郎に聞く――小津映画、音の仕事」（『キネマ旬報』一九九四年七月七日号）、七一～七三頁。
＊9　斎藤、「斎藤高順に聞く――小津映画、音の仕事」、七三～七六頁。
＊10　斎藤、「『サセレシア』と『ポルカ』」。
＊11　斎藤高順「『東京物語』のテーマ音楽」（リブロポート編『リブロ・シネマテーク　小津安二郎　東京物語』リブロポート）、一九八四年、二五九頁。
＊12　小津映画にしばしばみられるこの種の「曖昧さ」に関しては、正清健介「小津安二郎『秋日和』におけるピアノ練習曲」（『映画研究』第九号、二〇一四年）、四四～六二頁が示唆に富む。
＊13　劇中にくり返しあらわれる特定の旋律的モティーフで、人物・感情・状況などと結びついたもの。この概念はオペラ等の西洋芸術音楽のなかで確立されたが、その発想はひろく映画音楽の手法にも影響をあたえた。
＊14　ただし、③の「サセレシア」が、「明子の死（不在）」という意味において明子と関連していると考えるならば、同曲を「明子のテーマ」と見なす可能性もなくはない。この立場から、先の『早春』の「サセレシア」もまた「三浦のテーマ」であると考えることもできるかもしれない。

Profile

（ながと・ようへい）　一九八一年生まれ。京都精華大学、京都造形芸術大学ほか非常勤講師。専門は聴覚文化論、映画学。著書に『映画音響論　溝口健二映画を聴く』（みすず書房、二〇一四年、サントリー学芸賞）、共著に『川島雄三は二度生まれる』（水声社、二〇一八年）、『〈ポスト3・11〉メディア言説再考』（法政大学出版局、二〇一九年）など。

『晩春』プロジェクト

シネリック社代表取締役
エリック・ニアリ

二〇一五年十一月二十五日の夕刻、ニューヨークの近代美術館（MoMA）において、小津安二郎監督の4Kデジタル修復版『晩春』（一九四九年）が、映画保存を目的とした有名な"To Save and Project festival"を締めくくる上映会で世界初お披露目された。感謝祭の前夜にもかかわらずチケットは完売し、傑作の再生を祝する期待感に溢《あふ》れていた。

しかし、松竹のアーカイブを担当していた森口和則氏が上映前の挨拶で、まさにその当日の早朝、日本で小津監督のミューズだった原節子さんが亡くなったという思いがけないニュースが飛び込んできたことを告げると、観衆から悲鳴と共にどよめきが広がった。原さんは九十五歳まで生きたにもかかわらず、一九六三年に小津監督が亡くなったとき四十三歳だった彼女は、それ以来、決して公の場に現れなかった。この上映会は、深い弔意と共に原さんに捧げられるものとなった。映画史に残る偉大な女優の一人が、彼女の魅力の絶頂期の姿でビッグスクリーンに蘇《よみがえ》ったのである。それは私にとって生涯忘れることのない美しい夕べとなった。そして『晩春』の修復は長く困難な仕事だったが、結果として価値あるものだったと感じさせてくれたのである。

『晩春』の4K修復は、松竹とシネリック(Cineric)の特別な国際協力事業として始められた。これは重要な映画を修復するためだけではなく、映画フィルム修復に対する関心を日本で高めるためでもあった。松竹が計画したクラウドファンディングは、国内から何百という支援者を集めて成功した。国際的には、『東京物語』が世界の偉大な映画のリストに頻繁に挙げられているが、小津監督の多くの傑作の中でも、『晩春』は特別な感覚、繊細でエロチックな美しさがある。この理由から、我々は『晩春』の4K修復は小津監督のファンにとって特別に輝かしく、彼の作品をまだ見ていない人々にとっては発見となるだろう、と考えた。

しかし、二〇一三年末、ニューヨークに届いた『晩春』の修復の元となる二つの素材を確認したシネリックの技師たちはショックを受けた。一本は原板から一九七六年にコピーされたマスターポジ。もう一本はそれからコピーされたネガプリントであった。この時代の主要な映画スタジオのフィルムで、これほど問題の多い状態のものは、誰も見たことがなかったのである。

今回の修復は、当時小津組の撮影助手であった川又昻氏とその川又氏に師事した著名撮影監督の近森《ちかもり》眞史《まさし》氏、そして松竹映像センターにて数々の小津監督作品の修復を担当してきたベテラン、五十嵐真氏の監修のもと行われた。

シネリックは、まず４Ｋのウェットゲートスキャンから４Ｋ画像修復、次いでグレーディングという、お得意の４Ｋデジタル修復工程を開始した。最大の難題は、画面に雨が降っているかのように見られる多くの傷や埃《ほこり》に塵《ちり》、フレーム間に跨《またが》る連続した傷、フレームの欠損、部分的な傷、極端なひずみ、そして画面の明暗による点滅などであった。つまりこれは、画面上で緻密《ちみつ》に構成された小津監督の世界を乱しており、線路はねじ曲がり、笠智衆氏の眼は画面の中を跳び回ってしまっているようだった。

　ポジの映像の方は、ネガよりは全体的に良好であった。特にフォーカスの状態が良く、陰影のディテールはさらに良好だったが、露出に関してはネガの方が良かった。当初、二つの素材から画像を複合させようという目論見《もくろみ》であったが、結果的には、様々な形態の損傷が絶えないことから、現実的ではないとして断念した。このような理由で、ポジを修復の素材として、必要なシーンにはネガを補助的に使う方針に落ち着いた。

　作業範囲は、我々の予想を優に超えていた。フィルムのたわみがあまりにもひどく、専門的な修復が絶対的に必要だったので、シネリックはポルトガルの新しい施設で職人を二人訓練し、それぞれこの特別な問題に六か月間専念させたのである。プロジェクトの締め切りが足早に近づいてくる頃、松竹は東京にいる近森氏と、以前、小津の修復で使用したイマジカラボのモニターを使用して、色調とフレームの調整に関する最終的な調整作業の日程を立てた。最終的に、開始から二年後の二〇一五年秋に、『晩春』の４Ｋデジタル修復を完成させることができた。

その夜ＭｏＭＡに集結した人々や、世界中のたくさんの映画ファンにとって、日本映画のクラシック作品は、映画メディアの最頂点に位置する。映画は二十世紀を代表する芸術形式と定義され、日本映画の巨匠である小津安二郎監督、黒澤明監督、溝口健二監督を、現代の偉大な芸術家とみなすのはごく自然なことである。

しかし、歴史的あるいは現代の不運により、日本映画のクラシック作品をめぐる状況は未《いま》だ、アメリカやヨーロッパのそれと比べるとひどいものである。まず、黎明《れいめい》期の重要なフィルムの多くは第二次世界大戦や火災で失われ、次に、『晩春』の例のように、多くの名作が可燃性フィルムを適切に管理するにはコストがかかりすぎることから、不燃化作業を行い、その結果オリジナルのフィルムは破棄されてしまった。現在の日本のフィルム修復をめぐる状況は、西欧各国と比べて、何十年とまでは言わずとも、かなりの年数で遅れている。ハリウッドの映画会社は、商業的作品から収益を上げる一方で、過去の作品ライブラリーの長期的な価値保全に投資している。そして、ヨーロッパの公立機関には、自国の映画資産を保全するために、豊富な資金が投入されている。

幸いにして、最近ではかすかな希望の光が見えてきている。例えば、松竹や角川のような映画会社、イマジカラボのような研究所、そして国立映画アーカイブや京都文化博物館のような機関が、非常に野心的なプロジェクトや繊細な技術的作業を通じて、貴重な経験を積み重ねている。私は『晩春』の経験で学んでから、角川とマーティン・スコセッシ監督のフィルム・ファウンデーションと共に、溝口監督の『雨月物語《うげつものがたり》』『山椒大夫《さんしょうだゆう》』『近松物語《ちかまつものがたり》』の修復などを通じて、この運動にささやかな貢献を果たす栄誉に恵まれた。後世に保存すべき作品は、まだたくさんある。その努力には、強い意志と資金が必要とされるだろう。『晩春』の修復という骨の折れるプロジェクトが、この真に大切な使命のための、ささやかな一歩となることを確信している。

Profile

エリック・ニアリ（Eric Nyari）　ニューヨーク育ち。米シネリック社代表取締役として、KADOKAWA、マーティン・スコセッシ監督財団と溝口健二監督『雨月物語』『山椒大夫』『近松物語』を、松竹と小津安二郎監督『晩春』を修復。主な日本映画プロデュース作品にアミール・ナデリ監督『CUT』や坂本龍一のドキュメンタリー『Ryuichi Sakamoto : CODA』がある。

小津的な時間

映画監督
ダニエル・レイム

親しい友人や家族と小津の作品について話をするのは気分がいいものだ。独特の世界に喜びを感じる相手ならなおさらである。けれども、そうしてだれかと話をするなかで、小津の魅力を説明するのは時にとても難しいことを思い知らされた。

僕の小津安二郎に対する情熱は、ロサンゼルスの生誕百周年記念回顧展で開花した。ドナルド・リチーの『小津安二郎の美学』を手に、十作品を三五ミリフィルムで鑑賞した。お気に入りの『秋刀魚の味』(一九六二年)は、その十五年後に制作したドキュメンタリー『In Search of Ozu』(二〇一八年)で掘り下げた。僕を筋金入りの小津ファンにしたのは、トリスバーでのシーンである。

笠智衆が戦友(加東大介)とウィスキーを飲む傍ら、軍艦マーチが流れている。二人がグラスを同時に口元まで持っていくと(小津の映画でユニゾンが発生する素晴らしいシーンの一つ)、トーンが哀愁から愛情、滑稽《こっけい》へと変化する。『秋刀魚の味』は、変わりゆく世界を描いている。このシーンは、赤いネオンサインの点滅を浴びた天井の照明が長い間映し出されたショットで終わる。まさに人生のはかなさ、時の移行を表している。小津作品の中でも特に好きなこのショットには、語らずとも伝わるムードがある。こだわりの中に、小津は心地よい一貫性を与えている。

一か月にわたる回顧展の中で、友人や家族を誘って大画面で小津を観た。僕のように心を奪われた者もいれば、これは一体何だったのかと、ひどく困惑して僕を見る者もいた。僕はドナルド・リチーの著書から背景を説明し、興味を持ってもらおうとした。リチーによれば、小津は「プロットはつまらない」と言っている。もっともだ。だがプロットから入らないのなら、作品を知る入口はどこにあるのだろう？

『晩春』（一九四九年）を観た後で、叔母は「あなたにとって小津は何が特別なの？　私にもわかるように、映画のどこに注目したらいいのか教えて欲しかったわ」と言った。私と情熱を共有したかったのだ。叔母は、小津の映画は瞑想《めいそう》で呼吸に集中する感覚と似ていると言った。

小津の映画が始まると、僕らは独特のペースやテンポに身を委ね、映像にどっぷり浸かる。いったん馴染《なじ》んでしまえばもう小津の世界、「小津の視線」である。僕らは別の場所、別の次元に送られ、芸術の細部を理解する。レンズの向こうにいる人物の視線や荘厳な構成・色彩・衣装・物。移動する赤いやかん。ネオンや喫茶店の看板がある景色に流れる「お天気のいい」音楽。自転車。原節子の明るい笑顔。父と息子が全く同時に釣り糸を投げる瞬間。酒瓶が背景の灯台に対して滑稽な形で並べられている様子。

これらは面白さの一例に過ぎない。小津は、プロットはいったん忘れて、人生の一瞬の意味を探し求めるよう訴えているのだ。それに彼の作品にはヒーローや悪役が登場しない。だから人物一人ひとりに深く共感できるのだ。

二〇一七年四月、僕は日本で小津のドキュメンタリーを撮影する準備をしていた。作品を最後に観てから何年か経ち、小津と再びつながる方法を見つける必要があった。しかし「小津的な時間」に入るには、生活はあまりに慌ただしすぎる気がした。そこで七歳の息子を誘った。

「最高のおならジョークが出てくる映画を観ないか?」。一時間後、僕らはソファで寄り添って『お早よう』(一九五九年)を観た。息子は大喜びだった。小津の視線を通して小津を見ることができた。息子と一緒に笑いながら、小津への愛が戻ってくるのを感じた。それは、まるで旧友と久しぶりに会っているかのような感覚だった。これでドキュメンタリーをつくる用意はできた。息子に感謝である。

『In Search of Ozu』は小さな奇跡だった。たった二日間のうちに七か所で撮影を行えたのだ! 小津に親しみを感じられるように、探検し、感情に訴えるアプローチをとった。カニ脚や小道具、小津による注釈付きの原稿、有名な赤いやかん、小津の言葉や日記、ラジオのインタビュー記録から、独自の人生、独特のスタイルに焦点を当てた。

撮影は小津の貴重な資料の一部が保管されている東京の川喜多記念映画文化財団、鎌倉文学館で行われた。小津がデザインした茶碗や宝の数々の重みを雄弁に語る岡田秀則《おかだひでのり》氏、小田《おだ》島一弘《しまかずひろ》氏の姿に魅惑を感じた。

『In Search of Ozu』は、執筆現在、アメリカでしか上映されていない。けれども、また来日して、今度は世界中に見てもらえるような、小津の魔法を伝えられるドキュメンタリーを撮りたい。

テクノロジーで物事が何でも速く進むこの時代にこそ、少し速度を緩めて、「小津的な時間」を楽しむ必要があるのかもしれない。

Profile

ダニエル・レイム（Daniel Raim）　アカデミー賞ノミネート作家・監督・プロデューサー。ハリウッド黄金時代のドキュメンタリー三部作で有名。『ハロルドとリリアン』は二〇一五年カンヌ国際映画祭で上映され、公開時にはニューヨーク・タイムズ紙や「フィルム・ジャーナル・インターナショナル」誌などで高く評価された。一六〜一八年、『In Search of Ozu』を含むドキュメンタリーを制作中。

『東京物語』小津安二郎

映画監督・脚本家
ジェイミー・スレーヴス

アートスクールで、僕は映画作りが大好きなんだと気付いた。子供の頃からテレビでやっている映画は何でも、出来の良し悪しに関係なく楽しみながら成長してきた。父は第二次世界大戦中のロンドン、キングスロードで生まれた。非常に貧しく無学だったが、外国映画が好きで、僕もその趣味を受け継いだ。ある晩はふたりでマーティン・スコセッシの『タクシードライバー』を見て、次の晩にはヴェルナー・ヘルツォークの『カスパー・ハウザーの謎』を見た。

僕は『タクシードライバー』の熱烈なファンだった。短編映画を撮った後はスコセッシにのめり込んだ。しかし、ポール・シュレイダーが書いた脚本も天才的だと気付くようになった。「Faber & Faber」社の古典名作文学シリーズ、『スコセッシ・オン・スコセッシ』などを次々読みあさった。中でも一番のお気に入りは『シュレイダー・オン・シュレイダー』だ。彼が見た映画をたくさん語っていたし、何より彼が編纂《へんさん》していた。フィルム・ノワールに関するエッセイには、見るべき映画の厖大《ぼうだい》なリストがあった。「Netflix」が登場するずっと前の話だ。僕は何年もかけて、毎日、テレビの全番組欄から、どのフィルム・ノワールが放映されるか探していた。ちょうどケーブルテレビやTCMチャンネルが登場した頃だ。時々、『孤独な場所で』の貴重な上映があると聞いて、ますます数が減っているロンドンの映画館までわざわざ駆け付けなければいけなかった。

しかし、本当に僕に影響を与えたのは、シュレイダーの『映画における超自然的な様式（Transcendental Style In Film）』というエッセイだ。目につくすべてのロベール・ブレッソン映画を見始めた。そして、カール・テオドア・ドライヤーの『奇跡』を見た後には激しく泣き、訳のわからないことをぶつぶつ言い続け、ボロボロな姿をさらしてしまった。でも、僕に最も深く、最も長く影響を与えたのは『東京物語』だった。

僕はこんなに独特な心地よい方法で映画を監督する人間を見たことがなかった。現実の生活のペースのように感じられるのに、実はそうではなく、圧縮されている。小津のスタイルは、監視カメラで撮影した、最高に優雅な映像素材のようにも感じられる。全てのショット、カメラの全てが固定され、その場所に根を下ろし、呼吸をしながら、フレームに出たり入ったりするものをただ捉えている。映画を見る者も、登場人物と一緒にその空間に住んでいるように、映画の中に息づくことになる。俳優たちは直接君の眼を見つめ、まるで『マルコヴィッチの穴』のように、君が俳優たちの内部にいるように、しかも、俳優たちをコントロールできないように感じさせる。それは瞑想《めいそう》のように自由で静かな経験だ。自分自身を手放すことなのだ。

レイ・ブラッドベリは、図書館の本棚から本を取り出してすぐに、どの本が頭で書かれたものか、心で書かれたものか分かる、と言った。頭で書かれた本を読むと、彼の心は冷え冷えとしたのだ。ブラッドベリは、何かを創造する時、全ての知識は心を通じて取り出されるのが自然であり、だからこそ常に本能に従うべきだと信じていた。僕は、この信念が『東京物語』に大きく響いているように思う。なめらかに無理なく、心から作られた映画なのだ。『東京物語』に出てくる人たちは、『リオ・ブラボー』の登場人物のように、友達や家族のような親しみを感じる。大好きなバンドやアルバムのように、映画の中にはいつもまた見返すもの、何度繰り返して見ても驚くほどの心地よさ、安心や安らぎを感じられるものがある。さらに大切なことは、そういう映画を見返すたび、新しい何かを見つけたり、感じたりするということだ。なぜなら、僕たち映画を見る者は、前にその映画を見た時にくらべて変化しているから。僕にとって『東京物語』は、そういう映画のひとつである。ぜひ他の人と共有したい、と思える一本なのだ。

Profile

ジェイミー・スレーヴス(Jamie Thraves)『The Low Down』(二〇〇〇年)、『Treacle Jr.』(一〇年)と『Pickups』(一七年)の映画監督・脚本家。レディオヘッドの『Just』やコールドプレイの『The Scientist』のミュージックビデオも監督している。

静かなる反抗者

映画監督
ミカ・カウリスマキ

一九七〇年代当時は私がまだ映画を学んでいる時期だった。ミュンヘンのフィルム・アーカイブにはその前からほぼ毎日通っていた。私が映画を学んだ場所である。そこで、それまで知らなかった多くの偉大な監督の映画を、旧作も含め鑑賞した。小津もそのひとりで、『晩春』『東京物語』『早春』を含む名作を見た。どれも美しい映像だった。なかでも『東京物語』は卓越していた。彼の作風に電撃的ショックを受けたことを今でも覚えている。私にとってまったく違うものに見えたが、同時に魅力に溢《あふ》れていたのだ。彼は日本のごく普通の人々の世界への扉を開いた。私にとっては完全に新しい世界だった。

『東京物語』が非常に特別なのは、画面はとても静かで、まるで何事も起きていないかのようでいて、つぶさに見ると全編にわたって、常に多くの事柄と感情が動いている点だ。彼の作風は、私たちがこれまで見てきた西洋、特にハリウッド映画とは全く異なる。小津は、彼らの慣習とルールを完膚《かんぷ》なきまでに打ちのめす。それが、彼がしばしば日本を代表する映画監督と見なされる理由である。カメラ目線を固定したショットは長く、しばしば必要以上と思われるほど続く。ハリウッドと比べれば、ほぼ映画ではない感覚だ。しかし小津は誰を真《ま》似《ね》ることもなく、独自のスタイルを創り上げた。彼はヒューマニストであり、その配役に大きな敬意を抱いていた。しかし同時に、人生の悲しい側面や人間の身勝手さは無慈悲に描写する。「無」、すなわち何ものも永遠に続かないという意識が小津映画を特徴づける。それでも彼は最終的な解釈を、常に映画を見る者にゆだねるのだ。

私はこれまで様々な映画を撮ってきた。映画には小津と日本の巨匠何人かが影響していることは認めざるを得ない。最初の映画で、ミュンヘン映画学校時代の卒業映画である『THE LIAR』に、「人生とは失望すること」という台詞を入れたのは偶然ではない。そして最新作『MASTER CHENG』(二〇一九年)でも、私が無意識のうちに、確かに小津の影響を受けていることを感じとれるかもしれない。

Profile

ミカ・カウリスマキ(Mika Kaurismäki)　弟アキ・カウリスマキと製作した『THE LIAR』(一九八〇年)をはじめ、ドラマからコメディ、ドキュメンタリーまで多数監督。『ROAD NORTH』、『THE GIRL KING』(二〇一五年モントリオール世界映画祭最優秀女優賞・観客賞)、『MAMA AFRICA』(一一年ベルリン国際映画祭・観客賞)など。最新作は『MASTER CHENG』(一九年)。

遠くから小津を観察する

映画監督
アミール・ナデリ

二、三年前、私は鎌倉にある小津の墓を訪ねた。日曜の午後の空気は冷え込んで人気《ひとけ》もなく、まるで彼の映画の中にいるような雰囲気だった。墓には、空になった酒瓶やコップが供えられていた。その時、私は寒さに凍えながら、彼の旅路がいかに長いものであったか、思いを巡らせていた。映画監督としての私は、小津よりもむしろ黒澤や溝口に近い人間だ。にもかかわらず、小津には計り知れない敬愛と憧れの念を抱かずにいられない。特に彼の映画のリズムには、まったく非の打ちどころが無い。

ドナルド・リチーは優れた本を書いた。そしてこの偉大な監督について博学な記事やエッセイがさまざまな言語で執筆された今、何を語ったところで陳腐な決まり文句に聞こえてしまいかねない。彼のことを親しく「小津」と呼んでみせたところで、それはごまかせるものでもない。

小津安二郎は、映画史の中でも極めて独創的な映画を撮る監督に挙げられる。彼の様式美、ストーリーの語り口、そして映画のリズムが何より重要な要素だ。その結果、小津について語る難しさは、彼のように映画を撮ろうと試みるのが危険なことに似ている。今では誰もが、小津の映画に描かれる日本の生活は、たいてい家庭、学校、職場という三箇所に集約されることを知っている。そして、小津の映画で一番大切な要素がリズムであることも、よく知られている。俳優たちが感情を露《あら》わにせず、冷淡でよそよそしく芝居をするさま、日本家屋の内装やセットの綿密なデザイン、彼の代名詞でもある背の低い三脚台の使用などは、どれもよく知られ、すでに語り尽くされた知識である。

今まであまり指摘されてこなかったことは、小津が若い映像作家に及ぼす危険性ではないか。彼は世界でも有数の影響力を持つ映画監督だ。どの国に行っても、多くの監督の作品の中に、小津の痕跡が見受けられる。ニューヨーク在住のフリーの映画監督である私は、過去十年の間、審査員として世界中の国際映画祭に参加してきた。その中で、若い映画監督に対する小津安二郎の影響という、危険とも言うべき流行が蔓延《まんえん》していることに気付いている。私どこの国の映画祭でも、小津の世界に似かよった作品が多数作られているのが目につく。私はいつも、若者たちが小津の映画からは距離を置いて学び、もっと創造的に自分の特徴を見つけるべく頑張ったなら、おそらくもっと個性のある映画がたくさん生まれるだろうに、との思いを禁じ得ない。小津のような映画を撮ろうとすると危険が付きまとう。私は、この偉大な巨匠を単に真似《まね》しようとすることが、個性ある映画監督の成長を妨げているのではないか、という恐れを抱いている。

小津安二郎と、彼の映画のあからさまな素朴さは、危険極まりないものだ。過去数十年、そしてこれから何十年、いや、映画というものが存在し続ける限り、小津の影響の軌跡は途絶えることはないだろう。小津とは距離を置き、独自の個性を守って生き延びた映画監督はごく一握りだ。しかし、彼の影響に溺《おぼ》れて独自の視点を見失い、陽の目を見ることなく埋もれていった者の方は非常に多い。たとえば、博覧強記の映画監督であるフランソワ・トリュフォーですら、その巨大な才能をもってしても、ヒッチコックとルノワールという彼の敬愛する二人の巨匠に心底影響を受けて、独自性を失った。

小津のような映画を作るのは、ほぼ不可能なのだ。過去の監督たちの作品を見れば、どれも非常に単純に感じられるだろう。しかし、映画作品とは、現代史の中でも飛び抜けて複雑な芸術形式であり、骨の髄まで監督の独創性に満ちているものだ。

この問題は、小津の場合は特に深刻になる。それは、彼の映画が一見、度を越して単純で分かりやすく思えるからで、もちろんそれが彼の映画の前面に出ている要素でもある。ところが、若い監督が映像作家としての独自性を発見する機会を持たないままに、自分自身の体験を基に新鮮な感覚で映画を撮り始める場合、小津映画の単純さの迷路に迷い込んでしまう危険性がある。そしてそこから抜け出すことがほぼ不可能という場合、映画制作に幻滅してしまうことにもなる。小津はリズムと心象の天才なのだと認識し、彼の映画を注意深く見なくてはならない。彼の作品はこの世界に対する洞察に満ちており、我々はそれを学ぶことで自分自身の映画を作れるようになるからだ。

小津安二郎の映画は、世界の映画にとって神聖な採掘場のようなものだ。遠くから無言の溜息《ためいき》で観察しなければならない。幸運なことに、彼の作品は、今やＤＶＤやビデオでも広く手に入るようになった。彼の映画を見るときは、まるで日本酒を味わうように、ゆっくりと心と魂に染み込ませるべきだ。そうして初めて、彼の映画から学ぶことができる。自分自身をどう見つめるのか。自分のリズムをどうやって見つけるのか。どうすれば自身の視点で始められるのか。映画の中で自分と自分の経験をどう表現するのか。やってみなければ分からない。君が次世代の小津と呼ばれる日が来るのかもしれない。道は開かれている。

翻訳協力：エリック・ニアリ

Profile

アミール・ナデリ(Amir Naderi)　現代イランを代表する映画監督。『駆ける少年』(一九八六年)や西島秀俊主演の『ＣＵＴ』(二〇一一年)などがある。日本映画に精通し、映画祭などでのワークショップ、後進の育成などにも関わっている。

第七章

OZU

小津安二郎　全作品
ディテール小事典

【本章の手引き】

・脚本や映画の分析を基に、田中眞澄氏、中澤千磨夫氏らによる先行研究や関係者への聞き取りをふまえ、まとめた。フィルムが現存していないものは脚本や当時の資料を参照した。

・映画の題名は、『大人の見る繪本　生れてはみたけれど』『風の中の牝雞』は旧字、それ以外は新字を採用した。

・原則として、本文で言及する名前は役名でなく俳優名とした。

・スタッフ、キャストのうち、同一人物の漢字表記について作品ごとに異なる場合があるが、現在一般に知られる表記に統一した。改名した俳優については、改名後の名前を下に括弧で記した。人名は確認できるものにルビを付した。

・サイレント：音の付いていない作品（上映中に活動弁士が語りで内容を解説した）、サウンド版：台詞音声が付いていないが音楽を伴う作品（同様に上映中、活動弁士が語りで内容を解説した）、トーキー：今日一般に鑑賞される台詞音声や音楽の伴う作品のことである。

・サイレント作品の上映時間はトーキー回転で換算したものである。

・ここにあげた参考資料については、題名のみ（雑誌の場合は題名および号数）を記した。本文に引用した小津の発言は、主として田中眞澄編『小津安二郎全発言――１９３３～１９４５』および同『小津安二郎戦後語録集成――昭和21（１９４６）年―昭和38（１９６３）年』からのものである。これ以外に参照した文献は巻末の参考文献に記した。

・今日では差別や偏見を助長・容認すると考えられている言葉も一部に含まれているが、歴史性を考慮して、そのまま掲載した。

執筆編集　松浦莞二／宮本明子

「小津小論」執筆　松浦莞二

執筆補佐　藤居恭平

協力　正清健介

写真提供*　松竹株式会社

*クレジット表記のないものすべて

瓦《かわら》版《ばん》かちかち山《やま》

一九二七年

脚本：有（のちに井上金太郎《いのうえきんたろう》により映画化された）

◆スタッフ（予定）

原作・脚色＝小津安二郎《おづやすじろう》　監督＝燻屋鯨平《いぶしやげいべい》

◆キャスト（全員未定）

与三　その妹小染　その母　与三の手下　菜花屋清三郎　六蔵　宗吉

◆あらすじ

御用聞きの男・与三。実はスリ団の頭《かしら》である。スリ団の新しい仲間が妹の交際相手から大金を盗み、妹から犯人を捜すよう依頼される。盗んだ金はスリ団で使ってしまっていたため男は泥棒をはたらくが、直後にお縄になってしまう。

◆ディテール

かちかち山　老婆を殺したタヌキをウサギが成敗する民話が題名に使われている。主人公が家族に嘘をついているので、彼がタヌキということだろうか。もしくは新しい仲間がタヌキか。

御用聞《ごようき》き　主人公の表向きの職業。岡っ引きとしても知られる職業で、警察機能の末端を担った。銭形平次などが有名。私立探偵と同種とされることもある。

辰巳《たつみ》芸者　主人公の妹の職業。深川の芸者のこと。江戸城から見て深川が辰巳（南東）の方向だったことからこの名称になった。

平清《ひらせい》　妹らの集う料理屋。江戸に実在した有名な店で小津の生家があった深川の富岡八幡宮の近くにあった。

◆解説

小津が助監督時代に書いて会社に提出した時代劇脚本。原作・脚色・監督を自身で務めるつもりだったが、渋すぎると却下された。監督・燻屋鯨平は小津の作家名。小津は鯨を好み、『生れてはみたけれど』でも燻屋鯨兵衛と表記されている。後年の『父ありき』でも、父子の泊まる旅館は「鯨屋」だ。

小津の出身地である深川を舞台にした時代劇。小津が最初に書いた脚本と、この次に実際に撮った第一作『懺悔の刃』がともに時代劇だったことは興味深い。なお、この脚本はのちに井上金太郎に譲られ映画化された。

表向きは御用聞きである主人公が実はスリ団の頭という物語の冒頭の意外性から、その妹と交際相手の「ラブシーン」、新しいスリ仲間の裏切り、強盗の後の「乱闘又乱闘」と娯楽要素が多い。脚本には、キャメラの動きやフェードアウトの指示も具体的に記されている。妹の交際相手が貯めた二〇〇両（現在の約二〇〇〇万円）があっさりスラれるなど、少々話は大ぶりだが、起伏に富んだ脚本である。

辰巳芸者、平清など小津の生まれ育った深川に関連する題材が描かれた。主人公・与三の家は貧しく、母は病気で寝たきりという設定。与三はスリ団の頭として稼ぎはあるが、夜更けまで酒を飲み使い切ってしまう生活だ。この親孝行ができない設定は、当時は不良とみられた映画に携わり、頭角を現す前の小津を反映しているのかもしれない。

懺《ざん》悔《げ》の刃《やいば》

一九二七年

製作＝松竹蒲田　時間＝七〇分　モノクロ・サ

イレント・七巻（一九一九メートル） 脚本：無
フィルム：無 公開＝一九二七年十月十四日・電気館

◆スタッフ
原作・監督＝小津安二郎 脚色＝野田高梧《のだこうご》 撮影＝青木 勇《あおきいさむ》

◆キャスト
木更津の佐吉＝吾妻三郎 木鼠の石松（弟）＝小《お》川国松《がわくにまつ》 娘お八重＝渥美映子 くりからの源七＝河村黎吉《かわむられいきち》

◆あらすじ
男（吾妻三郎）が米屋に奉公するが、前科があることから店を追い出され、酒に溺れる。好意を受けていた女性（渥美映子）から支援を受け更生を誓うが、悪い顔馴染《なじ》み（河村黎吉）にたかられ、格闘する。顔馴染みは男の弟（小川国松）に深手を負わせ、弟は亡くなる。男は自身も死ぬべきかと悩む。

◆ディテール
キック・イン 当時の批評（＊1）によると、明らかにジョージ・フィッツモーリス監督の『キック・イン』（一九二二年・米）から、話の大筋が借用されているという。のちに製作される『浮草物語』の元になった『煩悩』（一九二八年・米）の監督でもある。

レ・ミゼラブル 同批評によると、アンリ・フェスクール監督の『レ・ミゼラブル』（一九二五年・仏）から、ミリエル僧正の件《くだ》りが借用されているという。

豪雨の一夜 同批評によると、ジョン・フォード監督の『豪雨の一夜』（一九二三年・米）から結末が借用されているという。

◆解説
小津の初監督作品で時代劇。とはいえ、初脚本『瓦版かちかち山』も時代劇だったので、全く初めての試みというわけではない。小津といえば現代劇という印象が強いが、一九四〇年代にも時代劇を撮ることに意欲を示していた。脚本家・野田高梧と初めての仕事だった。阪東妻三郎のそっくりさんとして売り出された吾妻三郎が主演を務めた。

脚本もフィルムも現存していない。当時の批評によると、話の大筋をはじめ、いくつかの欧米映画から借用がある。借用といっても、「脚色者なり、監督者なりに、よく嚙み締められた上での改作なのである」（＊2）と批評家の岸松雄はいう。初期の小津作品は、新しい、バタ臭い、などと評されていた。その要因には、こうした欧米作品からの借用もあるだろう。初監督作品でジョン・フォードの作品を引用していることに注目したい。後年、小津が好きな映画監督として挙げているフォードは多数の西部劇の傑作で知られる、小津より九歳年上の監督。この作品のほか、のちの『東京物語』（口笛で『駅馬車』のテーマが奏でられる）、『小早川家の秋』（『荒野の決闘』で有名になった「いとしのクレメンタイン」を元にした曲が歌われる）でも、フォードの影響が見られる。ちなみに、小津は私生活でも宴会で『駅馬車』のモノマネを披露していたという。

＊1 「キネマ旬報」一九二七年十一月二十一日号。
＊2 『映画評論家 岸松雄の仕事』に詳しい。

一九二八年

若人《わこうど》の夢《ゆめ》

製作＝松竹蒲田 時間＝五六分 モノクロ・サイレント・五巻（一五三四メートル） 脚本：無
フィルム：無 公開＝一九二八年四月二十九日・電気館

◆スタッフ
原作・脚色・監督＝小津安二郎　撮影＝茂原英雄《もはらひでお》（本名は「しげはら」と読む）

◆キャスト
W大学生・岡田長吉＝斎藤達雄《さいとうたつお》　その恋人・美代子＝若葉信子《わかばのぶこ》　W大学生・加藤兵一＝吉谷久雄　その恋人・百合子＝松井潤子《まついじゅんこ》　岡田の父＝坂本武《さかもとたけし》　洋服屋・古川＝大山健二《おおやまけんじ》

◆あらすじ
同じ下宿に住む二人の大学生。ある日、一方（斎藤達雄）が金に困ってもう一方（吉谷久雄）の服を勝手に売ってしまう。服を売られた大学生は、恋人（若葉信子）の親と会うため洋服が必要となり服を借りるが、まるで丈が合わない。大学生二人とその恋人たちを描く物語。

◆ディテール
早稲田大学　主人公たちが「W大学生」という設定。早稲田大学のことだろう。

◆解説
小津の監督第二作で初の現代劇。この作品で、キャメラマン茂原英雄とその助手だった厚田雄春《あつたゆうはる》に出会う。役者でも斎藤達雄、坂本武らが出演。以後長い付き合いになる笠智衆《りゅうちしゅう》も端役で出演したという。
脚本は残っていないが、粗筋や批評を読むと、三角関係も登場する明るい学生喜劇。初期作品では恋愛も主題となっていた。批評家からは、このような題材だけでなく、本格的な劇も充分こなせる腕を想わせると評価を得た。主人公の通っているらしい早稲田大学は、以降の作品にもしばしば登場する。

小津小論1　「早稲田大学」

小津安二郎の映画に登場する大学の中でも、早稲田大学は何度も出てくる。『若人の夢』『若き日』『落第はしたけれど』『青春の夢いまいづこ』『淑女は何を忘れたか』『秋日和』、さらに、明示されていないが『大学は出たけれど』『大学よいとこ』の舞台も早稲田のようだ。実際に弟と甥、撮影スタッフなど早稲田出身者は周囲にいたが、自身は卒業生ではない。小津は早稲田のバンカラな校風を好んだのだろうか。といっても早稲田一辺倒というわけではなく、『東京暮色』の終盤、上野駅での場面は明治大学校歌を歌わせている。制作担当者が早稲田の校歌を使ってはどうかと進言したが、小津は「イヤ、明治にする」と主張したという。

一九二八年

女房紛失《にょうぼうふんしつ》

製作＝松竹蒲田　時間＝五五分　モノクロ・サイレント・五巻（一五〇二メートル）　脚本：無　フィルム：無　公開＝一九二八年六月十五日・電気館

◆スタッフ
原作＝高野斧之助　脚色＝吉田百助　監督＝小津安二郎　撮影＝茂原英雄

◆キャスト
彼（譲次）＝斎藤達雄　彼女（由美子）＝岡村文子《おかむらふみこ》　名探偵（車六芳明）＝国島荘一　泥棒（有世流帆）＝菅野七郎　伯父（外科院長）＝坂本武　譲次の妻曜子＝松井潤子

◆あらすじ
夫（斎藤達雄）がダンサーと浮気している。妻（松井潤子）は探偵に浮気現場を見張らせている。ある日、夫が浮気相手とホテルに向かうが、そこに大泥棒が現れ……。

◆ディテール

ホームズ／ルパン　登場人物の名前が推理小説の登場人物の名をもじっている。名探偵が車六《しゃろく》芳明《ほうめい》。これはシャーロック・ホームズから。さらに泥棒が有世《あるせ》流《る》帆《ぱん》。これはアルセーヌ・ルパンから。

◆解説

再び斎藤達雄を起用。雑誌「映画時代」の懸賞での当選脚本を映画化した作品。脚本は残っていない。粗筋を読むと、ダンサーが自動車に跳ね飛ばされるものの無事に同車内に落ちる。偶然にもその車は主人公の車だった……などかなりナンセンスな喜劇。小津はのちに、会社からの天下り企画であまり面白いとは言えなかった、と語っている。

細部に注目すると、登場人物の名前が有名な推理小説の人名からとられている。当時は江戸川乱歩らの推理小説が流行していた。その影響は映画界にもみてとれる。余談だが、溝口健二もこの頃に『８１３』というルパンものを撮っていた。

小津小論２　「ミステリ」

一九二八年の『女房紛失』にシャーロック・ホームズとアルセーヌ・ルパンをもじった名前が登場する。翌々年の『お嬢さん』では、幽霊を信じるかと聞かれた主人公が「コナン・ドイルは信じていたらしいね！」と答える場面もある（ドイルは実際に心霊現象を研究していた）。一九二三年にデビューした江戸川乱歩が活躍していた頃で、乱歩は雑誌「新青年」などで多数の推理小説を発表し人気を得ていた。小津も読んでいたのかもしれない。

カボチャ

一九二八年

製作＝松竹蒲田　時間＝四三分　モノクロ・サイレント・五巻（一一七五メートル）　脚本：無　フィルム：無　公開＝一九二八年八月三十一日・電気館

◆スタッフ

原作・監督＝小津安二郎　脚色＝北村《きたむら》小松《こまつ》　撮影＝茂原英雄

◆キャスト

山田藤助＝斎藤達雄　その妻かな子＝日夏百合絵　長男一雄＝半田日出丸　妹ちえ子＝小桜《こざくら》葉子《ようこ》　社長＝坂本武

◆あらすじ

毎日のようにおかずがカボチャで、家族は皆飽きている。しかし、夫（斎藤達雄）の稼ぎが少ないのでどうしようもない。会社でもカボチャがらみの出来事に付きまとわれる……。

◆解説

初めて会社員を主人公にした。ナンセンス喜劇だったようだ。売れっ子だった作家・北村小松との初めての仕事だが、これも脚本が残っていない。小津は、この作品の頃から「コンティニュイティ（＝撮影台本）の建て方というものが自分でようやく判りかけて来た」と、のちに語った。

引越《ひっこ》し夫婦《ふうふ》

一九二八年

製作＝松竹蒲田　時間＝四一分　モノクロ・サイレント・三巻（一一一六メートル）　脚本：有　フィルム：無　公開＝一九二八年九月二十八日・電気館

◆スタッフ

原作＝菊地一平　潤色＝伏見晁《ふしみあきら》　監督＝小津安二郎　撮影＝茂原英雄

◆キャスト

藤岡英吉＝渡辺篤《わたなべあつし》　その妻千代子＝吉川満子《よしかわみつこ》

家主甚兵衛＝大国一郎《おおくにいちろう》　その息子清一＝中濱一三　薬屋の娘春子＝浪花友子《なにわともこ》

◆あらすじ

引越しを繰り返す夫婦。夫（渡辺篤）が薬屋の娘と話すのを見て妻（吉川満子）が怒り、夫も妻が大家の息子と話したため嫉妬する。もうこの街には住めないと、二人はまた引越すことに。しかし、薬屋の娘と大家の息子が結婚するのを知り、二人は街に残ることにする。

◆解説

会社（松竹）からの依頼で制作。脚本が残っている初期作品は『瓦版かちかち山』とこの『引越し夫婦』なので、初期の小津作品を知るうえで貴重だ。原作者・菊地一平とあるが、伏見晁によると正しくは大野寅平で、大久保忠素《おおくぼただもと》・野田高梧・斎藤寅次郎《さいとうとらじろう》・五所平之助《ごしょへいのすけ》から一字ずつ取った作家名という。

脚本（潤色）には喜劇で定評のあった伏見晁が初めて参加。夫婦喧嘩をしては気分を変えるため引越す夫婦という設定、またその喧嘩の原因が勘違いだったという展開など、脚本は簡潔だが面白い。以降、小津作品の常連となる吉川満子が初出演。夫への嫉妬に狂う妻の役で、無言で夫とにらみ合う場面もあったようだ。

『瓦版かちかち山』と同様にキャメラや編集のパンやオーヴァーラップの指示があり、撮影でいろいろな手法を試みていたことが窺《うかが》える。

肉体美《にくたいび》

一九二八年

製作＝松竹蒲田　時間＝五五分　モノクロ・サイレント・五巻（一五〇五メートル）　脚本：有　フィルム：無　公開＝一九二八年十二月一日・電気館

◆スタッフ

原作・脚色＝伏見晁　監督＝小津安二郎　撮影＝茂原英雄

◆キャスト

高井一郎＝斎藤達雄　その妻律子＝飯田蝶子《いいだちょうこ》

大倉傳右衛門＝木村健児《きむらけんじ》　学生遠山＝大山健二

◆あらすじ

夫（斎藤達雄）は失業中。妻（飯田蝶子）が絵を描いて生計を立てている。妻は夫をモデルに絵を描いているが、ある時、夫が描いた絵が帝展に出品され入選してしまう。夫婦間の立場が逆転し、夫は妻をモデルに絵を描くようになる。

◆ディテール

ロダン　飯田蝶子が、彫刻家オーギュスト・ロダンの画集を見ている。十九世紀を代表する仏国の彫刻家。飯田はロダンの作品に見とれ、華奢《きゃしゃ》な夫（斎藤達雄）にこのような肉体になってほしいと無茶《むちゃ》なことを願う。

◆解説

前作に続き本作品にも伏見晁が参加し、原作・脚色を担当した。ただし、伏見によると場面構成から会話の細部に至るまで、小津が全面的に手を入れたという（＊1）。キャメラマン茂原英雄の妻で、三枚目喜劇女優として人気を博していた飯田蝶子が初参加。のちに小津作品の常連となる。女性画家役だった。終盤、彼女が絵のモデルになるのだが、斎藤達雄から全裸になるよう要求され一糸まとわぬ姿になる。その姿は間接的に表現されるが、エロティックでナンセンスな結末といえる。

フィルムは残っていないが、小津によると、この作品で初めて低めの位置からの撮影を試みたという（＊2）。この作品は会社から認められ、批評家からも好評を得た。

小道具でロダンの画集が出てくる。『青春の夢いまいづこ』にもロダンの彫刻写真が使われるので、中学生の頃から美術を好み、美術監督（映画のセットや小道具を指揮する役職）を目指したこともある小津の嗜好なのかもしれない。

＊1『小津安二郎全集［上］』作品解題に詳しい。

＊2 浜村義康は『若人の夢』からすでにキャメラの位置は低かったと回想している。

宝《たから》の山《やま》

一九二九年

製作＝松竹蒲田　時間＝六七分　モノクロ・サイレント・六巻（一八二四メートル）　脚本：有　フィルム：無　公開＝一九二九年二月七日・大阪・朝日座（二月二十二日・観音劇場）

◆スタッフ

原作・監督＝小津安二郎　脚色＝伏見晁　撮影＝茂原英雄

◆キャスト

丹次郎＝小林十九二《こばやしとくじ》　芸者染吉＝日夏百合絵
芸者麦八＝青山萬里子　モガ蝶子＝岡村文子
芸者屋の女将＝飯田蝶子　芸者小浪＝浪花友子

◆あらすじ

男（小林十九二）は婚約者（岡村文子）がいながら芸者屋に居候している。婚約者と芸者（日夏百合絵）との三角関係が繰り広げられる。ある日、芸者と喧嘩して婚約者を訪ねるが、彼女は別の男との結婚が決まっていた。男は再び芸者屋に居候する。

◆ディテール

長谷川一夫《はせがわかずお》　芸者のひとりが林長二郎《はやしちょうじろう》のブロマイドを見る。二枚目で知られ、のちに長谷川一夫と改名する役者。

◆解説

原作が小津安二郎、脚色が伏見晁。前作に続き飯田蝶子が出演。実際に芸者の置屋《おきや》を経営していた飯田のところへ遊びに行って取材した。

脚本表紙には「喜劇　宝の山　モダン梅暦」と記されている。『梅暦』とは江戸時代に書かれた為永春水《ためながしゅんすい》の人情本『春色梅児誉美《しゅんしょくうめごよみ》』のことで、美男子と女たちとの三角関係を描いたもの。人情本の代表作の一つ。小津はこの古典的な本をモダンに展開しようとしたのだろう。爆音で飛ぶ飛行機が映ったり、主人公がサックスを演奏したりする場面もあったようだ。登場人物の名は『梅暦』にちなんで命名。作品内でその主人公が『梅暦』を観劇しに行くのも面白い。

会社から急《せ》かされ、五日間徹夜で撮影したという。初期の小津は外国映画から刺激を受けて作品を作ることが多かったが、日本の古典作品を下敷きにすることもあった。

学生《がくせい》ロマンス　若《わか》き日《ひ》

一九二九年

監督第八作。大学生の三角関係が描かれる。雪山で自分のスキー板を追いかける斎藤達雄

製作＝松竹蒲田　時間＝一〇四分　モノクロ・サイレント・十巻（二八五四メートル）　脚本：有　フィルム：有　公開＝一九二九年四月十日・大阪・朝日座（四月十三日・帝国館）

◆スタッフ
原作・脚色＝伏見晁　潤色・監督＝小津安二郎
撮影・編集＝茂原英雄

◆キャスト
学生・渡辺敏＝結城一朗《ゆうきいちろう》　学生・山本秋一＝斎藤達雄　千恵子＝松井潤子　千恵子の伯母＝飯田蝶子　教授・穴山＝大国一郎　教授＝坂本武　スキー部主将・畑本＝日守新一《ひもりしんいち》　学生＝笠智《りゅうち》衆《しゅう》ほか

◆あらすじ
二人の男子大学生（結城一朗・斎藤達雄）がある女性（松井潤子）に好意を持つ。試験が終わり二人はスキーに出かけるが、偶然にもその女性もスキーに来ていた。二人は女性をめぐって対立するが、彼女が別の男性とお見合いすることを知り落胆する。

◆ディテール
早稲田大学　冒頭の字幕に「都の西北」と出る。これは早稲田大学校歌の一節「都の西北　早稲田の森に……」から。主人公たちは早稲田大学の学生だろう。↓『若人の夢』小津小論1「早稲田大学」参照

演劇改造《えんげきかいぞう》　結城一朗の部屋にある演劇雑誌。この作品では、演劇にまつわる言葉や用語がしばしば登場する。結城は演劇を学んでいる、もしくは関心があるのだろう。

京鹿子娘道成寺《きょうがのこむすめどうじょうじ》　現存する映像にはないが、脚本に「鐘に恨みが数々御座る」という字幕がある。鐘と金をかけている。娘の恋心をあでやかに表現する歌舞伎「京鹿子娘道成寺」の一節。この作品は『父ありき』（脚本のみ）、『お茶漬の味』、『彼岸花』でも触れられる。

第七天国《だいななてんごく》　フランク・ボーゼイギ監督『第七天国』（一九二七年・米）のポスターが結城の部屋に貼ってある。

溝口健二《みぞぐちけんじ》　街角の理髪店の名前が「ミゾグチ理髪所」。当時、日活の脚本部長だった映画監督・溝口健二のこと。小津と溝口の最初の接点ははっきりしていないが、記録に残るものでも最古と考えられる。他にも、斎藤達雄演じる「山本秋一」が、同じく日活の山本嘉次郎《やまもとかじろう》と畑本秋《はたもとしゅう》一《いち》から作られている。映画人同士の交友がみえる。

タルチューフ　現存する映像にはないが、脚本では結城が「タルチューフの様だから止せよ」と言う。仏国の劇作家モリエールの戯曲「タルチュ

フ」に出てくるペテン師のこと。

Я　結城のセーターにある文字。「Я」はキリル(ロシア)文字で、「私」という意味。スキー初心者の斎藤達雄のジャンパー背面に「SMACK FRONT ONLY(前からのみぶつかれ)」とあるのも面白い。

ドン・キホーテ　宿で友人が読んでいる、スペインの作家ミゲル・デ・セルバンテスの小説。現実と物語の区別がつかなくなったドン・キホーテの物語。『ドン・キホーテ』には、『母を恋はずや』(映画ポスターが貼られている)、『淑女は何を忘れたか』『宗方姉妹』(バーの壁に小説の一節がある)でも触れられる。

◆解説

監督となって三年目に撮った一〇〇分を超える初長編で、フィルムが現存する最古の小津作品。米国の喜劇俳優ハロルド・ロイドの影響が窺える学生ドタバタ喜劇。小津はロイドの都会的な喜劇から影響を受けていた。斎藤達雄演じる学生がペンキ塗りたての電信柱に手をついてしまうギャグなどは、『猛進ロイド』(一九二四年・米)から取られたのだろう。男女の三角関係を描く話で、主人公たちは早稲田大学の学生。

物語は後半に新潟の雪山へと移る。キャメラマン茂原英雄の実家が旅館を経営しており、そこを利用して撮影を行った。キャメラごと雪山を滑走、そのまま転倒するなど、後年には見られない躍動感あふれる移動撮影もある。

一九二九年に米国で第一回アカデミー賞監督賞を受賞した『第七天国』がポスターで登場。お金のない結城らがこのポスターを見て、七天国から質天国と連想し、質屋に行くという笑いだ。また、細部に注目してみると、映画雑誌「MOVING PICTURE WORLD」も映る。日本語版は出ていないようだが、小津自身がこの小道具を選んでいた可能性もある。小津は十七歳頃からハリウッド俳優宛てに英語で手紙を書き、国内各地の映画人とパンフレットを交換するなど、映画熱は相当のものだった。

現存フィルムにはないが、脚本には歌舞伎を代表する作品の一つ「京鹿子娘道成寺」の一節を引用した台詞もある。女が恋人を追いかけ大蛇と化したという安珍《あんちん》・清姫《きよひめ》伝説の後日譚《たん》で、娘の恋心をあでやかに表現したもの。また、分かりづらいが、小説『ドン・キホーテ』も小道具で登場している。ともに晩年まで触れられる作品が、こうして初期の作品にすでに現れているのが面白い。

映画冒頭と最後のショットが同じ構図に思えるが、よく見ると俯瞰《ふかん》具合が少し異なっている。冒頭と末尾のショットを少しずらす手法は、十九年後に制作する『風の中の牝雞』でも使われた。

小津小論3　「映画ポスター」

小津の映画にはごく初期からたくさんの映画ポスターが登場する。

『若き日』の学生は『第七天国』のポスターを見て質屋に行くことを思いつく。『和製喧嘩友達』で三角関係の原因となる女性が現れる場面には『天使の罪』(一九二七年・日)や『The Uninvited Guest』(一九二四年・米)のポスター

部屋に貼られた『第七天国』のポスター

セーターに「Я」の文字

街角の「ミゾグチ理髪所」の看板

スキー初心者の着る「SMACK FRONT ONLY」

が貼られ、『落第はしたけれど』でカンニングの準備中には『Charming Sinners』（一九二九年・米）のポスターが映る。一枚のポスターにも知識や遊び心がみえる。また、同作では『女は何処へ行く』（ともに田中絹代《たなかきぬよ》が出演）、『秋刀魚の味』では『切腹』（ともに岩下志麻《いわしたしま》が出演）など、出演者の過去作品のポスターも時折登場する。それらを探してみても面白い。

和《わ》製《せい》喧《けん》嘩《か》友《とも》達《だち》

一九二九年

製作＝松竹蒲田　時間＝七七分　モノクロ・サイレント・七巻（二二一四メートル）　脚本：無
フィルム：有（一部）　公開＝一九二九年七月三日・大阪・朝日座（七月五日・帝国館）

◆スタッフ
原作・脚色＝野田高梧　監督＝小津安二郎　撮影＝茂原英雄

◆キャスト
留吉＝渡辺篤　芳造＝吉谷久雄　お美津＝浪花友子　岡村＝結城一朗

監督第九作。ある女性の登場がきっかけで三角関係が生まれる。職場で喧嘩をする吉谷久雄（中央）と渡辺篤（手前右）

◆あらすじ

仕事仲間である男二人（渡辺篤・吉谷久雄）が共同生活を送っている。ある時、身寄りのない女（浪花友子）が二人の家にやってくる。彼女をめぐって対立が起こるが、女は近所の学生と相思相愛となり結ばれる。

◆ディテール

ガスタンク　男たちが女と出会う場面の遠景に見える。小津作品ではしばしばガスタンクが映る。この作品と『東京の合唱《コーラス》』『東京暮色』のガスタンクはどこのものか特定できなかった。東京都江東区の古石場文化センターによると、『出来ごころ』（脚本にわざわざ「ガスタンクの見える町」とある）、『東京の宿』『一人息子』『風の中の牝雞』に映る四つは、小津の生家に近い江東区にあったもの。

◆解説

題名はリチャード・ウォーレスが一九二七年に発表した喜劇映画『喧嘩友達』（米）から取られた。男女の三角関係は前々作『宝の山』、前作『若き日』に重なる。七七分の作品だが、現存は一四分のみ。映画最後の列車と自動車の並走シーンは躍動感にあふれている。

作品には小津の師に当たる大久保忠素の作品『天使の罪』（一九二七年）や、ラルフ・インス監督『The Uninvited Guest』（一九二四年・米）のポスターが映る。女に魅了された男二人が仲違

ポスター『天使の罪』

女（浪花友子）の後ろに映る『THE UNINVITED GUEST』

いするが、その暗示になっている。この頃は小道具と作品内容との結びつきが強く、直接的。

大学《だいがく》は出《で》たけれど

一九二九年

製作＝松竹蒲田　時間＝七〇分　モノクロ・サイレント・七巻（一九一六メートル）　脚本：有　フィルム：有（一部）　公開＝一九二九年九月六日・帝国館

◆スタッフ

原作＝清水宏《しみずひろし》　脚色＝荒牧芳郎《あらまきよしお》　監督＝小津安二郎　撮影＝茂原英雄

◆キャスト

野本徹夫＝高田稔《たかだみのる》　野本町子＝田中絹代《たなかきぬよ》　彼らの母親＝鈴木歌子《すずきうたこ》　友人杉村＝大山健二　洋服屋＝日守新一　会社の重役＝木村健児　秘書＝坂本武

◆あらすじ

大学を卒業したが、不況で就職が決まらない男（高田稔）。故郷からやってきた恋人（田中絹代）は男が無職なのを知ってカフェで働くことにする。男は奮起し再び就職活動を始め、職を見つける。

監督第十作。初めてスターを起用できた。「大学は出たけれど」は当時の流行語となった。小津作品には珍しい大雨の中の高田稔と田中絹代

◆ディテール

SPEEDY　テッド・ワイルド監督『SPEEDY』（一九二八年・米）のポスターが高田稔の部屋に貼ってある。ハロルド・ロイド主演作。ロイド演じる主人公が失業を繰り返すのでその連想か。

◆解説

清水宏が原作を書き、監督もする予定だった作品。しかし、清水と田中絹代との実生活での恋仲が終わったことが一因なのか、企画が小津に譲られた。小津はこの作品で高田稔、田中絹代ら、スター俳優を初めて起用できた。

七〇分の作品。現存フィルムは一〇分のみだが概《おおむ》ねの筋は分かる。台本表紙に「正喜劇」と銘打った。ハロルド・ロイド主演の『要心無用《ようじんむよう》』（一九二三年・米）の筋書きに刺激を受けたとされる。ただし、ロイド作品のように派手なアクションはない。

当時、中学に進学できる者は二割弱。大学に進学できる者はさらに限られていた。そんな大学生でも不況で就職率はたった四割ほど。なかなか就職できない高田が、おれには毎日日曜が続いているんだと、雑誌「サンデー毎日」を見せる。また、高田が田中に、流行かもしれないがその化粧少しカフェー趣味だねと伝える。恋人・田中が職のない彼のためこっそりカフェで働く

田中絹代の背後にロイド出演作のポスターがみえる

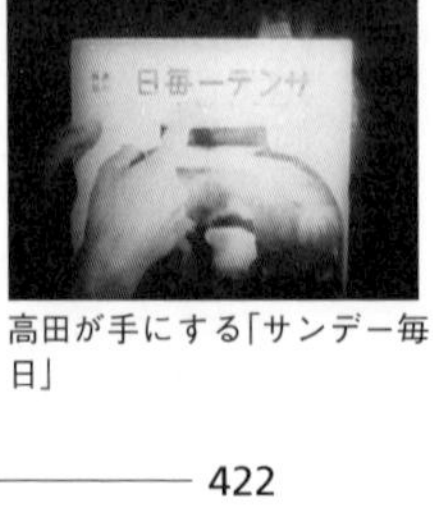

高田が手にする「サンデー毎日」

のだが、当時のカフェは女給の化粧や着物が派手で、時に女給が客に体をすり付けて話をするようなこともあった。

就職難を端的に表した題『大学は出たけれど』は流行語となった。スターの起用もあり注目を浴びたが、当時勢力を増していた左翼的傾向映画の監督からは、内容が生ぬるいとの批判も受けた。

会《かい》社《しゃ》員《いん》生《せい》活《かつ》

一九二九年

製作＝松竹蒲田　時間＝五七分　モノクロ・サイレント・五巻（一五五二メートル）　脚本：無　フィルム：無　公開＝一九二九年十月二十五日・帝国館

◆スタッフ

原作・監督＝小津安二郎　脚色＝野田高梧　撮影＝茂原英雄

◆キャスト

塚本信太郎＝斎藤達雄　妻福子＝吉川満子　長男＝小藤田正一《こふじたしょういち》　次男＝加藤清一《かとうせいいち》　三男＝青木富夫《あおきとみお》（突貫小僧《とっかんこぞう》）　四男＝石渡暉明　友人岡村＝坂本武

◆あらすじ

会社員の夫（斎藤達雄）がボーナス支給日に解雇される。子どもが四人いるなか、妻（吉川満子）に解雇されたことは言えず、ボーナスと偽《いつわ》って退職金を渡す。のちに、事実を妻に知られるが、最終的に就職が決まる。

◆解説

解雇された会社員を描いた喜劇。斎藤と吉川の夫婦役、坂本武が登場するのももうお馴染み。のちに突貫小僧と改名する青木富夫が初めて登場。撮影現場で遊んでいたところ、そのやんちゃぶりを小津が面白がって出演させたという。

作品冒頭では、連続してオーヴァーラップが使われたという。小津は試写で見たヨーエ・マイ監督『アスファルト』（一九二九年・独）の編集に衝撃を受けたと語っているので、その影響かもしれない。オーヴァーラップによる高度な表現の例としてエルンスト・ルビッチ監督『結婚哲学』（一九二四年・米）やチャールズ・チャップリン監督『巴里の女性』（一九二三年・米）を挙げている。しかし、「便利ではあるがつまらんものだと思ったね。そりゃ、使い方によればいいものですよ。しかし、大部分はゴマカシでしょう。ゴマカシのオーヴァーラップはいやだね」と語っている。自身は『その夜の妻』などでの短い使用を除き、使うことはほぼなくなった。オーヴァーラップは映像が明確でなくなってしまうので、明確な表現を好む小津は使いたくないと考えたのだろう。

突《とっ》貫《かん》小《こ》僧《ぞう》

一九二九年

製作＝松竹蒲田　時間＝三八分　モノクロ・サイレント・四巻（一〇三一メートル）　脚本：無　フィルム：有（一部）　公開＝一九二九年十一月二十四日・帝国館

◆スタッフ

原作＝野津忠二　脚色＝池田忠雄《いけだただお》　監督＝小津安二郎　撮影＝野村昊

◆キャスト

人攫《さら》い文吉＝斎藤達雄　鉄坊＝青木富夫（突貫

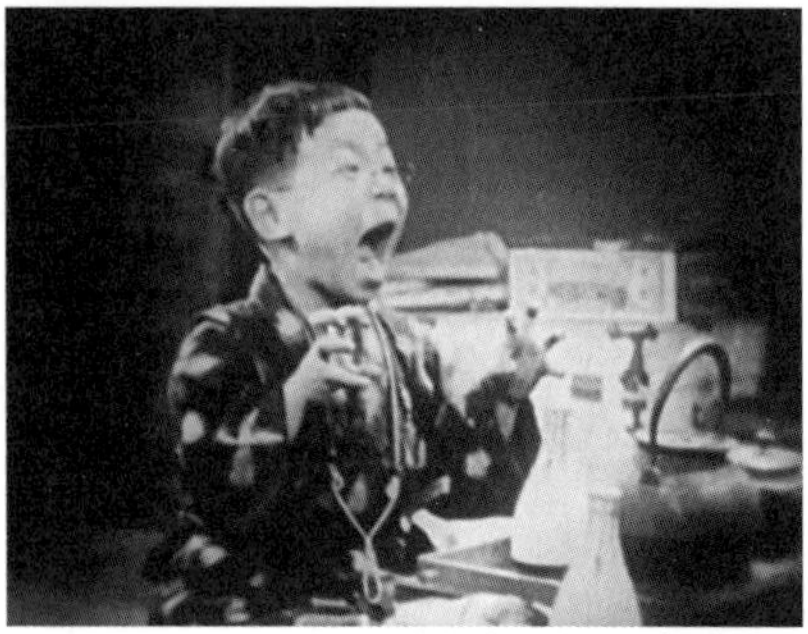

監督第十二作。わずか三日で撮った作品だが、この出演をきっかけに「突貫小僧」は一躍有名になった

小僧） 親分権寅＝坂本武

◆あらすじ

人攫《さら》い（斎藤達雄）が暴れん坊の小僧（青木富夫）を誘拐する。その子を親分（坂本武）の家に連れていくが、そこでも子どもは大暴れ。こんな子はいらないと言われ、元の場所まで返しにいく。

◆ディテール

二代目尾上《おのえ》松之助《まつのすけ》 小僧が尾上松之助の顔真似をできると言う。目玉の松ちゃんの愛称で知られた日本映画初期のスター。

◆解説

米国の作家O・ヘンリーの『赤い酋長《しゅうちょう》の身代金』に基づいた話とされる。原作者の野津忠二は野田高梧、小津、池田忠雄、大久保忠素の合成名。大久保は小津が助監督としてついていた監督なので、師弟協力でもある。三八分の作品で現存は一八分。二〇一六年に新しいフィルムが発見され、冒頭で子どもがジャンケンをしているカットが見られるようになった。

前作『会社員生活』で起用した青木富夫を再び起用。本作品の撮影はわずか三日程度で休みも少なく、機嫌が悪かったという。撮影中、小道具のパンを予備の分まで全部食べようとしてスタッフを困らせたという逸話もある。六歳の彼は暴れん坊ぶりを遺憾なく発揮し、一躍人気者になった。本作の後には芸名を「突貫小僧」に改名し、以後さまざまな作品に出演した。

作品内では小僧が尾上松之助の真似をできると言う。小津も幼少期に好きだったスターだ。

また、広場近くには産婆の看板も映る。この小道具も後年までしばしば使われる。

小津小論4 「生まれる」

小津作品には、産婆の看板がよく出てくる。『突貫小僧』『落第はしたけれど』『お嬢さん』『生れてはみたけれど』『青春の夢いまいづこ』『出来ごころ』『長屋紳士録』の七作品で確認できた。また、『東京暮色』では産科／婦人科、『お早よう』『秋刀魚の味』では助産婦の看板が登場している。生命・誕生などを連想させる小津の狙いがあったのだろう。小津ほどこれら産科の看板を登場させた映画監督は他にいないのではないか。

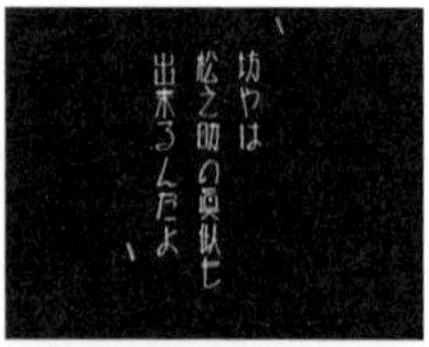

松之助の真似もできると得意げな台詞

小僧の背後に産婆の看板が映る

結《けっ》婚《こん》学《がく》入《にゅう》門《もん》

一九三〇年

製作＝松竹蒲田　時間＝七一分　モノクロ・サイレント・七巻（一九四三メートル）　脚本：有　フィルム：無　公開＝一九三〇年一月五日・帝国館

◆スタッフ

原作＝大隈俊雄　脚色＝野田高梧　監督＝小津安二郎　撮影＝茂原英雄

◆キャスト

北宮光夫＝斎藤達雄　妻寿子＝栗島《くりしま》すみ子《こ》　その兄＝奈良真養《ならしんよう》　嫂《あによめ》＝岡村文子　竹林晋一郎＝高田稔　妻峰子＝龍田静枝《たつたしずえ》　バアのマダム＝吉川満子

◆あらすじ

仲の冷えた二組の夫婦。彼らが出会い、大人四人（斎藤達雄・栗島すみ子・高田稔・龍田静枝）の恋愛模様が繰り広げられるが、最終的には元の鞘《さや》に収まる。

◆解説

『肉体美』『大学は出たけれど』『突貫小僧』と小津の評価は確実に高まり、松竹の看板役者・栗島すみ子を主演にした正月映画を任された。会社からの評価と期待の証しだろう。栗島はのちに水木流舞踊の宗家となった。飯田蝶子や淡島《あわしま》千景《ちかげ》の師匠でもある。

物語はエルンスト・ルビッチ監督『結婚哲学』（一九二四年・米）を下敷きにしている。ルビッチの高度に洗練された表現は、小津をはじめ多くの監督に衝撃を与えた。小津としては初めて大学教授や歯科医といった富裕な人々を主人公にした、有閑階級の恋愛喜劇。

フィルムは現存していないが、脚本冒頭、女性が膝あたりで時刻表を退屈そうに触る件《くだ》りがある。このような手先だけで心境を表現する間接的表現はルビッチからの影響だろう。

助監督を務めていた佐々木康《ささきやすし》が撮影中にコーヒーカップを間違った位置に置いてしまった。完成した映画では、映像のつながりが不自然になり机上のカップがあちこちに動いたが、スタッフも観客も気にしなかったという。以降小津は編集のつながりを気にすることなく、自由に小道具を動かすようになったと佐々木は分析している。

朗《ほが》らかに歩《あゆ》め

一九三〇年

製作＝松竹蒲田　時間＝九九分　モノクロ・サイレント・八巻（二七〇四メートル）　脚本：有　フィルム：有　公開＝一九三〇年三月一日・帝国館

◆スタッフ

原作＝清水宏　脚色＝池田忠雄　監督＝小津安

監督第十四作。与太者（不良）と子分が、偶然ある女性と出会い、更生してゆく物語。左から高田稔、川崎弘子、吉谷久雄

二郎　監督補助＝佐々木康《ささきやすし》ほか　撮影・編集＝茂原英雄　舞台設計＝水谷浩《みずたにひろし》　現像＝増谷麟《ますたにりん》

◆キャスト

神山謙二＝高田稔　杉本やす江＝川崎弘子《かわさきひろこ》　その妹＝松園延子《まつぞののぶこ》　その母＝鈴木歌子　仙公＝吉谷久雄　千恵子＝伊達里子《だてさとこ》　社長小野＝坂本武

◆あらすじ

ある与太者(高田稔)が、街で出会った娘(川崎弘子)を好きになる。二人は交際を始めるが、やがて男の素性が分かってしまう。男は心を入れ替え働き始めるが、昔の不良仲間(伊達里子)らに良からぬ仕事に誘われ、それがきっかけで逮捕される。刑期を終えた男を娘は温かく迎える。

◆ディテール

Our Dancing Daughters　ハリー・ボーモント監督『Our Dancing Daughters』(一九二八年・米)のポスターが川崎弘子の勤務先に貼ってある。邦題は『踊る娘達』。当時日本未公開。道徳の喪失と若者の恋愛の話で、内容には重なるところもある。

鎌倉の大仏　高田稔と川崎が訪れる。鎌倉の高徳院にある有名な阿弥陀如来坐像。『父ありき』『麦秋』にも登場する。

文藝春秋《ぶんげいしゅんじゅう》　川崎の勤務先と同じ階に文藝春秋社が入っていることが、ドアの印字から分かる。一九二三年に作家菊池寛《きくちかん》が創業した出版社。

A Gay Caballero　部屋の壁に歌詞が書いてあり、それを見ながら歌が歌われる。米シンガーソングライター、フランク・クルーミットによる一九二〇年代末の楽曲。リオデジャネイロに出てきた男が、キャバレーの女性を口説き夫に殴られる、という内容。日本では「洒落男」という題で榎本健一らが歌い流行した。

少女の友　川崎の妹が持っている少女向け雑誌。吉屋信子や川端康成が連載し、新しい文化を届けた。雑誌の題字は北大路魯山人で、中原淳一の挿絵なども掲載していた。

◆解説

与太者を描いた作品。蒲田撮影所が「不良少年」というシリーズを製作し始め、その一環で作られた。欧米的な画面作りで、衣装やロケ地、美術などが「バタ臭い」と評された。

脚本と完成作品に数カ所違いがある。脚本では冒頭のショットは港ではなくビル街裏通りの俯瞰だった。高田稔が更生した後の職業もビル清掃員ではなくホテルのポーターだった。伊達里子が会社社長を指して「しぼり取る事しか考えない豚共から、逆に吐出させる事の出来るのは私達女だけなんだわ」という、搾取する側を糾弾する声高な台詞もなくなった。

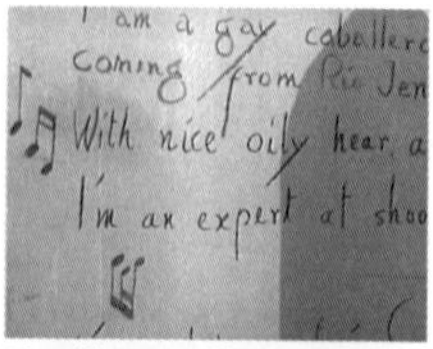

壁に描かれた英語の歌詞

舞台設計(美術監督)を二十四歳の若き水谷浩が担当している。水谷はのちに『残菊物語《ざんぎくものがたり》』『元禄忠臣蔵《げんろくちゅうしんぐら》』『西鶴一代女《さいかくいちだいおんな》』など溝口健二監督の作品を手がけて名をあげる。壁に「A Gay Caballero」の英語の歌詞や、上半身と下半身がずれた奇妙な絵が描かれている。これらは水谷の仕事だろうか。

少女(松園延子)が持つ「少女の友」

また、本作品と次作『落第はしたけれど』のフィルム現像は増谷麟が担当している。増谷は東宝の前身の一つ、PCLの創立社長で、ソニーの育ての親としても知られる。撮影監督の宮島義勇によると、蒲田調と呼ばれた松竹のフィルムの調子は増谷が現像主任のときに確立したものだという。

落《らく》第《だい》はしたけれど

一九三〇年

製作＝松竹蒲田　時間＝六四分　モノクロ・サイレント・六巻（一七六五メートル）　脚本：有　フィルム：有　公開＝一九三〇年四月十一日・帝国館

◆スタッフ

原作・監督＝小津安二郎　監督補助＝佐々木康ほか　脚色＝伏見晁　撮影・編集＝茂原英雄　現像焼付＝増谷麟ほか

監督第十五作。好評を得た『大学は出たけれど』に続く学生もの。喫茶店の娘・田中絹代と、試験不正をするも落第してしまう学生・斎藤達雄を描く

◆キャスト

学生高橋＝斎藤達雄　下宿のお内儀《かみ》さん＝二葉《ふたば》かほる　その息子銀坊＝青木富夫（突貫小僧）　教授＝若林広雄《わかばやしひろお》、大国一郎　小夜子＝田中絹代　落第生＝横尾泥海男《よこおでかお》、関時男《せきときお》ほか　及第生＝月田一郎《つきたいちろう》、笠智衆ほか

◆あらすじ

ある大学生（斎藤達雄）が試験の不正を試みるが失敗、落第してしまう。学友らは卒業するも不況で仕事が見つからず、学生であるほうが良かったと思う。

◆ディテール

Charming Sinners　ロバート・ミルトン監督『Charming Sinners』（一九二九年・米）のポスターが下宿先の壁に貼ってある。邦題は『美貌の罪人』。

若き力の歌　田中絹代が働く喫茶店にポスターが貼ってある。作詞・編曲＝堀内敬三の楽曲。堀内は、「蒲田行進曲」や「ラジオ体操の歌」などの作詞や作曲でも知られる。

女は何処へ行く　池田義信監督『女は何処へ行く』（一九三〇年）のポスターが同喫茶店に貼ってある。実際に田中が出演していた。

佐藤春夫《さとうはるお》　「大学の　四月なかばは　椎《しい》の木の暗き下かげ」という字幕がある。佐藤春夫の詩「ためいき」の冒頭、「紀《き》の國《くに》の五月なかばは椎の木のくらき下かげ」から。小津は佐藤の作品を好み、暗誦もしていたという。佐藤の詩には「秋刀魚の歌」という作品がある。小津の遺作となった『秋刀魚の味』もこれに由来するか。

アサヒスポーツ　学生が読んでいる。一九二三年創刊の朝日新聞社が発行する雑誌。『若き日』にも登場した。日本初の日刊写真新聞として創刊され、時代の世相や風俗の特集記事を多数掲載した。

◆解説

注目を集めた『大学は出たけれど』に続く『〜けれど』の第二弾。再び早稲田大学が舞台となった。落第したけれど、卒業して職がないよりは幸福だと思う大学生の話。大学応援団のおどけた挨拶などにハロルド・ロイド主演『ロイドの人気者』（一九二五年・米）の影響が見られる。監督二作目『若人の夢』から出演し続けていたという笠智衆が初めて役らしい役を演じた。かたく緊張感を感じさせる演技にも注目したい。

細部に注目すると、試験不正の準備をする背景に『Charming Sinners』、直訳で「可愛い罪人」

早稲田大学構内での撮影。おしゃれなコートにも注目

試験不正の仕込みをする場面に映るポスター

のポスターが貼ってあり作品内容に直結している。アムステルダム五輪や流行歌のポスターも映る。特に五輪のポスターは面白い。アムステルダム五輪では早稲田大の選手が日本人初のメダルを獲得している。在学中に名をあげた者もいれば、就職できずぶらぶらする者もいるのだ。

また、同時期に田中絹代が出演した『女は何処へ行く』のポスターが、彼女演じる娘が勤務する店に貼られてある。小津作品ではこのように、俳優が出演した作品のポスターが小道具として使用されることがよくある。深い意図はなさそうだが、小津の遊び心が感じられる。

小津小論5 「オリンピック」

戦前の小津映画をあまり見ていない人は意外に思うかもしれないが、時代を作品に反映させる小津は、オリンピックのポスターも作品に登場させていた。『落第はしたけれど』（一九二八年のアムステルダム）、『青春の夢いまいづこ』（三二年のロサンゼルス）、『戸田家の兄妹』（三六年のベルリン）の三度だ。戦後開催されたロンドン（四八年）や、以降のヘルシンキ（五二年）、メルボルン（五六年）、ローマ（六〇年）のポスターは発見できなかった。理由はよく分からない。特に意図はないのかもしれない。ヒトラーに政治利用されたベルリン五輪ポスターを映したことを後悔していた——というのは考え過ぎだろうか。

その夜《よ》の妻《つま》

一九三〇年

製作＝松竹蒲田　時間＝六六分　モノクロ・サイレント・七巻（一八〇九メートル）　脚本：有　フィルム：有　公開＝一九三〇年七月六日・帝国館

◆スタッフ

原作＝オスカー・シスゴール（『九時から九時まで』）　翻案・脚色＝野田高梧　監督＝小津安二郎　監督補助＝佐々木康ほか　撮影・編集＝茂原英雄

◆キャスト

橋爪周二＝岡田時彦《おかだときひこ》　その妻まゆみ＝八雲恵美子《やぐもえみこ》　その子みち子＝市村美津子《いちむらみつこ》　刑事香川＝山本冬郷《やまもととうごう》　医師須田＝斎藤達雄　警官＝笠智衆

◆あらすじ

男（岡田時彦）が幼子の治療費のため強盗を働く。妻（八雲恵美子）には娘の病気が治ったら自首すると告げるが、そこに刑事（山本冬郷）が訪ねてくる。事情を知った刑事は娘の容体が落ち着く朝まで待ち、男を逮捕する。

監督第十六作。二丁拳銃を構える和服姿の女性（八雲恵美子）

◆ディテール

BROADWAY SCANDALS　ジョージ・アーチェインバウド監督のミュージカル映画（一九二九年・米）のポスターが、岡田らの部屋に貼ってある。歌手、コーラスダンサー、女優の三角関係が描かれる。同部屋にフレッド・ウィンダーミア監督『BROADWAY DADDIES』のポスターもある。

sarden　同部屋の壁に書かれた文字。鰯《いわし》のこと。映画冒頭の題名背景には魚の絵が描かれていたが、これも鰯だろうか。

ジークフリート　同部屋に「SIEGFRIED」という看板が映る。劇作家ジャン・ジロドゥによる一九二八年発表の戯曲『ジークフリート』（仏）の看板か。ジークフリートはドイツの叙事詩『ニーベルンゲンの歌』に登場する英雄。ジークフリートは、『戸田家の兄妹』の台詞でも触れられる。

◆解説

原作はミステリ作家オスカー・シスゴールの短編小説『九時から九時まで』。雑誌「新青年」（一九三〇年三月号）を読んだ撮影所所長・城戸四郎が映画化を勧め、野田高梧が脚色した。映画冒頭の強盗場面は付け足されたが、他は舞台が日本に変更されている以外はほぼ原作と同じである。

岡田時彦が小津作品に初登場。谷崎潤一郎に芸名をつけられたという岡田は、小津と気が合い、以後常連になる。戦後には、こちらも谷崎により役者名をもらったという時彦の娘・岡田茉莉子《まりこ》も小津作品に出演することになる。一方、刑事を演じたのが山本冬郷。彼は、ハリウッドで活躍していたセシル・B・デミルやフランク・ロイドなどの作品に出演していた。

冒頭の強盗場面以降は屋根裏部屋だけで物語は進む。ここまで場所を移動しない作品は他の小津作品にはない。屋根裏部屋にはたくさんの看板やペンキ缶が置かれている。岡田は映画や舞台の看板制作者という設定だろうか。いずれにしても、娘の治療費のため強盗を働くほど貧しい彼には、映画や舞台を楽しむ余裕はなかっただろう。前年に起きた世界恐慌のなか、公的医療保険がなく医療費も高額であった。一家が厳しい状況に置かれていることが想像できる。編集では扉の内と外をつなぐ際にクロスフェードの技術を使うなど、それまでとは違う工夫が見られた。

仕事で使っていると思われるペンキ缶

部屋にはたくさんの看板・ポスターがある

一九三〇年

エロ神《がみ》の怨《おん》霊《りょう》

製作＝松竹蒲田　時間＝二七分　モノクロ・サイレント・三巻（七五〇メートル）　脚本：無　フィルム：無　公開＝一九三〇年七月二十七日・帝国館

◆スタッフ

原作＝石原清三郎　脚色＝野田高梧　監督＝小津安二郎　撮影＝茂原英雄

◆キャスト

山路健太郎＝斎藤達雄　石川大九郎＝星《ほし》ひかる　ダンサー夢子＝伊達里子　その恋人＝月田一郎

◆あらすじ

男女（斎藤達雄・伊達里子）が投身心中する。

運良く男だけは助かった。男は死んだ女の怨霊が怖くて仕方ないが、実は彼女は生きていた。今まで騙されていることを知った男は幽霊になって彼女に復讐《ふくしゅう》しようとするが失敗。女は新しい恋人を作ってしまう。

◆解説

『その夜の妻』が撮影所所長にほめられ温泉に行ってこい、ただし現地で一本撮ることと命じられて撮った作品。それでは保養にならないと小津はボヤいたが、休むこともなく働いた。

　特徴ある題名で内容が気になるが、残念ながら脚本もフィルムも残っていない。原作は松竹が公募した「一九三〇年型エロ怪談」の入選作。内容はエログロナンセンスだったようだ。エロの部分が検閲で切られたため、完成尺は二七分と小津作品の中で最も短い(『鏡獅子』を除く。なお二番目に短いのは『突貫小僧』で三八分)。

　スタジオではなく温泉地を中心としたロケ撮影が主だったと考えられる。スタジオ撮影を好んだ小津には珍しいことだった。会社からの命令で撮った仕事だが、まだ二十代の小津にとってはロケ撮影の経験を積んだ一作ともいえる。

一九三〇年

足《あし》に触《さわ》った幸《こう》運《うん》

製作＝松竹蒲田　時間＝七四分　モノクロ・サイレント・七巻(二〇三二メートル)　脚本：有　フィルム：無　公開＝一九三〇年十月三日・帝国館

◆スタッフ

原作・脚色＝野田高梧　監督＝小津安二郎　撮影＝茂原英雄

◆キャスト

古川貢太郎＝斎藤達雄　妻俊子＝吉川満子　長男＝青木富夫(突貫小僧)　長女＝市村美津子　課長＝坂本武

◆あらすじ

　男(斎藤達雄)が紙包みの大金を拾う。落とし主から謝礼を受け取るが、同僚にそそのかされ半分近くを遊びに使ってしまった。翌日、上司から良い投資の話を聞く。しかし、残りのお金は妻(吉川満子)がミシンを買うのに使ってしまっていた。男は再び紙包みを見つけるが、中は腐ったご飯だった。

◆ディテール

東雲節《しののめぶし》　バーで歌われる。一九〇〇年頃からの流行歌。東雲という名の娼妓《しょうぎ》、もしくは東雲楼の娼妓のストライキとその後を歌う。

◆解説

　会社員もの。突然訪れた世界恐慌の中、大金を手に入れた会社員を描く。主人公は迷いながらも人目を気にして交番にお金を届ける。こうした脚本も現実感があり、笑いを誘う。

『突貫小僧』で大暴れを見せた青木富夫(改名後、突貫小僧)が長男を演じている。父が草花の種を植えた庭を彼が三輪車で駆ける。そんな場面もある喜劇だが、妻がミシンを買ったため投資がふいになるなど、話の結末はやや苦々しい。

お嬢《じょう》さん

一九三〇年

製作＝松竹蒲田　時間＝一三五分　モノクロ・サイレント・十二巻（三七〇五メートル）　脚本：有　フィルム：無　公開＝一九三〇年十二月十二日・帝国館

◆スタッフ

原作・脚本＝北村小松　ギャグマン＝伏見晁、ゼームス・槇《まき》、池田忠雄　監督＝小津安二郎　撮影＝茂原英雄

◆キャスト

お嬢さん＝栗島すみ子　岡本時雄＝岡田時彦　斉田＝斎藤達雄　キヌ子＝田中絹代　俳優学校の校長＝山本冬郷　美青年＝毛利輝夫《もうりてるお》　その妻＝浪花友子

◆あらすじ

特ダネ記事を探している新人記者（岡田時彦）たちが、やり手の女性記者（栗島すみ子）と出会い好敵手となる。ある時、彼らは貧しい美青年の関わる事件に遭遇。女性記者は、青年の家庭を壊せないと記事にしなかったが、新人記者は冷酷に記事を掲載した。

◆ディテール

女難《じょなん》　脚本では、街で配られた映画のビラに、「パ社特作発声映画　女難　十二巻　ナンシー・キャロル　ゲイリー・クーパー主演」という文字が並んでいる。この『女難』という邦題を持つ映画は管見のかぎり見当たらないが、以上の出演者による米パラマウント社の映画に、一九二八年、リチャード・ウォーレス監督の映画『The Shopworn Angel』がある。

コナン・ドイル　幽霊を信じるか、と聞かれた主人公が「コナン・ドイルは信じていたらしいね！」と答える。アーサー・コナン・ドイルは「名探偵シャーロック・ホームズ」シリーズの作者として知られる英国の作家。実際に心霊現象を研究していた。

高田稔《たかだみのる》　取材先の映画撮影現場にいる。本人役で出演。鈴木傳明、岡田時彦と並んで「松竹三羽烏」と称された役者。小津の『大学は出たけれど』などに、出演していた。他に小津の映画で本人役で出演した例に、『淑女は何を忘れたか』の上原謙《うえはらけん》がある。

◆解説

スター栗島すみ子を主演とする、当時としては相当長い一三五分もの大作。原作・脚色は北村小松だが、ギャグ担当者に伏見晁、ゼームス・槇（小津の別名）、池田忠雄が入った。また、サイレントなので映画の中で流れるわけではないが、「松竹映画小唄：お嬢さんの唄」（作詞＝時雨音羽、作曲＝佐々紅華、唄＝天野喜久代／二村定一）という主題歌も発売された。

名刺と思って出したら花札だった、などのギャグが連発される喜劇。モダンガールが道に落ちているガーターを見つけ、自分のものかとスカートをまくりあげるなど、色気場面もある明るい作品。それだけに、岡田時彦が、貧しい青年の家庭を壊すのも承知で記事を書くという結末の苦々しさが際立つ。

脚本では動作の指示が明確に指示されていない。登場人物が金を無心するところでも、「例えば、チョッキのポケットから五十銭玉を出し、ひねくり回すとかなんとか」というような記述だ。現場で役者と決めていこうと考えたのだろうか。もっとも、一般的に脚本がこれくらいの曖昧《あいまい》さを含んでいることは珍しくはない。

役者陣が大変豪華だ。栗島すみ子、岡田時彦、斎藤達雄、田中絹代、高田稔が登場。

脚本には、幽霊屋敷の場面で二重露光撮影（一度撮影したフィルムの上から再度撮影を行

う手法)の指示があり、新しい表現への挑戦が見受けられる。初めてキネマ旬報ベスト・テンに選ばれ、日本・現代映画部門で三位だった。『女房紛失』ではホームズとルパンの名をもじった人物が登場するが、この作品ではコナン・ドイルに言及している。帝都劇場での古典舞踊、サロンでのダンスなどの場面もあったようだ。フィルムは残っていないが、もし今後見つかれば、小津の映画には珍しい舞踊場面も確認できることだろう。

小津小論6「監督」

小津の映画では、脚本・美術・撮影の構図・演技の細部まで、小津の意図が反映されていると考えられている。しかし、多くの場合、映画は大人数で制作される。小道具や衣装、配役まで全てが監督の意図だと考えるのは危険だ。小津の場合も特に音響や照明はスタッフの力によるところが大きい。

とはいえ他の監督に比べると、監督の目がすみずみまで行き届いているのは間違いない。

小津映画の製作をした山内静夫《やまのうちしずお》によると、氏の製作した作品では本棚の本の選択など細かい部分も、小津が確認してから撮影していたという。新人の頃からそれほど我を通せたとは考えられないが、『お嬢さん』もしくは『生れてはみたけれど』で作品が高く評価された頃から、少なくとも『戸田家の兄妹』で興行的に大成功をみせた後からは、発言権も高まり、十分に作品内の要素を監督できたと考えられる。

それだけでなく、バーや飲食店の看板などに小津自身がデザインしているものがある。また、画面にあう絵が必要になったとき、ロケの宿泊先で描いて翌日持ってきて掛けさせたこともあったという。映画づくりに、多方面から小津のこだわりがちりばめられている。

一九三一年

淑《しゅく》女《じょ》と髯《ひげ》

製作＝松竹蒲田　時間＝七五分　モノクロ・サイレント・八巻(二〇五一メートル)　脚本：有　フィルム：有　公開＝一九三一年一月二十四日・大阪・朝日座(二月七日・帝国館)

◆スタッフ

原作・脚色＝北村小松　ギャグマン＝ゼームス・槇　監督＝小津安二郎　監督補助＝佐々木康ほか　撮影・編集＝茂原英雄、栗林実《くりばやしみのる》

◆キャスト

岡島喜一＝岡田時彦　タイピスト広子＝川崎弘子　その母＝飯田蝶子　不良モダンガール(不良モガ)＝伊達里子　行本輝雄＝月田一郎　その母＝吉川満子　家令＝坂本武　敵の大将＝斎藤達雄　剣道の審判長＝突貫小僧《とっかんこぞう》

監督第二十作。口髭やほお髯をたくわえた野蛮な大学生(岡田時彦)が活躍する。ポスターなど小道具にも注目したい。左はその友人(月田一郎)

◆あらすじ

立派な髯をたくわえたバンカラな学生(岡田時彦)が、不良モガ(＝伊達里子)にからまれている娘(川崎弘子)を助ける。学生は就職活動が上手くいかなかったが、娘の助言で髯を剃り就

職に成功。彼は娘からだけでなく不良モガからも好意を寄せられるが、動じることなく娘を選ぶ。

◆ディテール

IMPERIAL GRILL　カツアゲの場面で電柱にある看板。『東京の合唱《コーラス》』にも同様の看板が映るため、これらは同じロケ地の可能性がある。

カール・マルクス　男爵家の壁に肖像が飾られている。独国の経済学者、革命家。マルクスについては、『早春』の台詞でも触れられる。

The Rogue Song　ライオネル・バリモア監督『The Rogue Song』(一九三〇年・米)のポスターが岡田時彦の部屋にある。ロシアを舞台に、山賊の男と皇女の身分違いの恋を描く。トーキーかつカラーという当時最先端をいく映画。

エイブラハム・リンカーン　岡田の部屋に肖像がある。米国最初の共和党所属大統領(第十六代)。民主主義や奴隷解放を説いた。

與一兵衛、勘平　伊達里子とその悪友との会話で触れられる。伊達が岡田を見て「あれ　與一兵衛だぜ!」と言い、悪友は「案外　勘平にするんぢやねえか?」と答える。これは「仮名手本《かなでほん》忠臣蔵《ちゅうしんぐら》」の登場人物。前者は財布、後者は窃盗という意味もあるのでその言葉遊びだろうか。

ヘンリック(ヘンリク)・イプセン　髯を生やした偉人の一例で挙げられる。ノルウェーの劇作家。近代演劇の父とも称される。その他に再びカール・マルクス、武内宿禰《たけうちのすくね》(一円札の肖像)などが提示される。

春でおぼろで――　字幕。泉鏡花《いずみきょうか》の戯曲「日本橋」(一九一七年)からの一節。『春は御婦人から』でも引用される。

治安維持法　「身辺保護なら　警察が　して呉《く》れます　治安維持法が　あります」という台詞が出てくる。作品公開の六年前に施行されていた法律。

◆解説

コンテをたてることなくわずか八日で撮影したが、前作『お嬢さん』よりさらに好評だったという。バンカラな学生が髯を剃ったら就職も恋愛もうまくいったという気楽に楽しめる喜劇。しかし、見方によっては過激な作品でもある。冒頭、皇族とみられる少年を前に、ギャグの連発される過剰にふざけた剣道の試合が披露される。撮影助手だった厚田雄春によると、この少年は幼年時代の三笠宮崇人親王が原型だという。内務省の映画検閲で問題になったが、小津は映っている記章が三笠宮の通っていた学習院のものではない、彼は皇族ではないと主張して、検閲を潜り抜けたという。

剣道の試合を審判長(突貫小僧)がみている

娘(川崎弘子)がなぜか左手薬指に指輪をしている

大学生(岡田)の部屋に貼られたポスター『The Rogue Song』

男爵家に掲げられたカール・マルクスの肖像

さらに岡田時彦の友人が華族(男爵)なのだが、その家にカール・マルクスの肖像を飾るなど、作品公開の六年前に共産主義革命運動の激化が懸念され、治安維持法が施行されていた背景を考えると大胆である。原作・脚色の北村小松の影響もあると思われる。ごく初期の作品ではポスターなど小道具は話の内容に沿っていたが、この頃になると話の内容に直接関係せず、当時の社会を風刺するものも登場する。

一九三一年

美人哀愁《びじんあいしゅう》

製作＝松竹蒲田　時間＝一五八分　モノクロ・サイレント・十五巻（四三二七メートル）　脚本：有　フィルム：無　公開＝一九三一年五月二十九日・帝国館

◆**スタッフ**

原作＝アンリ・ド・レニエ（『大理石の女』）　翻案＝ゼームス・槇　脚色・潤色＝池田忠雄　監督＝小津安二郎　撮影＝茂原英雄

◆**キャスト**

岡本＝岡田時彦　佐野＝斎藤達雄　芳江＝井上《いのうえ》雪子《ゆきこ》　芳江の父＝岡田宗太郎《おかだそうたろう》　美津子＝吉川満子　バーの女＝飯塚敏子

◆**あらすじ**

二人の男がある彫刻を気に入る。一方（斎藤達雄）がその像を手に入れる。もう一方（岡田時彦）は像のモデルとなった女（井上雪子）と恋に落ち、結婚生活を始める。しかし、女が突然病死してしまう。独り身となった男は慰めに友人が持っていた像を求めるが拒絶され、二人は乱闘。ともに死んでしまう。

◆**ディテール**

ジャン・コクトー　冒頭の字幕「空のうろこ雲　脂粉《しふん》の女の美しさ　どちらも長くは持ちません」が、コクトーの詩「うろこ雲」からの引用。コクトーは一八八九年生まれの仏国の文学者で映画監督。

ヴァニティ・フェア　井上雪子らが読んでいる米国の雑誌。『春は御婦人から』『青春の夢いまいづこ』にも登場する。のちに「ヴォーグ」に統合された。

唐人お吉《とうじんおきち》　バーの女を演じる吉川満子の伊豆旅行中の台詞「此《こ》の山越すと、唐人お吉の下田だね」とある。お吉は伊豆に実在した芸者。のちに米国総領事の看護を務めたことが非難され、酒に溺れ自害したとされる。

◆**解説**

マラルメ門下の詩人・小説家であるアンリ・ド・レニエ『大理石の女』が原作。力を入れた大作『お嬢さん』より八日間で撮った『淑女と髯』のほうが好評だった。それが悔しかったのか、小津は「ムキになって撮った」と振り返っている。二時間三八分という小津作品全作の中では最長、しかも悲劇である。主人公三人が全員亡くなるという点においては、のちの『東京暮色』よりも暗い結末といえる。

井上雪子が初めて小津映画に出演。体が弱く美人で母のいないという役は『晩春』の原節子にも通じる。吉川満子が井上の額に接吻するなど当時としては刺激的な場面もあるが、長くてダラけた作品とされ、その評価は芳しくなかった。

「結婚行進曲／葬送行進曲」のレコードが登場する。表面が「結婚行進曲」、裏面が「葬送行進曲」となっている。作曲家名までは記されていないが、表面はメンデルスゾーンもしくはワーグナー、裏面はショパン、ベートーヴェン、マーラーあたりか。結婚／葬送が一つになっていて興味深い。それは『箱入り娘』『秋刀魚の味』で見られる、結婚と葬式の両義を持つ礼服に引き継がれる。

他にも、冒頭のジャン・コクトーの詩の引用、贅沢《ぜいたく》な部屋で読まれる、虚栄の市という意味の雑誌「ヴァニティ・フェア」、不幸な最期を迎えた女性・唐人お吉が台詞に含まれるなど、どこか影のある題材が多数登場する。また、この作品はサイレントだが、「恋の悩みか悲しみか白い像にうつうつと……」という出だしの映画主題歌（作詞＝松岡宗三郎、作曲＝直川哲也）（＊）が発売されていたようだ。

＊「神戸又新日報」一九三一年六月二十八日に詳しい。

小津小論7「死」

『東京暮色』は娘とその胎児が亡くなるため暗い話とされるが、『美人哀愁』は主人公三人が全員亡くなるので、こちらのほうがより悲劇的だろう。

撮影されなかったため脚本を読むことしかできないが、『ビルマ作戦　遙かなり父母の国』で笠智衆が足を切断し死去する物語も忘れがたい。『父ありき』『戸田家の兄妹』『東京物語』『小早川家の秋』でも直接、死が描かれている。

小津作品は、誰かが亡くなった後の家庭がしばしば描かれている。また両親ともに健在の家庭が描かれることも少ない。小津はホームドラマを撮ったと言われるが、円満な家庭ではなく、何かが欠けている家庭を描くことが多いのだ。それが娘の結婚や家族の死などでさらに欠けていくさまを捉えている。

一九三一年

東《とう》京《きょう》の合唱《コーラス》

製作＝松竹蒲田　時間＝九〇分　モノクロ・サイレント・十巻（二四八七メートル）　脚本：有　フィルム：有　公開＝一九三一年八月十五日・帝国劇場

◆スタッフ

原案＝北村小松　脚色・潤色＝野田高梧　監督＝小津安二郎　助監督＝原研吉《はらけんきち》ほか　撮影・編集＝茂原英雄

◆キャスト

岡島伸二＝岡田時彦　妻すが子＝八雲恵美子　長男＝菅原秀雄《すがわらひでお》　長女美代子＝高峰秀子《たかみねひでこ》　大村先生＝斎藤達雄　先生の妻＝飯田蝶子　老社員山田＝坂本武　社長＝谷麗光《たにれいこう》

監督第二十二作。一流の会社員（岡田時彦）が正義感から職を失う。子役として高峰秀子も登場する

◆あらすじ

学生の頃から生意気だった会社員の男（岡田時彦）。ある日、老社員が不当に解雇されたことに怒り、社長に抗議。解雇されてしまうが不況で仕事が見つからない。嫌々ながらも学生時代の恩師（斎藤達雄）が経営する食堂で働くうち、地方学校の教員という職が見つかる。

◆ディテール

没落資本主義の「第三期」　岡田時彦演じる主人公の机に置かれてある本。猪俣津南雄著。世界恐慌などをマルクス主義的に分析した本。米国の作家アプトン・シンクレアの『金が書く！』も置かれている。こちらは、社会主義の視点からさまざまな題材に切り込んだ小説。

フーヴァー案　岡田が賞与袋を透かして「フーヴァー案の影響はまだ當分《とうぶん》なささうですよ」と言う。フーヴァー米大統領が、財政危機に陥った独国を救済するため実施した政策。この声明発表は映画公開の二カ月前なので同時代的である。

富士に題す　佐藤紅緑の小説で『富士に題す』（一九三〇年）の広告が、会社にある新聞に掲載されている小説のタイトル。一九三〇年、日露戦争時の思想や生活状況を描く。

IMPERIAL GRILL　斎藤達雄演じる元教師の店の近くにある看板。彼の店は港区白金にあるようだ。彼は高級住宅地に住んでいる。それでも老骨に鞭《むち》打って稼がなくてはならぬ世の中だったのだろう。→『淑女と髯』参照

◆解説

力を入れたものの不評に終わった前作『美人哀愁』に懲り、コンテも固めずのん気に撮ったという。「これは呑気に撮ることにしたんだ」「映画とはどんなことをやればいいのか、判らなくなってしまったんだ」「監督の仕事なんて結局あとに残るものでもなし、映画ってつまらんものだという気が起きてね」と小津は語った。当時は映画が長期間残るものだとは思われておらず、フィルムにしても、その物理的性質上、現在と違って長期保存は難しかった。力を抜いて撮ったというが、作品は前作より好評を得た。天才と謳《うた》われた子役・高峰秀子を起用。彼女は十九年後、『宗方姉妹』にも出演する。北村小松『あゆ子の父』や井伏鱒二《いぶせますじ》『先生の広告隊』が原案。

まずは、岡田時彦演じる会社員が社会主義的な本を読んでいることに注目したい。この頃の小津の社会問題への関心が窺える。また、小津作品ではしばしば教師は落ちぶれる運命にあるが、この作品でも同様だ。斎藤達雄演じる元教師が不況の中、洋食店を始めている。

そして、作品の最後、その食堂に同窓生が集まって「三年の春は過ぎやすし　花くれなゐの……」と歌う。これは、第一高等学校の寮歌である。第一高等学校というのは全寮制で修学期間は三年。帝国大学の予科と位置づけられ、卒業生の多くは東京帝国大学へ進む、国内有数の進学校だ。有名な歌ではないので分かりづらいが、岡田は日本最高峰の知性を持っている、しかしそれでもなかなか再就職できない、というのが『東京の合唱《コーラス》』の設定なのだ。なお当時の中学は五年制。三年で修業といえば、医学部以外の大学か、上記のような旧制高等学校を連想したであろうから、卒業校が特定できないまでも、岡田がかなり優秀な人だとは理解されただろう。

初めて作品題に東京という言葉がついた。描かれた東京は決して明るいものではなかった。この作品の後に岡田時彦が松竹から脱退するため、彼の最後の小津作品出演となった。

机の上に置かれた社会主義的な本

学生寮の歌

一九三二年

春《はる》は御《ご》婦《ふ》人《じん》から

製作＝松竹蒲田　時間＝七四分　モノクロ・サイレント・七巻（二〇二一メートル）　脚本：有　フィルム：無　公開＝一九三二年一月二十九日・新宿松竹

◆スタッフ

原作＝ゼームス・槙　脚本＝池田忠雄、柳井隆《やないたか》雄《お》　監督＝小津安二郎　撮影＝茂原英雄

◆キャスト

吉田＝城多二郎　加藤＝斎藤達雄　美代子＝井

上雪子　まさ子＝泉博子　坂口洋服店主＝坂本武　岡崎商事会社社長＝谷麗光

◆あらすじ

ある大学生（城多二郎）が洋服屋（坂本武）の取り立てから逃げている。無事に大学を卒業した男は街で出会った女（井上雪子）を好きになるが、彼女は洋服屋の義妹だった。彼女と結婚したいが義兄が許さない。男はトリックを使い彼女と結婚。洋服の代金を踏み倒す。

◆ディテール

アダム・スミス　映画最後に「格言〝春は御婦人から　借金は先ず後廻し〟　アダム・スミス」と字幕が出る。アダム・スミスは『国富論』で知られる十八世紀の英国の経済学者。

◆解説

『生れてはみたけれど』撮影中に主役の子どもが怪我をし、その子の治療中に撮った。コンテ無しで撮影に挑んだ。前年に岡田時彦、高田稔らが松竹を脱退し不二映画を創立。男性のスター俳優が不在だったため、新人俳優を起用した。

取り立てから逃げる大学生が卒業、結婚するまでの数カ月を描く。替え玉による試験場面や、主人公のロマンティックな場面など話はかなり明るい。落第した学生が、「あんた松竹の『落第はしたけれど』と言う活動写真見ましたか」、落第も悪くないよと慰められる場面があるが、これはもちろん二年前に撮った自身の映画。

『お嬢さん』以降、社会を鋭く切り取っていた作品が並ぶなかで明るい脚本だが、ひょっとすると『淑女と髯』同様、一見喜劇に読めるだけなのかもしれない。

一九三二年

大人《おとな》の見《み》る繪本《えほん》 生《うま》れてはみたけれど

製作＝松竹蒲田　時間＝九一分　モノクロ・サイレント・九巻（二五〇七メートル）　脚本：有　フィルム：有　公開＝一九三二年四月二十二日・名古屋・松竹座（六月三日・帝国館）

◆スタッフ

原作＝ゼームス・槇　脚色＝伏見晁　潤色＝燻屋鯨兵衛　監督＝小津安二郎　監督補助＝原研吉ほか　撮影・編集＝茂原英雄　美術監督＝河《こう》野鷹思《のたかし》

◆キャスト

父・吉井健之介＝斎藤達雄　母・英子＝吉川満子　長男・良一＝菅原秀雄　次男・啓二＝突貫小僧　重役・岩崎壮平＝坂本武　坊ちゃん・太郎＝加藤清一　酒屋の小僧・新公＝小藤田正一　悪童亀吉＝飯島善太郎《いいじまぜんたろう》　遊び仲間＝葉山正雄《はやままさお》、末松光次郎《すえまつこうじろう》ほか

◆あらすじ

郊外に引越してきた一家。兄弟（菅原秀雄、突貫小僧）が近所の悪ガキにいじめられ、こっそり学校を休む。父（斎藤達雄）は学校に行って

監督第二十四作。子どもたちが活躍する話で『お早よう』の下敷きとなった。野原で兄（左・菅原秀雄）と弟（右・突貫小僧）がまじないをかける

偉くなりなさいと叱るが、二人は父が上司に媚《こ》びる姿を見て落胆、憤慨する。翌日、父に諭され、二人は再び学校に向かう。

◆ディテール

爆弾三勇士　小学校の教室にかけられている書。第一次上海事変(一九三二年)で敵陣を突破して自爆した三人の兵士のこと。上海事変は『また逢ふ日まで』や『一人息子』でも触れられる。

エス　一家が飼っている犬の名前。小津が少年時代を過ごした松阪の家の犬もエスという名前だった。ちなみに映画に登場する犬は、次男を演じた突貫小僧が実際に飼っていた犬。

西郷隆盛《さいごうたかもり》　フィルムの上映会で上野にある西郷隆盛像が映る。西郷は明治維新の中心人物だったが、のちに政府と対立し西南戦争を起こした。西郷は『大学よいとこ』『ビルマ作戦　遙かなり父母の国』『長屋紳士録』『晩春』でも言及される。

青春図会《せいしゅんずえ》　斎藤達雄が読んでいる新聞に、清水宏監督の映画『青春図会』(一九三一年、脚本=池田忠雄、潤色=野田高梧)の広告がある。小津の同僚への応援か。

◆解説

初期を代表する傑作。海外でも小津の初期といえばこの作品が知られていることが多い。

長男役の菅原秀雄が撮影中に怪我をして一時撮影中断。完成後も作品の内容が暗いという理由で二カ月近く封切りが延び、公開が危ぶまれた。集客数は伸び悩んだが、高い評価を受けた。のちの『お早よう』の下敷きにもなった。

線路沿いに住む一家の話。作品には頻繁に列車が映るが、撮影助手だった厚田雄春によると、列車が通過する時刻を計算して撮影していたという。編集では意識的にフェードイン、フェードアウトを使うことをやめてカットのみでつなぐという挑戦を行った。また、美術監督はのちに商業デザインの第一人者となる河野鷹思が担当している。

小学校の教室に「爆弾三勇士」という書がかけられている。これは第一次上海事変で敵陣を突破、自爆し突撃路を開いた三人のことで英雄とされた。この作戦は一九三二年二月だった。『生れてはみたけれど』は同年四月に完成しているので、かなり同時代の出来事を反映していたと言える。『東京の合唱《コーラス》』のフーヴァー案のように、同時代の出来事を取り入れているのは初期の小津作品の特徴である。

終盤、子どもたちが食事を拒否し、その後、父になだめられ家族全員で朝食をとる場面がある。ここで母が急にトランプのようなものを切り始める。前後のつながりを考えると不自然に

子どもたちの帽子に不思議なマークがみえる

父(斎藤達雄)が読む新聞に盟友、清水宏の作品広告

フィルム上映会で西郷隆盛像が映る

見えるが、詳細は不明だった。

小津小論8「西郷隆盛」

明治維新の英雄とされ人気の高かった西郷隆盛。撮影されず脚本のみ残る作品も含めると、『生れてはみたけれど』『大学よいとこ』『ビルマ作戦　遙かなり父母の国』『長屋紳士録』『晩春』と五回、小津作品に登場する。ある時は銅像が映り、またある時は台詞で言及される。回数だけで言えば六回出演の原節子と変わらない。な

かなかの活躍ぶりだ。

西郷は倒幕と明治維新における中心人物だったが、新しい政治体制に不満を持った士族らと新政府に対し挙兵（一八七七年、西南戦争）、最後は政府軍に鎮圧され自決した。大久保利通、木戸孝允とともに維新の三傑とされる。

西郷と同様によく出てくるのがドン・キホーテ。『若き日』『母を恋はずや』『淑女は何を忘れたか』『宗方姉妹』に出てくる。

青春《せいしゅん》の夢《ゆめ》いまいづこ

一九三二年

製作＝松竹蒲田　時間＝九二分　モノクロ・サイレント・九巻（二五二三メートル）　脚本：有　フィルム：有　公開＝一九三二年十月十三日・帝国館

◆スタッフ

原作・脚色＝野田高梧　監督＝小津安二郎　監督補助＝原研吉ほか　撮影・編集＝茂原英雄

◆キャスト

堀野哲夫＝江川宇礼雄《えがわうれお》　ベーカリーの娘お繁＝田中絹代　斎木太一郎＝斎藤達雄　哲夫の友・熊田順助＝大山健二　島崎省吾＝笠智衆　大学の小使＝坂本武　斎木の母おせん＝飯田蝶子　山村男爵夫人＝葛城文子《かつらぎふみこ》　令嬢＝伊達里子

監督第二十五作。最後の場面で、好意を持っていた女性と学友が結婚したのを見送る主人公たち。左から大山健二、江川宇礼雄、笠智衆

◆あらすじ

父から社長を継いだ男（江川宇礼雄）の会社に、友人（斎藤達雄）が就職してくる。社長は学生時代から懇意だった娘（田中絹代）と結婚したいと思うが、彼女はすでに社員となった友人と婚約していた。友人は立場上身を引こうとするが、社長に卑屈なことをするなと咎《とが》められる。

◆ディテール

MILLION DOLLAR LEGS　エドワード・F・クライン監督の映画（邦題『進めオリンピック』、一九三二年・米）のポスターがベーカリー店に貼ってある。ロサンゼルス・オリンピックを題材にした喜劇。のちに田中絹代演じる娘の部屋にも貼られる。同店にはハワード・ヒューズ監督『HELL'S ANGELS』（邦題『地獄の天使』、一九三〇年・米）、キング・ヴィダー監督『BILLY THE KID』（邦題『ビリー・ザ・キッド』、一九三〇年・米）のポスターもある。

アダム・スミス、デヴィッド・リカード　学校の試験問題の題材。問題は「スミスとリカードの価値説に就《つい》て述べよ」。他にアーヴィング・フィッシャー、マーカンティリズム（重商主義）、マックス・ウェーバーなどについての問いもある。

九月十八日事件　入社試験問題の題材。一九三一年の満州事変、柳条湖《りゅうじょうこ》事件のこと。他にリットン調査団、生命線（満州のこと）、大塩平八郎《おおしおへいはちろう》についての問いもある。上野博物館から仏像を泥棒したホラ信や、坂田山での心中事件を題材にした映画『天国に結ぶ恋』という時事問題もある。のちの場面で江川宇礼雄が、お見合いの相手に「大磯の坂田山へでも行きますか」と言うが、

それはこの心中事件を踏まえている。

産婆《さんば》　脚本によると斎藤達雄の家が産婆の設定。作品でもその看板の一部が映る。→『突貫小僧』小津小論4「生まれる」参照

◆**解説**

　初めてのサウンド版『また逢ふ日まで』を撮影開始するも、凝った撮影を続けたため予算が足りなくなり一時中断。松竹の要求もあり、低予算で撮れるこの作品を先に制作することになった。学生もの、会社員もの、一人の女性をめぐっての三角関係、と小津には手馴れた題材を組み合わせた。話も次々に展開し、充実した演出が楽しめる。

　ハワード・ヒューズやキング・ヴィダーらの映画のポスターや、終わったばかりのロサンゼルス・オリンピックのポスターが登場する。また、坂田山心中事件やリットン調査団にも触れられる。同時代の出来事を取り入れる表現は、もはやお手の物。

　彫刻家ロダンの代表作「青銅時代」の写真が江川宇礼雄の家に飾ってある。ロダンの作品には本作の四年前に撮った『肉体美』でも触れている。

舞台となった早稲田大学の時計塔

学生たちの集うベーカリーにあるポスター

また逢《あ》ふ日《ひ》まで

一九三二年

製作＝松竹蒲田　時間＝七八分　モノクロ・サウンド版・十巻（二一二七メートル）　脚本：有　フィルム：無　公開＝一九三二年十一月二十四日・帝国館

◆**スタッフ**

原作・脚色＝野田高梧　監督＝小津安二郎　撮影＝茂原英雄

◆**キャスト**

女＝岡田嘉子《おかだよしこ》　男＝岡譲二《おかじょうじ》　父＝奈良真養　妹＝川崎弘子　女中＝飯田蝶子　女の友達＝伊達里子、吉川満子

◆**あらすじ**

　娼婦（岡田嘉子）を愛しているがゆえに勘当された男（岡譲二）が、二年ぶりに戦地から帰ってくる。数日後に再び出征することになり、男は家族に別れも告げず戦地へ向かおうとする。娼婦が彼の家族に連絡、家族は駅まで駆けつけるが間に合わず、男を乗せた列車は出発する。

◆**ディテール**

上海事変　街角の号外に掲載された事件。映画公開年に起きた日中両軍の衝突。脚本ではこの号外を見た巡査が「至極《しごく》満足そうな顔付き」になる。『生れてはみたけれど』でも触れられた一九三二年の事変で、のちに『一人息子』でも触れられる。

千人針《せんにんばり》　岡田嘉子が縫う、弾丸よけになるとされたお守り。『ビルマ作戦　遙かなり父母の国』でも出てくる。

ユーモレスク　劇中で流れる曲。チェコのアントニン・ドヴォルザークが一八九四年に作曲した「八つのユーモレスク」の中の一曲。気まぐれな、陽気なという意味の題名。

蛍の光　映画の終盤、列車が出発する場面で流れる曲。原曲はスコットランド民謡。

トロイメライ　「蛍の光」に続いて流れる曲。ドイツ・ロマン派を代表する作曲家、ロベルト・

シューマンの一八三八年の曲。小津はこの曲を好んだという。夢、夢想という意味の題名。

◆解説

元の題名は『娼婦と兵隊』。作品内容を直接的に表しているが、前年には満州事変、半年前には犬養毅《いぬかいつよし》首相暗殺（五・一五事件）が起こっており、軍国化する世相を考慮して改題された。

学生や会社員を描いてきた小津作品で、初めて軍人が主人公になった。作品では出征部隊の行軍が二度描かれる。作品公開の十カ月前に起こった第一次上海事変や千人針にも触れられる。しかし、作品は内容が反戦的であるとされ内務省からにらまれたという。

女＝岡田嘉子、男＝岡譲二、父＝奈良真養……というように、登場人物に特定の名前が付いていない。これも今までになかったことで、次作『東京の女』にも通じる。人物を限定しないことを狙ったのだと思われる。

台詞音声はないが音楽は付いているサウンド版映画で、小津にとって初めての挑戦だった。音楽は小津の指示で「ユーモレスク」「蛍の光」「トロイメライ」などの通俗的な音楽が使われた（*）。音楽の通俗性は小津作品の特徴の一つといえるだろう。この後も『浮草物語』『箱入り娘』『東京の宿』『大学よいとこ』を合わせて計五本のサウンド版映画を断続的に制作した。

*『小津安二郎全集［上］』作品解題、『映画評論家 岸松雄の仕事』に詳しい。

東京《とうきょう》の女《おんな》

一九三三年

製作＝松竹蒲田　時間＝四七分　モノクロ・サイレント・七巻（二二七五メートル）　脚本：有　フィルム：有　公開＝一九三三年二月九日・帝国館

監督第二十七作。弟を学校にやるために姉（岡田嘉子）が夜の商売をしている。小津はこの話を、バーで踊っている女から着想したという

◆スタッフ

原作＝エルンスト・シュワルツ　脚色＝野田高梧、池田忠雄　監督＝小津安二郎　監督補助＝原研吉ほか　撮影＝茂原英雄　美術監督＝金須《かねす》孝《たかし》

◆キャスト

姉ちか子＝岡田嘉子　弟良一＝江川宇礼雄　娘春江＝田中絹代　兄木下＝奈良真養

◆あらすじ

東京のある街。交際相手（江川宇礼雄）の姉（岡田嘉子）がいかがわしいカフェで働いている。噂を聞いた娘（田中絹代）は、そのことを彼に告げる。男は事実に衝撃を受け、自殺してしまう。新聞記者たちが事件を嗅ぎつけるが、これは記事にならないと帰っていく。

◆ディテール

二十六時間　映画冒頭に、「エルンスト・シュワルツ（墺、一八八二―一九二八）『二十六時間』より飜案」とある。このオーストリアの作家は架空の人物で、エルンスト・ルビッチとハンス・シュワルツ（ともに独国出身の映画監督）の合成

名のようだ。『二十六時間』という作品も存在しない。
百万円貰《もら》ったら　田中絹代と江川宇礼雄が鑑賞する映画。エルンスト・ルビッチ監督らによる作品（一九三二年・米）。突然百万円を手にした人々を描く。脚本段階ではルビッチの『私の殺した男』（一九三二年・米）が想定されていた。これは小津の最も好きな監督の、最も好きな作品だった（＊1）。ルビッチにしては珍しい悲劇で、『百万円貰ったら』とは全く異なる内容だ。なお、二人はこの作品を浅草帝国館で見ている（＊2）。『東京の女』の封切り館も同館だった。
クラブクリーム　田中が江川からもらう映画冊子の広告にある。『非常線の女』『出来ごころ』『東京の宿』『一人息子』でもクラブ石鹼など、たびたびクラブ社製の商品が映る。松竹の宣伝部長だった島尾氏によればタイアップ契約のためだった。

＊1「キネマ旬報」一九三二年二月二十一日号に詳しい。
＊2「東京人」No.一二〇に詳しい。

◆解説

『非常線の女』の撮影準備をしていたところ、会社から要望が入り、急きょ作った。後年の小津からは考えられないが、脚本を書き上げる前に撮影を始め、しかもわずか九日間で撮り切った。演出、内容、撮影方法などに意欲的な作品だった。やや望遠の五〇ミリレンズで低めの位置からの固定撮影をし、演技動作の最中に次のカットに繋ぐカッティング・イン・アクション（アクション繋ぎ）を多用するなど、小津の技法が固まりつつある。

岡田嘉子演じる姉は、水商売をしているだけでなく、反政府活動をしている設定だったようだ（＊）。検閲により切られたとみられ、フィルムでは確認できない。しかし、バーで酔ったふりをしている青年に手紙をこっそり渡すなど、脚本にもそれを匂わせる部分が残っている。当時、小津が左派の考えに共鳴していたかどうか分からないが、少なくとも失業や就職難、貧しさからの犯罪など社会問題を描写する姿勢は見受けられる。

演出も意欲的だった。サイレントで分かりづらいが、自殺の報《しらせ》を受けた田中絹代演じる女が家を出た後に、地震が描かれているのも見逃せない。水面や、時計店の時計振り子が揺れているのはそのため。東京が揺れている場面なのだ。

また、自殺した江川宇礼雄は白い布はかけられず、一般的な安置方法とは違って顔を横向きに安置されている。釈迦《しゃか》の死に倣《なら》って身体の右側を下にして寝かせることはあるが、顔だけ左に向ける遺体安置はあるのだろうか。

映画『百万円貰ったら』を見る田中絹代と江川宇礼雄

地震の後、桶の水が揺れている

映画『百万円貰ったら』のパンフレット

電柱に貼られた新聞号外

作品最後の場面で電柱に、映画用に作られた「東京日日新聞」が貼られている。これはのちの毎日新聞で、実在した新聞だが「某〇〇事件の一味逮捕」としか書かれていない。架空の事件でも書いておけばいいところを、あえて不特定にしている。どの事件でも当てはまるということか。

＊『小津安二郎全集［上］』に掲載の脚本や『小津安二郎と20世紀』に詳しい。

非《ひ》常《じょう》線《せん》の女《おんな》

一九三三年

製作＝松竹蒲田　時間＝一〇〇分　モノクロ・サイレント・十巻（二七三〇メートル）　脚本：有　フィルム：有　公開＝一九三三年四月十五日・大阪・朝日座（四月二十七日・帝国館）

◆スタッフ

原作＝ゼームス・槙　脚色＝池田忠雄　監督＝小津安二郎　監督補助＝原研吉ほか　撮影＝茂原英雄　撮影補助＝木下正吉《きのしたしょうきち》（惠介《けいすけ》）ほか

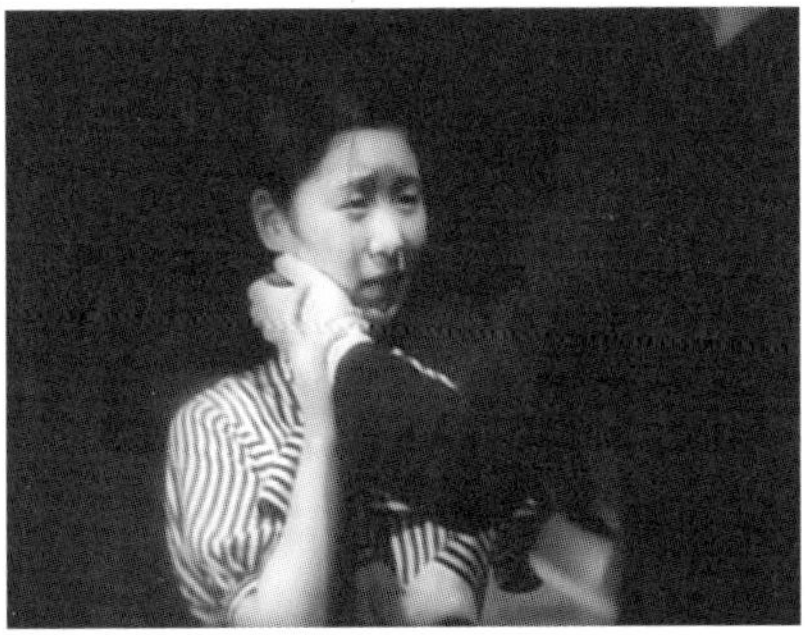

監督第二十八作。ボクシングジムにいる与太者と女（田中絹代）の物語

◆キャスト

時子＝田中絹代　襄二＝岡譲二　和子＝水久保澄子　その弟・宏＝三井秀男《みついひでお》（弘次《こうじ》）　巡査＝西《にし》村青児《むらせいじ》　特別応援＝帝国拳闘会、フロリダ・ダンスホール

◆あらすじ

昼は真面目に会社勤めをしているが、実は与太者（岡譲二）と交際している女（田中絹代）。ある日、交際相手が別の女（水久保澄子）に惚れてしまい強盗を働く。犯行直後に警察がやってきて二人は自首する。

◆ディテール

THE CHAMP　キング・ヴィダー監督の映画『THE CHAMP』（一九三一年・米、邦題『チャンプ』）のポスターが、ボクシングジムに貼られている。

西部戦線異状なし　ルイス・マイルストン監督の映画『西部戦線異状なし』（一九三〇年・米）のポスターが、水久保澄子の部屋の壁に貼られている。反戦小説の映画化で、第三回米国アカデミー賞最優秀作品賞・最優秀監督賞を受賞。

◆解説

『朗かに歩め』『その夜の妻』に連なる与太者を描いた作品。小津の初脚本『瓦版かちかち山』に設定が似ている部分もある。撮影助手に木下正吉が参加している。これは当時二十歳だった木下惠介監督のこと。劇中には、田中絹代演じる時子という女性が登場する。節子《せつこ》・紀子《のりこ》など時間に関係する名前が以降、しばしば使われるようになる。

細部に注目すると、ボクシングジムに小津が敬愛したキング・ヴィダー監督の『チャンプ』の映画ポスターが映る。この映画は次作『出来ごころ』の下敷きにもなった。水久保澄子の部屋には『西部戦線異状なし』のポスター。ルイス・マイルストン監督の作品。第一次世界大戦が舞台の作品で、独仏の戦いを敗戦した独国側から描いたハリウッド映画。ここでは仏語版のポスターを使っている。

キング・ヴィダー『チャンプ』のポスター

前作でも出てきたクラブ社製品の宣伝

舞台は日本だが、衣装、またボクシングジムやアパートなどの美術には欧米の影響が強く見られる。このように小津の作品には、和洋入り交じる傾向もある。他にも『朗かに歩め』で、高田稔はスーツにハット、手袋にマフラーと、洋装で鎌倉の大仏を訪れる。戦後では『晩春』で、洋風の顔立ちの原節子が和装の花嫁衣装を纏《まと》う。

出来《でき》ごころ

一九三三年

製作＝松竹蒲田　時間＝一〇〇分　モノクロ・サイレント・十巻（二七五九メートル）　脚本：有　フィルム：有　公開＝一九三三年九月七日・帝国館

◆スタッフ

原作＝ゼームス・槇　脚色＝池田忠雄　監督＝小津安二郎　監督補助＝原研吉ほか　撮影＝杉《すぎ》本正次郎《もとしょうじろう》

◆キャスト

喜八＝坂本武　春江＝伏見信子《ふしみのぶこ》　次郎＝大日方《おびなた》傳《でん》　おとめ＝飯田蝶子　富坊＝突貫小僧　先生＝西村青児　級長＝加藤清一

監督第二十九作。作風が大きく変わり下町の人情を描いた、小津の転換点となった一本。喜八を演じた坂本武

◆あらすじ

中年男（坂本武）が身寄りのない若い娘（伏見信子）を好きになるが、片思いに終わる。ある日、男の息子（突貫小僧）が病気になる。治療費のため北海道に出稼ぎに出るが途中で思いとどまり、息子のいる家へ戻っていく。

◆ディテール

紺屋高尾《こうやたかお》　冒頭で坂本武らが聞いている浪曲。高級遊女と染物職人との純愛を描く内容。『長屋紳士録』でも暗誦される。

交運の兄妹　交通労働者のストライキをもとにした久板栄二郎の戯曲のポスターが、大日方傳の部屋に貼ってある。久板はのちに黒澤明の『白痴《はくち》』（一九五一年）の脚本なども手掛ける作家。

満州娘《まんしゅうむすめ》　渡辺新太郎監督『満州娘』（一九三二年）のポスターが、飯田の食堂に貼られている。満州国は前年の一九三二年に建国なので時事的な内容だった。他に『片腕仁義』（沖博文監督）、『満蒙弥次㐂多道中《まんもうやじきたどうちゅう》』（川浪良太監督）のポスターも映る。

お半長右衛門《はんちょうえもん》　年下女性との恋を揶揄《やゆ》された坂本の台詞から。浄瑠璃・落語の主題となった、十四歳のお半と三十八歳の長右衛門との情話。

大津絵《おおつえ》　坂本の家に貼ってある。滋賀県大津近郊で売られていた民俗絵画で、護符《ごふ》として知られる。夜泣きのまじないのためか。『一人息子』でも登場する。

◆解説

父と子を描く。前作でボクシングジムに貼られていたキング・ヴィダー監督『チャンプ』が話の下敷きの一つ。この作品の父親は『チャンプ』のようにボクサーではないが、字が読めず、学のない父を小さな息子が慕う点は同じ。深川の実家に出入りしていた下町職人を参考にして池田忠雄と脚本を書いた。池田も下町育ちだったので、そこでの観察や経験が生かされている。

　これまで描いてきたのは学生や会社員が多かったが、親子関係という新しい題材に挑んだ。また、欧米の影響が強い作品から大きく方針を変え下町人情を描いた。とはいえ、それはジメジメした陰鬱《いんうつ》なものではなく、『宝の山』で人情噺《ばなし》をモダンに展開したのと同様、「浮世絵を銅版画で見せよう」、つまり古典を現代的に展開することを狙った。主人公・喜八が活躍する「喜八もの」と呼ばれる一連の作品はここから始まり、『浮草物語』『箱入り娘』『東京の宿』『長屋紳士録』へと続く(ただし、『箱入り娘』『長屋紳士録』は喜八が主人公というわけではない)。

　キネマ旬報で前年の『生れてはみたけれど』に続いてベスト・ワンに選ばれた。しかし危機感があったのか、「(この作品まで)私は同じ筆法を守りつゞけて来た。そしてこの儘《まま》押し通して行けば、ひどい行き詰まりに当面して了《しま》うのは目に見えている」とも語っている(*)。この作品では珍しく撮影記録が残っていたので紹介すると、使用したネガは約二二〇分(字幕除く)。完成が約一〇〇分なのでNGが約一二〇分。リハーサルは多かっただろうが、晩年のように完成尺の五倍も回すというような贅沢な撮影ではなく、無駄の少ない撮影をしていることが分かる。

　冒頭で坂本らが聞いている浪曲は「紺屋高尾」。「紺屋」は染物屋、「高尾」が高級遊女のことで、長い時間をかけてついに成就する二人の純愛を描く。映画公開の十年前にレコードが大流行、その後も人気があった有名な浪曲なので知っている人も多かっただろう。また、分かりづらいがその浪曲を聞く坂本の胸と腕には刺青《いれずみ》があり、脚本によると二の腕の刺青は過去に振られた女の名「おつね」。

　息子が「千代吉　勝太郎」と書いた半紙が映る。これはともに芸者の名前(貞奴、市丸などのように芸者が男性名を名乗ることは多々ある)。最後の場面、坂本は突然船から飛び降りて帰ろうとするが、この展開が突拍子もないと思った人もいるのではないだろうか。実はあの場面では字幕が一つ欠落している。船の中で坂本が自慢げに息子の書を見せびらかした後の、「此頃《このごろ》の小学生は、学校で芸者の名前の手習いするのか」だ。つまり、船の中で坂本が同乗する出稼ぎ労働者らに息子の書を見せびらかす。すると、息子は芸者の名前で書道の練習しているのか、と笑われる。漢字が読めなかった父が初めて息子の書いていた文字の意味を知り、息子のことが不安になって船から飛び降りる、というのが結末だ。


*「キネマ旬報」一九三四年四月一日号に詳しい。

食堂に『満蒙弥次㐂夛道中』のポスターが見える

息子の書道

小津小論9 「ウグイス」

『出来ごころ』にある「かあやんもこれで昔は鶯《うぐいす》鳴かせたんだらうな」という台詞。「鶯鳴かす」とは梅がウグイスを留まらせて鳴かすと思われていたことから、相手をとりこにすることを意味する。小津はこの頃、深川の家でウグイスの飼育をしていたというが、他の作品にもしばしば登場させている。人間以外の動物で最も登場回数が多いのがウグイスだ。『出来ごころ』『戸田家の兄妹』『父ありき』『晩春』『麦秋』『宗方姉妹』『彼岸花』で確認できた。この鳥は春を告げるものでありながら、鳴き声を「法華経《ほけきょう》」と聞き取って、経読み鳥の別称があり、よく鳴く(泣く)ことから葬式の隠語でもある。春と死の二面を表しているのだ。『父ありき』と『宗方姉妹』は特に父親の死を予感させている。『戸田家の兄妹』でのウグイスの声の使い方はかなり奇妙なので興味のある人は聞いてみてほしい。

母《はは》を恋《こ》はずや

一九三四年

◆スタッフ

製作＝松竹蒲田　時間＝九三分　モノクロ・サイレント・九巻（二五五九メートル）　脚本：有　フィルム：有（一巻と九巻は欠損）　公開＝一九三四年五月十一日・帝国館

◆スタッフ

原作＝小宮周太郎《こみやしゅうたろう》　構成＝野田高梧　脚色＝池田忠雄　監督＝小津安二郎　撮影＝青木勇

◆キャスト

父梶原氏＝岩田祐吉《いわたゆうきち》　母千恵子＝吉川満子　長男貞夫＝大日方傳　その少年時代＝加藤清一　次男幸作＝三井秀男（弘次）　その少年時代＝野《の》村秋生《むらあきお》　服部＝笠智衆　チャブ屋の掃除婦＝飯田蝶子

◆あらすじ

監督第三十作。前作に続き、親子の情を描く。写真は次男（のちの三井弘次）

父（岩田祐吉）が亡くなり、没落していく一家。二人の息子は立派に成長するが、兄（大日方傳）が母（吉川満子）と血がつながっていないことを知り、なぜ今まで秘密にしていたのだと母を責める。自分が特別扱いされていると感じた兄はあえて暴言を吐き家を出るが、やがて改心し、親子三人で暮らす。

◆ディテール

山上憶良《やまのうえのおくら》　脚本によると、冒頭字幕に奈良時代の歌人、山上憶良の歌として「白銀《しろがね》も　黄金《こがね》も　珠《たま》も　何かせん　子にしく宝　世にあらめやも」があった。子は白銀や黄金よりも大切だという意味。

RAIN　ルイス・マイルストン監督『RAIN』（一九三二年・米）のポスターが、売春宿に貼られている。ジョーン・クロフォード主演。クロフォードは売春をしている役で、そこが共通点か。

ドン・キホーテ　ゲオルク・ヴィルヘルム・パープスト監督『ドン・キホーテ』（一九三三年・仏）のポスターも、同様に貼られている。→『若き日』参照

にんじん　ジュリアン・デュヴィヴィエ監督『にんじん』（一九三二年・仏）のポスターも、同様に貼られている。三人兄妹の中で一人愛されない少年の話。

◆解説

前作に続き、親子の情を描く。裕福な家庭が父親の死とともに没落していく話。くしくも撮影最中に小津の父・寅之助《とらのすけ》が死去、その後、この作品と同じように小津も経済的に困窮することとなった。

原作は小津だが、作家名・小宮周太郎での発表。撮影台本によると元の題（もしくは副題）は『東京暮色』。この題名は二十三年後に再び使われる。その一九五七年の『東京暮色』でも、親と血のつながりがあるのかと子が悩むなど、設定

母(吉川満子)の後ろに十字架が描かれたポスターが見える

チャブ屋に貼られた映画『ドン・キホーテ』のポスター

に共通点がある。この作品から美術監督・浜田《はまだ》辰雄《たつお》との仕事が始まる。

冒頭と末尾のフィルムが失われている。冒頭の失われた部分は、父と息子たちが七里ヶ浜に行く約束をする場面など。末尾は改心した兄が家に帰ってきて、親子三人幸せに暮らす場面。

主人公の梶原貞夫の名は、梶原金八としても活躍していた若き天才監督・山中貞雄からだろう。山中とは前年末に会い、交流が深まっていた。

主人公の部屋の襖《ふすま》に貼ってあるポスターが何度も映る。そこには教会らしき建物と大きな光の十字架が見える。

小津小論10 「キリスト教」

小津作品にはキリスト教に関連するものがよく現れる。戦前では、『母を恋はずや』でしばしば映るポスターの大きな十字架。『戸田家の兄妹』の襖に描かれた天使。戦後では、『風の中の牝雞』以降しばしば映る、キリスト教を基盤とし出版・販売を行う教文館。『麦秋』のニコライ堂。『東京暮色』『彼岸花』『秋日和』でのイエスもしくは聖人と思われる絵画(ルオー作か)。『彼岸花』聖路加病院のカットで流れるキリスト賛美曲「アヴェ・ヴェルム・コルプス」。『東京暮色』の酒場・EDEN……。小津作品にはこうしてキリスト教的要素も顔をのぞかせている。その意図を考えてみたくなる。

浮《うき》草《くさ》物《もの》語《がたり》

一九三四年

製作=松竹蒲田　時間=八六分　モノクロ・サウンド版・十巻(二四三八メートル)　脚本:有　フィルム:サイレント版のみ有　公開=一九三四年十一月二十二日・帝国館

◆スタッフ

原作=ゼームス・槇　脚色=池田忠雄　監督=小津安二郎　撮影・編集=茂原英雄　美術監督=浜田辰雄《はまだたつお》　監督補助=原研吉ほか

監督第三十一作。地方を回る旅芸人の物語。東京以外を小津が描くのは、この作品が初めて。客の歓声をあびる坂本武

◆キャスト

市川左半次=坂本武　かあやん(おつね)=飯田蝶子　信吉=三井秀男(弘次)　おたか=八雲理恵子(恵美子)　おとき=坪内美子《つぼうちよしこ》　富坊=突貫小僧　とっさん=谷麗光　吉ちゃん=西村青児

◆あらすじ

旅役者一座が興行にやってきた。座長(坂本武)は過去に現地の女性(飯田蝶子)との間に子(三井秀男)をもうけている。このことを現在の交際相手(八雲理恵子)が嫉妬し、若い女役者(坪内美子)を使って座長の息子をたぶらかす。

座長は激怒。雨が続き、客入りが悪いこともあって一座は解散。座長は再び旅に出る。

◆ディテール

市川左半次　ポスターに書かれている団長喜八の芸名。ソビエト連邦のセルゲイ・エイゼンシュテイン監督に影響を与えたことでも知られる歌舞伎役者、二代目市川左團次からの名だろう。

石川五右衛門《いしかわごえもん》　坂本武演じる喜八がお灸の熱さに耐える場面で言及される。坂本の舞台での当たり芸。石川五右衛門は安土桃山時代の大盗賊で、釜茹での刑に処せられたとされる。

キノエネ醤油　飯田蝶子の店に「子《ネ》」と印《しる》された醤油樽が積んである。これはキノエネ醤油社の実在の商品。キノエネ醤油は小津の妹・登久《とく》の嫁ぎ先で、弟・信三《のぶぞう》の勤務先でもあった。後年の『お早よう』や『秋刀魚の味』でも同社の商品が登場する。

慶安太平記《けいあんたいへいき》　一座の演目。江戸時代に幕府転覆を図った浪人・丸橋忠弥らが描かれる。のちに『浮草』でも出てくる演目。

金色夜叉《こんじきやしゃ》　坂本が『金色夜叉』を上演するなら学生帽貸すよと言われる。一八九七年から連載された尾崎紅葉《おざきこうよう》の小説。銀行家に婚約者を奪われた主人公が、高利貸しとなって復讐を考える劇的な内容で、小津も好んでしばしば宴会の余興で演じたという。学生の頃から宝塚歌劇団を好むなど、小津は自身の趣味としては劇的なメロドラマも嗜好した。

野崎村《のざきむら》　一座の演目。歌舞伎「新版歌祭文《しんぱんうたざいもん》」の「野崎村の段」。身分違いの恋が迎える悲劇を描く。歌舞伎では数少ない、女性が主役となる話である。

◆解説

坂本武演じる喜八が活躍する「喜八もの」第二弾。ただし、主人公・喜八は名前が同じなだけで、同一人物ではない。

長野が舞台。初めて東京以外を主な舞台にした作品である(＊1)。ジョージ・フィッツモーリス監督『煩悩《ぼんのう》』(一九二八年・米)が下敷きになっている。フィッツモーリス監督作品を下敷きにするのは『懺悔の刃』に続いて二度目となる。小津によれば、この『浮草物語』は、『煩悩』にさらにスティーブン・ロバーツ監督『歓呼の涯』(一九三二年・米)や菊池寛の戯曲「父帰る」(一九一七年)などをつきまぜた「まるで五目飯のようなもの」であった。

『また逢ふ日まで』以来のサウンド版第二作で、台詞音声はないが音楽だけが付いている。既に台詞や音楽もついているトーキー映画が主流の時代だったが、小津はトーキーに移行できずにおり、サイレントの手法で粘っていた。小津はこの作品では音楽の選曲も手がけたらしい。楽しいものではなかったようで、日記に「音のことまで知るものか　整理室の二階にねる」とこぼした。音楽には口を出さなかったと思われている小津が、劇中の音楽を選んでいたとは興味深い。『また逢ふ日まで』と同様に通俗的な音楽だったのだろうか。

この作品には主題歌もあり、「松竹映画『浮草物語』より・しぐれ旅」(作詞＝佐藤惣之助、作曲＝三界稔、歌＝東海林太郎)というレコードが発売されていた。佐藤は阪神タイガースの応援歌「六甲颪《ろっこうおろし》」などで知られる詩人・作詞家。東海林はこの頃人気が急上昇していたので、豪華な布陣である。それまでの『お嬢さん』や『美人哀愁』の主題歌は、サイレント映画なので劇中では流れなかった。しかし、この曲は雨の降った後の楽屋で、役者がぼやく場面に流れたという(＊2)。音源が残っており、聞き取りによると歌詞は以下の通り。「酔はぬ　酔はぬはずだよ　別れの酒は　涙まじりの水じゃもの　着ける着けるタバコの煙じゃとても　離れまいとてなびくやら　飲んで　飲んでみたとて　どうなるものか　されりゃ夜明けが股旅記(＊3)　泣けば　泣けば寒かろう　泣かずにござれ　どうせ浮世はしぐれ旅」

長野の雄大な自然の中で親子が釣りをする

一座により「慶安太平記」が演じられている

残念ながらこの歌や他の音楽が入ったサウンド版のフィルムは残っておらず、サイレント版のみが現存している。この作品で三年連続となるキネマ旬報年間一位を獲得。三年連続一位は小津以外ではいまだ誰も成し遂げていない。この『浮草物語』を元に、戦後、『浮草』が製作された。

＊1『懺悔の刃』の舞台が木更津の可能性があるが、フィルムも脚本も残っていないので確認できない。

＊2『小津安二郎映画読本——東京そして家族』に詳しい。

＊3「股旅記」ではなく「また旅路」の可能性もあるが、聞き取れなかった。

小津小論11「東京と鉄道」

小津作品のほとんどは東京が舞台だ。なんと監督三十本目の『母を恋はずや』までは全て東京が舞台、三十一本目の『浮草物語』でやっと東京以外が舞台となる。『浮草物語』の次に東京以外が舞台になるのは一九四二年の『ビルマ作戦遙かなり父母の国』か。小津は東京を描き続けた作家だ。小津作品にはしばしば汽車や電車が登場する。『生れてはみたけれど』がその最たる作品だろうが、作品内のどこかによく映る。音だけが聞こえることもある。列車は旅、人生、近代、ピストンから性行為、などを連想させる。小津作品ではそこに「東京への道」が加わるだろう。

箱《はこ》入《い》り娘《むすめ》

一九三五年

製作＝松竹蒲田　時間＝六七分　モノクロ・サウンド版・八巻（一八四七メートル）　脚本：有　フィルム：無　公開＝一九三五年一月十一日・大阪劇場（一月二十日・帝国館）

◆スタッフ

原作＝式亭三右　脚色＝野田高梧、池田忠雄

監督＝小津安二郎　撮影＝茂原英雄

◆キャスト

おつね＝飯田蝶子　おしげ＝田中絹代　喜八＝坂本武　富坊＝突貫小僧　荒田＝竹内良一《たけうちりょういち》　村田＝青野清　おたか＝吉川満子　伊豆文の大旦那＝縣秀介　若旦那＝大山健二

◆あらすじ

ある母子家庭。娘（田中絹代）にお金持ちとの結婚話があり、母（飯田蝶子）は喜ぶ。入籍の運びとなったが、娘には他に相思相愛の男（竹内良一）がいた。娘は自分の気持ちを抑え、母のため結婚話を受けていたのだ。結婚当日、隣家の男（坂本武）がやっぱり好きなもの同士結ばれるのが良いとし、娘は意中の男性と結婚する。

◆ディテール

弘法大師《こうぼうだいし》　坂本武が煎餅《せんべい》を焦がし、「弘法さまだって、たまにゃ木から落ちらい……」と言う。それを聞いた息子が「字の書けない弘法さまってあるかい！」とからかう。弘法大師（空海《くうかい》）は、日本に密教を広めた僧侶で、書に優れていた。

六代目尾上菊五郎《おのえきくごろう》　飯田蝶子が、六代目の辰五郎を見るたびに死別した夫を思い出す、とのろける。辰五郎とは歌舞伎役者、六代目尾上菊五郎の演じた歌舞伎「神明恵《かみのめぐみ》和《わ》合取組《ごうのとりくみ》」に登場す

る人物。小津は六代目菊五郎を尊敬しており、のちに舞台の記録映画『鏡獅子』も撮影する。

エノケン　飯田の夫がエノケンに似ていた、とけなされる場面がある。日本の喜劇王といわれた榎本健一のこと。

◆解説

「喜八もの」第三弾。と同時に飯田蝶子が活躍する、おかみさんシリーズにする予定だった。しかし小津にとって満足のいく出来ではなく、この一作で終わった。原作者名が式亭三右となっているが、これは江戸後期の劇作家・式亭《しきてい》三馬《さんば》をもじった作家名で、小津による原作。江戸後期の作家、式亭三馬の滑稽本『浮世風呂《うきよぶろ》』を下敷きにしたと思われる。

小津が娘の結婚という主題を扱った初めての作品。後年も脚本をともに書く野田高梧が参加している。玉の輿が決まり喜ぶ母、意中の男性がいるが母を喜ばせるためそれを受ける娘など、娘の結婚を扱う。戦後にも書かれそうな物語だ。縁談の話を紋付き羽織姿で話す坂本が、お弔いかいと尋ねられる。このあたりは『秋刀魚の味』で結婚式の後、モーニングを着た笠智衆が「お葬式ですか」と聞かれるのと同様。結婚相手が地方の学校に勤めるため、二人で東京を離れる件《くだ》りも晩年に通じる展開。前作に続いてのサウンド版映画。

東京《とうきょう》の宿《やど》

一九三五年

製作＝松竹蒲田　時間＝八〇分　モノクロ・サウンド版・十巻（二一九一メートル）　脚本：有　フィルム：有　公開＝一九三五年十一月二十一日・帝国館

◆スタッフ

原作＝ウィンザァト・モネ　脚色＝池田忠雄、荒田正男《あらたまさお》　監督＝小津安二郎　撮影・編集＝茂原英雄　美術監督＝浜田辰雄　録音＝土橋晴夫《つちはしはるお》　作曲指揮＝伊藤宣二《いとうせんじ》　演奏＝松竹蒲田楽団　音楽監督＝堀内敬三《ほりうちけいぞう》

◆キャスト

喜八＝坂本武　善公＝突貫小僧　正公＝末松孝《すえまつたか》行《ゆき》　おたか＝岡田嘉子　君子＝小嶋和子《こじまかずこ》　おつね＝飯田蝶子　警官＝笠智衆

◆あらすじ

監督第三十三作。職のない父子と母子が出会う。作品には不況の影が色濃くにじむ。岡田嘉子（右）と坂本武（左）

失業中の男（坂本武）が、同じ境遇の女（岡田嘉子）と出会う。男は職を見つけるが、彼女は仕事がないままだった。ある日、男は彼女が酌婦《しゃくふ》をしているところに遭遇する。彼女を責めるが、それは娘（小嶋和子）の入院費のためだった。男は治療費を肩代わりしようと強盗に至る。

◆ディテール

キングコング　子どもたちの会話で話題になる。キングコング映画は一九三三年に米国で作られ、同年に日本版『和製キング・コング』（監督＝斎藤寅次郎）も公開された。

喰ふか喰はれるか　ハロルド・オースティン監

督『喰ふか喰はれるか』(一九三三年・米)のポスターが、街角に貼られている。南米砂漠の野生動物を記録した作品。

◆解説

「喜八もの」の第四弾。原作のウィンザァト・モネは「Without Money」をもじった小津・池田忠雄・荒田正男の合作名。

『鏡獅子』と同時に撮った。『鏡獅子』と同様に松竹が採用した土橋式トーキーで撮れとの要請もあった。洋画のみならず邦画も主な作品がトーキーになるなか、小津もトーキー作品を期待されていたのだ。『鏡獅子』は記録映画だったので例外として土橋式トーキーで撮ったが、キャメラマンの茂原英雄が独自のトーキー方式を考案中だった。小津は茂原式のトーキーで撮ることを約束していたこともあり、なかなかトーキーに移行できなかった。

小津はトーキーではなくサウンド版で制作した。サウンド版はこれで四本目で、唯一音楽の入ったフィルムが残っている。音楽は以後『麦秋』までのほとんどを手がける伊藤宣二。『また逢ふ日まで』では「トロイメライ」など既成の音楽が使われたが、本作品の音楽は伊藤が作曲したもの。

軍帽を買ってしまい飯が買えなくなった、という当時を象徴するような子どもが登場。また、細部であるが、坂本武が犯罪を決行する夜の街に『喰ふか喰はれるか』という映画ポスターが貼られている。現存するフィルムは状態が悪く分かりづらいが、これは南米の野生動物の記録映画。その映画ポスターが、貧しい人には縁がない近代的で健康的な「クラブ歯磨」のネオンサインに照らされている。不況が続く弱肉強食の時代、持たざる者の苦しみを小津は捉えていた。社会情勢に加え、父親が亡くなり母と弟を扶養していたため、小津自身もこの頃が最も金銭に困っていたという。

撮影は今までのやり方とは違ったようだ。具体的には挙げていないが、小津はあえて粗く撮ったという。「たとえ失敗しても、その粗く撮ったやり方がどれだけの効果を持っているかを試してみたかった」と述べた。小津自身は、完成したものに別段差を感じなかったらしいのだが(*)、映画からその差を探してみてもおもしろい。

*『映画評論家 岸松雄の仕事』に詳しい。

台詞で触れられる『キング・コング』

街角には『喰ふか喰はれるか』のポスター

大《だい》学《がく》よいとこ

一九三六年

製作=松竹蒲田 時間=八六分 モノクロ・サウンド版・十三巻(二三五二メートル) 脚本:有 フィルム:無 公開=一九三六年三月十九日・帝国館

◆スタッフ

原作=ゼームス・槇 脚色=荒田正男 監督=小津安二郎 撮影=茂原英雄

◆キャスト

大学生藤木=近衛《このえ》敏明《しあき》 天野=笠智衆 西田=小林十九二 河原=大山健二 井上=池部鶴彦 青木=日下部章 藤木の妻千代子=高杉《たかすぎ》早苗《さなえ》 講師=斎藤達雄 教官=坂本武

◆あらすじ

大学生の群像劇。主人公（近衛敏明）には婚約者（高杉早苗）がおり、卒業も近いが職が見つかっていない。他にも、行商に精を出す学生や、就職できずブラブラしている学生、病気で寝たきりの学生などが下宿にいる。そんなか、主人公の親友（笠智衆）が卒業を目前にして中退。故郷に帰ることにする。

◆ディテール

軍教　大学生たちが受けている。当時中学以上の教育機関に課されていた軍事教練のこと。

未完成交響楽　「お前がシューベルトで向うが質屋の娘なら未完成交響楽だ」という台詞がある。オーストリアの貧しい音楽家フランツ・シューベルトの悲恋を描く、ウィリー・フォルスト監督作を踏まえた台詞。お前がシューベルトであの女が質屋の娘なら映画『未完成交響楽』（一九三三年・オーストリア）のようになるだろうな、の意味。次々作『一人息子』で母が息子と見に行く映画でもある。

西郷隆盛　学生が上野公園の西郷像を見ながら、西郷は「子孫のために美田を買わず」と言ったけど、俺の親父は買わなすぎたよ、とこぼす。↓『生れてはみたけれど』小津小論8「西郷隆盛」参照

山内一豊　主人公が「お前の女房《かみ》さん山内一豊の妻だなァ」と言われる。戦国武将山内一豊の妻・見性院のことで、内助の功で知られる。

青年老い易く学成り難し　送別会で学生が言う台詞。中国南宋の儒学者、朱熹（朱子）の作とされる詩、「少年老い易く学成り難し　一寸の光陰軽んずべからず……」をもじったもの。人生は短く時間はすぐに経ってしまうから一瞬を軽んじてはいけないという内容。『彼岸花』『青春放課後』でも触れられる。

◆解説

不況かつ軍国化が進むなかでの大学生群像劇。小津の最後のサウンド版で、登場人物も多く話の展開も早い。

冒頭の軍事教練授業では、「目下我が国は非常時である！」「諸君はよろしく此《こ》の際時局を認識し　軍人精神の真価を体得し――」など勇ましい字幕も並ぶ。前半は喜劇的要素もいくつかあるが、後半に進むにつれ、厳しい現実に笑えなくなっていく。

笠智衆が主役級の役まわり。主人公の親友役だった。卒業目前で大学を辞め青森に帰る決心をした笠。大学を卒業しても就職もできない。そんな大学で円満な常識を習得できたとして何になるのかと訴える。「我々の上に立つ遥かに偉い人達でさえ　円満な常識じゃ判断できないことをしている世の中じゃありませんか」「そんなもの（円満な常識）を持ってた日にゃ　人を押しのけて電車にさえ乗れない世の中じゃないですか」という鋭い台詞は、観客の胸に突き刺さっただろう。主人公の婚約者は、大学を出ても職がないなら大学なんか辞めればいいと泣く。それでいて題名が『大学よいとこ』というのだから皮肉が効いている。

結末、下宿の近くに紙芝居が登場する。映画のトーキー化で職を失った活動弁士が紙芝居屋になることがあった。小津のトーキー移行直前の映画に彼らが現れるのは、時代の変遷を映して象徴的だ。また、シューベルト、春日局、徳川家康、楠木正成、西郷隆盛、山内一豊など歴史的偉人に触れられる。うだつの上がらない大学生と対比させる狙いだろうか。

主人公の軍事教練授業の場面でこの作品は終わる。最後の字幕は教官の号令「右に向きを変え――進め！」。右傾化する世相を小津は鋭くとらえていた。

小津小論12　「後醍醐天皇、楠木正成、楠木正行」

後醍醐天皇、楠木正成、楠木正行の三者は戦中から戦後の小津映画で触れられる。後醍醐天皇は鎌倉幕府を倒し南朝政権を立てた天皇で、一説によると小津の家系もこの南朝の流れを汲

むらしい。

楠木親子はその後醍醐天皇に熱烈に奉じ、明治時代以降「日本人の鑑《かがみ》」として学校教育で教えられた。『彼岸花』の父親世代が、同窓会で楠木親子の別れを描いた「桜井の訣別」を歌うのは、戦前を懐かしんでいるからだろう。しかし、戦後の左派の若者からすれば戦前賛美に思えるかもしれない。

鏡獅子《かがみじし》

一九三六年

製作＝松竹蒲田　時間＝一九分　モノクロ・トーキー・二巻（五三〇メートル）　脚本：無フィルム：有　公開＝一般公開なし（一九三六年六月二十九日・帝国ホテル演芸場にて試写会）

◆スタッフ

監督＝小津安二郎　撮影＝茂原英雄

◆キャスト

六代目尾上菊五郎《ろくだいめおのえきくごろう》、尾上琴次郎《おのえことじろう》、尾上《おのえ》しげる

監督第三十五作。六代目尾上菊五郎の舞台を撮影した、小津唯一の記録映画

◆あらすじ

歌舞伎役者、六代目尾上菊五郎主演の『鏡獅子』の記録映画。正月鏡開きの日に、武家に仕える女小姓《おんなこしょう》（尾上菊五郎）が踊りを披露。備えてあった獅子頭を手にすると、そこには獅子の精が宿っており、無理やり引きずり去られる。やがて獅子の精が現れ、胡蝶《こちょう》の精とともに舞い狂う。

◆ディテール

石橋《しゃっきょう》　ナレーションで獅子の踊りは能の「石橋」から取られたと説明が入る。能の「石橋」は文殊菩薩《もんじゅぼさつ》の使いである獅子が僧侶に対し舞う演目。『秋刀魚の味』でも「石橋」を描いた絵が飾られる。

◆解説

六代目尾上菊五郎が演じる「新歌舞伎十八番之内　春興鏡獅子」の舞台記録。「鏡獅子」の名で知られる。以前にも他の監督により同様の撮影がなされたが、映像や音響に不備があったため撮り直すことになり、新たに小津が監督に指名され製作された。海外に日本文化を広めるための映画で、外務省の援助を受けた。英語ナレーションの他に日本語ナレーション版も存在するが、あくまで海外輸出用で国内では公開しない契約だった。

小津唯一の記録映画で、初のトーキー。他作品では決して使わなかったナレーションが入る。それまで小津と組んでいたキャメラマンによる「茂原式トーキー」が完成するまではトーキーは撮らないと主張してきた小津だが、例外としてこの作品を監督。当時、松竹で使われていた「土橋式トーキー」を採用した。例外とした理由は、尊敬する菊五郎の依頼だったからだろうか。あるいは、劇映画ではないからだろうか。

小津は『東京の宿』を並行して監督しており、多忙を極めた。撮影は東京の歌舞伎座で行われ、キャメラを三台使用した。珍しくキャメラを三

脚上で左右に振るパンニングをする。また、俯瞰ショットもある。撮影に制約があったのだろう、「どうしてもキャメラ(ワーク)に無理が出来た」と述懐している。舞台撮影の約一年後に楽屋の様子を追加撮影し完成。

作品は一般公開されなかったが試写会は行われており、東京日日新聞(一九三六年七月五日)の記事によると、批評家からは菊五郎のアラが見えたなど酷評を受けた。一九五三年の『君の名は』(大庭秀雄監督)で映画の一部が使用された。

追加撮影された楽屋での六代目尾上菊五郎

獅子頭に引きずり去られる娘

一九三六年

一人《ひとり》息《むす》子《こ》

製作=松竹蒲田・大船　時間=一〇三分　モノクロ・トーキー・十巻(二三八七メートル)　脚本:有　フィルム:有　公開=一九三六年九月十五日・帝国館

◆スタッフ

原作=ゼームス・槙　脚色=池田忠雄、荒田正男　監督=小津安二郎　撮影=杉本正次郎　録音=茂原英雄、長谷川《はせがわ》栄一《えいいち》　美術監督=浜田辰雄　音楽=伊藤宣二　音楽演奏=松竹大船楽団

◆キャスト

野々宮つね=飯田蝶子　野々宮良助=日守新一　その少年時代=葉山正雄　良助の妻杉子=坪内美子　おたか=吉川満子　大久保先生=笠智衆　富坊=突貫小僧

監督第三十六作。一人息子の暮らす東京にやってきた母親が、息子の厳しい現実を目の当たりにする。写真は少年時代を演じた葉山正雄

◆あらすじ

苦労して育てた息子(日守新一)に会うため、母(飯田蝶子)は東京へ出かけるが、息子は知らぬ間に結婚し子どももいた。夜学の教師となっていた息子に母は失望する。しかしある時、彼が怪我した近所の子どもを助けるためお金を渡すのを見て誇りに思い、故郷に帰る。

◆ディテール

オールド・ブラック・ジョー　映画冒頭の約一〇秒間、この音楽だけが流れる。小津の好んだ米国の作曲家、スティーブン・フォスターの歌曲。若く陽気な日々が過ぎ去り、親しい者たちも逝ってしまったことを歌う。

芥川《あくたがわ》龍《りゅう》之《の》介《すけ》　「人生の悲劇の第一幕は親子になったことにはじまってゐる」と字幕が出る。作家、芥川龍之介の『侏儒《しゅじゅ》の言葉』からの引用。

原文では「親子と」だが「親子に」と改められている。侏儒とは、体の小さい人、また知識のない人を指す蔑称。

上海事変　脚本には日守新一演じる息子が「運動場のポプラん所に、上海事変の忠魂碑が建ったそうですよ」という台詞があった。後の場面にも「郷里の近所の人が上海事変で死んだんだってさ」という台詞があったが、現存するフィルムにはともにない。→『また逢ふ日まで』参照

未完成交響楽　母子で見るトーキー映画。「これがトーキーっていうんですよ」と語られる。貧しいシューベルトが教師として細々と暮らしている箇所があり、日守の境遇と重なる。→『大学よいとこ』参照

五月晴一本槍　石田民三監督の時代劇映画『五月晴一本槍』（一九三六年）のポスターが、ラーメン屋台の背景に貼ってある。

忘れちゃいやヨ　突貫小僧演じる近所の子どもが、渡辺はま子の流行歌「忘れちゃいやヨ」から冒頭一節を歌う。私を忘れないでと歌う恋の歌。一九三六年三月に発売されたが、同年六月から発売禁止となっていた。のちに「月が鏡であったなら」と改題、内容変更され再発売された。

◆解説

　小津のトーキー第一作（記録映画『鏡獅子』を除く）。前年、飯田蝶子の発病で撮影中断になった『東京よいとこ』をトーキー用に書き直した。母と子を描く。不況の時代、母は息子を苦労して中学に進学させる。文部省の調査によると当時、中学に進学できたのは二割に満たず、成績が良く金銭に余裕がある者に限られた。母は、優秀だと思っていた息子が知らぬ間に結婚し子ももうけながら、思ったより出世できていない現実を目の当たりにする。

　小津は当初、この初のトーキーを新設された大船撮影所で撮影しようと考えた。しかし、そこでの撮影は土橋式トーキーしか許されなかったので、引っ越して誰もいなくなった蒲田撮影所を使用。くしくも蒲田撮影所で最後に撮影された映画となった。線路も近く防音設備もなかったので昼間は撮影できず、深夜十二時から明け方まで、毎夜五カットくらいずつ撮り進めた。定番キャメラマン茂原英雄が録音に回り、『出来ごころ』を担当した杉本正次郎が再び撮影監督についた。杉本の撮影も小津は高く評価した。

　他の監督に比べて小津のトーキー移行はかなり遅かった。その分、冒頭で一〇秒間曲のみが流れる、トーキー映画の引用、発売禁止の曲の冒頭を歌うなどさまざまな試みを見せた。特に近所の子が、官能的だとされ発売禁止となっていた「忘れちゃいやヨ」の冒頭を歌い出すと、母親に注意される。冒頭以上は歌えない、つまり内務省に指摘され問題になった部分は歌えない、という場面は面白い。渡辺はま子の曲を小津は本作品を含め四度も使用するが、その一度目の使用である。

　サイレント映画で育ち、サイレントを撮り続けていた小津は、トーキーの表現に戸惑い、苦労もしたという。一カットの平均持続時間も前作品の二倍、約九秒になった。また、『生れてはみたけれど』以降やめていたフェードイン／アウトがこの作品には復活している。編集に注目しても面白いだろう。

野原で一休みする親子（撮影は小津が育った江東区か）

「忘れちゃいやヨ」を歌おうとする近所の子ども

小津小論13　「渡辺はま子」

　小津作品には渡辺はま子の歌が四度も出てくる。渡辺は、一九三五年頃から活躍した歌手。初期の有名作に一九三六年の「忘れちゃいやヨ」。この曲は歌い方が官能的すぎると、内務省から

指摘を受け発売禁止となった。確かに歌詞や歌い方などにかなり色気があるので、興味のある人は探して聴いてみてほしい。この歌は『一人息子』と『浮草』で使用される。「とんがらがっちゃ駄目よ」(一九三六年)は『淑女は何を忘れたか』で、「桑港《サンフランシスコ》のチャイナ街《タウン》」(一九五〇年)は『お茶漬の味』で使用されている。これも非常に流行し、一九五一年の第一回紅白歌合戦の紅組のトリで歌われた。

淑女《しゅくじょ》は何《なに》を忘《わす》れたか

一九三七年

製作=松竹大船　時間=七一分　モノクロ・トーキー・八巻(二〇五一メートル)　脚本:有　フィルム:有　公開=一九三七年三月三日・帝国館

◆スタッフ

脚本=伏見晁、ゼームス・槇　監督=小津安二郎　助監督=吉村公三郎《よしむらこうざぶろう》ほか　撮影=茂原英雄、厚田雄春《あつたゆうはる》　美術=浜田辰雄　録音=土橋武夫《つちはしたけお》、妹尾芳三郎《せのおよしさぶろう》　音楽=伊藤宣二　編集=原研吉

◆キャスト

麴町の夫人時子=栗島すみ子　その夫小宮=斎藤達雄　大阪の姪節子=桑野通子《くわのみちこ》　大学の助手岡田=佐野周二《さのしゅうじ》　牛込の重役杉山=坂本武　そのマダム千代子=飯田蝶子　大船のスター=上原謙《うえはらけん》　田園調布の未亡人光子=吉川満子　その子藤雄=葉山正雄　近所の小学生富夫=突貫小僧

監督第三十七作。ふたたび作風に変化が訪れ、富裕な淑女たちが軽やかに描かれた。麴町の夫人、栗島すみ子

◆あらすじ

東京の夫婦(斎藤達雄・栗島すみ子)の元に大阪から姪(桑野通子)が遊びにきた。夫は妻の尻に敷かれており、姪から情けないと批判を受ける。ある日、叱言《こごと》を言われた夫は妻に平手打ちを食らわし、それがきっかけで妻は夫を惚れ直す。

◆ディテール

南無釈迦牟尼仏《なむしゃかむにぶつ》　部屋にかかっている書。釈迦に帰依しますの意。禅宗でよく唱えられるので主人公の家は曹洞宗もしくは臨済宗か。『戸田家の兄妹』にも全く同じものがかかっている。

フレデリック・マーチ　栗島すみ子が、フレデリック・マーチみたいな家庭教師はいないと言う。『ジキル博士とハイド氏』などで知られていた米国の俳優。本作品には他に、台詞で米国俳優のウィリアム・パウエルなども登場する。

とんがらがっちゃ駄目《だめ》よ　子どもたちが国名当て遊びをしながら歌う。一九三六年の渡辺はま子の曲で、作詞=佐伯孝夫、作曲=三宅幹夫。渡辺はま子の歌は他の作品でも使われており、小津の気に入っていた歌手だったと思われる。前作で使用された「忘れちゃいやヨ」と同様、この曲も艶っぽい恋の歌。

上原謙《うえはらけん》　歌舞伎座で、本人役で登場する俳優。歌舞伎の演目は四世鶴屋南北作「浮世柄比翼稲妻《うきよづかひよくのいなずま》」のようだ。

止めてはみたが　芸者が歌う。五代目清元延寿《きよもとえんじゅ》太夫《だゆう》作の恋の歌。『小早川家の秋』でも歌われる。

軍艦マーチ　佐野周二が「軍艦マーチ」というあだ名で呼ばれている。「軍艦マーチ」は瀬戸口藤吉作曲の「軍艦行進曲」の通称。この曲は、『東京物語』や『秋刀魚の味』でも流れる。

早慶戦　桑野と佐野が見に行きたいという。早稲田と慶應の試合。プロ野球はあったが、当時は野球といえば大学野球のほうが人気があった。

◆解説

『生れてはみたけれど』以来、久々に小津が伏見晁と脚本を書いた作品で、彼との最後の仕事になった。舞台がそれまで多かった下町から富裕な山の手に移った。軍国化のなか、洗練された都会的な喜劇となったのは小津が豊かな生活を送れるようになってきたからか、時代への反逆か。これまでの悲劇的で鋭い社会描写はどうなったのかと首をひねる観客もいたという。

撮影途中で撮影監督が茂原英雄から厚田雄春に交代した。茂原の母が亡くなったことによるものだった。一九二八年の監督第二作から小津と働いた厚田は、以後の小津の松竹全作品の撮影を担当することになる。構図は小津が決めたが、照明は厚田に負うところが大きい。特に厚田の夜場面の撮影や列車の撮影には定評がある。他のスタッフでは、のちに監督となる吉村公三郎が助監督として新たに参加している。編集では『生れてはみたけれど』以降減っていたフェードイン／アウトの使用が、この作品以降は基本的に冒頭・末尾以外では使用されなくなった。これにより、映像がさらに明確な印象を与えることになった。

トーキー第二作で、前作の茂原式に代わって土橋式録音が採用された。

この作品では大阪弁が話される。当時の映画でいわゆる標準語以外が使われるのはまだ珍しく新鮮だった。前年に溝口健二の『浪華悲歌』『祇園の姉妹』が発表され、特に後者を小津は絶賛している。これら作品に触発されたのかもしれない。

作品内に登場するおばさま三人のやり取りが面白い。この三人のやり取りは『彼岸花』以降のおじさま三人の原型だろうか。『非常線の女』で登場人物に時子という時間にまつわる名が使われた。この作品では、節子・時子・千代子という名の女性たちが登場する。

地球儀で国名当てをし、「とんがらがっちゃ駄目よ」を歌う

姪（桑野通子）が海外の雑誌を持っている

バーの壁に『ドン・キホーテ』の文字が見える

「南無釈迦牟尼仏」の前の三人のおばさまたち

小津小論14　「二階」

現代ではアパートやマンションに暮らす人が多いので想像しにくいかもしれないが、小津が監督していた頃、地位の高い父親は一階の奥の部屋を使うことが一般的だった。家に二階がある場合、そこは主人の使う場所ではなく、いずれ嫁ぐ娘らが使う、使用人や下宿人に貸し出すといった部屋割りが多かった。ところが、地位の高いはずの夫が二階にいる場合もある。『淑女は何を忘れたか』『宗方姉妹』『お茶漬の味』の「主人」は、おそらくその家が妻方のものであるためだろう、二階の部屋を使っている。彼らは尻に敷かれていたり、妻方に経済的に頼っていたりと、大黒柱とは言い難い。上座・下座だけでなく、一階・二階でもその人物の置かれている状況はみえてくる。

一九三七年

愉《たの》しき哉《かな》保吉《やすきち》君《くん》

脚本：有（小津が原作を担当、のちに内田吐夢《うちだとむ》により『限りなき前進』として映画化された）

◆あらすじ

会社員の父は誠実に勤めてきたが、定年制が導入され会社を去ることに。人生の計画が破綻し、父は正気を失う。誠実さを認められ部長になり、娘に結婚を勧め、結婚当夜を迎える、など父の長大な妄想の世界が繰り広げられる。現実と妄想が区別できなくなり、父は働ける状態ではなくなった。

◆ディテール

般若心経《はんにゃしんぎょう》 仏教系の学校を出たとされる登場人物が畑で唱える。その影響か、近所の子どもたちが禅問答している。般若心経は複数の仏教宗派で読誦される経典。

向日葵《ひまわり》 玄関近くなどに咲いている。小津の映画は夏が舞台になることが多いが、向日葵が登場するのは珍しい。

久米正雄《くめまさお》 父が、久米のような髭を蓄えてはどうかと勧められる。久米は夏目漱石の門人で小説家、劇作家、俳人。小津とも交流があった。

◆解説

『淑女は何を忘れたか』の後に考えた話。小津はこの話をみずからは監督せず、交友のあった監督・内田吐夢に譲った。脚本は映画化される前に「新潮」一九三七年八月号に掲載された。雑誌掲載時は小津安二郎（原作）・八木保太郎《やぎやすたろう》（脚色）、完成した映画では八木は脚色ではなく脚本ということになっている。脚色の際にどこまで手を加えられたかは不明だが、監督の内田はこの作品は小津に負うところが多いと発言している。一方、八木によると、父が歌を歌う場面と最後の長台詞は八木によるものだという。

脚本をみると、暗くなってきた時代を反映してか、ルンペン、定年制、仏教、発狂などが描かれている。他の小津作品では夢や妄想といった場面は一切描かれないのだが、この作品の後半には、父の長い妄想場面がある。

小津が内田に脚本を譲ったのは極めて異例のことだった。内田は小津とは別会社の日活に所属しており、他社の監督のために脚本を提供することなどはありえなかったのだ。内田により完成した映画は極めて高い評価を受けた。小津もこの話に愛着があったのだろう、『早春』完成後の一九五六年に、『夕暮れ』という題名でこの話をみずから監督しようとした。しかし話が暗すぎるとされ成立しなかった。

一九四一年

戸田《とだ》家《け》の兄妹《きょうだい》

製作＝松竹大船　時間＝一〇五分　モノクロ・トーキー・十一巻（二八九六メートル）　脚本：有　フィルム：有　公開＝一九四一年三月一日

◆スタッフ

脚本＝池田忠雄、小津安二郎　監督＝小津安二郎　撮影＝厚田雄春　美術＝浜田辰雄　音楽＝伊藤宣二　編集＝浜村義康《はまむらよしやす》

◆キャスト

戸田進太郎＝藤野秀夫《ふじのひでお》　母＝葛城文子　長女千鶴＝吉川満子　長男進一郎＝斎藤達雄　妻和子＝三宅邦子《みやけくにこ》　次男昌二郎＝佐分利信《さぶりしん》　次女綾子＝坪内美子　夫雨宮＝近衛敏明　三女節子＝高《たか》

監督第三十八作。一家の没落を描く。小津が初めて興行的成功を得た作品

峰《みね》三枝子《みえこ》　時子＝桑野通子　千鶴の子良吉＝葉山正雄

◆あらすじ

戸田家の当主（藤野秀夫）が亡くなった。家のなくなった老母（葛城文子）と三女（高峰三枝子）は長男（斎藤達雄）の家に身を寄せるが、邪険にされる。次に長女（吉川満子）の家に移るがここでも折り合いが悪く、結局寂《さび》れた別荘に引越す。父の一周忌に天津から帰国した次男（佐分利信）はそのことを知り、兄らを非難、母らを連れ天津に移住することにする。

◆ディテール

ライカ　ドイツの高級カメラで、記念写真撮影で言及される。佐分利信が持っているようだ。この一族が富裕であるとはいえ、当時の価値を考えると気軽に購入できるものではない。佐分利はなかなかの趣味人といえよう。

天使　佐分利の部屋の襖《ふすま》に傘を持った天使が描かれている。魚の置物、風見鶏《かざみどり》、ランプ、侍なども見える。風変わりな意匠の襖絵だ。

李白《りはく》　戸田家に書「清渓向三峡」がかかっている。唐の詩人・李白の「峨眉山月歌」の一節。夜のうちに清渓を出発し、三峡へ向かう情景を詠んだもの。

論語　父が倒れたことを聞いた次女の夫が「五十にして天命を知り、六十にして耳順《したが》い、七十にして矩《のり》を踰《こ》えず」と、孔子らの言行をまとめた『論語』の一節をつぶやく。五十歳には使命を知り、六十歳で人の言葉に素直に耳を傾けるようになり、七十歳で人の道から外れるようなことはない、といった意味。

沈南蘋《しんなんぴん》の秋景花鳥　父の遺品の一つ。沈南蘋は中国清代の画家。他に円山応挙、酒井抱一、尾形光琳らの作品もあるようだ。小津の本家はかなりの美術品蒐集《しゅうしゅう》も行っていたので、それが参考になっているのだろう。

アニー・ローリー　高峰三枝子と桑野通子が話す喫茶店で流れる。愛しい人のことを歌う、有名なスコットランド民謡。『秋刀魚の味』でも流れる。

カール・ツェルニー　三宅邦子が夜中にツェルニー作曲「四〇番練習曲集」の第三五番をピアノで弾く。ツェルニーはベートーヴェンに師事したオーストリアの音楽家。

計算尺　佐分利が持っている計算用具。彼は天津で土木の仕事をしているのだろう。中国大陸で働く男の設定は『宗方姉妹』の山村聰《やまむらそう》、『東京暮色』の笠智衆へ引き継がれる。

ヒトラー　佐分利が妹から結婚しないかと聞かれたとき、ヒトラーが引き合いに出される。脚本にはあるが、この台詞は撮影されなかった。

ジークフリート　佐分利が、弁慶やジークフリートにだって弱点はある、と言う。→『その夜の妻』参照

国民進軍歌　作品の末尾に流された軍歌。戦後検閲で大部分が切られた。現存する作品末尾の音楽が唐突に感じられるのはそのため。

◆解説

ヘンリー・キング監督『オーバー・ザ・ヒル』（一九三一年・米）が下敷き。現在見ることのできる『戸田家の兄妹』は戦前の検閲で切られ、さらに戦後の検閲で切られたものである（題名の

下部に「A44」とあるのはGHQの検閲を受けた印）。戦前版には父の一周忌で佐分利が次女らを平手打ちする場面があり論争を呼んだが、その部分などが戦後に切られた。

題名は里見弴の小説『安城《あんじょう》家《け》の兄弟』から。ストーリーも里見作品から拝借しているところがあり、小津が語るには、家族写真撮影や、深夜眠気覚ましに玉露を噛《か》んでいる部分など。また、小津と里見が初めて出会ったのが本作品試写会後の座談会だった。中学の頃から愛読していた作家・里見との交友は晩年まで続いた。

放映前年に同盟国となったドイツ文化の影響がみえる。例えば、母の還暦祝いの記念写真撮影の際、「（今日の撮影は）昌ちゃんのライカじゃないの」という台詞。ライカはドイツの高級カメラで小津も愛用したもの。また、ヒトラーのオリンピックとも言われたベルリン五輪のポスターが長女の子（葉山正雄）の部屋にある。さらに、撮影時に省略されたが、佐分利信が妹に結婚をしないかと問われる場面では「ヒツトラーが貰つたら俺も貰ふよ」と答えることになっていた。同場面ではジークフリートにも触れられる。

その一方、対戦国でもあった中国の文化、論語や李白《りはく》の一節を引いているのも見逃せない。さらにスコットランド民謡が喫茶店で流れている。一九三九年に執筆した『お茶漬の味』で検閲に落ちたため、今回は問題にならないよう不要な皮肉や風刺はやめ慎重に制作を進めたというが、文化的には開かれている。作品の評価も高く、のちに批評家・淀川長治が『残菊物語』『羅生門』とともに日本の三大映画に選んだ。豪華な俳優陣を揃え、興行的にも初めて大成功を収める。小津は批評家受けするだけでなく、客も呼べる監督となった。

ライカではないカメラでの記念撮影

ベルリン・オリンピックのポスターが見える

部屋の襖に天使などが描かれている

ヒトラーに言及されるはずだったショット

父《ちち》ありき

一九四二年

製作＝松竹大船　時間＝九四分　モノクロ・トーキー・十一巻（二五八八メートル）　脚本：有　フィルム：有　公開＝一九四二年四月一日

◆スタッフ

脚本＝池田忠雄、柳井隆雄、小津安二郎　監督＝小津安二郎　撮影＝厚田雄春　美術監督＝浜

監督第三十九作。中国出兵前に執筆していた脚本を元に制作した、戦前最後の作品

田辰雄　音楽＝彩木暁一《さいきしょういち》　編集＝浜村義康

◆キャスト

堀川周平＝笠智衆　良平＝佐野周二　少年時代＝津田晴彦《つだはるひこ》　黒川保太郎＝佐分利信　平田真琴＝坂本武　ふみ子＝水戸光子《みとみつこ》　清一＝大塚正義《おおつかまさよし》　内田実＝日守新一　和尚さん＝西村青児

◆あらすじ

修学旅行中に生徒が事故死した責任を負って父（笠智衆）は教師を辞職。息子を学校の寮に入れ、東京へ単身就職する。成人した息子（佐野周二）は秋田で教師になる。なかなかともに暮らせない二人が旅館で水入らずの時を過ごしたのもつかの間、父は急逝してしまう。

◆ディテール

茶摘《ちゃつみ》　登校する息子の鼻歌。作詞・作曲者不明。「夏も近づく八十八夜」の出だしで知られる。この場面の季節が初夏なのだろうか。

張継《ちょうけい》　修学旅行先の旅館に掛け軸「楓橋夜泊」がある。中国八世紀の詩人・張継の詩。役人の試験に落ちた作者が、国に帰る途上に詠んだとされる。寒い夜、船上に夜半の鐘の音が聞こえてくる情景が詠まれている。

赤壁《せきへき》の戦い　フィルムに残っていないが脚本に記されている。『三国志』で有名な戦い。笠智衆の代用教員がその一節を授業で読む。船の転覆で同級生を失った学生らに向けて、戦いで船が転覆し死者が出る部分が朗読されている。

南山寿《なんざんじゅ》　父子がいる旅館の襖にある漢詩。中国最古の詩集『詩経《しきょう》』の一節。「南山」は長寿や堅固の象徴とされている。他の襖《ふすま》には「福徳寿」など同様の漢詩もあるが、その内容と反対にこの後、笠は亡くなる。

菜根譚《さいこんたん》　笠が息子に仕事の大切さを伝える時に「一苦一楽相練磨し練極って福を成す者はその福初めて久し」と言う。中国の古典で、洪自誠による随筆『菜根譚』からの一節。

万葉集　日本最古の和歌集。父が兵役検査を終えた息子に「今日よりは顧みなくて大君の醜《しこ》の御盾と出で立つ吾は」とその一節を語る。今奉《いままつり》部与曾布《べのよそふ》作。天皇のためにみずからを顧みずに、防人へと出かけて行く気概を示した歌。この場面は、現行日本版ではないが、ロシア国立フィルム保存所で見つかった、戦後検閲されていない版（以下ロシア版）では残っている。

正気歌《せいきのうた》　宴会で笠が歌う海軍軍人・広瀬武夫作の詩吟。撮影前の脚本では、坂本武が江戸時代の儒学者・藤田東湖《ふじたとうこ》の作った「正気歌」を歌うことになっていた。この笠の歌は現行日本版ではないが、ロシア版では残っている。詩は共に尊《そん》皇《のう》、報国を歌う。

海ゆかば　汽車が走る作品末尾の場面で流れる歌。『万葉集』にある大伴家持《おおとものやかもち》の歌に曲をつけたもの。一九三七年、政府が国民精神総動員の強調週間を制定した際の主題曲。不祝儀の曲と思われることも多いが、祝儀でも使われた。現行日本版ではないがロシア版では残っている。

◆解説

二〇一九年時点で一般に視聴できるものは戦前と戦後の検閲でフィルムが切られている。現在、国立映画アーカイブにはロシア国立フィルム保存所で見つかった、GHQに検閲されていないフィルム（以下ロシア版）が所蔵されており、本原稿はそれも参照している。

小津が一九三七年に中国戦線に向かう直前に書き上げた脚本を、五年の年月を経て改めて練り直した。大筋は変わらないが、おかしみのある会話が削られ、より悲劇的になった。五年前の脚本では斎藤達雄を父役に想定していたが、笠智衆に変更。日米戦が始まり戦争がより激しくなった時代に撮られた、小津の戦前最後の作品である。

父を慕いながらも離れて暮らす息子を描く。小津の自伝的な要素もある作品。「正気歌」「海ゆかば」など尊皇的な内容が含まれる（それらはロシア版では残っているが、戦後削除された）。

その一方、前作に続き中華文化蔑視の時代に漢詩などを多用している。

やっと父とゆっくり過ごすことができた息子が、「唯一度だけ」を口笛演奏する点も興味深い。これはエリック・シャレル監督『会議は踊る』(一九三一年・墺)の主題歌。ロシア皇帝とウィーンの街娘との逢瀬の喜びを歌う楽曲。そんな恋の歌を息子が奏でるというのも妙だが、『晩春』での父娘の関係に見られるように、小津にとって親子の愛情は男女の愛情にも近い特別なものかもしれない。

父が発作で亡くなる場面の撮影で、小津が「俺の親爺の時と同じにやってやる」と言い、笠の足首を持って痙攣《けいれん》の模様を指導したという。それに続く臨終の場面は、撮影の厚田雄春の提案もあり、強いライトの中で撮影された。死の場面で光が降り注ぎ、かえって悲しさが強調された。この発想は、のちの悲しい場面に明るい音楽が使用される手法にもつながる。断定は難しいが、おそらく全てのショットで固定撮影をした初めての作品。

『淑女は何を忘れたか』では登場人物の女性に時にまつわる名が付けられていた。本作品では教師の堀川・平田、生徒の山田・吉田・黒川・内田・前田と、水や田にまつわる名前が多い。

父の遺骨を汽車の網棚に置いた場面が不謹慎と非難された。これは小津が高野山に父の遺骨を納める時も行ったことで、万一居眠りしたり、酒を飲む拍子に粗相でもしたりすればかえって不謹慎じゃないのかね、と反論した。

少年期に遊んだ松阪城の思い出が反映されているだろう場面

襖に描かれた漢詩「南山寿」

一九四二年

ビルマ作戦《さくせん》　遥《はる》かなり 父母《ちちはは》の国《くに》

脚本：有(撮影されず)

◆スタッフ(予定)

脚本＝斎藤良輔《さいとうりょうすけ》、小津安二郎、秋山耕作《あきやまこうさく》　演出＝小津安二郎　撮影＝厚田雄春　美術＝浜田辰雄　録音＝妹尾芳三郎　音楽＝彩木暁一

◆キャスト(予定)

前田隊長＝未定　宮本中尉＝西村青児　足立軍曹＝笠智衆　相原伍長＝佐野周二　渡辺上等兵＝坂本武　黒川上等兵＝長尾寛　池内上等兵＝油井宗信《あぶらいむねのぶ》

◆あらすじ

太平洋戦争下、ある部隊がビルマ・ラングーンに到着した。しばしの休息の後、英軍と衝突。軍曹(笠智衆)は足を負傷し手術で切断、次の日には亡くなってしまう。英軍に勝利した部隊は再び進軍を開始する。

◆ディテール

八紘一宇《はっこういちう》　宿営で兵士たちが歌う歌。歌詞にはさまざまなものがあるが、脚本では以下の通り記されている。「赤い血潮で日の丸染めてよ世界統一して見たいよ　染めてやりたや世界の地図を　昇る旭の紅によ　俺が死んだら三途の川原でよ　鬼を集めて相撲とるよ」。別の場面で以下も歌われる。「ヒマラヤ雫のガンジス河でよ 大和男子が鰐を釣るよ　萬里の長城で小便すればよ　ゴビの沙漠に虹が立つよ　霧の晴れたるロンドン街でよ　高く揚った鯉幟よ　ギャング絶えたるシカゴの街よ　孫の詣でる忠魂碑よ」

西郷隆盛　兵士が、ここは東京なら下谷《したや》辺りかなと言う。それに対して別の兵士が、じゃあ西郷さんの銅像見るかなと答える。→『生れてはみたけれど』小津小論8「西郷隆盛」参照

南無妙法蓮華経《なむみょうほうれんげきょう》　法華経の題目が会話に出てくる。別の兵士がシラミを殺す際、南無阿弥陀仏と唱える場面もある。

不如帰《ほととぎす》　宴会で笠智衆が歌う。一八九八年から連載された徳富蘆花の同名小説から作られた歌。姑と折り合いの悪い娘が、夫の出征中に離婚させられ自殺を図る恋愛悲劇。『長屋紳士録』『秋日和』でも触れられる。

蔣介石《しょうかいせき》　戦闘相手として言及される。のちの中華民国の初代総統。

加藤清正《かとうきよまさ》　空腹時に、加藤は蔚山城の戦いの時壁土食ったぞ、と話題に上る。加藤は豊臣秀吉の家臣だった戦国武将。

靖国神社　笠智衆の死後、部下が「(笠の子も)可愛い下駄履いて、靖国神社へ行くんだぜ……」とつぶやく。靖国神社は東京の九段北にある、明治以降の日本の内戦で政府・朝廷側で戦没した軍人、また外戦で戦没した軍人らを祀る神社。

◆解説

脚本は執筆されたが撮影されなかった作品。ビルマ作戦を題材にしたいわゆる国策映画で、ビルマと同盟条約を結ぶ予定だったことから軍による要請を受けて書いた。小津の中国大陸での戦争経験も反映されているようだ。

小津の映画では学校や会社、同窓会などを通して、男たちの社会が描かれることが少なくない。この作品は戦場が舞台で、男性のみの出演。

後年の小津作品からは想像しがたいが、砲撃・射撃による戦闘場面があり、飛行機や戦車も登場。マラリアで苦しむ同僚や、負傷し足を切断して亡くなる軍曹なども描かれる。しかし小津の脚本は、中隊長を父、班長を母として部隊を一家のごとく描くことを意図した。ラングーンでも相変わらず洗濯物がはためく。俺の妹と結婚しないかと言って女優の写真を見せてからかう兵士。死んだら極楽に行きたいと言うと、極楽にはお前の友達いないぞと返される会話など、明るくおかしみのある場面も多い。それゆえ、軍の意向には合わなかったようで撮影には至らなかった。

一九四七年

長《なが》屋《や》紳《しん》士《し》録《ろく》

製作＝松竹大船　時間＝七二分　モノクロ・トーキー・七巻（一九七三メートル）　脚本：有　フィルム：有　公開＝一九四七年五月二十日

◆スタッフ

脚本＝小津安二郎、池田忠雄　監督＝小津安二郎　撮影＝厚田雄春　撮影部（撮影助手）＝川又《かわまた》

監督第四十作。孤児と長屋の人々の交流を描く。長屋の女(飯田蝶子)は最近の子どもを批判するが、最終的には社会とわが身を振り返る

昂《たかし》ほか　美術＝浜田辰雄　音楽＝斎藤一郎《さいとういちろう》　編集＝杉原《すぎはら》よ志《し》

◆キャスト

おたね＝飯田蝶子　幸平＝青木放屁《あおきほうひ》（富宏《とみひろ》）　父親＝小沢栄太郎《おざわえいたろう》　きく女＝吉川満子　為吉＝河村黎吉　ゆき子＝三村秀子《みむらひでこ》　田代＝笠智衆　喜八＝坂本武　写真師＝殿山泰司《とのやまたいじ》

◆あらすじ

ある長屋に迷子（青木放屁）が訪れる。中年女（飯田蝶子）が面倒をみることになった。次第に子に情が移っていったが、孤児の父親（小沢栄太郎）が訪れ子どもと別れることに。女は他の子どもの面倒をみたくなったと言う。

◆ディテール

婦系図《おんなけいず》　冒頭、河村黎吉が暗誦している。小津が好んでいた泉鏡花の小説『婦系図』の一節。『婦系図』はドイツ語学者と芸者との悲恋を描いた話。脚本では「気が狂えば結構だ、俺は正気で言ってるんだ」という部分から始まるが、この台詞は切られた。もし小津の戦後第一作がこの台詞から始まっていれば、随分作品の印象も違っただろう。『婦系図』は『早春』でも触れられる。

靖国神社　「九段で親にはぐれてしもた」子どもを笠智衆が連れて帰ってくる。他の台詞から判断すると、東京・九段北にある靖国神社で拾われた子だろう。→『ビルマ作戦　遙かなり父母の国』参照

のぞきからくり　笠が昔やっていたといわれる。のぞきからくりとは紙芝居のような見せ物。客が覗き窓から箱の中を見て、変わっていく絵をからくり屋の口上とともに楽しむ。この場面で、笠は徳冨蘆花《とくとみろか》の小説『不如帰』から作られた歌を歌う（→『ビルマ作戦　遙かなり父母の国』参照）。先述の『婦系図』もこの『不如帰』も新派悲劇の代表的な作品。

築地本願寺《つきじほんがんじ》　映画に何度も映る。東京の築地にある浄土真宗本願寺派の寺で、寺近辺は辛《かろ》うじて空襲を免れていた。長屋はこの近くにあるようだ。

紺屋高尾　飯田蝶子が坂本武をからかって「此の人のはね、同じ紺屋でも久造の方でね」と言う。これは浪曲・古典落語「紺屋高尾」から。「紺屋高尾」では紺屋（染物屋）の久造が恋仲の高尾を長く待たせることから、時間がかかるの意味。→『出来ごころ』参照

西郷隆盛　上野公園の場面に西郷の銅像が映る。像の下に子どもがいるが、彼らは実際に上野周辺にいた孤児。→『生れてはみたけれど』小津小論8「西郷隆盛」参照

◆解説

戦後第一作。前作『父ありき』から五年もの間が空いた。その間さまざまな構想を練っていただろうが、松竹から頼まれ、約二週間で脚本を書き上げた。この頃の小津にしては異様に短い執筆期間だった。『出来ごころ』や『浮草物語』に連なる「喜八もの」で、坂本武が喜八を演じる。本作品で坂本は主人公ではなく隣人として登場している。小津の下町人情噺は一九三三年の『出来ごころ』から始まり、本作品で終わりを迎える。描きたい下町がなくなったのが理由だという。

役者陣には、戦前作品からの常連、飯田蝶子・吉川満子らにみずから交渉し出演を依頼した。リハーサルの長い小津作品への出演に難色を示した二人に、小津は、今回はそんなことはないからと説得。しかし、撮影はいつもの通りで二人は辟易《へきえき》したという。

黒澤明ら諸監督が戦前の国策映画制作から転換し民主的な映画を作り出すなど、時代が大きく変わっていた。小津はいったいどのような作品を見せるかと期待されていたなか、戦前と変わらぬ下町人情噺に思われ、皆驚いたという。確かに『長屋紳士録』は、下町を舞台に人情の機微を描く。「紺屋高尾」などの題材は戦前にも出

ていた。しかし、この作品には単に人情ものにとどまらない奥行きがある。少年が拾われた場所は靖国神社。戦後間もない頃、こうして靖国神社に触れているのは刺激的である。また、少年の寝小便の形がキノコ雲のように見えたりもする。

終盤には、飯田が他の子どもの面倒をみたいと言い、占いから北西に位置する上野を探すことになる。そこから考えてみると、長屋は上野の南東、すなわち両国から木場《きば》の方向と推測できる。また、築地本願寺からさほど遠くないという設定から、小津の生まれ育った深川付近の設定と特定できる。しかしこれは奇妙だ。深川をはじめ、隅田川から東の一帯は、両国にせよ木場にせよ、空襲で最も被害を受け、焼け野原になった一帯だ。映画が撮影・公開された一九四七年前半であのような長屋があったとは考えにくい。

小津は焼け野原となった東京を映すことも考えていたようだ。しかし、GHQによってそれは禁止されたので叶わず、実際の撮影も比較的被害の少なかった築地付近で行われた。それならば場面設定も築地にすれば自然だったのだが、そうしなかったのは何故なのだろう。

この奇妙な場所設定、靖国神社で拾われた孤児、キノコ雲を思わせる寝小便、進駐兵と交際があると思われるサングラスの娘、孤児の記念写真撮影での画面天地反転とその後の長い暗転、明治政府と対立し、靖国神社に祀られていない西郷隆盛の銅像、その足元に集まる実際の孤児の登場と示唆に富んだ内容が多い。この作品は戦前と変わらない人情噺と評されることが多いが、果たしてそうだろうか。

焼け野原で寝小便布団を乾かす少年

戦火を免れた築地本願寺

「不如帰」が歌われる場面

上野にいた実際の戦争孤児たち

風《かぜ》の中《なか》の牝《めん》雞《どり》

一九四八年

製作＝松竹大船　時間＝八三分　モノクロ・トーキー・十巻（二二九六メートル）　脚本：有　フィルム：有　公開＝一九四八年九月二十日・国際劇場

◆スタッフ

脚本＝斎藤良輔、小津安二郎　監督＝小津安二

監督第四十一作。戦後の売春や帰還兵が描かれる。小津自身は失敗作としたが、一部に熱狂的な支持者を持つ。妻を演じる田中絹代

郎　撮影＝厚田雄春　美術＝浜田辰雄　調音＝妹尾芳三郎　調音助手＝末松光次郎ほか　録音＝宇佐美駿《うさみしゅん》　音楽＝伊藤宣二　編集＝浜村義康

◆キャスト

雨宮修一＝佐野周二　時子＝田中絹代　佐竹和一郎＝笠智衆　酒井彦三＝坂本武　つね＝高松《たかまつ》栄子《えいこ》　小野田房子＝文谷千代子《ふみやちよこ》

◆あらすじ

　子どもの治療費を捻出するため売春した妻(田中絹代)は、戦地から帰還した夫(佐野周二)に過ちを告白する。理性では分かりながらも許せない夫は苦悩するが、最後は抱き合って和解する。

◆ディテール

世界永遠平和　田中絹代たちの大家の部屋に貼ってある書。大家の子が書いたのだろう。

KiSS and TELL(接吻売ります)　リチャード・ウォーレス監督『KiSS and TELL』(一九四五年・米)のポスターが、同部屋に貼ってある。日本公開は一九四八年。シャーリー・テンプル主演の恋愛喜劇。題名は「信頼を裏切る、秘密を暴露する」という意味。ウォーレス監督作品に触れられるのは『和製喧嘩友達』に続いてのこと。同じ部屋には、ウィリアム・ディターレ監督『Love Letters』(一九四五年・米)やヴィクター・サヴィル監督『The Green Years』(一九四六年・米)のポスターも見える。

勲七等　売春宿を斡旋《あっせん》した女性が、同じアパートの住人から売却を頼まれている。少佐級の勲章なのでなかなか高位だが、劇中では価値のない扱い。

ブンガワンソロ　子どもが退院する場面で、看護師が歌っている。インドネシアの大衆音楽で、題はソロ川という意味。この歌が日本で知られるきっかけは市川崑監督『ブンガワンソロ』(一九五一年)。

夏は来ぬ　売春宿の隣の小学校から聞こえる歌。作詞＝佐佐木信綱、作曲＝小山作之助。劇中では一番、五番、一番、五番、三番の順番で歌われている。

◆解説

『長屋紳士録』完成後に小津は斎藤良輔と『月は上りぬ』の脚本を書いたが、高峰秀子が出演できない等の理由で延期、本作品を撮った。こちらも再び斎藤との共同脚本。小津は七歳年下の斎藤を気に入っていた。戦中も『ビルマ作戦　遙かなり父母の国』『デリーへ、デリーへ』をともに書いたが、斎藤との脚本は実現しなかったものが多く、撮影されたものは本作品が初めて。

　子を助けるための妻の一度限りの売春行為、それを夫が許せず苦しむという内容は、小津が従軍時に読んで深く感動した志賀直哉の『暗夜行路』に通じる。夫は妻を責めるが、その夫は戦争で何も罪を犯していないのだろうか。そう考えさせられる作品だが、小津は「作品というものには、必ず必《ママ》敗作があるね、それが自分にプラスする失敗ならいいんだ。しかし、この『牝雞』はあまりいい失敗作ではなかったね」と振り返っている。脚本家・野田高梧は「現象的な世相を扱っている点やその扱い方が僕には同感出来なかった」ことを小津に伝え、次作を二人で書くことになった。

　田中絹代が階段から落ちるショットで小津作品唯一の代役が使われている。本物にこだわる小津にしては異例のことだ。編集の浜村義康によれば、小津はこのカットを、フィルムを輪にして映写機にかけ、繰り返し見た。当時はナイトレートフィルムで発火しやすいのだが、フィルムが燃えそうになり、映写技師が止めるまで十五回も見ていたという。この階段落ちは小津がシンガポールで見た『風と共に去りぬ』からの影響とみる者もいる。『風と共に去りぬ』でも同様の場面がある。

　ガスタンクが主人公たちの家のすぐそばにあり、冒頭から頻繁に映る。脚本によると、舞台設定は江東地区あたりなので『出来ごころ』『東京の宿』『一人息子』と同じ北砂《きたすな》にあったものだろう。ここは前作『長屋紳士録』の舞台から離れた地域で空襲がそこまで激しくなかった。ガスタンクは現在では球形をしていることが多いが、この作品では円柱形のもの。作品の冒頭と末尾にこのガスタンクが映り、同じ位置からの撮影に思える。しかしよく見ると、末尾のほうがキャメラがやや上向きで空が多く映っており、冒頭より明るい。冒頭と末尾のショットでわずかにズレが生じているのは『若き日』と同じ。戦争の影でいうと、佐野周二が田中を問い詰めた後、簞笥《たんす》から紙風船が落ちるショットがある。これは戦争で亡くなった盟友・山中貞雄の監督作品『人情紙風船』（一九三七年）を想起させる。

作品中、何度も映るガスタンク

部屋に転がる紙風船

小津小論15 「からっぽ」

瓶、壺、やかん、風に揺れる洗濯物……小津作品は「からっぽ」であふれている。小津は親子の関係をよく描いたが、男女の恋愛はあまり描かなかった。それゆえ、作品に性愛の場面はほとんど描かれない。しかし、よく見ると接吻や性的な場面にはからっぽのものがよく登場する。『風の中の牝雞』での紙風船、『早春』のビール瓶、『浮草』の船やラムネ瓶……色即是空なのか、色恋の虚しさの表現なのか。

晩《ばん》春《しゅん》

一九四九年

製作＝松竹大船　時間＝一〇八分　モノクロ・トーキー・十二巻（二九六四メートル）　脚本：有　フィルム：有　公開＝一九四九年九月十九日・国際劇場

◆スタッフ

製作＝山本武《やまもとたけし》　原作＝広津和郎《ひろつかずお》（『父と娘』）　脚本＝野田高梧、小津安二郎　監督＝小津安二郎　撮影＝厚田雄春　美術＝浜田辰雄　音楽＝伊藤宣二　編集＝浜村義康

◆キャスト

曾宮周吉＝笠智衆　紀子＝原節子《はらせつこ》　北川アヤ＝月丘夢路《つきおかゆめじ》　田口まさ＝杉村春子《すぎむらはるこ》　服部昌一＝宇《う》佐美淳《さみじゅん》　三輪秋子＝三宅邦子　小野寺譲＝三島《みしま》雅夫《まさお》

◆あらすじ

父（笠智衆）と娘（原節子）、二人の家庭。父は娘が婚期を逃しつつあるのが気がかりだが、娘はこのままでいたいと主張する。父は自身に再

監督第四十二作。いわゆる小津調が確立したといわれる作品。国内外で人気が高い一本。花嫁衣装の原節子

婚話があるといって娘に縁談を勧める。娘が結婚したその日、父は彼女の友人(月丘夢路)に、再婚話は嘘だったと明かす。

◆ディテール

リスト　笠智衆がドイツ人経済学者の「フリードリッヒ・リスト」のつづりを調べている。脚本によると彼は東京大学教授という役どころ。もう一人話題に上るフランツ・リストはハンガリー出身の音楽家。

釈迦《しゃか》　笠の部屋に小さな釈迦像が見える。彼の家には他にも仏像の写真が複数見てとれる。

血沈《けっちん》　劇中で原節子が「十五に下がった」と言う。血沈とは赤血球が沈降する速度を調べる検査で、この数値はほぼ正常になったということ。血沈が高い理由には、血友病や免疫の異常、肝炎、胆嚢《たんのう》炎などが考えられる。

コカ・コーラ　原と宇佐美淳が自転車をこぐ場面にコカ・コーラの看板が映る。二人が走るのは昭和天皇即位式を記念に整備された道で、わずかではあるが御大典記念魚附海岸砂防造林の標識も見える。コーラの看板とこの天皇即位を祝う道は新旧の対比だろうか。以降、『宗方姉妹』『秋日和』『小早川家の秋』『秋刀魚の味』でもコーラの看板は映る。

巌本《いわもと》眞理《まり》　原が誘われたコンサートの演奏者で実在の人物。撮影前の脚本(川喜多記念映画文化財団所蔵)では、巌本ではなく槇本百合という架空の音楽家だった。フランツ・リストの弟子にあたるヨアヒム・ラフが作曲した「カヴァティーナ」が演奏される。

ステノグラファー　月丘夢路の職業。タイプライターによる速記者のこと。月丘はただのタイピストではなく『麦秋』の原のように英文速記ができるようだ。

三河島第一班　原と月丘の会話で、友人が三河島第一班へ嫁ぐとされる。三河島は荒川区の地名。第一班は、配給制度での住所区分。彼女たちからするとあまり上品ではない、三河島の配給第一班地区の家に嫁ぐという意味。

東郷《とうごう》青児《せいじ》　月丘の部屋に東郷青児の絵画がある。『お茶漬の味』にも登場する。月丘の部屋の椅子には、『POST』『The Man from Nowhere』『WOMAN AS FORCE IN HISTORY』『Inside U.S.A.』『High Tower』などの洋書も見える。

八坂《やさか》の塔　京都の情景ショットで映る。京都の五重塔といえば東寺のものも有名だが、これは祇園にあるもの。笠らは他に清水寺や、龍安寺を訪れている。

ツァラトゥストラはこう語った　京都の宿で笠が持っているフリードリヒ・ニーチェ(独)による哲学書。表紙を見ると、ドイツ語の原書を読んでいる。

リヒャルト・ワーグナー　結婚式当日、ドイツの作曲家ワーグナーの「婚礼の合唱(結婚行進曲)」が流れる。結婚式でよく使われる有名な曲だが、ゆっくりとした調子に編曲されている。

◆解説

作家・広津和郎の短編小説『父と娘』から着想を得た。話をかなり膨らませてある。小説では父が娘と同じ年代の若い女性に求婚し、最終的に結婚するので相違点も多い。他に小津が好んでいたキング・ヴィダー監督の『ステラ・ダラス』(一九三七年・米)も下敷きになっている。『ステラ・ダラス』は母娘の話で、母が娘の幸福のために嘘をつき自己を犠牲にする。

前作は失敗だったと感じていた小津は、第一作から付き合いのあった野田高梧と十四年ぶりに共同脚本を書いた。また作家・里見弴に脚本を送り意見を求めた。脚本の作り方が変わったのだ。

十四年前に野田らと書き上げた『箱入り娘』は娘の結婚が主題だったが、この作品も同様。以降、娘の結婚やそれに伴う親子の別れは何度も描かれる。小津の作品の中でも転換点となった一本。また、本作品と『麦秋』『東京物語』はどれも原節子が「紀子」を演じているため、「紀子三部作」と呼ばれる。

鋭い社会描写で知られていた小津だが、本作品以降は保守的な作家と見なされてしまう。しかし、民主化が叫ばれるなかで、見合い制度や能楽、茶の湯など日本の古いものを積極的に描いてみせたのには、華族の家にマルクスの肖像を飾り、近代化する東京の片隅で貧困に苦しむ人々を描き、軍国化のなかで優雅な喜劇を描いたことと同じく、反骨の精神も感じられはしないだろうか。また本書第五章掲載の末松光次郎氏への取材で明らかになったが、屋外での同時録音を行うなど、当時最新技術の録音法にも小津は挑戦している。

劇中の能の演目は「杜若《かきつばた》」。旅の僧が杜若の精と出会う場面が演じられている。「杜若」では在原業平が方便で杜若を救ったとする。本作品でも笠が「嘘」をついて娘を結婚へ導くので、その点が共通している。京都宿泊時の原の浴衣の柄が杜若のようにみえるのも見逃せない。映画のクレジットには「杜若　戀之舞」とある。金春惣《こんぱるそう》右衛門《えもん》によるとこの舞の撮影は行われた。編集で省略されたということだろう。

父と娘が京都で枕を並べ一泊する際、床の間の壺が映るカットがあり、これが映画批評家らの間で何を意味するのかと話題になった。特に海外の批評家には父娘が旅先で同じ部屋で寝ることは異様に思えるようで、それゆえ壺に性的な意味を見いだすのだろう。それも興味深いのだが、この京都の宿で笠が持っている本が、ニーチェの『ツァラトゥストラはこう語った』であることにも注目したい。笠智衆演じる父はフリードリッヒ・リストのつづりを確認しているように、ドイツ文化に詳しい大学教授らしい。本作品で日本の伝統文化の良さを肯定したのと同じように、当時否定されがちであった、敗戦国のドイツ文化の価値にも目を向けていることがわかる。

娘は血沈が下がったためか、サイクリングにも来ている

壁に掛けられた東郷青児の絵画

由緒ある道の傍で休む娘（原節子）

父（笠智衆）が読むニーチェの本

鎌倉在住の父と京都から来たその友人が、「東京はどっちだい」「すると東はこっちだね」「いやア、東はこっちだよ」と会話がかみ合わない。鎌倉の人にとって東京は北、京都人には東に位置することからのズレだ。そんなおかしみが表現される場面もあるが、撮影中には照明の部品が落ち、原が頭部に三針を縫う事故にも見舞われた。

映画の最後で、林檎の皮を剝《む》いていた笠智衆がうなだれる。当初、小津は笠に皮を剝き終えたら慟哭《どうこく》するようにと演出した。笠はそれを拒否し、変更された。小津を尊敬し、全てを指示通りに演技していた笠が生涯でただ一度、小津に異を唱えた場面だった。

この最後の場面は、試写を見た里見弴から、「娘を結婚さした晩、父親が淋しくひとりで帰って来る。留守番の人を玄関からでなく、台所から送り帰す。座敷へ入ろうとして、娘のいた二階をつと見上げる。こんな事にしたら……」と意見をもらう。これはのちに『秋刀魚の味』で活かされた。

一九五〇年

宗《むね》方《かた》姉妹《きょうだい》

製作＝新東宝　時間＝一一二分　モノクロ・トーキー・十二巻（三〇八〇メートル）　脚本：有　フィルム：有　公開＝一九五〇年八月二十五日・丸の内ピカデリー

◆スタッフ
製作＝児井英生《こいえいせい》ほか　原作＝大佛次郎《おさらぎじろう》（『宗方姉妹』）　脚本＝野田高梧、小津安二郎　監督＝小津安二郎　撮影＝小原譲治《おばらじょうじ》　美術＝下河原友雄《しもがわらともお》　音楽＝斎藤一郎　編集＝後藤敏男《ごとうとしお》　巧藝品考撰＝澤村陶哉《さわむらとうさい》

監督第四十三作。性格の異なる姉（左・田中絹代）と妹（右・高峰秀子）を描く。ロケ先の薬師寺に多くの人が訪れた＝本作品画像はすべて©東宝株式会社

◆キャスト
宗方節子＝田中絹代　満里子＝高峰秀子　田代宏＝上原謙　真下頼子＝高杉早苗　宗方忠親＝笠智衆　節子の夫・三村亮助＝山村聰《やまむらそう》　前島五郎七＝堀雄二《ほりゆうじ》　教授・内田譲＝斎藤達雄

◆あらすじ
古風な姉（田中絹代）と、現代風な妹（高峰秀子）。妹は姉が失業中の夫（山村聰）とうまくいかないのを見かね、離婚するよう勧める。しかし姉の夫は急死してしまい、姉も再婚はできないと打ち明ける。

◆ディテール
ATOMIC BOMB　笠智衆の読んでいる英文雑誌の見出し。原子爆弾の記事を読んでいるようだ。原作にも父が原爆に言及する場面がある。

徳川夢声《とくがわむせい》　高峰秀子が上原謙に話す独特の口調が、徳川夢声を模したもの（大河内傳次郎の真似とする説もある）。徳川は活動弁士や漫談家、俳優、作家として活躍した。

ショパン　高杉早苗の家でポーランドの作曲家フレデリック・ショパンのピアノ演奏曲「夜想曲一一番」が聞こえる。彼女が演奏しているものだろう。

星条旗　上原の泊まっている築地の情景ショットに映る米国の国旗。

エンリコ・トセリ　高峰がヴァイオリンを弾く真似をしながら、トセリ作曲のセレナーデを口ずさむ。トセリは一八八三年生まれのイタリアの音楽家。

GHQ　田中絹代と上原が日比谷の第一生命館近くを歩く。この建物は当時GHQにより使われていた。作品末尾に映る京都御所との対比か。

ハムレット　高峰がバーで、かつて特攻隊だった男に、「特攻隊にはわかんないよ、ハムレットの気持」と言う。英国の劇作家ウィリアム・シェイクスピアの代表作『ハムレット』に触れられている。

◆解説
むねかたきょうだい、と読む。小津が初めて松竹以外となる、新東宝で撮った作品。製作には、のちに溝口健二の『西鶴一代女《さいかくいちだいおんな》』の製作や、石原裕次郎の売りだしで知られる児井英生らがついた。新東宝が進めていた文芸大作路線の一環で、大佛次郎の小説が原作。大佛と映画化について話し合い、題名と人物はそのまま使って

内容を変える了承を得た。原作からの変更は多く、バーテンダーが元特攻隊員であることや、山村聰の激しい平手打ちの場面などが加えられた。また、田中絹代と上原謙が接吻する場面はその寸前で止まるよう変更された。

制作費は五二〇〇万円で当時の日本映画の最高記録だった。起用する俳優もあらかじめ決まっていたことや初めて組むスタッフばかりだったことから、撮影のうまくいかなかった作品とされる。しかし、興行的には大成功で、洋画を含む興行年間第一位。二〇一〇年代の売り上げで見ると、『風立ちぬ』や『美女と野獣』などと同じ位置。小津作品が日本で一番の売り上げを誇っていた時代もあったのだ。

細部に注目すると、GHQに原爆の報道が統制されていたなか、父が読む英語雑誌の記事に「ATOMIC BOMB」とある。築地の情景ショットでは、米軍が接収した築地病院の屋根には星条旗がはためき、さらにその手前には有栖川宮威仁《たけひと》親王の銅像が映る。星条旗と皇族の銅像という対比だ。一九三一年の『淑女と髯』では華族の家にマルクスの肖像を飾ったが、小津は声高ではないだけで、実は戦後も大胆な表現を行っている。

主人公の家が墓のすぐそばにある。死を連想させるものの隣に家があるというのは、焼け野原の中にある『長屋紳士録』の長屋と通じるところがある。またのちの『東京物語』の寺のそばにある尾道の家でもみられる設定。当時は一階に主人の部屋があることが一般的。にもかかわらず山村が二階にいるのは、これが妻の家所有のものであるため。

作品終盤で山村の仕事が決まったという猿谷ダムは奈良県に実在する。当時、水没予定となった住民は建設反対を唱えており、そこで仕事が見つかったというのは世相を表した苦い話と言える。

父（笠智衆）の読む「ATOMIC BOMB」の記事

皇族の銅像とその後ろに掲げられた星条旗

物真似を披露する妹（高峰秀子）

GHQに使われていた第一生命館

一九五一年

麦《ばく》秋《しゅう》

製作＝松竹大船　時間＝一二四分　モノクロ・トーキー・十三巻（三四一〇メートル）　脚本：有　フィルム：有　公開＝一九五一年十月三日

監督第四十四作。一家を支える娘の結婚に周囲が気をもむなか、娘は独断で結婚に踏み切る

◆スタッフ
製作＝山本武　脚本＝野田高梧、小津安二郎
監督＝小津安二郎　撮影＝厚田雄春　美術＝浜田辰雄　音楽＝伊藤宣二　編集＝浜村義康　巧藝品考撰＝澤村陶哉　進行＝清水富二

◆キャスト
間宮紀子＝原節子　康一＝笠智衆　田村アヤ＝淡島《あわしま》千景《ちかげ》　間宮史子＝三宅邦子　周吉＝菅井《すがい》一《いち》郎《ろう》　志げ＝東山《ひがしやま》千榮子《ちえこ》　矢部たみ＝杉村春子
謙吉＝二本柳《にほんやなぎ》寛《ひろし》　間宮茂吉＝高堂国典《こうどうこくてん》　佐竹宗太郎＝佐野周二

◆あらすじ
娘(原節子)が上司(佐野周二)や家族から縁談を勧められる。家族は上司からの縁談が悪くないと思ったが、あるとき亡兄の友人(二本柳寛)の母(杉村春子)から、あなたのような人を息子の嫁に欲しかったと言われ、娘はその場で了解してしまう。

◆ディテール
Home! Sweet Home!(埴生《はにゅう》の宿)　菅井一郎が鳥の餌《えさ》を作っている場面に流れるイングランド民謡。讃美歌「こがねの城を経めぐるとも」としても知られる。一八二三年、作詞＝ジョン・ハワード・ペイン、作曲＝ヘンリー・ローリー・ビショップ。家のように素晴らしい場所はないと歌う。『彼岸花』にも流れる。

チボー家の人々　二本柳寛が通勤の場面で読んでいる本。仏国の作家ロジェ・マルタン・デュ・ガールの長編小説。第一次大戦前後のフランス社会を背景に、富裕な家庭の息子を通して若い世代の苦悩を描く。

天衣紛上野初花《くもにまごううえののはつはな》　高堂国典らが鑑賞する歌舞伎の演目。河内山宗俊などの悪党が描かれた。のちに『浮草』で中村鴈治郎によって演じられる。

ヘップバーン　原節子演じる紀子は、学生時代にヘップバーンのブロマイドを大量に集めていたとされる。ヘップバーンは時代から考えてもオードリー・ヘップバーンではなく、小津自身は嫌いだと語ったことのあるキャサリン・ヘップバーンのこと。女性からも人気があった米国の女優。

ニコライ堂　東京のお茶の水にあるロシア正教会の大聖堂。原と二本柳が入る喫茶店そばにある。店内で二本柳が、昔も壁にあの額が飾ってあったと言う。その絵は脚本ではミレーの「落ち穂拾い」だった。しかし映画では花の絵になっている。

徐州《じょしゅう》戦　劇中、原の亡兄が参加していたと回想される。実際に小津も参加していた一九三八年に起きた中国での会戦。

麦と兵隊　劇中、二本柳が読んでいたという一九三八年の火野葦平《ひのあしへい》の小説。徐州戦の戦記もの。小津は火野の『土と兵隊』に手厳しかったが、この作品は評価していた(＊1)。

雨降りお月さん　劇中、原が子どものころ歌ったと言われる。結婚する娘の歌。作詞＝野口雨情、作曲＝中山晋平。

耳成山《みみなしやま》　最後の場面で麦畑の奥に映る山。奈良の大和三山の一つ。天香久山、畝傍山との三山(の神)が恋争いをしたという伝説がある。

◆解説
『麦秋』という初夏を意味する言葉が題になった。冒頭、鎌倉の家でウグイスが鳴いていることから分かるように、春から初夏にかけての話である。野田高梧が会心の出来と自負する脚本で、後年野田は、『東京物語』は誰にでも書けるが、これはちょっと書けないと思う、と述べた。小津自身は、「ストウリイそのものより、もっと深い《輪廻》というか《無常》というか、そういうものを描きたいと思った」と語った。脚本は高く評価され、五年後の一九五六年に大修館書店の教科書・新高等国語にも掲載された。
『晩春』に続き、原節子を「紀子」として起用することを想定して脚本を書いた。しかし、『晩春』の役が原の関係者に良く思われなかったらしく、

また松竹からは彼女の給与が高いと難色を示された。小津は原が出ないならこの作品は撮らないと主張。それを伝え聞いた原は、私のお金は半分でもいいから出演したいと申し出たという。なお、この頃に小津と原の結婚の噂が出たが、確かな根拠はない。『晩春』で父娘を演じた笠と原が、本作品では兄妹となった。見事に演じられているが、兄の役はもともとは山村聰の予定だった(＊2)。スタッフではのちに『黒い雨』『うなぎ』を監督する今村昌平が助監督として参加。以後、今村は『お茶漬の味』『東京物語』にも参加している。

演出について小津は、「感情の動きや気持の移ろい揺ぎなどは、場面内では描こうとせずに、場面と場面の間に、場面外に盛り上げたい」「芝居も皆押しきらずに余白を残すようにして、その余白が後味のよさになるように」と考えた。

細部を見ると、原の職場のタイプライターのそばには「TIME」誌がある。「TIME」誌は英語の雑誌。彼女はただのタイピストではなく、打っている文字からも分かるように英文速記者だ。『晩春』でも出てきたが、この役柄は「日本映画の母」川喜多かしこを参考に生み出された。戦後間もない当時には珍しい高度な英語理解能力とタイピング能力が求められた。かなり収入もあったと思われる。彼女が嫁いだ後、一家が離ればなれになるのは家計を支えていた原がいなくなったためである(＊3)。

結末の麦畑で麦が揺れるショットは、七度同じ構図で撮影された。編集助手が試写で小津の指示と違うショットを繋いでしまったが、小津はその麦の揺れのわずかな違いを見抜き訂正させた逸話も残っている。

＊1「考える人」no.一九に詳しい。
＊2「Switch」一九九二年 vol.九 no.六に詳しい。

通勤中に読まれる『チボー家の人々』

喫茶店近くのニコライ堂

ヘップバーンの写真をこんなに持っていたと言及される

麦畑とその後ろの耳成山

＊3 脚本の梗概にも、「康一の収入も　周吉の原稿料も　一家を支えるのに十分ではない」と記されている。

一九五二年

お茶《ちゃ》漬《づけ》の味《あじ》

製作＝松竹大船　時間＝一一五分　モノクロ・

監督第四十五作。夫婦の機微を描く。自由奔放にふるまう妻(左から二番目・木暮實千代)が、最後に夫の頼もしさに気づく

トーキー・十二巻（三一五六メートル） 脚本：有 フィルム：有 公開＝一九五二年十月一日

◆スタッフ

製作＝山本武 脚本＝野田高梧、小津安二郎 監督＝小津安二郎 撮影＝厚田雄春 美術＝浜田辰雄 音楽＝斎藤一郎 編集＝浜村義康 巧藝品考撰＝澤村陶哉 進行＝清水富二

◆キャスト

佐竹茂吉＝佐分利信 妙子＝木暮實千代《こぐれみちよ》 岡田登＝鶴田浩二《つるたこうじ》 平山定郎＝笠智衆 雨宮アヤ＝淡島千景 山内節子＝津島恵子《つしまけいこ》 山内千鶴＝三宅邦子

◆あらすじ

性格も好みも違う夫婦（佐分利信・木暮實千代）。姪（津島恵子）の結婚問題をめぐって対立し、妻がしばらく家を空ける。同じ頃、夫の海外転勤が決まるが、妻が戻ったのは夫が旅立った後だった。しかし、飛行機の故障で、思いがけず夫が深夜に帰宅。お茶漬を食べ、二人は夫婦の大切さを実感する。

◆ディテール

ノンちゃん雲に乗る 木暮實千代らの会話に出てくる。一九五一年の石井桃子の児童文学作品。一九五五年に、原節子ら主演で映画化された。

風と共に去りぬ ビクター・フレミング監督『風と共に去りぬ』（一九三九年・米）の看板が、木暮らの乗る自動車から見える看板にある。日本公開は一九五二年。小津は戦争中にシンガポールでこの作品を見ていた。

ジョン・ダレスの財政理論 鶴田浩二が受けた試験問題に出てくる。ダレスは米国の政治家。作品公開前年に調印された日米安全保障条約の生みの親とされる。

ガウデアムス バーで鶴田が歌う。ヨーロッパ各国に伝わる伝統的なラテン語の学生歌で、題は「愉快にやろう」の意。いずれ私たちはこの大地に帰するのだから、若いうちに大いに楽しもうではないかと歌う。

予備隊 女中の兄が予備隊の試験を受けたと言う。のちに陸上自衛隊となる警察予備隊、もしくは警視庁機動隊となる警視庁予備隊のことか。

後楽園球場 ナイターが開催されている。日本におけるナイターは一九四八年に開始。後楽園では一九五〇年だった。映画で「目白の佐竹妙子さま、佐竹妙子さま、至急お宅へお帰り下さい」と放送が流れるが、これは撮影で実際に球場で流した。小津は本当に目白の佐竹妙子という人がいたらどうしようと、心配したという。

東郷青児 木暮の部屋に当時流行していた東郷青児の作品が飾られた。『晩春』の月丘夢路の部屋にあったものと同じ絵。

戦友の遺骨を抱いて 笠智衆が歌う。シンガポールの攻防を歌った歌で、作詞は逵原《つじはら》（辻原）実。彼は小津と同じ宇治山田中学卒業。

桑港《サンフランシスコ》のチャイナ街《タウン》 鶴田と津島恵子が行くラーメン屋で流れる音楽。一九五〇年に発売された渡辺はま子の曲。作詞＝佐伯孝夫、作曲＝佐々木俊一。『一人息子』『淑女は何を忘れたか』に続く渡辺の曲の使用である。

改造《かいぞう》 佐分利信が読む雑誌。社会主義的な評論を多く掲げた。幸田露伴『運命』、谷崎潤一郎『卍』、志賀直哉『暗夜行路』などの連載があった。

ウナで願います 佐分利が電報を送る時に言う。電報を至急でお願いしますという台詞。urgent（至急）を意味する電報略号「u」「r」が和文モールス符号では「ウ」「ナ」に相当することから。「ウナ」は、即効性かゆみ止め薬の名前にも使われている。

◆解説

小津が中国戦線から復員後、一九三九年に書いた脚本を練り直した作品。旧脚本は検閲で内容が戦時中にそぐわないとされ、製作中止となっていた。しかし小津は内容に自信があったのだろう、筋をさほど変えずに映画化した。夫が戦争に行くことをウルグアイに向かうことに変

更したため、話の緊張感が薄れたとされる。夫が妻に吐く「戦争へゆくんだって東京にいるんだって命がけの点じゃ同じ」「今までの会社の仕事だって僕は少くとも命をかけてやって来ている。今まで通りだ、これ以上別になにもこわいものはない」などの台詞も削除された。

興行成績は、この年四位の客入りで大成功だった（洋画を除くと二位）。この頃の小津は商業的にもかなり成功していた。次作『東京物語』以降も成績は悪くない。『彼岸花』は小津の最も売れた作品だが、日本映画が黄金時代を迎え、他にも売り上げの良い作品があった。興行成績で十位以内に入ったのは『お茶漬の味』が最後となった。

お見合いの場面で歌舞伎「京鹿子娘道成寺」が上演されている。歌舞伎舞踊を代表する作品の一つ。恋する娘を踊りや絢爛《けんらん》豪華な衣裳・小道具で表現する。『若き日』『戸田家の兄妹』で登場し、『彼岸花』でも出てくる。

宿で木暮實千代らが「すみれの花咲く頃」を歌う。宝塚歌劇団の代表的な歌だ。木暮とともに歌う淡島千景は元宝塚なので、手馴れたものだったろう。小津は中学の頃より宝塚が好きで、晩年には宝塚の舞台を演出する計画もあったという。「京鹿子娘道成寺」も宝塚も、長年にわたって小津が愛好した。また、佐分利信が出発した後、帰宅した木暮が自室で指輪を外す場面も興味深い。一人、日本に残ることになった木暮が指輪をしまう時、その小箱のオルゴールが「メリー・ウィドウ」を奏でる。これは二十世紀初頭に作られたフランツ・レハールの楽曲で、「陽気な未亡人」の意。友人の前では強気に振る舞っていた木暮も不吉に感じたのか、音楽が響いた後、すぐに女中に声をかけ、夫の様子を尋ねるなど落ち着きがない。小津の作品では、このように曲が大切なはたらきをすることもある。

バーで「ガウデアムス」が歌われる

指輪をしまう箱から「メリー・ウィドウ」が流れる

旅館で「すみれの花咲く頃」が歌われる

夫が搭乗した飛行機（B29が原型）

バーで鶴田浩二が歌う学生歌「ガウデアムス」や、進駐軍の販売所として使用されていたデパート・和光、野球のナイター、パチンコなど同時代の風俗も豊富に描かれている。

小津小論16「宝塚」

同級生の証言によると、小津は中学の時、設立されたばかりの宝塚のスター写真を持っていたそうだ。のちに神戸へ受験に出かけた帰りにも公演観劇を希望。晩年でも『小早川家の秋』で関西滞在中に、宝塚歌劇の演出をすることを映画製作者・藤本真澄や阪急の社長と約束したという話がある。母の霊前でも宝塚歌劇で覚えた「幸福を売る男」を歌ったというから、筋金入りの宝塚好きといえるだろう。

作品の中でも歌が使われているが、それが『お茶漬の味』での「すみれの花咲く頃」だ。宝塚を代表する歌の一つで、『秋日和』でも「モン・パリ」と並んで古き良き歌として言及されている。『お茶漬の味』の淡島千景は二年前まで宝塚に所属していた。淡島のほかに、宝塚歌劇団に所属していた月丘夢路、有馬稲子《ありまいねこ》や新珠三千代《あらたまみちよ》も小津の映画を彩っている。

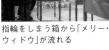

東《とう》京《きょう》物《もの》語《がたり》

一九五三年

製作＝松竹大船　時間＝一三五分　モノクロ・トーキー・十四巻（三七〇二メートル）　脚本：有　フィルム：有　公開＝一九五三年十一月三日

◆スタッフ

製作＝山本武　脚本＝野田高梧、小津安二郎

監督第四十六作。上京してきた老夫婦を温かく迎えたのは義理の娘だった。写真は母（東山千榮子）の肩をもむ義娘（原節子）

監督＝小津安二郎　撮影＝厚田雄春　美術＝浜田辰雄　音楽＝斎藤高順《さいとうたかのぶ》　編集＝浜村義康　進行＝清水富二

◆キャスト

平山周吉＝笠智衆　とみ＝東山千榮子　紀子＝原節子　金子志げ＝杉村春子　平山幸一＝山村聰　文子＝三宅邦子　京子＝香川京子《かがわきょうこ》　沼田三平＝東野英治郎《とうのえいじろう》　金子庫造＝中村伸郎《なかむらのぶお》　平山敬三＝大坂志郎《おおさかしろう》　服部修＝十朱久雄《とあけひさお》　隣家の細君＝高橋豊子《たかはしとよこ》（とよ）　平山実＝村瀬禅《むらせしずか》　勇＝毛利充宏《もうりみつひろ》

◆あらすじ

老夫婦（笠智衆・東山千榮子）が尾道《おのみち》から上京する。息子たち（山村聰・杉村春子）を訪ねるが皆忙しく、義理の娘（原節子）以外は十分もてなしもできなかった。尾道に戻った直後、老母が死去。兄らの態度を冷たいと感じ、末娘（香川京子）が批判するが、皆それぞれの生活があると義理の娘になだめられる。

◆ディテール

堀切駅　看板から山村聰の医院が堀切駅近くにあることが分かる。なお、戦中から戦後しばらく、臨床医は人手不足のため免許は比較的取得しやすく、収入は低かった。山村の医院は見るかぎり看護師もおらず、かなり小規模なことが窺える。

兵事係　笠智衆の旧友・十朱久雄が昔、務めていたという職業。召集令状の配布など兵隊召集にかかわる業務をおこなう。

駅馬車　孫が口笛でジョン・フォード監督『駅馬車』（一九三九年・米）の主題曲を吹く。↓『懺悔の刃』参照

高峰秀子《たかみねひでこ》　『東京の合唱』『宗方姉妹』に出演した高峰秀子の姿が、杉村春子のあおぐ団扇《うちわ》に印刷されている。小津の好きな内輪の遊びだろう。

松屋《まつや》　銀座にある百貨店。原節子演じる紀子が老夫婦を松屋の展望台に案内する。戦後米軍に接収されていたが一九五三年の五月にGHQから開放され新装開店した。戦後復興する東京の象徴のひとつ。

湯の町エレジー、燦《きら》めく星座　老夫婦が宿泊する熱海の旅館で歌われる。「湯の町エレジー」は一九四八年、近江俊郎の曲（作詞＝野村俊夫、作曲＝古賀政男）。続けて歌われる「燦めく星座」は一九四〇年、灰田勝彦のヒット作（作詞＝佐伯孝夫、作曲＝佐々木俊一）で、高峰秀子主演の『秀子の応援団長』挿入歌。ちなみにこのアコーディオン演奏の女性・村上茂子と小津は交際があった。『早春』で使われた「サセレシア」のアコーディオン演奏なども村上によるもの。

軍艦行進曲　居酒屋で流れる。→『淑女は何を忘れたか』参照

夕《ゆうべ》の鐘　香川京子の教える小学校で聞こえてくる。米国の作曲家、スティーブン・フォスターが一八五二年に作詞作曲した「主人は冷たい土の中に」に吉丸一昌が詩をつけた楽曲。「昔の人今やいずこ　おとずれてきて　たたずめば……」といった歌詞で死者へ向けられた歌。

◆解説

『晩春』『麦秋』に続き、原節子が紀子を演じる。いわゆる「紀子三部作」の三本目。国内外で高く評価されており、『ストレンジャー・ザン・パラダイス』(一九八四年、米・西独合作)でトーキョーストーリーという名の馬を登場させたジム・ジャームッシュ(米)をはじめ、ヴィム・ヴェンダース(独)、スティーヴ・マックイーン(英)、アスガル・ファルハーディー(イラン)など本作品を賞賛する監督は数多い。レオ・マッケリー監督『明日は来らず』(一九三七年・米)が下敷きの一つ。

老夫婦が子にもてなされず同情を誘う。しかし彼らが一方的に善人として描かれているのではない。たとえば、笠智衆が過去に酒を飲んで家族を困らせたことや、市の教育課長を務めていた、つまり学生を戦場に送っていた側の人物であったことも台詞から読み取れる。

脚本はいつものように当て書きをし、三男に佐田啓二を想定していたが、予定が合わず大坂志郎が演じた。小津が彼の芝居や大阪弁に満足できず何度もダメ出しをしたのは有名な話。撮影開始直前に、原節子の兄で映画キャメラマンの會田吉男が、『白魚』という作品の撮影中に原の眼前で列車にはねられ亡くなる事故も起きている。それもあってか、原の演技はそれまでの小津作品に比べ真に迫りすぎていると評する者もいる。

メロドラマ色が強く出た仕上がりは、小津らしくない感もある。調べてみると、一般に脚本が変わることがないと言われる小津が、撮影中に十カ所以上も脚本を改め、やや劇的な話に変更していたことが分かった(詳しくは本書第二章「東京物語／東京物語」参照)。

撮影監督・厚田雄春の撮影記録によると、撮影日数はセット四十七日半、ロケ二十八日半の計七十六日で休日も入れると約三カ月間。使用フィルムは六万七三四三フィート(約七四八分)と膨大だ。通常ロケの照明助手は二〜三名のところ十五名もの助手を帯同するなど、撮影は万全の態勢で行われ、キャメラマン厚田が誇る出来となった。しかしオリジナルのネガフィルムは封切り直前に断片を除いて、現像所の火災により消失。現在残っているのはヨーロッパ輸出用に作ってあった一六ミリフィルムをもとに作製されたものだ。それゆえ現存している絵の調子は前後作と比べてやや劣る。

サウンド版の頃から音楽は主に伊藤宣二が担当していたが、指揮者・吉澤博の紹介もあり、斎藤高順を起用。斎藤はまだ二十八歳、映画音楽も初挑戦だったが小津の要求に応え、以降の作品のほとんどを担当することになる。斎藤の話によれば、試演を聞いた小津はほとんどの曲を気に入った。しかし東山千榮子と原が休む場面については、悲しい場面に悲しい曲は流したくないと変更を迫ったという。この曲に自信のあった斎藤は作った曲の使用を強く主張、結局は採用されたのだが、聞こえるか聞こえないかの音量となった。映画完成後に改めて作品を見た斎藤は、悲しい時も太陽は変わらず照っている、私の映画の音楽もそうであってほしいという小津の意図を理解したという。

冒頭、登校する小学生の背景に看板「栗吉材木店」が映る。この看板はのちにも出てくるが、小道具ではなく実際にあったもの。小津がこのように、一般に知られていない実在の看板をはっきり、しかも二度も映すのは珍しい。『小津安二郎　東京物語』(一九八四年、リブロポート)によると、小津は一週間の尾道撮影で、そ

の情景を一万フィート（約一一〇分）も撮影している。このショットを含む多くの尾道のショットを小津には珍しい四〇ミリレンズで撮影しており、尾道の古い町並みに執着していることが分かる（本書第六章「四〇ミリの謎」参照）。小津は撮影の自由がきかないロケ撮影を好まなかったというが、どうしてこれほどまでに尾道の撮影に執着したのだろうか。戦争被害が少なかった町という以上の理由もありそうだ。夜明け後の浄土寺《じょうどじ》で笠と原が佇《たたず》むショットでは、午前三時にもかかわらず三千人もの見物客が集まったというから、撮影は大変だっただろう。当時十五歳だった映画監督の大林宣彦も尾道のロケ撮影を見学していたという。

冒頭尾道のショットに映る実在の看板

戦争から帰らなかった夫の話が出る義娘のアパート

団扇に映る高峰秀子

旅館で「湯の町エレジー」「燦めく星座」が奏でられる

　山村聰の息子がジョン・フォード監督の名作『駅馬車』のテーマ曲を口笛演奏しているのも興味深い。小津映画にはフォードからの影響も少なからずみられる。

　笠らが飲む酒屋の場面では「軍艦マーチ」が流された。日本が二年前にサンフランシスコ条約を結び、正式に戦争終了した後の公開作品なので、このような曲も自由に流せるようになったのだ。

　また、主人公たちが列車を待つ東京駅で、行き先や発車時刻が発車標にパタパタと表示されている。これは、一九五三年、東京駅に設置されたばかりの反転フラップ式発車標である。今からすると小津作品は古典的、保守的だと思われがちだが、この発車標や松屋百貨店のように、当時の先端の風俗を活写しているのも覚えておきたい。

一九五五年

月《つき》は上《のぼ》りぬ

（斎藤良輔と小津が脚本を担当、田中絹代により映画化された）

製作＝日活　時間＝一〇二分　モノクロ・トーキー・十一巻（二八〇五メートル）　脚本：有　フィルム：有　公開＝一九五五年一月八日

◆スタッフ

企画＝監督協会　製作＝児井英生　脚本＝斎藤良輔、小津安二郎　監督＝田中絹代　撮影＝峰《みね》重義《しげよし》　美術＝木村威夫《きむらたけお》　音楽＝斎藤高順

◆キャスト

浅井茂吉＝笠智衆　浅井千鶴＝山根寿子《やまねひさこ》　浅井綾子＝杉葉子《すぎようこ》　浅井節子＝北原三枝《きたはらみえ》　安井昌二＝安井昌二《やすいしょうじ》　雨宮渉＝三島耕《みしまこう》　高須俊介＝佐野周二　禅寺の住持慈海＝汐見洋《しおみよう》　下働き米や＝田中絹代

◆あらすじ

　奈良に暮らす三姉妹（山根寿子・杉葉子・北原三枝）の家に男（三島耕）が遊びに来る。三女

は男と次女を結びつけようと画策。計画は成功し、二人は結婚。その後、三女も家に居候している男(安井昌二)と結婚が決まり、次女に続いて上京することになる。

◆ディテール

ショパン　三島耕が過去にフレデリック・ショパンのノクターン(夜想曲)を弾いていたと言われる。

宵待草《よいまちぐさ》　杉葉子が昔、別荘で歌ったとされる曲。画家で詩人の竹久夢二が作詞、多忠亮が作曲。「待てど暮らせど来ぬ人を　宵待草のやるせなさ　今宵は月も出ぬさうな」といった歌詞。一九一八年ごろ流行した。

リンゴの唄　林檎が話題に上がった時、安井昌二がおどけて「林檎の気持はよく分る」と言う。これは日本の戦後の流行曲第一号「リンゴの唄」の一節。作詞＝サトウハチロー、作曲＝万城目正。

万葉集《まんようしゅう》　『万葉集』の歌を三島と杉がやりとりする。三島からは「うるはしと吾《あ》が思ふ妹《いも》を　山川を中に隔《へな》りて安けくもなし」。杉はその返しに「相見ぬは幾《いく》ばく久《ひさ》もあらなくに　幾許吾《ここだくあれ》は恋ひつつもあるか」。前者は遠く離れて気にかかるという、中臣宅守《なかとみのやかもり》の歌。後者は、別れて間もないのにもう大変恋しいという、坂上郎女《さかのうえのいらつめ》の歌。

◆解説

『瓦版かちかち山』、『愉しき哉保吉君』(『限りなき前進』)のように原作を提供したことはあったが、小津が脚本のみを担当したのはこれが初めて。小津の戦後作品はこの作品から始まると捉える者もいる。

短期間で仕上げた『長屋紳士録』の後に執筆。しかし撮影開始まで時間がかかり、最終的に田中絹代に脚本を譲った。田中にとって監督第二作となった。脚本では次女＝津島恵子、三女＝久我美子、居候＝高橋貞二《たかはしていじ》などの配役が考えられていたが、各社専属の監督や俳優の引き抜きなどを禁止した五社協定により制作は難航、配役も変更となった。

戦争被害の少なかった奈良を舞台に三姉妹の恋模様を描く。他の作品に比べて珍しい要素が多い。たとえば、東京以外が舞台であることや、秋の話であること。また、東京から地方に転勤する話はこれまでも多かったが、東京の学校に勤めること。さらに、月見草やモーパッサン(仏)の小説『月光』、花札「芒《すすき》に月」など、月に関連するものが多数出てきていること。こうした直接的でわかりやすい表現も初期の頃はみられたが、この頃には珍しい。

戦争中に小津は映画撮影のために赴いたシンガポールで、古典やその他文学作品、作家についてノートに書きとめていた。そうした経験が戦後の作品に生かされたともいわれている。ここでは、法隆寺や『万葉集』など伝統や古典を描きつつ、若い脚本家・斎藤良輔と新しい表現に挑んだのだろう。

早春《そうしゅん》

一九五六年

製作＝松竹大船　時間＝一四四分　モノクロ・トーキー・十六巻(三九五六メートル)　脚本：有　フィルム：有　公開＝一九五六年一月二十九日

◆スタッフ

製作＝山内静夫《やまのうちしずお》　脚本＝野田高梧、小津安二郎　監督＝小津安二郎　撮影＝厚田雄春　美術＝浜田辰雄　音楽＝斎藤高順　編集＝浜村義康　進行＝清水富二

◆キャスト

杉山昌子＝淡島千景　正二＝池部良《いけべりょう》　青木大造

＝高橋貞二《たかはしていじ》　金子千代＝岸恵子《きしけいこ》　小野寺喜一＝笠智衆　河合豊＝山村聰　田村たま子＝杉村春子　北川しげ＝浦辺粂子《うらべくめこ》　河合雪子＝三宅邦子　服部東吉＝東野英治郎　坂本＝加東大介《かとうだいすけ》　田辺＝須賀不二男《すがふじお》　荒川総務部長＝中村伸郎　菅井のツーさん＝菅原通済《すがわらつうさい》

◆あらすじ

ある会社員の男（池部良）が通勤仲間（岸恵子）と不倫、妻（淡島千景）に気づかれてしまい険悪になる。そんな時、夫の転勤が決まり、新天地で二人はやり直すことを誓う。

監督第四十七作。会社員を主な登場人物に据えた。岸恵子（左）と池部良

◆ディテール

婦系図《おんなけいず》　湯島の白梅　池部良らが麻雀をしながら歌う。泉鏡花の小説『婦系図』から作られた歌。作詞＝佐伯孝夫、作曲＝清水保雄。→『長屋紳士録』参照

あゝそれなのに　岸恵子がお好み焼き屋で歌う。作詞＝星野貞志、作曲＝古賀政男。一九三七年に芸者歌手の美ち奴《みやっこ》が歌って流行し、戦後まで知られた曲。

エデンの東　エリア・カザン監督『エデンの東』（一九五五年・米）の広告がミルクスタンドの前の道にある。次作『東京暮色』の下敷きになる映画。店内にはジュリアン・デュヴィヴィエ監督『わが青春のマリアンヌ』（一九五五年・仏）のポスターも映る。

ツーツーレロレロ　戦友会で皆が歌う。この歌の元は、台湾民謡の「シャンラン節」。芸者歌手の美ち奴が歌って流行した。南方派遣の兵隊に人気があったという。戦友会の彼らも南方に派遣されていたのだろうか。この店には歌謡曲「ウスクダラ」も流れている。

南無妙法蓮華経　戦友が戦闘中に唱えていたと回顧される法華経の題目。→『ビルマ作戦　遙かなり父母の国』参照

池田成彬《いけだしげあき》　バーで話題になる政治家。銀行退職後に政治家に転向、大蔵大臣兼商工大臣を務め、「日本一のサラリーマン」と称された。その人の屋敷ですら荒れ果てていると話題にされ、会社員の悲哀を醸し出している。

◆解説

山本武が日活に移籍し、新たな製作者に山内静夫が就いた。山内は作家・里見弴の四男で、小津組には『晩春』から関わっていた。小津より二十二歳年下だったが、この『早春』以降の松竹作品を担当。久しぶりの会社員もので、若者を多数登場させた。戦前の会社員ものでは就職難や失業を描いたが、本作品では不倫や転勤を扱い、戦後の時代の移り変わりが反映されている。

長野県蓼科《たてしな》の別荘で構想を練った。環境が気に入り、次作『東京暮色』からは蓼科で脚本を執筆することになる。二時間二四分と、当時九〇分程度の作品が多かったことを考えると、かなりの大作だ。

今までの作品は韻文的だったがこの作品は散文的に作った、役者に自然の演技を求めたと小津は発言している。あまり型にはめすぎず自由に演技させたということらしい。また、撮影にも新たな表現を試みたというのだが、映画からは大きな特徴は見いだしがたい。

小津からの要請で、シャンソンの名曲「サ・セ・パリ」と「ヴァレンシア」を組み合わせたような

曲「サセレシア」が作られ、池部良の友人の通夜の場面などで流された。悲しい場面に明るい音楽が流れているのだが、このような手法は、一九四八年の黒澤明監督『酔いどれ天使』や、翌年の『野良犬』で確立されたという見方がある。小津は『野良犬』を評価していた。そしてこの『野良犬』には「サ・セ・パリ」が流れる場面もある。小津は黒澤から影響を受けたと言って差支えないだろう。

お好み焼き屋で岸惠子が「あゝそれなのに」を歌う。こちらは千葉泰樹監督『うちの女房にゃ髭がある』（一九三六年）の挿入歌。夫の帰りを待つ妻の気持ちを歌う内容。作詞は「うれしいひなまつり」「リンゴの唄」で知られる星野貞志（サトウハチローの別名）。「さぞかし会社で今頃は　おいそがしいと思うたに　あゝそれなのに　それなのに　ねえ　おこるのは　おこるのは　あたりまえでしょう」といった歌詞で、岸は待たされる妻の心境を分かって、不倫をしている。脚本によると、二人が宿をともにするのは池部の家からわずか一駅の鈴ヶ森で、かなり危険な恋に二人は溺れている。岸の演技を小津は高く評価し、次作で彼女の主演を考えた。

この頃小津と野田が知り合った若者らを原型にした会社員

戦友会で「ツーツーレロレロ」が歌われる

お好み焼き屋で「あゝそれなのに」が歌われる

ミルクスタンドの奥に『エデンの東』の広告が映る

一九五七年

東京暮色《とうきょうぼしょく》

製作＝松竹大船　時間＝一四〇分　モノクロ・トーキー・十五巻（三八四一メートル）　脚本：有　フィルム：有　公開＝一九五七年四月三十日

◆スタッフ

企画＝山内静夫　脚本＝野田高梧、小津安二郎
監督＝小津安二郎　撮影＝厚田雄春　美術＝浜田辰雄　音楽＝斎藤高順　編集＝浜村義康　進行＝清水富二

◆キャスト

沼田孝子＝原節子　杉山明子＝有馬稲子《ありまいねこ》　杉山周吉＝笠智衆　相島喜久子＝山田五十鈴《やまだいすず》　川口登＝高橋貞二　木村憲二＝田浦正巳《たうらまさみ》　竹内重子＝杉村春子　関口積＝山村聰　沼田康雄＝信欣三《しんきんぞう》　相島栄＝中村伸郎　刑事和田＝宮口精二《みやぐちせいじ》　富田三郎＝須賀不二男　女医笠原＝三好栄子《みよしえいこ》

監督第四十八作。無軌道な若者を描いた。エリア・カザンの『エデンの東』を下敷きにしたと評された。妹役の有馬稲子

◆あらすじ

父(笠智衆)は男手一つで娘二人(原節子・有馬稲子)を育て上げた。姉は結婚、出産したが夫婦生活がうまくいかず、実家に戻ってくる。短大を出たばかりの妹は彼氏(田浦正巳)との子を身籠り中絶。さらに死んだと聞かされていた母(山田五十鈴)と偶然出会い、苦悩する。最後は電車に轢《ひ》かれ、死亡してしまう。

◆ディテール

始めに罪あり　フランツ・カップ監督『始めに罪あり』(一九五四年・ユーゴ・ドイツ合作、日本公開は一九五七年)の看板が冒頭の情景ショットに登場する。題名がこの作品の内容を暗示するようである。ラルフ・アビブ監督作品『街の仁義』(一九五六年・仏)の看板も映る。

キログラム　小料理屋の女将が、雪が三五〇キロも積もっていると言う。正しくは三五〇センチメートル。尺・貫からメートル・グラムに単位が移り変わりつつある時期だったので女将は間違えたのだろう。

中村錦之助《なかむらきんのすけ》　有馬稲子の見合い予定相手が歌舞伎役者の中村錦之助に似ていると言われる。当時交際はなかったようだが、有馬はのちに実際に錦之助と結婚する。

華麗《かれい》なるギャツビー　踏切のそばに丸眼鏡の看板がある設定が、『華麗なるギャツビー』と類似している。『華麗なるギャツビー』は、一九二五年に米国の作家、F・スコット・フィッツジェラルドが執筆した小説。ただし本作品は眼鏡屋、『華麗なるギャツビー』は眼科医の看板。

安里屋《あさどや》ユンタ　ラーメン屋の場面で聞こえる歌。沖縄の竹富島《たけとみじま》に伝わる民謡で、美女・安里屋と彼女に恋した下級役人が歌われる内容。この歌はのちに有馬が産科を訪れる場面でも聞こえる。ラーメン屋と産科は近いことが分かる。映画に登場する看板の文字から推察すると、産科の近くに踊りの練習場があるのかもしれない。

ゴッホ　バー「gerbera」にオランダの画家ゴッホ作とみられる、ジャガイモの皮をむいている女の絵がある。小津作品では珍しく、フォーカスが手前から奥に移るという焦点移動撮影が行われている。なお、このバーには、『彼岸花』『秋日和』にも出てくる仏国の画家ジョルジュ・ルオー作とみられる聖人画(キリストの絵か)もある。

タブー　笠智衆が訪れるパチンコ屋で流れる。一九三〇年代に作られた黒人奴隷と白人女性の恋の歌。キューバの作曲家マルガリータ・レクオーナによる楽曲とされる。

明治大学校歌　山田五十鈴と中村伸郎が旅立つ上野駅の場面で、近くにいる大学生が歌っている。作詞＝児玉花外、作曲＝山田耕筰。

◆解説

最後の白黒作品。カラー作品が増えるなか、小津は白黒でしか表現できない深みのある作品を撮ろうとした。画面の調子は暗く、悲劇的な内容。『晩春』以降共同で脚本を務めてきた野田高梧は物語内容をめぐって小津と対立し、完成した作品にも批判的だった。役を演じる俳優をあらかじめ決めて脚本を書く小津だが、珍しく想定と異なる配役になった。一人は父親役に考えていた山村聰で、代わりに刑事役の予定だった笠智衆が父親を演じることになった。次女役には前作で気に入った岸惠子を考えていたが、他作品への出演やイヴ・シャンピ監督(仏)と結婚の予定があり都合がつかず、代わりに有馬稲子が演じることになった。

作品の下敷きになっているのは前作『早春』でも広告が映ったエリア・カザン監督の『エデンの東』(一九五五年・米)。小津がこの作品に入れ込んでいたものと思われる。偉大な父、死んだと聞かされていた母、父親からの愛を切望する下の子など人物設定に類似点がある。自分の境遇を下の子が苦しむ点、母の働いている場所が社会的地位が低いとされた娼館や麻雀屋という点も同じだ。

『エデンの東』は旧約聖書のカインとアベルの兄弟確執の話を元にしている。映画ではゴッホやルオー作と思われる絵が登場。特に後者はキリストの絵に思われる。麻雀屋裏手に「Bar EDEN」という店があるのも見逃せない。

有馬が轢かれる踏切にある眼鏡屋の看板は金鳳堂という実在の商店の看板。製作の山内静夫への取材によると、金鳳堂の社長が山内の同窓生でタイアップの提案があり、監督に話を提案し実現したという。山内が製作した作品でタイアップはこの一度のみで、例外的とのこと。小津作品は資金繰りに苦しかったとは思えないので、おそらくタイアップの話があった時、小津は『華麗なるギャツビー』を思い出し、線路沿いに看板を建てることを発想したのではないだろうか。『華麗なるギャツビー』にも踏切に丸眼鏡の看板がある設定。また、一九三五年に「ハーバート・ブレノンの『男の一生』あゝいうものを非常にやりたい」(*)と小津は発言していて、この映画は『華麗なるギャツビー』を原作としている。

『華麗なるギャツビー』の丸眼鏡は神の視線を表現したとされている。『東京暮色』では何を意味するのだろうか。いずれにせよ『エデンの東』とともに『華麗なるギャツビー』が引用されていることが知られても良い。

単位を言い間違える小料理屋の女将

麻雀屋のそばに「Bar EDEN」の看板

『華麗なるギャツビー』の影響がみられる眼鏡屋の看板

明治大学の校歌が歌われる上野駅

伴奏音楽は短いものを除けば『早春』で作られた「サセレシア」の一曲だけしか流れない。作品内で一曲のみを主に使うという大胆な試みは『戸田家の兄妹』でも行われた。本作品では暗い物語に明るい音楽を使う、対照効果を含んだ音響設計が採られている。

映画末尾の上野駅の場面では明治大学校歌が歌われている。小津がこの歌詞を好んだらしい。調べてみると、一番冒頭から三番末尾まできっちりと歌われている。

力を入れた作品だが、批評家や若者から小津が時代遅れだとの批判があがった。のちに小津の脚本全集を出す映画監督の井上和男からも「若者のヴィヴィッドな動きは、フィックスのローポジでは摑めない」「今の若い女の子にとって、中絶なんか非行でも無軌道でもない、日常茶飯事だ」などと批判された。

＊「キネマ旬報」一九三五年四月一日号に詳しい。

彼《ひ》岸《がん》花《ばな》

一九五八年

製作＝松竹大船　時間＝一一八分　カラー・トーキー・十二巻(三二二五メートル)　脚本：有　フィルム：有　公開＝一九五八年九月七日・東京劇場

◆スタッフ

製作＝山内静夫　原作＝里見弴《さとみとん》(『彼岸花』)　脚本＝野田高梧、小津安二郎　監督＝小津安二郎　撮影＝厚田雄春　美術＝浜田辰雄　音楽＝斎藤高順　編集＝浜村義康　色彩技術＝老川元薫

衣裳＝森英恵《もりはなえ》ほか　衣裳考撰＝浦野繊維染織研究部

◆キャスト

平山渉＝佐分利信　清子＝田中絹代　平山節子＝有馬稲子　三上文子＝久我美子《くがよしこ》　谷口正彦＝佐田啓二《さだけいじ》　近藤庄太郎＝高橋貞二　平山久子＝桑野《くわの》みゆき　三上周吉＝笠智衆　佐々木初＝浪花千栄子《なにわちえこ》　河合利彦＝中村伸郎　堀江平之助＝北竜二《きたりゅうじ》　「若松」の女将＝高橋《たかはし》とよ　佐々木幸子＝山本富士子《やまもとふじこ》

監督第四十九作。前作とは一転して明るい喜劇。東西のスター俳優を多数並べた。山本富士子（左）と有馬稲子（右）

◆あらすじ

娘（有馬稲子）の交際相手（佐田啓二）が父親（佐分利信）の前に現れ、娘と結婚したいと告げる。知人の娘（山本富士子）には親の意向など気にせず好きにやれと言っていた父も、自分の娘には厳しい。最後まで反対し続け、結婚式も出ないと主張した。しかし最後には折れ、娘夫婦が新婚生活を始めた広島に向かう。

◆ディテール

高砂《たかさご》　冒頭の結婚式で歌われている謡曲。夫婦愛と長寿を謳う、能の中でも、最もめでたいとされる曲の一つ。

水交社《すいこうしゃ》　北竜二たちの会話に出てくる、日本海軍の親睦・研究団体。海軍で艦長を務めた笠智衆が所属していたと述べられる。

Home! Sweet Home!（埴生《はにゅう》の宿）　佐分利家の場面に流れる曲。のちに父の結婚式参列を伝える場面にも流れる。→『麦秋』参照

バイエル練習曲第四八番　山本富士子と佐分利信が話す場面に流れる。ドイツのフェルディナント・バイエル作曲のピアノ練習曲。『お早よう』『秋日和』『秋刀魚の味』でも流れる。

アヴェ・ヴェルム・コルプス　聖路加病院の場面に流れる曲。オーストリアのヴォルフガング・アマデウス・モーツァルト作曲。聖体讃美歌。

逆さ箒《ほうき》　田中絹代の家に、逆さまに箒が立てかけてある。箒を逆さに立てることで、長居する客が早く帰るようにというまじない。映画ではその箒を浪花千栄子が元に戻しているのがユーモラスである。

京鹿子《きょうがのこ》娘道成寺《むすめどうじょうじ》　田中がラジオで聞いている演目。→『若き日』参照

狭いながらも楽しい我が家　桑野みゆきが口ずさむ。ジョージ・ホワイティング作詞、ウォルター・ドナルドソン作曲の米大衆歌「My Blue Heaven」の日本版「私の青空」の一節。妻と赤子との温かな家庭を歌う。「My Blue Heaven」は小津の大変好んだ曲のひとつ。

シューベルト　ゴルフ場の場面にオーストリアの作曲家フランツ・シューベルトの即興曲（作品一四二の三）が流れる。

楠木正行《くすのきまさつら》　如意輪堂の壁板に辞世を書するの図　同窓会で笠が吟じる。元田永孚《もとだながざね》作「芳山楠帯刀の歌」のこと。楠木正成の息子・正行が、後醍醐天皇を慕った父の遺訓を継ぎ、辞世の句を書いたことなどが歌われる。

桜井の訣別　上記に続いて皆で歌われる。「青葉茂れる桜井の……」で始まる楠木親子の別れの歌。作詞＝落合直文、作曲＝奥山朝恭。製作の山内静夫によると、この『彼岸花』の題も当初『青葉茂れる』にする案があったらしい。

未だ覚めず池塘《ちとう》春草《しゅんそう》の夢　同窓会の翌日に笠がつぶやく。有名な漢詩「少年老い易く学成り

難し　一寸の光陰軽んずべからず」に続く一節。

→『大学よいとこ』参照

◆**解説**

　里見弴と話を練ることから始めた。物語の大筋が決まった後、里見と小津・野田がそれぞれ小説と脚本を執筆した。原作＝里見弴となっているが、里見の原作を脚本化したというわけではなく、小説と脚本が並行して作られた。

　小津は、一九三一年の大作『美人哀愁』では力を入れて撮影したがうまくいかず、次作『東京の合唱』はのん気な心持ちで監督したといい、好評を得た。そんな経験もあるからだろうか、力を入れたが失敗作と揶揄《やゆ》された『東京暮色』の次作となるこの作品では、力むことなく臨んだようだ。山本富士子らスターを並べ興行的に成功を収めた。

　『淑女は何を忘れたか』で描いたおばさま三人組を発展させた、おじさま三人組が登場。当時のスタッフ、出演者らによると、この三人は小津・里見・野田の関係を原型にしているようだ。

　初のカラー作品。小津はキャメラマン厚田雄春の助言もあり、ドイツのアグファ社のフィルムを選んだ。当時の映画用カラーフィルムは、米国のコダック、西ドイツのアグファ、日本の富士フイルムが主だったが、赤の発色の良さなどからアグファを選んだ。色彩設計でも工夫があり、さまざまに色をみせるのではなく、むしろ色数を絞っている。そのなかで、要所要所に置かれたやかんや消火器などの赤色が画面を締めている。

　本物の絵画を小道具で使うようになったのもこの作品からで、小津の発言によると、「劇の進行に潤いと深さと幅を作る」ことをねらったという。林武《はやしたけし》の裸婦の絵や小津が所有していた武者小路実篤《むしゃのこうじさねあつ》のほおずきの絵などが劇中で飾られた。

　これまでもキャメラを動かすことはほとんどなかったが、本作品以降は全て固定撮影となり、アップ撮影も少し増えた。編集にも変化が起きた。フェードイン／アウトを使わなくなった。編集の調子も早くなった。台詞の間も長い時は二秒程度空いていたが、約〇・五秒まで切り詰められた(*)。

　音も彩り豊か。佐分利が結婚を許す夜、田中がラジオで「京鹿子娘道成寺」を聴いている。初長編作『若き日』から断続的に登場している、女の恋心を歌う曲だ。

　結婚式へ父の参列が決まったと伝えられる場面に「Home! Sweet Home!」(埴生の宿)」が流れる。この曲は讃美歌「こがねの城を経めぐるとも」としても知られ、現在結婚式で歌われることもある。当時も結婚式を連想させる曲だったのだろうか。

　また、佐分利の参加した同窓会では、楠木正行の歌が吟じられ、続いて同窓生みなで楠木正成・正行親子の別れを歌った「桜井の訣別」が歌われる。楠木親子はともに天皇に熱烈に奉じた武将で、戦争中には「忠臣の鑑」「日本人の鑑」として学校教育でも崇められた。正行は父に尽くしたことでも知られている。この同窓会参加者もそのような教育を受けていたと考えられる。

バイエル練習曲が聞こえてくる場面

「如意輪堂の壁板に辞世を書するの図」が吟じられる

父の結婚式参列を聞く場面に流れる「Home! Sweet Home!」

ルオー作と思われる聖人画が壁に掛かっている

映画の終盤、佐分利が娘に会いに行く場面で「桜井の訣別」を口ずさむが、これは現代と過去の対比だろう。列車は京都を出発してちょうど桜井(現・大阪府島本町)を通過したあたり。佐分利の娘は父の意向を無視して結婚するが、昔はここに父に尽くした正行がいたのだ。

物語前半の箱根芦ノ湖の場面ではウグイスが鳴いている。『彼岸花』という題名からは意外に思われるが、春の季節も描かれている。着物の柄や食事だけで季節を特定するのは難しいが、少なくとも前半部分は春ということになるだろう。

＊貴田庄『小津安二郎のまなざし』に詳しい。

小津小論17 「バイエル」

なんということのない場面にピアノ練習が聞こえる時がある。バイエル練習曲第四八番だ。『彼岸花』『お早よう』『秋日和』『秋刀魚の味』で流れている。小津はこの曲がよほど好きなのだろうか。選んだ理由は不明だが、スタッフらによると、こういった環境音を入れることを勧めたのは指揮者の吉澤博なのだそうだ。小津は勧められた音を使い、大変満足していたという。

吉澤は一般にはほとんど知られていないが、映画音楽の名指揮者で、小津作品の音楽演奏を指揮した。『東京物語』で新しい作曲者を探す際、斎藤高順を推薦したのも彼だという。

お早《は》よう

一九五九年

製作＝松竹大船　時間＝九四分　カラー・トーキー・七巻(二五七〇メートル)　脚本：有　フィルム：有　公開＝一九五九年五月十二日

監督第五十作。子どもの主人公は『生れてはみたけれど』以来。当時普及し始めたテレビを求めて、幼い兄弟が大人と社会に反抗する

◆スタッフ

製作＝山内静夫　脚本＝野田高梧、小津安二郎　監督＝小津安二郎　撮影＝厚田雄春　美術＝浜田辰雄　音楽＝黛《まゆずみ》敏郎《としろう》　編集＝浜村義康　進行＝清水富二

◆キャスト

福井平一郎＝佐田啓二　有田節子＝久我美子　林敬太郎＝笠智衆　民子＝三宅邦子　原口きく江＝杉村春子　林実＝設楽幸嗣《したらこうじ》　勇＝島津雅彦《しまづまさひこ》　丸山みどり＝泉 京子《いずみきょうこ》　大久保しげ＝高橋とよ　福井加代子＝沢村貞子《さわむらさだこ》　富沢汎＝東野英治郎　とよ子＝長岡輝子《ながおかてるこ》　原口みつ江＝三好栄子　押売りの男＝殿山泰司

◆あらすじ

「オナラ遊び」に興じる兄弟(設楽幸嗣・島津雅彦)。ある日、兄弟は父(笠智衆)に、家にテレビを買ってほしいとねだる。父はそんなものはいらないと聞き入れなかったが、兄弟はすねて口をきかなくなり家出。結局はテレビを購入することにする。

◆ディテール

交響曲第四一番(ジュピター)　映画の始まりとともに流れる音楽が、一七八八年に作曲されたW・A・モーツァルトの交響曲第四一番の冒頭

とほぼ同じ。

有楽町で逢いましょう　小学生が歌いながら帰ってくる。フランク永井が歌う、当時流行していた歌。作詞＝佐伯孝夫、作曲＝吉田正。この曲の作詞家・佐伯は、『淑女は何を忘れたか』で使われた「とんがらがっちゃ駄目よ」、『お茶漬の味』で使われた「桑港《サンフランシスコ》のチャイナ街《タウン》」、『早春』で使われた「湯島の白梅」の作詞者でもある。

恋人たち　ルイ・マル監督『恋人たち』（一九五八年・仏）のポスターが、子どもたちが集まる家に貼ってある。スタンリー・クレイマー監督『手錠のまゝの脱獄』（一九五八年・米）のポスターもある。

日本映画監督協会　佐田啓二の机上のジョッキに日本映画監督協会のマークが印字されている。これは小津がデザインした、実在するマーク。このほかにも、小津は学生時代の映画サークルや、清水宏の映画プロダクションのマークなども作製している。

チャンチキおけさ　駅前のおでん屋で流れる歌。一九五七年、演歌歌手・三波春夫のデビュー曲で、二二〇万枚を売り上げた。レコードB面には「船方さんヨ」が収録されており、こちらもおでん屋で流れる。前者は作詞＝門井八郎、作曲＝長津義司。後者は作詞＝門井八郎、作曲＝春川一夫で、『浮草』でも流れる。おでん屋の壁には司葉子のポスターも貼ってある。

どこまでつづくヌカルミぞ、天《あめ》が下には隠れ家もなし　駅前のおでん屋で東野英治郎がつぶやく。「どこまでつづくヌカルミぞ」は軍歌「討匪行」（作詞＝八木沼丈夫、作曲＝藤原義江）の歌詞から。「天が下には隠れ家もなし」は南朝の初代天皇、後醍醐天皇が有王山に彷徨《さまよ》っている際に詠んだ歌から。

森永ドライミルク　子ども部屋の棚の上にある粉ミルク。島津雅彦が昔飲んでいたという設定だろうか。この四年前には森永ヒ素ミルク中毒事件が起きていた。

月光仮面《げっこうかめん》　赤胴鈴之助《あかどうすずのすけ》　小学校での授業中にあてられた生徒の発言。ともに当時流行していた、テレビドラマ、また漫画の主人公。

ジェスチャー　兄弟が意地を張って口をきかないようにするため、両親から給食費を受け取ろうと身振り手振りで伝えようとする。一九五三年から放送されたNHKのクイズ番組「ジェスチャー」が流行していた。

八丁畷《はっちょうなわて》駅　主人公たちの近所の駅。神奈川県川崎市にある。近所の川は多摩川という設定だろう。駅のそばにはやきいもの看板も映る。オナラの連想から取り付けたものだろうか。

◆解説

前年九月封切りの『彼岸花』が興行的に成功を収めた。十月には『東京物語』が英国映画協会（BFI）よりサザランド賞を受賞。さらに十一月から始めた脚本執筆中に紫綬褒章受章と、良い出来事が続いたなかで書き上げた脚本。年明けには日本芸術院賞も受賞した。しかし格調高い作品になるわけでなく、逆にオナラを連発する作品を撮ってしまうのが小津らしい。

脚本の映倫審査ではオナラの描写が多すぎるので再検討してくれと注文が入ったが、脚本を変えることなく、楽器の音で表現している。音楽には当時注目されていた現代音楽家・黛敏郎を小津自身が希望し、起用された。小津作品に初の参加となる黛は、溝口健二の遺作『赤線地帯』（一九五六年）や川島雄三の『幕末太陽傳《でん》』（一九五七年）などの音楽を手がけていた。『赤線地帯』ではその前衛的な音楽が映画に合っていないなどと物議を醸していた。

カラー第二作。この頃は目新しい主題を追求するのではなく、過去の作品で扱った主題に改めて取り組むようになってきている。この作品は『生れてはみたけれど』が下敷きの一つだろう。一方、本作品の撮影終了後、佐田啓二に「俺は未《いま》だにアップの撮り方を迷っている。俺のアップの撮り方はどうしてあんなにまずいのかな」「俺のアップは終わったときから次のカットというか、次の芝居がはじまっている。（中略）これはなんか流れがちょっと途絶えるような気がする」と課題を語っている。本作品では台詞の言葉尻の少し前で次のカットにつなぎ、「テンポを続ける」工夫を試みたという（*）。

映画のオープニング映像に流れる音楽の冒頭がW・A・モーツァルトの交響曲第四一番冒頭とほぼ同じ。富士山と「松竹映画」の文字に壮大な曲が重なる。その後、「お早よう」の題字が映るとともに、一気に脱力した曲調（これは同年、同じく黛敏郎が川島雄三監督『グラマ島の誘惑』に使用していた曲である）へ。緊張からの緩和を感じておかしみがある。

脚本によると、作品は火曜日から始まり月曜で終わる一週間の話。「有楽町で逢いましょう」、フラフープ、月光仮面、ジェスチャー、テレビや洗濯機など当時の流行がふんだんに取り入れられている。明るく笑える喜劇だが、それだけにとどまらない深みがある。人間生活の潤滑油だといわれる「お早よう」に代表される挨拶や「I love you」。それらにも優劣はない、オナラと同じ体内から出る空気の振動ではないかと受け取る者もいる。ただ笑って観るだけでは惜しい一本。

＊「シナリオ」一九六四年二月号に詳しい。

多摩川土手を歩く子どもたち

小学生の名前が撮影監督・厚田の名前から取られている

机の上に日本映画監督協会のジョッキが見える

子どもが給食費を身振りで伝える

浮草《うきぐさ》

一九五九年

製作＝大映東京　時間＝一一九分　カラー・トーキー・九巻（三二五九メートル）　脚本：有

監督第五十一作。『浮草物語』と同様の筋で、小津作品の中でもとりわけリメイクの要素が強い＝本作品画像はすべて©KADOKAWA 1959

フィルム：有　公開＝一九五九年十一月十七日

◆スタッフ

製作＝永田雅一《ながたまさいち》　企画＝松山英夫　脚本＝野田高梧、小津安二郎　監督＝小津安二郎　撮影＝宮川一夫《みやがわかずお》　美術＝下河原友雄　音楽＝斎藤高順　編集＝鈴木東陽

◆キャスト

嵐駒十郎＝中村鴈治郎《なかむらがんじろう》　すみ子＝京マチ子《きょうこ》　加代＝若尾文子《わかおあやこ》　本間清＝川口浩《かわぐちひろし》　母お芳＝杉村春子　「相生座」㊅の旦那＝笠智衆　吉之助＝三《みつ》井弘次《いこうじ》

◆あらすじ

旅役者一座が興行にやってきた。座長(中村鴈治郎)は過去に現地の女性(杉村春子)との間に子(川口浩)をもうけている。このことを現在の交際相手(京マチ子)が嫉妬し、若い女役者(若尾文子)を使って座長の息子をたぶらかす。座長は激怒。雨が続き、客入りが悪いこともあって一座は解散。座長は再び旅に出る。

◆ディテール

次郎長富士《じろちょうふじ》　森一生監督『次郎長富士』(一九五九年)のポスターが、待合所に貼られている。京マチ子と若尾文子が出演している作品。また、別の場面では伊藤大輔監督『女と海賊』(一九五九年)の広告もある。こちらは京が出演、宮川一夫が撮影している。仲間内のネタを出す遊び心。

忘れちゃいやヨ　下船の際、旅役者たちが忘れ物の確認をしながら歌う。渡辺はま子のヒット曲。渡辺の曲を小津はしばしば用いている。↓『一人息子』参照

南国《なんごく》土《と》佐《さ》を後《あと》にして　一座のチラシをまく際に楽団が演奏する。ペギー葉山が歌う一九五九年のヒット曲。作詞・作曲＝武政英策。ふるさと高知を思う歌。『小早川家の秋』にも出てくる。

国定忠治《くにさだちゅうじ》　一座の演目で「国定忠治」が上演される。劇場に貼られた案内によると、この日は他に「新舞踊」と「隅田川続俤《ごにちのおもかげ》」。翌日が「伊那の水月」「夏の舞踊集」「与話情浮名横櫛《よわなさけうきなのよこぐし》」。三日目が「瞼の母」「新舞踊」「慶安太平記」となっている。後日、中村鴈治郎が「天衣紛上野初花《くもにまごううえののはつはな》」で啖《たん》呵《か》を切っているのも聞こえる。

船方さんヨ　小料理屋で流れる曲。↓『お早よう』参照

山中温泉のシシ　中村と京の雨中の口論で、京が「山中温泉のシシ」だったと罵られる場面がある。シシ(獅子)とは湯治客をもてなす湯女のこと。

水の流れと人の身は　中村がつぶやく。赤穂浪士の討ち入りを題材とした歌舞伎「新臺《しんぶたい》いろは書初《のかきぞめ》」中の「松浦の太鼓」の一節で、時代の移り変わりを嘆く。のちの『小早川家の秋』でも中村による全く同じ台詞がある。

◆解説

長野を舞台に旅一座を描き、高い評価を得た『浮草物語』。それから二十三年後の一九五七年、小津は『浮草物語』を元に、舞台を新潟に変えた作品『大根役者』を執筆。しかし、ロケハンの結果、想定よりも雪が少なく制作は中止となってしまう。翌年、『彼岸花』で大映専属の山本富士子を起用したこともあり、大映で映画を撮ることになった。そこで、『大根役者』を元に話を練り直し、『浮草』を撮影した。製作は『羅生門』『雨月物語』などで知られる永田雅一。撮影は夏に行うことになり、雪の場面は難しくなったので、舞台を小津の第二の故郷・三重にして脚本を仕上げた。つまり小津は『浮草物語』を元に『大根役者』を書くが雪不足で撮影が延期になっていた。そうした頃、大映からの依頼があり、『大根役者』を練り直し『浮草』を制作、という流れだ。

『大根役者』で想定していた役者陣は入れ替わり、進藤英太郎が中村鴈治郎、淡島千景が京マチ子、有馬稲子が若尾文子、田浦正巳が川口浩、山田五十鈴が杉村春子となった。『浮草物語』は「喜八もの」だったが、本作品に喜八は出てこない。ただし、三井弘次(『浮草物語』では秀男名義)、笠智衆は新旧両作品に出演している。三井は『浮草物語』では座長の息子、本作品では旅役者の一人。笠は『浮草物語』では芝居小屋の客だったようだが、本作品では劇場の旦那を演じた。

撮影は、『羅生門』『雨月物語』『山椒大夫』などの撮影で海外でも高く評価されていた宮川一夫。映画は、次のように物語に合わせた色彩設計がされている。冒頭の海と空の明るい青→小道具はじめ至るところで炸裂する赤→激しい雨の後、夜の場面が増え光量が落ちる→最後は深く青い夜空の中を赤いランプの列車が進む——というものだ。このような物語性のある色彩は他の小津作品には見られない。賞賛する者も、小津作

舞台で演じられる「国定忠治」

客席の奥には演目の一覧がある

品には合わないと考える者もいる。

　撮影中、小津は赤い小道具を画面内に置きたがり、青が好きな宮川は青い物を置きたがったという。宮川の『羅生門』の経験や技術が生かされたであろう激しい雨の場面も記憶に残る。小津作品としては珍しく、ややキャメラの位置が高く、俯瞰のショットもある。

　一座は「国定忠治」「与話情浮名横櫛」「慶安太平記」「天衣紛上野初花」などを上演している。「国定忠治」は天保の大飢饉で農民を救済した侠《きょう》客《かく》の話。「与話情浮名横櫛」は互いに死んだと思っていた恋人たちの話で、「慶安太平記」は江戸時代に幕府転覆を図った浪人・丸橋忠弥《まるばしちゅうや》らが描かれる話。「天衣紛上野初花」は悪事を重ねつつも権力者には反抗した河内山宗俊《こうちやまそうしゅん》の話。学生運動が盛んで反体制的な当時の若者に好まれそうな内容である。しかし、座長は息子から社会性がないと批判を受ける。

秋《あき》日和《びより》

一九六〇年

製作＝松竹大船　時間＝一二八分　カラー・トーキー・十一巻（三五一八メートル）　脚本：有　フィルム：有　公開＝一九六〇年十一月十三日

◆スタッフ

製作＝山内静夫　原作＝里見弴（『秋日和』）　脚本＝野田高梧、小津安二郎　監督＝小津安二郎　撮影＝厚田雄春　美術＝浜田辰雄　音楽＝斎藤高順　編集＝浜村義康　美術工芸品考撰＝貴多川・岡村多聞堂《おかむらたもんどう》　衣裳＝森英恵ほか　衣裳考撰＝浦野染織研究所

監督第五十二作。『晩春』の型を用いつつ、おじさま三人組など喜劇要素をふんだんに盛り込んだ、ユーモア漂う一本。写真は娘役の司葉子

◆キャスト

三輪秋子＝原節子　娘アヤ子＝司葉子《つかさようこ》　佐々木百合子＝岡田茉莉子《おかだまりこ》　後藤庄太郎＝佐田啓二　間宮宗一＝佐分利信　妻文子＝沢村貞子　娘路子＝桑野みゆき　息子忠雄＝島津雅彦　三輪周吉＝笠智衆　平山精一郎＝北竜二　息子幸一＝三上真一郎《みかみしんいちろう》　田口秀三＝中村伸郎　妻のぶ子＝三宅邦子　娘洋子＝田代百合子《たしろゆりこ》　息子和男＝設楽幸嗣　「若松」の女将＝高橋とよ

◆あらすじ

　ある母子家庭。母（原節子）は娘（司葉子）が婚期にあるのが気がかりだが、娘は母のそばを離れたくないと主張する。母の再婚話も出るなか、娘は結婚し、母の一人暮らしが始まる。

◆ディテール

東京タワー　冒頭のショット。東京タワーの完成は一九五八年なので、完成間もない頃を活写している。

盧溝橋《ろこうきょう》　亡父の法事が行われている寺での北竜

二と中村伸郎の背景に映る書が、清の第六代皇帝・乾隆帝の詩「盧溝暁月」。盧溝橋の月のことを歌う内容。この中年の男たちの同時代の出来事であった盧溝橋事件（一九三七年）を考えると意味深い。

不如帰《ほととぎす》　笠智衆の台詞に出てくる。伊香保温泉の菜の花の塩漬けが、伊香保温泉としては武男と浪子以来の有名なものだと言う。武男と浪子は『不如帰』の主人公で、同小説は伊香保を舞台にしている。→『ビルマ作戦　遙かなり父母の国』参照

梅原龍三郎《うめはらりゅうざぶろう》、山口蓬春《やまぐちほうしゅん》　料亭で、原節子の背景に梅原龍三郎の赤い薔薇《ばら》の絵、司葉子の背後には対照的に山口蓬春の白い椿の絵がある。他に、料亭で梅原龍三郎の浅間山の扇画、速水御舟の橋の絵。佐分利信の重役室に、高山辰雄の風景画と橋本明治の武神像。喫茶店に杉山寧の鳥の絵。会社応接室に、梅原龍三郎のカンヌの風景と加藤栄三の鳥の水墨画。服飾学院には東山魁夷の門の絵、中村の家に武者小路実篤の色紙などがある。これら劇中の絵画には本物を配した。

早稲田大学　桑野みゆきと島津雅彦が早稲田の歌を歌う。桑野が早稲田大学第一応援歌「紺碧の空」（作詞＝住治男、作曲＝古関裕而《ゆうじ》）。続いて、島津が「早稲田大学校歌」（作詞＝相馬御風、作曲＝東儀鉄笛）。大学野球が人気だった頃なので、子どもたちも知っていたのだろう。

トルコ行進曲　原の勤める服飾学院のシーンで、ピアノによる演奏が流れている。W・A・モーツァルトの、通称「トルコ行進曲」で知られる「ピアノソナタ一一番」の第一楽章。

たらこ　外食する原と司の会話中、原がたらこを「タの字のつく物」と間接的に表現する。たらこが女性器を連想させたためか。晩年の小津の映画には、このようにしばしば性的な話題や戯《たわむ》れが登場する。

パイプ　バーにいる佐分利や中村たちが、時折、パイプを鼻につけている。木にツヤを出すため磨いている。

モン・パリ　すみれの花咲く頃　三宅邦子と沢村貞子との会話に出てくる曲名。原曲は、前者が仏国、後者が独国の歌。宝塚歌劇団でよく歌われる。エルビス・プレスリーの曲と比較して古き良き歌と言われる。

厚田雄春　榛名湖で修学旅行の写真撮影中、撮影監督の厚田雄春が引率の教員として出演している。このように小津組のスタッフや、スタッフの名前が映画に登場することは時々あった。小津組の和気藹々《あいあい》とした撮影現場の様子が伝わってくるようだ。厚田は、『浮草物語』に馬の役でも出演しているようだ。

もみじ　甘味屋で流れる曲。「秋の夕日に照る山もみじ」の出だしで知られる秋の唱歌。作詞＝高野辰之、作曲＝岡野貞一。『秋刀魚の味』でも流れる。

◆解説

『彼岸花』と同じように、里見弴と話を練ることから始めた。物語の大筋が決まった後、里見と小津・野田がそれぞれ原作と脚本を執筆した。里見の原作を脚本化したというわけではない。

「盧溝暁月」の掛け軸がある

早稲田の応援歌を歌う娘（桑野みゆき）

本物の梅原龍三郎の絵が飾られた

記念写真撮影で撮影監督が教員役を演じている

娘が母から離れたがらない、結婚したがらないという設定は『晩春』の父娘を母娘に置き換えたといえる。

端役で岩下志麻が出演している。役者選考の際、小津はたくさんの候補の中から即決したらしい。小さな役だったが気に入られたのだろう、次々作『秋刀魚の味』では主役に抜擢された。

笠智衆演じる役名が三輪周吉となっている。時子・節子・紀子など時間を表す人物名をしばしば使う小津だが、円環を思わせる「周」がつく名前も、しばしば使われる（周平、周二など）。この作品で使われている「周吉」は、『晩春』や『麦秋』をはじめ六作品にわたって使われた名。本作品ではその名に、さらに三輪という姓までつけている。

細部に目をやると、司と岡田茉莉子の会社に、「Wild T3」という経緯儀のポスターがある。一九五二年の『お茶漬の味』では同様の測量機器「Wild T2」のポスターがあったが、これはその進化したもの。小津作品では、岡田時彦・茉莉子、桑野通子・みゆきのように親子にわたって出演することがあるが、ポスターも世代にわたって出演しているようで面白い。

一九六一年

小《こ》早《はや》川《がわ》家《け》の秋《あき》

製作＝宝塚映画／東宝（配給）　時間＝一〇三分
カラー・トーキー・七巻（二八一五メートル）
脚本：有　フィルム：有　公開＝一九六一年十月二十九日

◆スタッフ
製作＝藤本真澄《ふじもとさねずみ》ほか　脚本＝野田高梧、小津安二郎　監督＝小津安二郎　撮影＝中井朝一《なかいあさかず》　美術＝下河原友雄　照明＝石井長四郎《いしいちょうしろう》　音楽＝黛敏郎　編集＝岩下広一《いわしたこういち》　美術品考撰＝岡村多聞堂　工芸品考撰＝貴多川　衣裳考撰＝浦野染織研究所

◆キャスト
小早川万兵衛＝中村鴈治郎　長男の嫁秋子＝原節子　次女紀子＝司葉子　長女文子＝新珠《あらたま》三千《みち》代《よ》　その夫久夫＝小林桂樹《こばやしけいじゅ》　息子正夫＝島津雅彦　磯村英一郎＝森繁久彌《もりしげひさや》　佐々木つね＝浪花千栄子　娘百合子＝団令子《だんれいこ》　加藤しげ＝杉村春子　北川弥之助＝加東大介　妻照子＝東郷晴《とうごうはる》子《こ》　万兵衛の弟＝遠藤辰雄《えんどうたつお》　寺本忠＝宝田明《たからだあきら》

監督第五十三作。関西を主な舞台に三世代が登場する。老いらくの恋とその結末を、笑いと哀しみの中に描いた＝本作品画像はすべて© 東宝株式会社

◆あらすじ
京都の造り酒屋。父（中村鴈治郎）が愛人（浪花千栄子）の元へ足しげく通っている。娘（新珠三千代）は老いらくの恋を責めるが、そんな時、父が倒れてしまう。何事もなかったかのように父は回復。周りが驚くなか、再び愛人宅へ通い、愛人宅で亡くなってしまう。

◆ディテール
いとしのクレメンタイン　宝田明の送別会で「雪山讃歌」が歌われる。これはジョン・フォード監督『荒野の決闘』（一九四六年・米）で有名に

なった曲「いとしのクレメンタイン」に西堀榮三郎が独自に詞をつけたもの。劇中では一番を歌った後、六番を歌っている。

かくとだにえやは伊吹のさしも草　さしも知らじな燃ゆる思ひを　同送別会で女性陣が暗誦する平安の歌人、藤原実方朝臣《ふじわらのさねかたあそん》の恋の歌。こんなに私がお慕いしていると言いたいが、言えない。伊吹山のさしも草ではないけれど、それほどまでとはご存知ないでしょう、この燃える想いを、と歌う。

南国土佐を後にして　団令子演じる娘の交際相手が口笛を吹いている。→『浮草』参照

止めてはみたが　中村鴈治郎が愛人の前で歌ったとされる端唄。→『淑女は何を忘れたか』参照

浪速のことは夢のまた夢　焼き場の場面で加東大介がつぶやく。豊臣秀吉の辞世の句「露と落ち露と消えにし我が身かな　浪速のことも　夢のまた夢」からの引用。

◆解説

『秋日和』で東宝専属の原節子と司葉子を借りた経緯もあって、小津が東宝に招かれ撮った作品。『宗方姉妹』『浮草』に続く三本目の松竹以外での作品。製作は『浮雲』などの成瀬巳喜男作品や、『青い山脈』『裸の大将』『隠し扉の三悪人』などで知られる藤本真澄ほか。

撮影は東宝の所有する宝塚の撮影所で行われた。小津はスタッフを誰も連れて行かず単身で乗り込んだと言われることも多いが、野田高梧夫妻が宝塚にしばしば滞在し、秘書として笠智衆の長女も連れて行った。また、編集も宝塚のスタッフが行ったが、小津の求める調子が出ず、小津組常連の浜村義康が助けに入った。

キャメラマンは『七人の侍』『蜘蛛巣城』などを手がけていた中井朝一。照明は『ゴジラ』『浮雲』『用心棒』などの石井長四郎。これ以上ない布陣だが、中井・石井は、それぞれの色を出すというより、小津の狙いを素直に引き出した。

役者陣も豪華だ。初顔合わせが多かったが、小津は長女役の新珠三千代を大変気に入ったという。一方、森繁久彌など、即興演技を入れたがる役者はその芝居が認められず苦労した。

小津はとりわけ晩年に、絵画や料理などで、本物、それも一流の物を多く映してきた。他社製作となった本作品でもそれは変わらなかった。競輪の場面で走っている選手も一流選手ばかりなのだそうだ。

宝田明の送別会場面で歌われる「雪山讃歌」は、ジョン・フォード監督作品で有名になった「いとしのクレメンタイン」に日本語詞がついたもの。小津がジョン・フォードの影響を受けたことについて多くは語られていないが、小津はフォードを好んで観ていたようで、『懺悔の刃』『東京物語』に続いて触れられている。

小早川家は人物関係が複雑だが、中村鴈治郎は小早川家に迎えられた婿養子という設定。先代は長男・長女・次女をもうけたが、長男は死去、長女は嫁いでいたので、次女の婿養子である中村が酒造を継いだ。婿養子を迎えてでも生き残りを図る一族を描こうとしたのだろう。

小津は『晩春』では茶の湯や能楽など日本文化を取り上げ、『宗方姉妹』や『彼岸花』では古いも

今まで原が演じてきた「紀子」を司葉子が演じる

「いとしのクレメンタイン」を元にした「雪山讃歌」が歌われる

小倉百人一首の中から一首が暗誦される

豊臣秀吉の辞世の句が引用される

のと新しいものの対立を描いた。この頃になると、古いものの、新しいものから置いてきぼりにされる寂しさや、醜《みにく》さにも焦点があてられている。

秋刀魚《さんま》の味《あじ》

一九六二年

製作＝松竹大船　時間＝一一三分　カラー・トーキー・九巻（三〇八七メートル）　脚本：有　フィルム：有　公開＝一九六二年十一月十八日

◆スタッフ

製作＝山内静夫　脚本＝野田高梧、小津安二郎　監督＝小津安二郎　撮影＝厚田雄春　美術＝浜田辰雄　音楽＝斎藤高順　編集＝浜村義康　字幕意匠装飾＝橋本明治《はしもとめいじ》　美術工芸品考撰＝岡村多聞堂・貴多川　衣裳＝森英恵ほか　衣裳考撰＝浦野染織研究所

◆キャスト

平山路子＝岩下志麻《いわしたしま》　父周平＝笠智衆　兄幸一＝佐田啓二　その妻秋子＝岡田茉莉子　弟和夫＝三上真一郎　三浦豊＝吉田輝雄《よしだてるお》　河合秀三＝中村伸郎　妻のぶ子＝三宅邦子　佐久間清太郎＝東野英治郎　娘伴子＝杉村春子　坂本芳太郎＝加東大介　堀江晋＝北竜二　後妻タマ子＝環三千世《たまきみちよ》　「かおる」のマダム＝岸田今日子《きしだきょうこ》

監督第五十四作。遺作となった。人生の秋を描き、残される父親（笠智衆）の哀愁を描いた

◆あらすじ

父（笠智衆）が娘（岩下志麻）の結婚を心配し始める。娘は兄（佐田啓二）の後輩（吉田輝雄）に好意があったが、彼は別の女性と婚約が決まっていた。娘は父の友人に紹介された相手と結婚する。

◆ディテール

橋本明治《はしもとめいじ》　作品タイトルの背景画が橋本によるもの。一九〇四年生まれの橋本明治は小津と同世代の日本画家で、親交があった。中村伸郎のオフィスにも橋本の絵画「石橋」が飾られている。この「石橋」は中国の伝説を題材にした絵で、その獅子の姿は歌舞伎「鏡獅子」の元になった。

後醍醐《ごだいご》天皇　笠智衆が友人と語らう場面で話題にされる、学生時代の教師のあだ名。鎌倉幕府を倒し大和・吉野へ入り、南朝政権を樹立した天皇。

切腹　小林正樹監督『切腹』（一九六二年）のポスターがラーメン屋近くの壁に貼られている。小林は松竹の後輩で『人間の條件』などで注目されていた。

軍艦マーチ　笠が訪れるバーで流される曲。↓『淑女は何を忘れたか』参照

カーロ・ミオ・ベン（いとしい女《ひと》よ）　佐田啓二のアパートで、トンマーゾ・ジョルダーニ作曲「カーロ・ミオ・ベン（いとしい女よ）」が聞こえてくる。いとしい女よどうか私を信じてほしい、といった詞。安くて良いゴルフクラブなんだと購入を主張するも妻に聞き入れられない佐田の心情と重なる歌だ。

杜甫《とほ》　料理屋で元教師の東野英治郎が杜甫の漢詩「思う勿れ身外無窮の事、ただ尽せ生前一杯

の酒か」とつぶやく。杜甫は唐の時代の詩人。自分以外の果てしないことを思わないで、しばし有限の酒杯を飲み尽くそう、という意味。

蓬莱屋《ほうらいや》　舞台となるとんかつ屋のセットが、上野にある蓬莱屋を原型に作られた。小津が好み、実際に通っていた店のひとつ。卓上には本物の蓬莱屋のとんかつが置かれた。

谷崎潤一郎《たにざきじゅんいちろう》　岩下志麻の部屋に『谷崎潤一郎作品集』がある。岩下が読んでいる設定なのだろう。

アニー・ローリー　笠が娘の結婚式後に訪れる友人宅で流れる。→『戸田家の兄妹』参照

◆解説

『秋日和』『小早川家の秋』に続く「秋」の連作。この「秋」を示す題名を考えるのに苦労したという。題名が決まったとき、小津は製作の山内静夫に車内電報までした。小津も好み暗誦したという佐藤春夫の有名な詩「秋刀魚の歌」からの連想か。ただし、映画に秋刀魚は出てこない。野田高梧によると、『東京暮色』『彼岸花』の系統にある作品。娘の結婚ではなく、娘がいなくなり残される父に重さを置いたのだろう。元教師らの老いを、笑いや悲しみとともに描いた。実りの秋であり枯れゆく秋でもある。

本作品の構想を練っていた一九六二年四月に専属主演スターの他社作品への出演が禁止となった。このため、小津作品にも他社の主演級役者は使えなくなり、脚本を松竹の俳優だけでできるように考えた。スターの華やぎは減ったが、そのぶん演出を楽しんだのではないかと思われる。ラーメン店を営む東野英治郎（当時五十五歳）の娘として、一歳年上の杉村春子（当時五十六歳）が出てくる配役には笑ってしまう。

これまでの作品でもあったことだが、竹製テーブル、電気の傘、座布団、コップ、灰皿、火鉢、踏み台、鉄瓶など、セットには小津家の私物がたくさん持ち込まれた。撮影中は小津家の家具がほとんどなくなったこともあるようだ。それら小道具に注目すると、小津の趣味嗜好が窺えて面白い。本作品では中村伸郎の家のセットに小津所有のものが多い。

大きくは映らないが、岩下志麻が出演していた映画『切腹』のポスターがラーメン屋近くの壁に貼られている。初期の頃から見られた出演者の過去作品ポスターの掲示だ。助産婦の看板も見える。さらに細部をよく見ると、岩下の部屋の本棚には『谷崎潤一郎作品集』も置かれている。谷崎はその耽美《たんび》な文で知られているが、このような小道具も岩下演じる娘に艶を与えている。

『淑女は何を忘れたか』で触れられ『東京物語』でも流れた「軍艦マーチ」が、笠智衆がグラスを傾けるバーで流れる。名場面として知られる。

戦地で笠の部下だった加東大介が言う「本日天気晴朗ナレドモ浪高シ」は、日露戦争でバルチック艦隊を破った参謀の電信からの引用。天気良好、しかし波が高いので日本が得意とする戦艦砲撃戦を展開する、の意味。なお脚本によると、笠は五十七歳の設定。二十年ほど駆逐艦「朝風」の艦長を務めるなど職業軍人として働いていたことになっている。

小津には珍しいことだが、撮影中に脚本の末尾が変更された。結婚式の夜、家に帰ってきた

橋本明治の本物の絵がオフィスに飾られている

妻に信じてもらえない男とそこに流れる「カーロ・ミオ・ベン」

映画『切腹』のポスターが貼られ仲代達矢の顔も見える

小津のデザインによる、とんかつの看板

父が二階を見上げ、娘の使っていた鏡が映り物語は終わるという脚本だったが、笠が二階を見上げた後に水を飲むショットが足された。娘の不在ではなく残された父の姿で終わっている。このあたりからも、野田高梧が述べるように、残された側の物語であることがわかる。この年に母を亡くした小津の心境が反映されているかもしれない。

一九六三年

青《せい》春《しゅん》放《ほう》課《か》後《ご》

テレビドラマ

製作＝NHK　時間＝九〇分　テレビドラマ用台本：有　映像：有　公開＝一九六三年三月二十一日・NHKにて放映

◆スタッフ

製作企画＝山内大輔　原作・脚本＝里見弴、小津安二郎　演出＝畑中庸生、小中陽太郎《こなかようたろう》、久米昭二、山本一次

◆キャスト

山口信吉＝宮口精二　山口ふみ＝三宅邦子　緒方省三＝北竜二　緒方あや子＝杉村春子　長谷川一郎＝佐田啓二　佐々木せい＝西口紀代子《にしぐちきよこ》　佐々木千鶴＝小林千登勢《こばやしちとせ》

◆あらすじ

京都の小料理屋の娘（小林千登勢）が東京へ遊びに行く。亡き父の友人（宮口精二・北竜二）の世話になるなか、ある青年（佐田啓二）に出会う。青年のことが気になるが、彼には既に恋人がいることを知り、娘はひとり京都に戻っていく。

◆ディテール

大日本の歌　箱根の宿で宮口精二が歌う曲。一九三八年、作詞＝芳賀秀次郎、作曲＝東京音楽学校、編曲＝橋本国彦の国民歌。

◆解説

『秋刀魚の味』の後、NHKからの要請で里見弴と書いた脚本。里見の息子で山内静夫の兄、大輔がNHKに務めていたこともあり実現した。テレビドラマの脚本で、まず里見が書き、それを小津に回すというやり方で進めた。里見の四男・山内静夫によると、小津から戻ってきた原稿には徹底的に修正が入っており、それを見た里見は「俺の原稿をあんなに変えたのはあいつが初めてだよ」とぼやいたという。

この作品を小津は監督していない。そのためだろうか、脚本に「最近の流行の歌、それを適当に歌って」「女中、承知して去るまで、アドリブよろしくあって」などの曖昧な指示も見受けられる。

脚本完成のわずか八日後に放送された。小津はテレビを購入し蓼科の山荘で見たが、同席していた甥の長井秀行によると、特に感想は述べなかったという。

『淑女は何を忘れたか』『彼岸花』『秋日和』を合わせたような脚本。主人公が私の父親は誰かと考えるあたりは『小早川家の秋』の団令子と同様で、小津の過去作からの引用が多く見受けられる。これも晩年の小津作品の特徴だろう。

『秋刀魚の味』に「軍艦マーチ」が流れたように、本作品では父親の旧友たちが皇国賛歌である「大日本の歌」を歌い、戦争を思い起こさせる要素となっている。小津の好んだ漢詩「少年老い易く学成り難し……」からその末尾「階前の梧葉すでに秋声」という一節が引用され、主人公らは、青春の、卒業はしていないが放課後の運動場のような寂しい状態だと感傷に浸る。一九六五年にはこの脚本を元に中村登が『暖春』を発表している。

大《だい》根《こん》と人《にん》参《じん》

直筆ノート現存

スタッフ(予定)
原案＝野田高梧、小津安二郎

キャスト(予定)
笠智衆　佐分利信　田中絹代　三宅邦子　杉村春子　岩下志麻　吉田輝雄　倍賞千恵子《ばいしょうちえこ》　北竜二　信欣三　中村伸郎　沢村貞子　須賀不二夫　三上真一郎　織田政雄《おだまさお》　菅原通済　緒方安雄《おがたやすお》

◆あらすじ

初老の男二人。その共通の友人が癌になった。癌を告知するかをめぐって二人が喧嘩しているなか、彼らの息子、娘が惹かれ合い、両親の反対をよそに結婚する。

◆ディテール

ゲーテ　ゲーテの言葉として「何がいやしいかと言って人の不幸を喜ぶ程、人間としていやしいことはない」の一文が、小津の構想ノートに記されている。ヨハン・ヴォルフガング・フォン・ゲーテは一七四九年生まれの独国の詩人、劇作家。

岡潔《おかきよし》　笠智衆が演じる役が、岡潔のような人物という設定。岡は著名な数学者。一九六一年に澁谷実が撮った『好人好日』で笠が岡をもとにした人物を演じていたが、それを参考にしているのだろうか。

小林秀雄《こばやしひでお》　一九六三年に朝日新聞に掲載された小林秀雄の「青年と老人」から、「年をとってみると、物事に好奇心を失い、言わば貧すりゃ鈍するといった惰性的な道をいつの間にかいくようだ。いつのまにか鈍する道をうかうかと行きながら、次第に円熟して行くと思い込む。そんなことにもなりかねない」という一節が書き留められている。なお、小林の原文からは少し変わっている。

◆解説

『秋刀魚の味』の次の監督作品として、大学ノートに構想を書き留めていた。この構想ノートは一九六三年三月中旬頃まで書き進められたが、脚本は執筆されなかった。のちに、このノートをもとに澁谷実が脚本を執筆し、一九六五年に同名の映画を発表した。ここではその書き留められた小津の構想を読み解く。

脚本はいつもの野田高梧に加え、『長屋紳士録』以来、十六年ぶりに池田忠雄も参加する予定だった。野田によると、池田が芥川龍之介の短編『山鴫《やましぎ》』から着想を得たことから、初老二人の喧嘩の物語になったそうだ。

分別あるべき初老の男二人が喧嘩で仲違いするが、その息子と娘が結びつくという話。笠智衆の妻が三宅邦子で、その息子に吉田輝雄。佐分利信側は、妻が田中絹代、その娘が岩下志麻、さらに岩下の友人として映画界に入って間もない倍賞千恵子の出演も考えられていた。佐分利は清濁併せ呑むことも仕方ないと考えるが、笠はなぜ濁まで呑まなければならないんだと譲らない人物。その二人の喧嘩は、殴り合いをするくらい激しいように構想されている。笠は澁谷実監督『奥様に知らすべからず』(一九三七年)でボクサー役を演じたこともあるので、意外に板についたかもしれない。

二人の共通の友人が癌で、それを告知するかをめぐっての争いもある。小津本人は、この構想ノートを書き進めたその年の十二月に癌で亡くなる。

何でもないことは流行に従う、
重大なことは道徳に従う、
芸術のことは自分に従う。

小津安二郎

【小津安二郎 全作品ディテール小事典　索引】

小津の技法を俯瞰する

松浦莞二／折田英五

脚本

『瓦版かちかち山』※脚本のみ（一九二七年）
『懺悔の刃』（一九二七年）
『若人の夢』（一九二八年）
『女房紛失』（一九二八年）
『カボチャ』（一九二八年）
『引越し夫婦』（一九二八年）
『肉体美』（一九二八年）
『宝の山』（一九二九年）
『学生ロマンス 若き日』（一九二九年）
『和製喧嘩友達』（一九二九年）
『大学は出たけれど』（一九二九年）
『会社員生活』（一九二九年）
『突貫小僧』（一九二九年）
『結婚学入門』（一九三〇年）
『朗かに歩め』（一九三〇年）
『落第はしたけれど』（一九三〇年）
『その夜の妻』（一九三〇年）
『エロ神の怨霊』（一九三〇年）
『足に触つた幸運』（一九三〇年）
『お嬢さん』（一九三〇年）
『淑女と髯』（一九三一年）
『美人哀愁』（一九三一年）
『東京の合唱』（一九三一年）
『春は御婦人から』（一九三二年）
『大人の見る繪本 生れてはみたけれど』（一九三二年）
『青春の夢いまいづこ』（一九三二年）
『また逢ふ日まで』（一九三二年）
『東京の女』（一九三三年）
『非常線の女』（一九三三年）
『出来ごころ』（一九三三年）
『母を恋はずや』（一九三四年）

助監督期

大久保忠素監督の第三助監督についた。ギャグマンとして多くのギャグを提案し採用されたという。

模索期Ⅰ

脚本第一作と監督第一作はそれぞれ時代劇。ラブシーンや格闘シーンもある娯楽性の強い作品を書いた。監督第二作以降は現代劇になり、学生喜劇、恋愛話など、さまざまな作品に挑戦した。都会的なハロルド・ロイドや若きジョン・フォードなど欧米映画からの影響も大きい。作品は「新しい」「バタ臭い」と評された。

模索期Ⅱ

世界恐慌が起こり日本社会も不況から抜け出せないなか、影のある作品が増え、落第者や失業者など社会からこぼれ落ちた人々を描くように。極めて欧米色の強い不良たちの話や、一九三〇年代に流行したエロやナンセンスの話も書いた。脚本未完成で撮影することもあった。

喜八期

欧米映画の影響が強かった小津だが、『出来ごころ』で一転、下町人情噺を書き始める。生まれ育った東京・深川での経験が投影された。坂本武が演じる喜八を主人公としたこの作品は好評で、「喜八もの」と呼ばれる連作となった。不況かつ、軍国化が進むという情勢のなか、鋭い社会描写が増えた。

『浮草物語』（一九三四年）
『箱入り娘』（一九三五年）
『東京の宿』（一九三五年）
『大学よいとこ』（一九三六年）
『鏡獅子』（一九三六年）
『一人息子』（一九三六年）
『淑女は何を忘れたか』（一九三七年）
『愉しき哉保吉君』※原作（一九三七年）
『戸田家の兄妹』（一九四一年）
『父ありき』（一九四二年）
『ビルマ作戦 遙かなり父母の国』※撮影されず（一九四二年）
『長屋紳士録』（一九四七年）
『風の中の牝雞』（一九四八年）
『晩春』（一九四九年）
『宗方姉妹』（一九五〇年）
『麦秋』（一九五一年）
『お茶漬の味』（一九五二年）
『東京物語』（一九五三年）
『月は上りぬ』※脚本担当（一九五五年）
『早春』（一九五六年）
『東京暮色』（一九五七年）
『彼岸花』（一九五八年）
『お早よう』（一九五九年）
『浮草』（一九五九年）
『秋日和』（一九六〇年）
『小早川家の秋』（一九六一年）
『秋刀魚の味』（一九六二年）
『青春放課後』※脚本のみ（一九六三年）
『大根と人参』※構想のみ（一九六五年）

不遇期

一九三〇年代半ばより軍国化が加速していたが、小津は『淑女は何を忘れたか』で富裕な人々の洗練された喜劇を描いた。これまで貧しく弱き人物を描いてきた作風からの方針変更かと疑問に思われたというが、一方で時代に苦しむ人々も引き続き描いた。『戸田家の兄妹』はこの二つの流れが合わさる傑作となった。戦争の影響で撮影本数は少なくなっていった。

結晶期

日本が敗戦、これまでの価値観が否定されるなか『晩春』を発表。能や茶など日本の伝統的なものを積極的に映画に取り入れていく。この作品以降は全て野田高梧と二人で脚本を書くようになり、娘の結婚や肉親の死といった題材を繰り返し描いた。脚本は宿や別荘にこもり丹念に練り上げられた。この頃から「社会情勢を反映していない」「古い」といった批判を受けるようにもなった。

円熟期

『彼岸花』以降、小津は新しい主題に挑むのではなく、過去作を練り直し完成度の高い作品を執筆した。小津が円熟の域に達したためだろうが、社の経営が厳しくなり興行的に失敗できなくなったことも一因と思われる。脚本の完成度は高く、撮影中に変更されることはほとんどなかった。小津は散りゆく家族を繰り返し描いた。

小津の技法を俯瞰する

撮影

松浦莞二／折田英五

『瓦版かちかち山』※脚本のみ（一九二七年）
『懺悔の刃』（一九二七年）
『若人の夢』（一九二八年）
『女房紛失』（一九二八年）
『カボチャ』（一九二八年）
『引越し夫婦』（一九二八年）
『肉体美』（一九二八年）
『宝の山』（一九二九年）
『学生ロマンス 若き日』（一九二九年）
『和製喧嘩友達』（一九二九年）
『大学は出たけれど』（一九二九年）
『会社員生活』（一九二九年）
『突貫小僧』（一九二九年）
『結婚学入門』（一九三〇年）
『朗かに歩め』（一九三〇年）
『落第はしたけれど』（一九三〇年）
『その夜の妻』（一九三〇年）
『エロ神の怨霊』（一九三〇年）
『足に触つた幸運』（一九三〇年）
『お嬢さん』（一九三〇年）
『淑女と髯』（一九三一年）
『美人哀愁』（一九三一年）
『東京の合唱』（一九三一年）
『春は御婦人から』（一九三二年）
『大人の見る繪本 生れてはみたけれど』（一九三二年）
『青春の夢いまいづこ』（一九三二年）
『また逢ふ日まで』（一九三二年）
『東京の女』（一九三三年）
『非常線の女』（一九三三年）
『出来ごころ』（一九三三年）
『母を恋はずや』（一九三四年）

黎明期

小津は幼少期から絵を描くのが好きで、小学校高学年ともなると相当の画力を持っていた。中学の頃には写真に熱中した。十九歳で松竹に入社。当初は演出部ではなく撮影部に在籍し、撮影助手としてハリウッド流の撮影法を学んだ。

模索期

現存しない作品が多いが、初期のころはレンズの種類やキャメラ操作などで、さまざまな試みを行ったようだ。スキー場で、キャメラとともに滑走、転倒するという大胆な試みも。『肉体美』で初めて低い位置にキャメラを据えてみたという。撮影は茂原英雄がそのほとんどを担当。その助手にトーキー以降の撮影を手がける厚田雄春もいた。

確立期

『東京の女』で構図や撮影法を粗いながらも確立。キャメラを低めの位置に据え、水平またはやや上向きに構えて芝居を捉えた。背景のボケ味がよく、和室の直線が歪みにくい五〇ミリレンズを使用した。

『浮草物語』(一九三四年)
『箱入り娘』(一九三五年)
『東京の宿』(一九三五年)
『大学よいとこ』(一九三六年)
『鏡獅子』(一九三六年)
『一人息子』(一九三六年)
『淑女は何を忘れたか』(一九三七年)
『愉しき哉保吉君』※原作(一九三七年)
『戸田家の兄妹』(一九四一年)
『父ありき』(一九四二年)
『ビルマ作戦 遙かなり父母の国』※撮影されず(一九四二年)
『長屋紳士録』(一九四七年)
『風の中の牝雞』(一九四八年)
『晩春』(一九四九年)
『宗方姉妹』(一九五〇年)
『麦秋』(一九五一年)
『お茶漬の味』(一九五二年)
『東京物語』(一九五三年)
『月は上りぬ』※脚本担当(一九五五年)
『早春』(一九五六年)
『東京暮色』(一九五七年)
『彼岸花』(一九五八年)
『お早よう』(一九五九年)
『浮草』(一九五九年)
『秋日和』(一九六〇年)
『小早川家の秋』(一九六一年)
『秋刀魚の味』(一九六二年)
『青春放課後』※脚本のみ(一九六三年)
『大根と人参』※構想のみ(一九六五年)

結晶期

『戸田家の兄妹』から厚田雄春が撮影を担当。夜の照明や列車の撮影に優れた手腕を発揮した。『父ありき』では全て固定キャメラでの撮影(欠けている部分もあるので断定は難しいが)を行ったようだ。

カラー期

世界初のカラー映画『虚栄の市』から二十三年、国産カラー『カルメン故郷に帰る』からだと七年がたった一九五八年、小津も自身監督作初のカラー映画『彼岸花』を発表。トーキー映画への移行の際と同じく新しい技術に慎重なこともあり、遅い移行だった。赤の発色が良いドイツのアグファフィルムを使用した。カラー映画撮影以降、キャメラは全く動かさない固定撮影となった。オーヴァーラップはもちろん、フェードイン/アウトもなくなった。『浮草』では宮川一夫、『小早川家の秋』では中井朝一と、他社の名キャメラマンとも組んだ。映画のワイド画面化が進んだが、小津は従来の画面の縦横比である三:四に固執。生涯変えることなく撮影し続けたが、ワンカットが短くなり作品のテンポが早くなった。小津は『東京の女』でつかんだ技法を三十年間磨き続けた職人でもあった。

小津の技法を俯瞰する

音響

松浦莞二／折田英五

『瓦版かちかち山』※脚本のみ（一九二七年）
『懺悔の刃』（一九二七年）
『若人の夢』（一九二八年）
『女房紛失』（一九二八年）
『カボチャ』（一九二八年）
『引越し夫婦』（一九二八年）
『肉体美』（一九二八年）
『宝の山』（一九二九年）
『学生ロマンス 若き日』（一九二九年）
『和製喧嘩友達』（一九二九年）
『大学は出たけれど』（一九二九年）
『会社員生活』（一九二九年）
『突貫小僧』（一九二九年）
『結婚学入門』（一九三〇年）
『朗かに歩め』（一九三〇年）
『落第はしたけれど』（一九三〇年）
『その夜の妻』（一九三〇年）
『エロ神の怨霊』（一九三〇年）
『足に触つた幸運』（一九三〇年）
『お嬢さん』（一九三〇年）
『淑女と髯』（一九三一年）
『美人哀愁』（一九三一年）
『東京の合唱』（一九三一年）
『春は御婦人から』（一九三二年）
『大人の見る繪本 生れてはみたけれど』（一九三二年）
『青春の夢いまいづこ』（一九三二年）
『また逢ふ日まで』（一九三二年）
『東京の女』（一九三三年）
『非常線の女』（一九三三年）
『出来ごころ』（一九三三年）
『母を恋はずや』（一九三四年）

黎明期

サイレント映画を見て映画に熱中する。テレビもラジオもなかったが、わずかに蓄音機が普及し始めた頃だった。映画はまだ音が付いておらず活動弁士の映画解説を伴っての上映が一般的だった。私生活では小津がマンドリンやピアノを弾いたという話もあるが、どの程度の腕前かはわからない。

サイレント期

サイレント映画で監督に。台詞の録音がなく制作が容易であったこともあるだろうが、この時期に多数の作品を監督。全五十四の監督作品のうち半分以上が台詞の入っていない無声映画（＝サイレント、サウンド）。

サイレント／サウンド混合期

二十六本目の監督作品『また逢ふ日まで』で初のサウンド版映画を制作。台詞音声は付かず、音楽のみが付いている作品だ。小津が選曲を手がけ、「トロイメライ」や「蛍の光」など通俗的な音楽を選んだ。『浮草物語』のように独自の主題歌が作られた作品もある。一度にサウンド版に移行したのではなく、サイレント映画も撮りながら徐々に移行していった。日本でもトーキー映画が普及し始めており、小津もトーキー作品を期待された。しかし、小津は新しい技術には慎重で、小津組のキャメラマン考案の録音方式を採用すると約束したため、トーキーへの移行は遅れた。

『浮草物語』(一九三四年)
『箱入り娘』(一九三五年)
『東京の宿』(一九三五年)
『大学よいとこ』(一九三六年)
『鏡獅子』(一九三六年)
『一人息子』(一九三六年)
『淑女は何を忘れたか』(一九三七年)
『愉しき哉保吉君』※原作(一九三七年)
『戸田家の兄妹』(一九四一年)
『父ありき』(一九四二年)
『ビルマ作戦 遙かなり父母の国』※撮影されず(一九四二年)
『長屋紳士録』(一九四七年)
『風の中の牝雞』(一九四八年)
『晩春』(一九四九年)
『宗方姉妹』(一九五〇年)
『麦秋』(一九五一年)
『お茶漬の味』(一九五二年)
『東京物語』(一九五三年)
『月は上りぬ』※脚本担当(一九五五年)
『早春』(一九五六年)
『東京暮色』(一九五七年)
『彼岸花』(一九五八年)
『お早よう』(一九五九年)
『浮草』(一九五九年)
『秋日和』(一九六〇年)
『小早川家の秋』(一九六一年)
『秋刀魚の味』(一九六二年)
『青春放課後』※脚本のみ(一九六三年)
『大根と人参』※構想のみ(一九六五年)

トーキー期Ⅰ

初めてのサウンド版から四年を経て、記録映画『鏡獅子』、劇映画『一人息子』でついにトーキー映画を監督。遅い移行だった。この作品から台詞音声も付くようになるが、最初はサイレントの手法から抜けられず苦労もあったという。音楽はサウンド版の頃から引き続いて伊藤宣二。

トーキー期Ⅱ

『東京物語』で音楽担当に斎藤高順を起用することに。斎藤はまだ二十八歳で映画音楽も初挑戦。いきなりの巨匠との仕事だったが小津から高く評価され、斎藤は以降の小津作品のほとんどを担当することになる。『早春』では病床・葬儀といった暗い場面に明るい旋律の音楽「サセレシア」を組み合わせた。小津はこの曲を大変気に入り、『東京暮色』でもこの曲を使用。『東京暮色』や『彼岸花』で小津の音響は完成したと言えるが、『お早よう』では前衛音楽家・黛敏郎を起用するなど新たな挑戦もあった。
音楽を感情移入の道具として使うことや物語を劇的にするために使用することを避けた。悲しい場面には明るい音楽を組み合わせることが多く、ポルカなども多用した。

Profile

(おりた・えいご) 京都生まれ。映画製作者、脚本・演出家。スタジオkk共同代表。主な作品に、シネアスト・オーガニゼーション・大阪ほか選出の『ロシアの山』や、ミュージックフィルム『Nagoya Marimbas』(作曲:スティーヴ・ライヒ、演奏:池上英樹/中田麦)など。

【参考文献】

本書刊行に際し、特に参照したものを掲げます。

このほか、多くの方の教示を得ました。

厚く御礼申し上げます。


厚田雄春、蓮實重彦『小津安二郎物語』筑摩書房、一九八九年。

石坂昌三著『小津安二郎と茅ヶ崎館』新潮社、一九九五年。

井上和男編『小津安二郎作品集　一』立風書房、一九九三年。

井上和男編『小津安二郎作品集　二』立風書房、一九九三年。

井上和男編『小津安二郎作品集　三』立風書房、一九九三年。

井上和男編『小津安二郎作品集　四』立風書房、一九九三年。

井上和男編『陽のあたる家――小津安二郎とともに』フィルムアート社、一九九三年。

井上和男編『小津安二郎全集［上］』新書館、二〇〇三年。

井上和男編『小津安二郎全集［下］』新書館、二〇〇三年。

井上孝榮「小津与右衛門家の歴史――小津安二郎に流れる血――」十楽、二〇一八年。

岩井成昭『路傍の光斑――小津安二郎の時代と現代』P3 art and environment、二〇一三年。

置塩高編『小津安二郎君の手紙』東海印刷、一九六五年。

小津安二郎、池田忠雄『戸田家の兄妹・他』青山書院、一九四三年。

小津安二郎生誕90年フェア事務局編『小津安二郎映畫讀本――［東京］そして［家族］』松竹映像本部映像渉外室、一九九三年。

小津安二郎生誕一〇〇年記念三重映画フェスティバル二〇〇三実行委員会編『巨匠たちの風景――みえシネマ事情　小津安二郎、衣笠貞之助、藤田敏八』伊勢文化舎、二〇〇二年。

小津安二郎生誕一一〇年記念事業実行委員会『小津安二郎生誕一一〇年記念事業in松阪　記念誌』松阪市、二〇一四年。

小津安二郎・人と仕事刊行会編『小津安二郎―人と仕事―』蛮友社、一九七二年。

片山杜秀『見果てぬ日本――司馬遼太郎・小津安二郎・小松左京の挑戦』新潮社、二〇一五年。

関西文学会編『小津安二郎生誕百年』澪標、二〇〇三年。

岸松雄『映画評論家　岸松雄の仕事』ワイズ出版、二〇一五年。

貴田庄『小津安二郎のまなざし』晶文社、一九九九年。

貴田庄『小津安二郎文壇交遊録』中央公論新社、二〇〇六年。

北村匡平、志村三代子編『リメイク映画の創造力』水声社、二〇一七年。

キネマ旬報社、オムロピクチャーズ編『小津安二郎集成　二』キネマ旬報社、一九九三年。

キネマ旬報編集部編『小津安二郎集成』キネマ旬報社、一九八九年。

古賀重樹『1秒24コマの美――黒澤明・小津安二郎・溝口健二』日本経済新聞出版社、二〇一〇年。

坂村健、蓮實重彦編『デジタル小津安二郎展――キャメラマン厚田雄春の視』東京大学総合研究博物館、一九九八年。

佐藤忠男『完本　小津安二郎の芸術』朝日新聞社、二〇〇〇年。

ポール・シュレイダー著、山本喜久男訳『聖なる映画――小津／ブレッソン／ドライヤー』フィルムアート社、一九八一年。

松竹映像版権室編『小津安二郎映畫讀本――［東京］そして［家族］』松竹映像版権室、二〇〇三年。

松竹編『小津安二郎新発見』講談社、一九九三年。

「新潮45」編集部編『原節子のすべて』新潮社、二〇一二年。

高橋治『絢爛たる影絵――小津安二郎』岩波書店、二〇一〇年。

「蓼科日記」刊行会編『蓼科日記　抄』小学館スクウェア、二〇一三年。

田中眞澄編『小津安二郎全発言――1933～1045』泰流社、一九八七年。

田中眞澄編『小津安二郎戦後語録集成――昭和21（1946）年―昭和38（1963）年』フィルムアート社、一九八九年。

田中眞澄編『全日記　小津安二郎』フィルムアート社、一九九三年。

田中眞澄編『小津安二郎「東京物語」ほか』みすず書房、二〇〇一年。

田中眞澄『小津安二郎のほうへ――モダニズム映画史論』みすず書房、二〇〇二年。

田中眞澄『小津安二郎周游』文藝春秋、二〇〇三年。

田中眞澄『小津安二郎と戦争』みすず書房、二〇〇五年。

田中眞澄『小津ありき――知られざる小津安二郎』清流出版、二〇一三年。

千葉伸夫『小津安二郎と20世紀』国書刊行会、二〇〇三年。

都築政昭『「小津安二郎日記」を読む――無常とたわむれた巨匠』筑摩書房、二〇一五年。

永井健児『小津安二郎に憑かれた男――美術監督・下河原友雄の生と死』フィルムアート社、一九九〇年。

中澤千磨夫「痙攣するデジャ・ヴュ――ビデオで読む小津安二郎」(三)―(一二)、北海道武蔵女子短期大学紀要＝Memoirs、一九九八―二〇一八年。

中澤千磨夫『小津安二郎・生きる哀しみ』PHP研究所、二〇〇三年。

中澤千磨夫『精読小津安二郎――死の影の下に』言視舎、二〇一七年。

中野翠『小津ごのみ』筑摩書房、二〇一一年。

中村明『小津映画 粋な日本語』筑摩書房、二〇一七年。

中村博男『若き日の小津安二郎』キネマ旬報社、二〇〇〇年。

野田市郷土博物館『小津安二郎監督と野田――平成16年度特別展図録』野田市郷土博物館、二〇〇四年。

登重樹『望郷の小津安二郎』皓星社、二〇一七年。

蓮實重彦『映画狂人、小津の余白に』河出書房新社、二〇〇一年。

蓮實重彦、山根貞男、吉田喜重編著『国際シンポジウム 小津安二郎――生誕100年記念「Ozu 2003」の記録』朝日新聞社、二〇〇四年。

蓮實重彦『監督小津安二郎 増補決定版』筑摩書房、二〇〇三年。

浜野保樹『小津安二郎』岩波書店、一九九三年。

フィルムアート社編『小津安二郎を読む――古きものの美しい復権』フィルムアート社、一九八二年。

藤田明著、倉田剛編『平野の思想 小津安二郎私論』ワイズ出版、二〇一〇年。

デヴィッド・ボードウェル著、杉山昭夫訳『小津安二郎――映画の詩学』青土社、二〇〇三年。

三上真一郎『巨匠とチンピラ――小津安二郎との日々』文藝春秋、二〇〇一年。

宮島義勇著、山口猛編『「天皇」と呼ばれた男――撮影監督宮島義勇の昭和回想録』愛育社、二〇〇二年。

山本若菜『松竹大船撮影所前松尾食堂』中央公論新社、二〇〇〇年。

山内静夫『松竹大船撮影所覚え書――小津安二郎監督との日々』かまくら春秋社、二〇〇三年。

山本喜久男著、奥村賢、佐崎順昭編『日本映画におけるテクスト連関――比較映画史研究』森話社、二〇一六年。

吉田喜重『小津安二郎の反映画』岩波書店、一九九八年。

與那覇潤『帝国の残影――兵士・小津安二郎の昭和史』NTT出版、二〇一一年。

ドナルド・リチー著、山本喜久男訳『小津安二郎の美学――映画のなかの日本』フィルムアート社、一九七八年。

リブロポート編『小津安二郎 東京物語』リブロポート、一九八四年。

笠智衆『大船日記――小津安二郎先生の思い出』扶桑社、一九九一年。

獅騎一郎『黒澤明と小津安二郎』宝文館出版、二〇〇〇年。

＊

『小津安二郎――永遠の映画』河出書房新社、二〇〇一年。

『小津安二郎』良品計画、二〇一七年。

「考える人」一九号、新潮社、二〇〇七年。

「キネマ旬報」一三一号、キネマ旬報社、一九五五年。

「キネマ旬報」三五八号、キネマ旬報社、一九六四年。

「キネマ旬報」一一一四号、キネマ旬報社、一九九三年。

「キネマ旬報」一一三六号、キネマ旬報社、一九九四年。

「Switch」Vol.九 No.六、扶桑社、一九九一年。

「東京人」一九五号、都市出版、二〇〇三年。

「ユリイカ」一三巻六号、青土社、一九八一年。

「ユリイカ」六三六号、青土社、二〇一三年。

「文學界」五九巻二号、文藝春秋、二〇〇五年。

あとがき

『小津安二郎大全』とは、ちょっと仰々しい。映画のタイトルのように『お早よう』とするくらいが、可愛げもあるし万人受けするんじゃないか。そんな声もきこえたが、その人と作品を記すには「大全」でなければならなかった。

『東京物語』に四〇ミリのレンズが使用されていることを偶然にも発見したのが、始まりだった。小津と言えば五〇ミリというのが映画ファンや研究者の間では常識だったのだが、それは神話に過ぎなかったのだ。小津については幾万言が費やされてきたが、今後待たれる研究や調査も多いのではないか。その考えのもと、さらなる取材を進めた。製作を務めた山内氏からは、音楽に強いこだわりはないとされてきた小津がみずから希望し音楽家・黛敏郎を起用したこと、撮影チーフであった田邉氏からは、小津が宝塚歌劇の舞台を演出する計画があったことを知った。作品の細部を調査するなかで、『晩春』で笠智衆がニーチェ、『秋刀魚の味』で岩下志麻が谷崎潤一郎の本を所持していることなどが見えてきたのも、ささやかな、しかし興味深い発見だった。これらは書籍としてまとめられるべきだと考えた。

本書は、その内容自体が広がりを持つ。国内、ときに海外にも転じての取材集(坂本龍一、

協力

松竹株式会社

朝日新聞社

鎌倉文学館

小津安二郎青春館

公益財団法人川喜多記念映画文化財団

公益財団法人江東区文化コミュニティ財団

江東区古石場文化センター

国立映画アーカイブ

新・雲呼荘　野田高梧記念　蓼科シナリオ研究所

オフィス小津

資料調査、インタビュー、翻訳その他の実施にあたり、次の方々にご協力をいただきました。

井上孝榮　井上正和　小田島一弘　株式会社田屋　清水陽介（株式会社文藝春秋）　貴田奈津子　木村立哉　佐野洋治　東辻浩太郎（株式会社左右社編集部）　松竹大谷図書館　田中忍　茅野市　築山秀夫　辻永泰明　東京工業大学　久代明子（東京都写真美術館）　同志社女子大学　中田麦　崔理英　日本映画大学　ブブ・ド・ラ・マドレーヌ　町田雪　松阪市産業文化部文化課　松本行央　宮川一郎　師岡文男　早稲田大学　（敬称略）

付記　本書は稲盛財団二〇一七年度研究助成による研究成果を含みます。

小津安二郎《おづやすじろう》 大全《たいぜん》

2019年3月30日　第1刷発行

編　著　松浦莞二／宮本明子

発行者　須田剛

発行所　朝日新聞出版
〒104-8011
東京都中央区築地5-3-2
電話　03-5541-8832（編集）
03-5540-7793（販売）

印刷製本　株式会社加藤文明社

ISBN978-4-02-251599-5
定価はカバーに表示してあります。

武満徹の間に交わされた映画音楽の話は、本書においてスリリングなエピソードのひとつである)。これまでの研究とは異なる視点から小津とその作品に光を当てた論考集。さらに資料集では、小津が戦争中に中国大陸で撮影した写真、幼少期の絵画にも考察が加えられた。小津が最も信頼を寄せたであろう脚本家・野田高梧との日常を伝える資料も並ぶ。各氏の御厚意から初掲載に至ったものも少なくない。いずれも数年来の調査を経て生まれた企画である。硬直した「研究」を離れて小津安二郎が今どう語られているのかを知るために、東京から蓼科、松阪、京都など各地に足を運んだ。

調査した内容を何度も確認いただいた、オフィス小津、小津組の皆様。出版の予定も決まっていない頃から依頼を受けていただいた取材先、寄稿者の皆様。出版の機会を与えてくださった株式会社朝日新聞出版。そして、ともに細心の注意と畏敬をもって小津とその映画を一冊の書物へと導いてくださった、松竹株式会社、各資料所蔵・寄託先、朝日新聞出版・書籍編集部内山美加子さん、校閲担当者、すべての方へ感謝を伝えたい。

文字通り生身の小津安二郎に接した人、小津安二郎とともに映画の世界を生きぬいた人のことばが総覧できるのも、きっと今しかない。

松浦莞二　宮本明子